行政書士／司法書士

国家試験受験のための

よくわかる会社法

神余博史・著

会社法・商法の苦手意識を
克服したい人のために――

自由国民社

はしがき

　平成18年5月より施行された会社法には，1000条近くに及ぶ膨大な条文があり，しかも細かな手続的事項が網の目のごとく規定されています。当然のことながら，これらの条文の内容を正確に理解し，試験で使える知識として定着させるためには，多大な労力と時間を必要とします。そのためもあってか，会社法が試験科目の1つとされている行政書士試験，司法書士試験，公認会計士試験等の合格を目指されている方々のなかでも，「自分は会社法が得意だ」という自信を持たれている方は少ないように見受けられます。しかし，圧倒的なボリュームを持つ会社法も，その制度の内容を骨太に理解し，そこに細かな事項を枝葉として位置づけていけば，案外スムーズに学習を進めることも可能です。

　本書では，味気ない条文内容の羅列を避け，具体的設例を通して制度の内容を徹底的にわかりやすく解説するとともに，アップツーデートなトピックスも随所に取り入れ，初学者や独学者の方でも興味を持って会社法の学習に取り組むことができるよう配慮してあります。試験合格のための王道は，興味を持って，真正面から試験勉強に取り組むことではないでしょうか。断片的な知識や受験テクニックにばかり目を奪われていては，結局，試験に合格できるだけの「底力」は身につきません。必要かつ十分な内容を持った解説書をていねいに読み込んで理解を深め，多数の過去問に当たって知識を研ぎ澄ませる，というオーソドックスな学習を積み重ねることが合格通知を手にする最も有効な方法といえるでしょう。

　民事法の分野においては，このところ重要な改正が相次ぎ，前回の改訂（第7版）では，平成29年度民法改正および平成30年度商法改正に即した形で関連した記述を改めました。今回の改訂に際しては，令和3年3月施行の会社法改正を反映した記述を書き加えるとともに収録問題を大幅に差し替えました。これによって，より読者のニーズに沿う内容を提供できたものと考えています。

　本書は，民法，憲法，行政法に続く「よくわかるシリーズ」の第4作目として執筆したものです。手前味噌になりますが，本シリーズが多数の読者の好評を得ることができたのは，「難解な法律科目を具体的設例を通して徹底的にわかりやすく解説する」というコンセプトが支持された結果と考えています。本シリーズが，今後も司法書士試験や行政書士試験をはじめとする各種国家試験合格のためのよきナビゲーターとしての役割を果たしていくことを願ってやみません。

　令和3年8月

　　　　　　　　　　　　　　　　　　　　　　　　　神余博史

本書の特色

① 各頁の記述を２段組にし，本文では，会社法・商法を理解するための「幹」となる部分をていねいに解説し，多少細かい事項であっても本文を理解するのに有益な事項，必須の法律用語などは右の段に記述してあります。まず，「幹」をしっかり把握したうえで，関連する知識を習得してください。

② 会社法・商法全体を効率的に理解できるよう，会社法・商法の体系的な配列にこだわらず，記述を最も適切と思われる位置に配置しました。これによって，論点相互の関係を関連づけて理解でき，効率的な学習が可能になるでしょう。

③ 各講の末尾に，行政書士試験，司法書士試験，公認会計士試験に出題された過去問を収録してあります。単元終了ごとに力試しをしてみてください。間違えた問題は，解説および本文の記述に戻って確認しましょう。その反復継続により実力は必ず向上します。

凡　例

Check	本文の記述に関連する重要事項を解説します。
一歩前進	正確な理解に到達できるよう，理解しにくい部分をより分かりやすく説明します。
ステップアップ	多少レベルの高い事項ですが，出題実績あるいは出題可能性のある事項です。
ここが狙われる	試験で狙われやすい事項を取り上げています。
閑話休題	ちょっとしたコラムです。息抜きを兼ねて気楽に読んでください。
用語の説明	知っておかなければならない必須の法律用語を説明します。
アドバイス	学習上の指針や試験の出題傾向など，知っておいて役に立つ情報を提供します。
＊	本文を理解するための参考となる事項についてのコメントです。

本文中の（　）内に引用した条文は，特にことわりがなければ，会社法の条文を表しています。

◆目　次◆

第7章　商人と商行為

1

【第1章】

会社法の基礎

1 会社法とはどんな法律？

学習ナビゲーション

親しい人にでも，「会社って何？」と問いかけてみてください。

ある人からは，「そこで働いてお給料をもらうところ」という答えが返ってきました。また，「大きなオフィスでたくさんの人が仕事をしているところ」と答えた人もありました。人によって，会社という言葉から受けるイメージは異なるでしょうが，会社という言葉に上のようなイメージを持っている人も少なくないでしょう。しかし，このような答えは，会社というものをいわば情緒的に漠然と捉えているだけで，法律的な答えにはなっていません。これから会社法の学習を進めていくには，まず会社というものの法律的な定義をしっかり理解しておく必要があります。本講では，まず会社の法律的な定義を踏まえたうえで，その内容を正確に把握してください。これが，会社法を理解するための第一歩となります。

さらに本講では，会社の種類や商号等についても説明します。会社の種類としては，大きく分けて株式会社と持分会社があります。会社法の学習は，株式会社が中心となりますが，それ以外の持分会社についても一応の理解は必要です。持分会社については，後に第14講で説明しますから，ここではその基本的事項を頭に入れておけば十分です。商号等については，商法総則とだいたい同内容の規定が設けられていますから，併せて理解しておきましょう。

1　会社とは？

　会社を法律的に定義すれば，「営利を目的とする社団法人」ということになります。味も素っ気もない定義ですが，法律学は法律関係を権利と義務の関係として捉えますから，会社の定義も，このように多少ダイナミックさに欠けるものにならざるを得ない

のです。短い定義ですから，まずこれを覚えてください。

以下，その意味と内容を具体的に説明していきます。

会社の特質 ┣ 法人性
　　　　　　┣ 社団性
　　　　　　┗ 営利性

設例 1

　Aは，「A衣料品店」という商号を用いて，個人で衣料品の販売業を営んでいる。

設例 2

　「A衣料品店」という商号で衣料品販売業を営んでいたAは，「甲衣料品販売」という「会社」を設立し，Aがその代表者となった。

---

(1) 会社は法人である

　会社は，法人です（3条）。民法で学ばれたと思いますが，法人とは，自然人以外で権利を取得しまた義務を負担し得る地位，すなわち権利能力を認められた法主体です。会社が法人であるということは，会社自身の名で取引行為を行い，それによって生じた権利義務は，会社自身に帰属するということを意味します。この点について，上記2つの設例を比較して考えてみましょう。

　設例1で，Aが衣料品卸商Bから商品を仕入れた場合，その代金債務はAという個人が負担することになり，またAが従業員Cを雇い入れたとき，Cに対する給料支払義務は同じくA自身が負うこととなります。つまり，衣料品卸商Bとの売買契約，従業員Cとの雇用契約はAが当事者となって締結し，それによって生じる権利義務もAに帰属することになるわけです。

　一方，設例2では，会社である「甲衣料品販売」が当事者となって取引行為を行い，また雇用契約を締結し，それによって生じた代金債務や給料支払義務は「甲衣料品販売」という会社が負担することになります。この場合，A個人は，売買契約や雇用契約の主体となることはなく，それらの契約の保証人となった場合を除いて，契約上の義務を負うことはありません。

甲社自身が権利義務の主体として取引行為を
行い，契約上の権利義務は甲社に帰属

一歩前進

「会社の目的による権利能力の制限」

　自然人の権利能力に制限はありません。しかし，法人の権利能力は，その性質や法令による制限に服するほか，定款所定の目的によって制限されることになります（民法34条）。そこで，営利社団法人である会社についても，定款の目的による権利能力の制限が問題となります。会社の権利能力が，定款に定められた目的により制限されるとすると，会社が目的の範囲外の行為をした場合，その行為の効果は会社に帰属しないということになります。

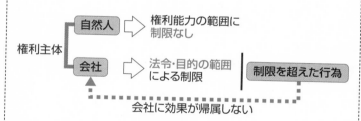

　判例は，定款に記載された目的自体に明示されていない行為であっても，目的遂行に必要な行為は，目的の範囲に属するとして，目的の範囲を相当に広く解する傾向にあります（最判昭27・2・15）。このような基準によれば，例えば設例2のような，商品の販売を目的とする会社は，商品の仕入れや販売行為，店舗改装資金の借入れ，宣伝行為など目的自体に含まれる行為は当然のこととして，例えば地域の祭礼や社会事業・慈善事業への寄付なども目的遂行に必要な行為としてその範囲内の行為と解されることになるでしょう。このような形での社会貢献が，何らかの形で会社自身の利益につな

用語の説明
「定款」
定款とは，会社の作成した会社自身が守るべきルールです。いわば会社の憲法です。このように定款という語は，そこに定められた条項の内容を指して使われるほか，定款条項を記した書面または電子データの意味に使われることがあります。定款の記載事項やその変更等については，第12講で詳述します。

がることがあり得るからです。

　さらに判例は，会社の行った政治献金についても，その目的の範囲内の行為であると判断しています（八幡製鉄政治献金事件，最大判昭45・6・24）。つまり，会社の行った政治献金は有効であり，会社は献金した金銭の返還を求めることはできないということです。政治献金は，特定の政治的立場に立つことを前提として行われるという点で，慈善事業への寄付などとはその性質が異なりますから，目的遂行に必要といえるかどうか疑問があります。当然，ここまで目的の範囲を広げて解釈することには批判があります。いずれにしても，現在の判例の立場からすると，会社の行為が目的の範囲外であるとして無効となる場合は，目的が公序良俗（民法90条）に反するような例外的な場合は別として，きわめて限定される（ほとんど皆無）ことになるでしょう。

(2) 会社は社団である

　社団とは，人の集合体という意味です。会社は，通常多数の人によって構成される団体です。この会社を構成している人のことを「社員」といいます。一般に「社員」という言葉からは，「従業員」「会社員」あるいは「サラリーマン」を連想される方が多いかと思いますが，会社法上，「社員」という用語は，その会社に出資している人のことを指します。例えば，株式会社であれば，会社に出資している「株主」のことです。＊

　もともと社団という言葉は，複数の人を構成員とする団体という意味に用いられるものです。そうすると，構成員が1人しかいない社団というものは認められないのではないか，という疑問が生じます。しかし，たとえ構成員が1人しかいなくても，後々構成員が増えて複数になることもあり得るという点で，潜在的には社団性が認められると解されています。会社法上は，会社は1人でも設立することができ，また設立後に社員が1人となった場合でも，その存続が認められます。設例2で，A1人が出資者として「甲衣料品販売」を設立した場合，その社員はA1人ということになりますが，このような会社も存続が認められるのです。

＊「従業員」とは，雇用契約によって会社に雇われている人のことであり，法律上は，「使用人」と呼ばれます。使用人については，P227以下を参照してください。

> **一歩前進**
>
> 　構成員が1人しか存在していない会社を「一人会社」といいます。後述しますが，合資会社を除いて会社の設立は1人でもでき，また社員が1人となっても会社は存続します。実際は，いわゆる持株会社の解禁，会社の組織再編手段の多様化等により，一人会社が急増しているのが現実です。

（3）会社は営利を目的とする

　営利とは，継続的・反復的な対外的事業活動によって利益を上げ，得た利益を構成員に分配するという意味です。つまり，会社は，事業によって得られた利益をその構成員である社員に分配する（「分け前」を与える）ことを目的とするわけです。*

　会社以外の一般の法人，例えば学校法人や宗教法人であっても，一定の収益活動を行うことがありますが，それはその法人の運営経費を捻出するなどの必要からなされるのであって，構成員への利益の分配を目的とするものではありません。つまり，会社以外の法人は営利を目的とするものではありません。会社は，営利を直接の目的とするという点で，他の法人と異なった顕著な特質があるのです。このように，会社は営利を目的とするところから，会社がその事業としてする行為およびその事業のためにする行為は商行為となります（5条）。

＊くどいようですが，「社員に分配する」という言葉を「従業員に給料を与える」という意味に誤解しないでください。

2　会社に対する法規制

　会社をめぐる法律関係については，多数の利害関係者が登場し，多様な利害の対立が生じます。例えば，株式会社では，会社の業績が順調で利益が上がったからといって，得た利益を野放図に社員（株主）に分配したのでは，それによって会社財産が乏しくなり，会社債権者が弁済を受けられなくなる危険があります。この場面では，社員と会社債権者の利害を適切に調整する必要があります。また，社員相互間においても利害の対立が生ずることが稀ではなく，その間の関係を公平・適切に処理する必要もあります。

会社法は，会社の設立，組織，運営および管理について定めた法律ですが（1条），その目的とするところは，上のような会社をめぐる関係者間の**多様な利害関係の適切な調整を図る**ことにあるといってよいでしょう。そのため，会社法の規定は，基本的には**強行法規**としての性格を持っています。すなわち，会社法の規定に違反する関係者の行為は原則として無効となります。

Check

「会社法の強行法規性」

強行法規とは，当事者の意思がどのようなものであれ，それにかかわらず**法律の規定内容どおりに適用される規定**です。強行規定ともいいます。例えば，株式会社の株主の責任は「その有する株式の引受価額を限度とする」とされています（104条）。この規定は強行規定ですから，会社の定款で「株主は，当会社の債権者からの請求があったときは，会社の債務を弁済しなければならない」というような規定を設けても，その規定は無効であり効力を生じません。

一歩前進

会社に関する法規制としては，従前，商法第2編に会社に関する規定が置かれていましたが，この法律はカタカナ文語体の硬い表現で読みづらく，そのうえ戦後の相次ぐ改正により，内容的にはツギハギだらけという状態となっていました。さらに，商法の特別法として有限会社法，商法特例法といった法律が存在していたため，会社に関する法規制は，全体的にわかりづらい内容の複雑怪奇（？）な様相を呈していました。そこで，このような状態を解消するとともに，内容的にも現代社会の要請に適合したものとするため，平成17年に商法から切り離された形で会社法が独立の法律として制定され，翌平成18年5月から施行されました。新たな会社法は，表現をひらがな口語体に改めて読み易くするとともに，特別法に規定されていた内容をこの法律に採り入れ，さらに従来の融通性の乏しかった規制をフレキシブルなものとして，**定款自治の範囲を拡大**するなど，旧来とはその内容を一新したものとなっています。*

＊すなわち，会社法は，自律的かつ柔軟な会社の運営を可能にする方向で，旧商法よりも定款で定め得る事項の範囲を拡大しています。

3　会社の種類

　会社法上の会社には，株式会社，合名会社，合資会社，合同会社の４つの種類があります（２条１号）。株式会社以外の合名会社，合資会社，合同会社は，社員がそれぞれその出資持分を有しているという意味で，総称して「持分会社」と呼ばれます（575条１項）。*

＊保険業法では，「相互会社」という形態の会社が認められていますが，これは社員相互の保険により構成員に利益をもたらすことを目的とするものであり，営利を目的とする会社法上の会社とは異なるものです。主に，生命保険会社がこの会社形態を採っています。

Check

　上記の会社の区分は，社員が会社債権者に対してどのような責任を負うのか，といった観点を基調にしていますから，まずこの点について理解しておきましょう。

「直接責任と間接責任」

　会社を構成する社員が，会社の負担した債務について会社債権者に対して直接弁済の義務を負うことを直接責任といいます。一方，間接責任とは，社員が，会社に対して一定の出資義務を負うだけで，会社の負担した債務について会社債権者に対して直接弁済の義務を負うことはないということです。

「無限責任と有限責任」

　社員が，会社債権者に対し債務全額について無限の責任を負うことを無限責任といいます。これに対し有限責任とは，社員が会社債権者に対して一定の金額を限度として責任を負うということです。

（1）株式会社

　株式会社は，会社債権者に対して間接の有限責任を負う社員だけで構成される会社です。第２講以下で詳しく説明しますが，株式会社では，社員たる地位が株式という細分化された割合的単位の形を採り，その社員は株主と呼ばれます。株主は，株式の引受という形で会社に出資します。要するに，会社が株式を売り出

し，それを買った人が株主になります。

　そして，株主は株式の引受価額を限度とする有限責任（株式の購入代金を支払うだけの責任）だけを負い，会社債権者に対してそれ以上の責任を負うことはありません。たとえ会社が何億円借金していようとも，株主は，貸主からその返済を迫られることはないのです。会社債権者の側からみれば，会社の保有する財産によってその債権の弁済を受けることができないときでも，社員である株主に直接弁済を請求することはできないということになります。この「株主有限責任の原則」は，株式会社のきわめて重要な特質であることを覚えておいてください。例えば，設例2の「甲衣料品販売」がAを株主とする株式会社であり，衣料品卸商Bがこの会社に商品を納入したとします。その代金債務は会社が負担することになりますが，その後に会社の資金繰りが困難となり，会社がその代金を支払うことができないときでも，Bは，株主Aに代金を請求することはできないのです。＊

＊後に詳述しますが，株式会社においては，株主有限責任の鉄則が貫かれる結果，出資者を募りやすく，ひいては大規模な会社の成立が可能となります。

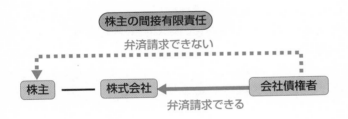

Check

「法人格否認の法理」

　設例2のように，個人で営んでいた事業を会社に組織替えして行うことを「法人成り」ということがあります。日本では，このような法人成りをした小規模な株式会社が非常に多くみられます。これは，会社形態を採ることによって税制上の優遇措置を受けられるとか，社会的に「見栄え」がよくなり信用が増すということのほか，株式会社の形態を採ることによって，株主有限責任の恩恵を受けることができるということが大きな理由です。

　ただ，株式会社の負担した債務については，あくまでその株式会社だけが責任を負い，その背後にある個人は責任を負わないという法の建前を厳格に貫

19

くと，場合によっては信義に反する不当な結果を生じることがあります。そこで，判例は，法人格が法律の適用を回避するために濫用されている事案や事実上会社と社員個人が別人格とは認められない程度に法人格が形骸化しているような事案について，その法律関係に限って会社法人格の独立性を否定し，会社とその背後にいる個人を同一視して，その個人の責任を認めることがあります。これは，法人格否認の法理と呼ばれます。例えば，設例2で，「甲衣料品販売株式会社」の代表者として，Aが衣料品卸商Bから大量の商品を仕入れ，会社が多額の債務を負ったとします。この取引は会社名義でなされているのですから，その債務者は，「甲衣料品販売株式会社」であり，会社法人格の独立性を貫くと，A個人は，株主としての立場で責任を負うことはないということになるでしょう。そうすると，債務超過で会社が倒産してしまったとしても，BはAに請求することはできないことになります。

しかし，「甲衣料品販売株式会社」というもっともらしい商号で営業していたとしても，その実態はAの全くの個人企業に過ぎず，BもAを特に会社と区別せず，個人的に信頼して取引していたというような場合は，その取引の責任を会社の背後にあるA個人に求めることが公平かつ信義に適するといえるのではないでしょうか。このように，法人格が形骸化し，その実質は全くの個人企業に過ぎないようなときは，会社とその背後の個人を同一視して個人の責任を認めるというのが形骸化事例の1つのパターンです。ここでは，会社の法人格をすべて否定するのではなく，特定の法律関係の解決に必要な限度で会社とその背後の個人を同一視して個人の責任を認めるものであるという点に注意してください。

この法人格否認の法理は，相当に厄介な理論的問題を含み，またそれが認められる場合もケース・バイ・ケースで種々のパターンがありますから，試験であまり踏み込んだ内容が問われることはないと思われます。一応，こんな問題もあるという程度に頭の隅に置いておけばよいでしょう。

(2) 合名会社

合名会社は，会社債権者に対して直接無限の連帯責任を負う無限責任社員だけで構成される会社です。合名会社も法人ですから，会社が負担した債務は会社に帰属することになります。しかし，会社財産をもって会社債務を弁済できないとき，無限責任社員は，会社の負担した債務について，会社債権者に対して直接弁

済する義務を負い，しかもその責任に限度はありません。また，無限責任社員が複数あるとき，それら社員は，会社債権者に対して連帯債務を負うことになります。会社債権者の側からみれば，会社財産によって弁済を受けることができないときは，合名会社の各社員に対して直接に債務全額の弁済を請求できるということになります。社員が任意に弁済しないとき，会社債権者は社員の財産に強制執行することができます。そのため，会社債権者にとって，会社財産というものが株式会社の場合ほどには重要な意味を持たないのです。

　例えば，設例2の「甲衣料品販売」が合名会社であり，AとCが無限責任社員であったとします。衣料品卸商Bが甲社に商品を納入した場合，その代金債務は，甲社が負担することになりますが，甲社がその代金を支払うことができない場合，Bは，社員であるAおよびCに対して直接弁済を請求できることになります。しかも，Bがこの両者に対して請求できる金額に限度はありません。債権額（代金額）の範囲内であれば，Bは，その全額をAおよびCに請求できるのです。また，他に債権者がいれば，AおよびCはその債権者全員に対して全額弁済義務を負うことになります。AおよびCは，会社財産で会社の債務を弁済できなければ，強制執行により自分の家屋敷や預金その他の財産を会社債権者に根こそぎ持っていかれても，文句は言えないのです。

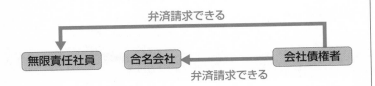

(3) 合資会社

　合資会社は，会社債権者に対して直接無限の連帯責任を負う無限責任社員と会社債権者に対して直接の責任を負うが，その責任の限度が出資額に限定される有限責任社員によって構成される二元的な組織の会社です。会社債権者の側からみれば，会社財産によってその債権の弁済を受けることができない場合，無限責任社

員に対しては**直接全額の弁済を請求できる**ことになりますが，有限責任社員に対しては**出資価額を限度として弁済を請求すること**ができるに過ぎないということになります。＊

　設例2で，「甲衣料品販売」が合資会社であり，無限責任社員Ａのほか，Ｄが有限責任社員となっていたとすると，会社債権者は，会社財産によって債権の満足を得られない場合，Ａに対して直接全額の弁済を請求できます。しかし，Ｄが出資をすでに履行済みであったとすると，もはやＤに責任は残っていませんから，Ｄに対しては弁済を請求することができません。

＊合資会社では，無限責任社員と有限責任社員という2種類の社員の存在が要求されますから，いわゆる一人会社というものは存在しません。

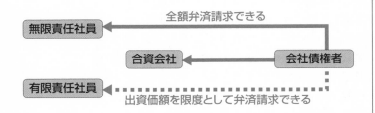

（4）　合同会社

　合同会社は，**有限責任社員だけで構成される会社**です。つまり，その社員は，会社債権者に対して自己の出資額を限度とする責任だけを負います。しかも，合同会社では，社員は出資の履行により社員となりますから，社員となった時点では出資義務は履行済みということになります。したがって，会社債権者は，会社財産から弁済を受けられないときでも，合同会社の社員に対して弁済を請求することはできないのです。この点では，株式会社と同様ですが，合同会社では利益の分配や議決権等は持分割合によらず自由に決定できるなど，**株式会社よりも柔軟に会社の内部的事項を定めることができる**という特色があります。

一歩前進

「人的会社」と「物的会社」

　これまで説明してきたとおり，会社法は，社員の責任態様を基準として株式会社と持分会社という区分を設けていますが，他に講学上，人的会社と物的会社という分類の仕方があります。それほど重要な意味を持つ分類とは思えませんが，伝統的な分類の仕方であり，用語としても定着していますから，一応その意味を押さえておきましょう。

　例えば，合名会社では，社員全員が会社債権者に対して一蓮托生の重い責任を負うところから，社員相互が個人的な信頼関係で結びついているのが通常です。したがって，このような会社では，社員の地位の譲渡も簡単には認められません。その反面，会社財産の重要性は比較的薄いといえるでしょう。人的会社とは，この合名会社のように社員の個性が濃厚で，社員と会社との関係が密接な会社です。合資会社も，どちらかといえば，人的会社としての要素が強いといえるでしょう。

　一方，株式会社では，社員が会社債権者に対して間接有限責任しか負わないところから，会社債権者にしてみれば，当てにできるのは会社財産だけということになります。つまり，重要な意義を持つのは会社財産だけであり，社員相互の信頼関係もほとんど問題となりません。したがって，このような会社では，社員の地位の譲渡も容易に認められることになります。このように，物的会社とは，株式会社のように社員の個性が希薄で，社員と会社の結びつきが弱い会社のことです。合同会社もどちらかといえば，物的会社としての要素が強いといえます。

人的会社と物的会社

区別	社員の個性の濃淡	種類
人的会社	個性が濃厚	合名会社・合資会社
物的会社	個性が希薄	株式会社・合同会社

Check

「『有限会社』について」

　平成18年5月の会社法施行前までは，有限会社法という法律により，有限会社という形態の会社の設立が認められていました。有限会社は，株式会社と同じく有限責任社員だけで構成される会社ですが，取締役会や監査役の設置が要求されない比較的小規模かつシンプルな形態の会社です。

　しかし，会社法の施行に伴い，有限会社法は廃止され，新たに有限会社を設立することはできなくなりました。それまでに設立され，存続している有限会社については，「会社法の施行に伴う関係法律の整備等に関する法律」（以下「整備法」といいます）により，会社法の規定による株式会社として存続することとされています。ただし，この点については，整備法により，一定の経過措置が執られています。それによると，会社法施行後，法律的には株式会社となるものの，実質的には有限会社として存続する道が開かれています。その場合，有限会社の商号は継続して使用することとなります。現在でも，「○○有限会社」という商号の会社が存在しているのは，このような事情によるものです。このように，法律上は株式会社として扱われるものの，実質的には旧有限会社である会社を特例有限会社といいます。この特例有限会社については，第14講でその概要を説明します。

ステップアップ

「民法上の組合」と「匿名組合」

　複数の者が出資をして共同事業を行う形態としては会社がその典型ですが，他にも共同事業の形態として，民法に「組合」，商法に「匿名組合」が規定されています。これらについては，あまり踏み込んだ学習は必要ありませんが，一応頭に入れておきましょう。

① 民法上の組合

　民法上の組合は，例えば，大規模な公共工事を複数の建設業者（企業）が共同して遂行する場合（いわゆるジョイント・ベンチャー）のように，2者以上の者が出資をして共同事業を営むことを約することにより成立します（民法667条1項）。会社の設立に際して，発起人が共同して設立行為を行うのも，発起人全員を組合員とする民法上の組合（発起人組合）と解されます。組合員の出資は金銭その他の財産のほか，労務や信用でもよいとされています（同条2項）。つまり，組合のメンバーとなって組合のために働くことも「出資」と

なるわけです。金銭等の出資財産は組合財産となり，総組合員の共有に属します（同法668条）。会社と違って，民法上の組合には法人格が認められず，組合の債務については各組合員が無限責任を負うことになります。組合の業務執行については，組合員の多数決によるのが原則ですが，常務（日常の業務）については，各組合員が単独で，または組合契約で選任した業務執行者が単独で行うことができます（同法670条）。民法上の組合は，複数の企業が構成員となり，共同でいわゆる合弁事業を行うのに適しています。なお，合弁事業の遂行には，複数の企業が出資して株式会社や合同会社あるいは有限責任事業組合を設立して行う等の方法も利用されます。

② 匿名組合

匿名組合は，当事者の一方（匿名組合員）が事業を行う者（営業者）に対して出資をし，その営業から生じる利益の分配を受けることを約することにより成立します（商法535条）。つまり，平たくいうと，営業者が匿名組合員から集めた財産を活用して利益を上げ，その利益を分け前として分配するという契約です。例えば，映画製作の資金を集め，完成した映画の興行収入を分配するというような形で匿名組合契約を利用することもできるでしょう。最近は，インターネットを利用して広く大衆から資金を募り事業展開するクラウドファンディングという手法の匿名契約も盛んになりつつあるようです。

匿名組合員は，事業に必要な金銭その他の財産を出資しますが（信用や労務での出資は認められません），外部に自分の氏名・名称を明らかにすることはありません。そういう意味で，「匿名」なのです。匿名組合員の出資は営業者の財産となり（同法536条1項），営業者はこれを元手に事業を行います。匿名組合員は，営業者の業務を執行し，または営業者を代表することはできません（同条3項）。つまり，匿名組合員が事業にタッチすることはありません。しかし，一定範囲で業務監視権が認められます（同法539条）。匿名組合員は，営業者の行為について，その相手方（第三者）に対して権利義務を有することはなく（同法536条4項），その氏名等を営業者の商号中に用いた場合あるいは自己の商号を営業者の商号として使用することを許諾した場合などを除い

て，営業者の相手方に対し責任を負うことはありません（同法537条参照）。営業者が，その事業活動によって利益を上げたときは，契約に基づき匿名組合員に分配されることになります。しかし，出資した財産が損失によって減少したときは，その損失が補てんされない限り，利益配当を請求することはできません（同法538条）。つまり，後年の事業活動によって損失を穴埋めできないと，利益配当も請求できないということです。匿名組合契約が終了したときは，営業者は，匿名組合員にその出資の価額を返還する義務を負います（同法542条本文）。しかし，出資が損失によって減少したときは，その残額を返還すれば足ります（同条ただし書）。

4　商号

　例えば，「日産自動車株式会社」とか「株式会社日立製作所」などのように，会社がその営業活動において自己を表示するために用いる名称が商号です。自然人が独立の法人格者としてそれぞれの名前を持っているのと同じように，会社も法人格者としてその同一性を識別するための商号が必要となるわけです。

　会社組織を採らない個人商人も商号を用いて営業を行うことができます。個人商人の商号については，商法総則に規定されていますが，会社法と同趣旨の規定がほとんどですので，ここでまとめて説明します。ただ，多少の異同がありますから，混乱しないように注意してください。＊

＊「商人」という用語の正確な法律的意味は，第15講で説明します。ここでは，「自分の名や商号を使って営業している個人または会社」というように単純に理解しておいてください。

ここが狙われる

　商号は文字で表示でき，発音が可能なものであることが必要です。したがって，ローマ字やアラビア数字などの符号を商号として使用することはできますが，図形を商号として用いることはできません。

(1)　商号単一の原則

　個人商人は，1個の営業について，1個の商号を持つことができます。これを「商号単一の原則」といいます。「1個の営業に

ついて1個の商号」ですから，個人商人が数個の営業を営むとき
は，営業ごとに別個の商号を使用することができます。設例1
で，Aが衣料品店のほか学習塾を営んでいるのなら，その営業ご
とに「A衣料品店」「A進学教室」のような別個の商号を使用す
ることができます。

　しかし，会社については，商号が会社そのものを表示する機能
を持つことから（会社法6条1項），数個の事業を営んでいる場
合でも，1個の商号しか使用することができません。逆にいうと
会社は，1個の商号を用いて，定款で定めた複数の事業を行うこ
とができます。例えば，「A産業株式会社」という商号で衣料品
販売業や進学塾の経営等の事業を行うことができます。

個人商人	1個の営業について1個の商号を用いることができる
会社	1個の商号で複数の事業を行うことができる

(2) 商号選定の自由とその制限

　個人商人は，例えば経営者Aの名を冠して「A衣料品店」「A
商会」などのように，その氏や氏名を使用して商号とすることが
でき，またAの名を冠することなく，その他の名称を自由に使用
して商号とすることもできます（商法11条1項）。*1

　これを「商号自由の原則」といいますが，これには次のような
制限があります。

① 会社の商号に対する制限

　会社は，その種類に応じて，必ず株式会社，合名会社，合資会
社，合同会社の文字をその商号中に用いなければなりません（会
社法6条2項）。取引の相手方にとって，自分が取引しているの
がどのような種類の会社であるかは，きわめて重要な問題です。
例えば，会社の種類が明確でなければ，取引の相手方が，相手先
の会社を合名会社と勘違いし，社員に対して請求できるはずだと
考えて取引したのに，実は株式会社であって社員に対しては請求
できない，というような事態が生じる可能性があります。このよ
うな弊害を避けるため，会社の種類を明確に知り得る状態にして
おく必要があるわけです。*2

　それと同じような趣旨から，会社は，その商号中に他の種類の

*1 商号と営業内容との関連性は要求されませんから，例えば，「お茶家」という名称で運送業や建設業を営むこともできます。

*2 逆に，会社でない者が，商号中に会社であると誤認されるような文字を使用することは禁止されています（会社法7条）。

27

会社であると誤認されるおそれのある文字を用いることは禁止されています（同条3項）。例えば，「甲衣料品販売合名株式会社」などのように，株式会社なのに合名会社と間違われるような文字を用いることはできません。

②　不正目的の商号使用の制限

何人も，不正の目的をもって，他の商人・会社であると誤認されるおそれのある名称や商号を使用することはできません（商法12条1項，会社法8条1項）。例えば，相手方を錯覚させて取引させる目的で「三菱物産株式会社」というような商号を使用することはできません。このような商号は，実在する「三菱商事株式会社」「三井物産株式会社」といった社会的に信用のある会社との誤認を生じさせる可能性があるからです。*1

このような名称または商号の不正使用によって営業上の利益を侵害され，または侵害されるおそれのある個人商人・会社は，侵害者に対し，その侵害の停止または予防を請求することができます（商法12条2項，会社法8条2項）。個人商人がこの請求をする場合，自らの商号を登記している必要はありません。商号の不正使用により損害を受けた商人や会社は，不法行為に基づく損害賠償を請求することもできます（民法709条）。

(3)　商号の登記

個人商人の場合は，商号を登記するかどうかは自由ですが（商法11条2項），会社は必ずその商号を登記しなければなりません（会社法911条1項・3項2号）。*2

しかし，すでに他の会社が登記した同一商号かつ同一本店所在地の登記はできません（商業登記法27条）。また，すでに他の個人商人が登記した同一商号かつ同一営業所の登記はできません。逆にいうと，同一の商号であっても，本店または営業所の所在場所が異なればその商号の登記は可能ということです。ただし，先に説明したとおり，不正目的での同一または類似商号の使用は許されません。

(4)　商号の譲渡

個人商人の商号は，営業とともにする場合または営業を廃止す

＊1 つまり，不正の目的とは，他人の築き上げてきた信用に「タダ乗り」して，不当に利益を上げる目的をいいます。

＊2 商法11条2項は，「商人は，その商号の登記をすることができる」と規定しています。条文上「～できる」との表現は一般に，「～しなければならない」と異なり，「～をしてもしなくてもよい」という意味を含んでいます。したがって，個人商人が商号を登記するかどうかは自由なのです。

る場合に限り，譲渡することができます（商法15条１項）。営業
から切り離して商号だけの譲渡を認めると，取引関係が混乱し取
引の安全が害されることになりますから，営業そのものとセット
にするか，譲渡人が営業を廃止する場合に限って，商号の譲渡が
認められるわけです。＊

＊商号は財産的価値
を有するものですか
ら，個人商人の商号
は相続の対象となり
ます（商業登記法30
条３項参照）。

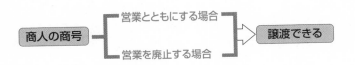

個人商人が登記済みの商号を譲渡した場合は，これを登記しな
ければ第三者に対抗することができません（同条２項）。例えば
設例1で，Aが，登記した「A衣料品店」の商号をEに譲渡した
後にFにも譲渡した場合，先にその登記を経由した者が商号に関
する権利を取得することになります。

以上の商号の譲渡に関する規定は，個人商人の場合にのみ適用
されることに注意してください。会社の場合は，商号は会社その
ものを表示するものですから，会社が存在する限り，商号だけの
譲渡は考えられないのです。

ステップアップ

「営業譲渡」

例えば，個人事業主が長年にわたって和菓子の製造販売を手がけてきたとす
ると，工場や店舗などの不動産，商品製造機器などの動産といった個々の営業
用財産はもとより，和菓子の商標権，得意先関係，商品製造上のノウハウと
いった有形・無形の価値が蓄積し，これらが一体として統一的な財産的価値を
持つことになります。営業とは，このような「一定の営業目的のために組織化
され，有機的一体として機能する財産」であり，営業譲渡は，その全部または
一部を契約により移転することです（最判昭40・9・22）。単なる営業用財
産の譲渡とは異なることに注意してください。

営業譲渡により，営業を譲渡した個人商人（譲渡人）は，同一市町村の区域
内および隣接市町村の区域内で，その営業を譲渡した日から原則として20年
間，特約をすれば30年の期間内において同一の営業をすることを禁じること

ができる（競業避止義務，商法16条1項・2項）ほか，次のような規制に服することになります。

　営業を譲り受けた商人（譲受人）が，それとともに譲渡人から商号も譲り受け，その商号を引き続き使用する場合，譲受人は，譲渡人の営業から生じた債務を弁済する責任を負います（同法17条1項）。設例1で，Aからその営業と商号を譲り受けた商人Gが，「A衣料品店」という商号を引き続き使用して営業した場合，Gは，Aの営業から生じた債務も弁済する責任を負わなければならないことになります。もっとも，営業譲渡の後，譲受人が譲渡人の債務を弁済する責任を負わない旨を登記した場合は，その責任を免れることができます。また，遅滞なく，譲受人および譲渡人から第三者に対し，譲受人が責任を負わない旨を通知したときも，その第三者に対する責任を免れます（同条2項）。この2つの規定は営業の譲受人を保護する趣旨ですが，他方，譲渡人と取引した第三者を保護する規定も設けられています。すなわち，譲渡人の営業によって生じた債権について，譲渡人の商号を引き続き使用している譲受人にした弁済は，弁済者が善意でありかつ重大な過失がないときは，その効力を有するとされています（同条4項）。

　なお，会社法上は，「事業の譲渡」という用語が使われていますが，その意味は，上記の営業譲渡と同じです。会社の事業譲渡の場合も，譲渡会社に競業避止義務が課せられ（会社法21条1項），また，譲受会社が譲渡会社の商号を引き続き使用するときは，上記個人商人の場合と同趣旨の規定が置かれています（同法22条）。会社の事業譲渡の詳細については，P350以下 **一歩前進** を参照してください。

（5）名板貸人の責任

　他人に対し，自己の商号を使用して営業または事業を行うことを許諾することを「名板貸」といいます。その許諾をした者を名板貸人，許諾を得て他人の商号を使用する者を名板借人といいます。

　名板貸人である商人・会社は，自己を営業主と誤認して取引をした者に対し，名板借人と連帯して当該取引によって生じた債務を弁済する責任を負わなければなりません（商法14条，会社法9条）。この名板貸人の責任は，取引上の外観を信頼した相手方を保護するための制度ですから，例えば名板借人が交通事故を起こ

して負担した不法行為債務については，名板貸人との連帯責任は生じません。しかし，取引行為の外形を有する不法行為により生じた債務については，「取引によって生じた債務」として連帯責任が生じると解されます。*1

商号使用の「許諾」とは，名板貸人が，名板借人に対し明示的に自己の名称使用を許した場合のほか，名板借人が勝手に名板貸人の商号を使用しているのを知りながら，これを放置した場合も含みます。

設例1で，Aが「A衣料品店」の商号を使用して営業を行うことをBに許諾し，Bが，「A衣料品店」の名義で衣料品卸商Cと商品の売買契約をしたとします。この場合契約はBC間で成立しますが，Cが自分の取引しているのはAであると誤認して商品の売買契約をしたとすると，AおよびBは，Cに対し連帯して代金債務を弁済する責任を負わなければなりません。つまり，取引の相手方Cは，名板貸人A，名板借人Bのいずれに対しても債権全額の弁済の請求をすることができます。*2

*1 例えば，取引に際して名板貸人が詐欺的行為を行い，これによって契約が締結されたような場合には，名板貸人は，連帯責任を負うことになります（最判昭58・1・25）。

*2 名板借人の営業が名板貸人の営業と同種でなければ，原則として名板貸人の責任は生じません（最判昭43・6・13）。

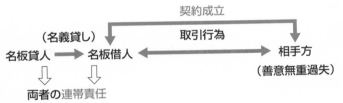

ここが狙われる

Cが名板貸人Aに対して責任を追及するためには，BをAと誤認したことについて重大な過失がないことが必要です（最判昭41・1・27）。いいかえると，Cは，通常の過失（軽過失）があるに過ぎないときはAに責任を追及することができますが，重大な過失があるときはAに対する責任追及はできません。

閑話休題

「商標」について

商号と似た用語に商標というものがあります。この2つの用語がどう違うのか，関心を持たれている方もあるかと思いますので，簡単に説明します。商標は，例えばメーカーであるA社が，自社の商品と他社の商品を識別できるようにするため，

文字や図形，記号等を用いて，あるいはそれらを結合させ，営業上使用するマークです。Ａ社のようなメーカーが生産・販売する商品につけるマークを商品商標（トレードマーク）といいます。例えば，「トヨタ自動車株式会社」という名称は商号ですが，同社製の車に使用されているロゴマーク（右を参照）は商標です。また，運送会社，航空会社，ホテルなどの役務の提供（サービス業）を営む会社も商標を使用することができ，そのような会社の使用する商標を役務商標（サービスマーク）といいます。例えば，「日本航空株式会社」が用いている「JAL」というマークは役務商標です。商標は，商号と同じく企業の「ブランドイメージ」を形成する重要な標識ですから，登録を受けることによって「登録商標」となり，商標法による保護の対象となります。つまり，登録を受けることによって商標権者となった者は，他人が自己の商標と同一または類似の商標を無断使用しているときは，「人の商標を勝手に使うな。使用をやめろ！」とその差止請求をすることができ，無断使用によって損害を受けたときは損害賠償請求も可能です。なお，商号や商標が，不正競争防止法上の「周知表示」または「著名表示」に該当するときは，同法に基づく使用差止請求，信用回復措置請求の対象となり，また不法行為に基づく損害賠償請求の対象ともなり得ます。

5　商業登記

(1)　意義

　商業登記とは，会社や個人商人に関する一定の事項を商業登記簿に記載して公示することをいいます。商業登記簿には，商号・未成年者・後見人・支配人・株式会社・合名会社・合資会社・合同会社・外国会社といった9つの種類があり，これらの各登記簿が登記所に備えられています（商業登記法6条）。

　会社や個人商人と取引しようとする第三者は，この商業登記簿を閲覧することによって，相手方である会社や商人に関する一定の情報を得ることができ，これによって，取引の安全が一定程度保たれることになります。

(2)　商業登記の効力

　商業登記の効力に関しては，会社法と商法に同一内容の規定が設けられています。つまり，会社の場合と個人商人の場合とをパ

ラレルに理解することができます。

① 一般的効力——消極的公示力と積極的公示力

登記すべき事項は，登記の後でなければ（登記の前には）善意の第三者に対抗することができません（会社法908条1項前段，商法9条1項前段）。これを消極的公示力といいます。例えば，設例2で，Aが「甲衣料品販売」という会社の代表者であったとしても，その旨の登記がなされていなければ，甲社は，Aが代表者であることを善意の第三者に主張することができません。逆に，取引の相手方である第三者の側からは，Aが甲社の代表者であるとの主張をすることはできます。

また，登記の後であっても，第三者が正当な事由によってその登記があることを知らなかったときは，その第三者に対抗することができません（会社法908条1項後段，商法9条1項後段）。これは，逆にいうと，いったん登記をした後は，原則として，悪意の第三者に対してはもとより善意の第三者に対しても当該事項を主張できるということです。これを積極的公示力といいます。*

② 不実登記の効力

故意または過失によって不実の事項を登記した者は，その事項が不実であることをもって善意の第三者に対抗することはできません（会社法908条2項，商法9条2項）。「不実」とは，登記された事項が真実と異なることです。設例2で，甲社が誤って代表者でないHを代表者として登記したとき，甲社は，Hを代表者として誤信した善意の第三者に対し，Hが代表者でないということを主張することができません。例えば，Hが甲衣料品販売株式会社の代表者として，衣料品卸商Bと売買契約を締結したとき，甲社とBの間で有効に契約が成立し，甲社はBに対して代金債務を負担することになります。

*「第三者が正当な事由によってその登記があることを知らなかったとき」とは，第三者が登記を知ろうとしても知ることができない客観的な障害があった場合です。例えば，災害による交通途絶，登記記録の滅失等の事由を指し，病気とか長期の旅行といった事情は，これに当たりません。

> **実戦過去問**　　　　　　　　　　　　　　公認会計士　平成 19 年度

　会社の法人性に関する次のア〜オまでの記述のうちには，正しいものが二つある。その記号の組合せの番号を一つ選びなさい。

ア　会社は法人であり，その名において権利を有し義務を負うので，株主または社員が会社の債務に対して直接に責任を負うことはない。

イ　会社は，合名会社の社員や合資会社の無限責任社員になることができない。

ウ　清算をする会社は，清算の目的の範囲内においてのみ権利能力を有し，現務の結了のために行う商品の売却，仕入れ等をすることができる。

エ　会社による政治資金の寄附は，客観的，抽象的に観察して，会社の社会的役割を果たすためになされたものと認められる限りにおいては，会社の定款所定の目的の範囲内の行為であるとするのが判例である。

オ　株式会社と株主個人の間において業務および財産に継続的混同があるときには，会社の法人としての存在を全面的に否定し，会社法人格の背後にある個人をとらえてその責任を問う法人格否認の法理を認めるのが判例である。

1　アイ　　　　　2　アエ　　　　　3　イオ　　　　　4　ウエ　　　　　5　ウオ

解　説

ア　×　合名会社，合資会社の無限責任社員は，一定の場合会社の債務について直接責任を負います（会社法580条1項）。

イ　×　法人も無限責任社員となることができます（会社法598条）。この点については，P369側注を参照してください。

ウ　○　清算会社は，清算の目的の範囲内で権利能力が認められます（会社法476条）。この点については，P358を参照してください。

エ　○　八幡製鉄政治献金事件（最大判昭45・6・24）での最高裁の見解です。

オ　×　法人格否認の法理は，会社の法人としての存在を全面的に否定するものではありません。

以上より，正しいものはウエであり，正解は肢4となります。

正解　4

　個人商人の商号又は営業譲渡に関する次の記述のうち，正しいものの組合せとして最も適切な番号を一つだけ選びなさい。

ア　自己の商号を使用して営業を行うことを他人に許諾した商人は，当該商人が当該営業を行うものとして誤認して当該他人と取引をした者に対し，当該他人と連帯して，当該取引によって生じた債務を弁済する責任を負う。

イ　商人がその氏，氏名その他の名称を商号として選定した場合には，これを登記しなければならない。

ウ　営業を譲渡した商人が負う商法上の競業避止義務は，当事者の特約によって排除することはできない。

エ　営業を譲り受けた商人が譲渡人の商号を引き続き使用する場合には，当該譲渡人の営業によって生じた債権について，当該商人にした弁済は，弁済者が善意でありかつ重大な過失がないときは，その効力を有する。

| 1　アイ | 2　アウ | 3　アエ | 4　イウ | 5　イエ | 6　ウエ |

解　説

ア　○　名板貸人の責任に関する条文通りの記述です（商法14条）。この条文の「商人」を「会社」に置き換えても正しい記述となります（会社法9条）。

イ　×　商人は，その商号の登記をすることができます（商法11条2項）。つまり，「登記しなければならない」わけではありません。

ウ　×　営業を譲渡した商人は，当事者の別段の意思表示がない限り，同一市町村および隣接市町村の区域内で競業避止義務を負います（商法16条1項）。つまり，この競業避止義務は，「別段の意思表示」すなわち特約によって排除することができます。

エ　○　営業の譲受人が譲渡人の商号を引き続き使用する場合，当該譲渡人の営業によって生じた債権について，当該商人（譲受人）にした弁済は，弁済者が善意無重過失であるときは，有効です（商法17条4項）。

　以上より，正しいものはアエであり，正解は肢3となります。

正解　3

実戦過去問　　　　　　　　　　　　　　行政書士　平成 20 年度

匿名組合に関する次の記述のうち，誤っているものはどれか。

1　匿名組合員は，信用や労務を出資の目的とすることはできず，金銭その他の財産のみを出資の目的とすることができる。

2　匿名組合員による出資は，組合の財産を形成することはなく，営業者の財産に属する。

3　匿名組合員は，営業者の行為について，第三者に対して権利および義務を有しないが，匿名組合員が自己の商号などを営業者の商号として使用することを許諾したときには，その使用以後に生じた債務について，営業者と連帯してこれを弁済する責任を負う。

4　匿名組合員は，営業者の業務を執行し，または営業者を代表することができない。

5　匿名組合契約が終了したときは，営業者は，匿名組合員に対してその出資の価額を返還しなければならず，出資が損失によって減少した場合には，営業者は，その減少額をてん補して匿名組合員に出資の価額を返還する義務を負う。

解　説

1　○　匿名組合員は，金銭その他の財産のみを出資の目的とすることができます（商法536条２項）。

2　○　匿名組合員の出資は，営業者の財産に属します（商法536条１項）。

3　○　匿名組合員は，自己の商号を営業者の商号として使用することを許諾したときは，その使用以後に生じた債務については，営業者と連帯してこれを弁済する義務を負います（商法537条）。

4　○　匿名組合員は，営業者の業務を執行し，または営業者を代表することができません（商法536条３項）。

5　×　匿名組合契約終了の際，営業者は，匿名組合員にその出資の価額を返還する義務を負いますが，出資が損失によって減少したときは，その残額を返還すれば足ります（商法542条）。

正解　5

【第2章】株式会社の基本的仕組みと株式および株主

2 株式会社の基本的な仕組み

学習ナビゲーション

　現代社会において，株式会社は経済活動の主体としてきわめて重要な地位を有し，会社法上も，株式会社に関する規定が圧倒的な多数を占めています。各種の試験においても，会社法からの出題は，そのほとんどが株式会社に関する理解・知識を問うものです。したがって，株式会社については，全般にわたって深い理解と正確な知識を習得しておく必要があります。本講では，本格的に会社法の学習に入る前の予備的段階として，株式会社の基本的な構造・制度について大まかに説明します。本講で説明する内容は，後々の講でも繰り返して説明することになりますが，ここで株式会社の基本的仕組みの大枠を押さえておくことによって，会社法の全体的な理解が容易となるでしょう。

　続けて，次講から第5講までは株式および株主，さらに会社の資金調達に関する事項を詳述し，株式会社の設立については会社の組織再編と併せて第5章で詳述することにします。

1　株式と株主の有限責任

　株式と株主の有限責任は，株式会社の基本的な2大特質ということができます。いずれも，大規模な会社の成立を可能とするシステムです。

　また，株式会社には資本金という制度が設けられています。これは，会社財産の適正な確保を目的とするものです。

株式会社の2大特質 ─┬─ 株式
　　　　　　　　　　└─ 株主の有限責任

(1) 株式

> **設例３**
>
> 甲株式会社は，１株あたり５万円で１万株の株式を発行した。

① 株式会社の資金調達手段

　株式会社は，その事業資金を調達するために，金融機関からの借入れ，社債の発行といった方法のほかに，株式を発行するという手段を持っています。つまり，株式会社は，株式を発行して（売り出して），株式引受人にその引受価額に相当する資金を払い込んでもらう（買ってもらう）ことにより，必要な事業資金を手にすることができます。**設例３**では，甲株式会社は株式の発行により，発行に要する費用を別にすれば，５万円×１万株＝５億円の資金を得ることができることになります。このように株式は，機能的にみれば，株式会社の資金調達の手段の１つということになります。しかも，株式発行によって会社が取得した資金は，借入金や社債と違って，原則として株主に償還する（払い戻す）必要はありません。「濡れ手に粟」と言っては言い過ぎかもしれませんが，株式は，広く大衆からその余剰資金をかき集め，莫大な資金を結集し得るように仕組まれた，非常に効率的かつ合理的な集金システムなのです。＊

　ところで，株式会社が株式を発行して効率的に広く大衆から資金集めをするためには，株式というものをできる限り買い易くしておく必要があります。そこで，株式は，比較的小さい単位に細分化され，株式を買おうとする人の資金力に応じて購入できるようになっています。**設例３**では，１株あたりの単価は５万円ですから，資金力に余裕のあるリッチな人は，500万円を出して100株買うこともできるし，50万円しか手元にない人でも10株を買うことはできるのです。

＊株主は，会社からの払戻しを受けることができないということから，その投下資本を回収する手段として，原則として株式を自由に譲渡することが認められています（127条）。

株式会社 →（株式発行）→ 引受人（出資者）

引受人（出資者）→（出資（引受価額の払込み））→ 株式会社

株式会社 ⇩ 必要な資金を調達

②　株式会社における社員たる地位

　以上は，株式会社の資金調達手段という側面からみた株式の機能です。他方，株式を引き受ける（買う）側からすると，引受人（買主）は，引受価額の払込み（代金の支払い）をすることにより，その出資額に応じて会社に対する持分を取得し，その会社の社員すなわち株主となります。

　設例3で，Aが100株分，Bが10株分の資金を出資して甲株式会社の株主となったとすると，それぞれの持株数に応じて「社員たる地位」を取得することになるわけです。会社法の解説書に，株式の定義として，「株式とは，細分化された割合的単位の形をとる株式会社の社員たる地位である」と書いてあるのは，このような意味です。株主は，カネを出して社員たる地位を買ったことになるのですから，その持株数すなわち出資額に応じてその株式会社の実質的な所有者となり，会社に対してさまざまな権利が認められることになります。会社に対してカネを出した以上，それに見合うだけのリターンは期待できるわけです。＊

　株主の権利の種類と内容については，次講で詳述します。

＊会社に対してより多くの出資をし，株主総会における過半数の議決権を握った者は，「筆頭株主」として会社を意のままに支配することが可能となります。

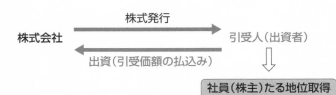

(2)　株主の間接有限責任

　前講で説明したとおり，株主は，会社債権者に対して弁済の義務を負うことはなく（間接責任），自分の引き受けた株式の引受価額を会社に払い込めば，あとは一切の責任を負いません。会社債権者から弁済を迫られることはあり得ないし，また，会社から追加的な出資を義務づけられることもないのです。つまり，株主の責任は，株式の引受価額を限度とする有限責任ということになります。これを「株主有限責任の原則」といいます。

参照条文
「会社法104条」
株主の責任は，その有する株式の引受価額を限度とする。

　この株主有限責任の原則も，株式会社が広く大衆から資金を集めることを可能とするために合理的に仕組まれたシステムということができます。つまり，合名会社の無限責任社員のような重い責任（会社債権者に対する直接無限責任）を負わなければならないとすると，出資して株主となることに二の足を踏まざるを得ないでしょう。株主の責任が出資価額を限度とする有限責任とされていることによって，最悪の場合でも株式の購入額の損失だけを覚悟すればよいのですから，出資者は安心して株主となることができ，ひいては出資の結集が容易となるわけです。

　さらに，株主有限責任の原則には，リスク分散の機能もあり，大規模な株式会社の成立を可能にするテクニックということもできます。つまり，株式会社が業績不振に陥りその経営が立ち行かなくなったときでも，多くの人がリスクを負担する結果，1人あたりの損失は少なくてすみます。そのため，多くの人からの出資を期待することができ，会社を大規模化するのに適しているわけです。

Check

「資本金」

　資本金という言葉は，「あの会社は，資本金○○億円の大会社だ」などと，株式会社の規模や信用を測る尺度のように使われることがあります。会社の案内パンフレットなどにも，「当社は資本金○○億円」などと誇らしげに書いてあるのをみかけます。そこには，「資本金の額が大きければ大きいほど金持ちの優良会社だ」という意識が込められているように思われます。しかし，会社法で使われる資本金という言葉は，そのようなニュアンスを持つものではありません。

　資本金の額は，原則として，設立または株式の発行に際して株主となる者が，会社に対して払い込み，または給付した財産の総額として算出されます（445条1項）。つまり資本金は，かつて会社に対しそれに相当する額の財産が拠出されたことがあるということを示す計算上の数額であって，現実に会社が資本金に相当する財産を保有していることを保障するものではありません。会社が現実に保有している財産は，その企業活動によって日々変動するのですから，ある時点において会社財産が資本金の額を上回ることもあれば，下回ることも当然あるわけです。それなら，資本金の額なんて何の意味もないじゃない

か，と思われるかもしれませんが，決してそうではありません。

　株式会社においては，株主有限責任の原則が採られているため，会社債権者が当てにできるのは，会社財産以外にありません。そうすると会社が，営業活動によって上げた利益を大盤振る舞いして株主に分け与えたりすると，会社の弁済の資力が減少して会社債権者が不利益を被ることになりかねません。このような弊害を防止するために，会社法は，資本金の額に相当する財産を安定して維持するよう努めることを要求し（資本維持の原則），また，いったん定めた資本金の額を減少するには厳重な手続を経ることを要求しています（資本不変の原則）。

　この資本金制度の機能は，株主に対する配当をする際の剰余金の算定に際して最も端的に表れます。すなわち，株主に対する配当の対象となる財源を剰余金といいますが，この剰余金の額は，大雑把にいえば，会社の保有している純資産の額から資本金の額等を控除して算出されます。つまり，最低限資本金の額を上回る会社財産が存在しなければ，株主に対する配当はできないということになります。実際の計算はきわめて複雑ですが，ここでは，資本金の額が会社財産流出に対する重要な歯止めとして機能していることを理解していただけたら十分です。

　資本金については，第11講で再度説明します。

2　所有と経営の分離

設例4

　機械メーカー甲株式会社は，株主数1万名，資本金100億円の会社である。

設例5

　工作部品メーカー乙株式会社は，株主数5名，資本金1000万円の会社である。

　上述のとおり，株式は，株式会社が広く大衆から資金を集めることにより，大規模な会社の成立を想定したシステムです。そうすると，現実に株主数が数十万名にも達するような巨大な株式会

社も出現することになります。

　株主は，株式会社の実質的な所有者ですから，本来はその会社に関する一切の事項を決定することのできる権限を持っているはずです。しかし，会社が多数の株主を抱えていたとしても，会社経営に参加意欲があり，かつ，その経営能力の高い株主はきわめて少数です。大多数の株主は，「株で儲ける」つまり市場での株価の騰落にしか興味がないのが実情です。また，仮にすべての株主に会社の運営，管理等の細部にわたる事項にまで決定を委ねるとすると，非効率この上なく，また適切かつタイムリーな経営判断は不可能となってしまうでしょう。そのようなことから，株式会社においては，株主は株主総会という機関を構成して会社の基本的事項に関する意思決定に参加するが，会社の具体的な経営に関する決定については，経営に関する専門的能力を持ち，経営のプロというべき取締役に委ねるというシステムが採られることになります。このように，会社の実質的所有者である株主が直接経営にタッチするのではなく，他の者に具体的な経営を担当させることを「所有と経営の分離」という言葉で表現するわけです。

　ところで，以上の説明は，設例4のような大規模な株式会社によく当てはまるといえるでしょう。しかし，社会に存在する株式会社は，実は，設例5のような町工場程度の小規模なものが圧倒的に多いのが現実です。そのような株主数名程度の小規模な株式会社においては，同族的・家族的経営がなされていることが多く，ほとんどの場合少数のオーナー株主が実際の経営に当たっています。すなわち，このような株式会社では，所有と経営が一致しているわけです。

　このように，一口に株式会社といってもさまざまなタイプがありますから，設例5のような所有と経営が一致している小規模な株式会社に対して，設例4のような所有と経営が分離している大規模な株式会社と同一の規制をしたのでは，その円滑な運営が妨げられるおそれがあります。会社法は，上に述べたような現実を

考慮して，会社の実情に応じた運営を可能とする制度的配慮をしています。

　そのうち，公開会社と非公開会社の区別は，株式会社に関する会社法上の規制を理解するためのキー・ポイントとなる重要な概念です。この区別は，後の講でも随所に登場してきますので，次の　Check　でその定義・内容を一応頭に入れておいてください。それとともに，会社法上，「大会社」および「親会社・子会社」という概念が用いられていますから，併せてこれらについても覚えておきましょう。

Check

「公開会社と非公開会社」

　株主は，株式購入代金として会社に払い込んだ金額を会社から払い戻してもらうことができないのが原則です。そのため，株主の投下資本を回収する手段として株式譲渡の自由が保障されています（127条）。つまり，株主は買った株を売って，その代金を回収するしかないのです。株主が株を売るということは，会社にとってみれば，それによって株主が交代することを意味します。設例4のような大規模な株式会社は，いわゆる物的会社の典型であり，通常は誰が株主になろうと差し支えありませんから，一般にこの自由が保障されることになります。つまり，このような会社では定款で株式の譲渡を制限する定めは置かれないのが通常です。このように，その発行する全部または一部の株式の内容として，譲渡による当該株式の取得について株式会社の承認を要する旨の定款の定めを設けていない株式会社を公開会社といいます（2条5号）。要するに，公開会社とは，一部でも譲渡制限を定めていない株式を発行している株式会社のことです。*1

　これに対し設例5のような小規模な会社では，構成員である株主の個性が濃厚であり，誰が株主になるかによって会社経営の方向性が左右されることになります。下手をすれば，会社を誰かに「乗っ取られる」ことにもなりかねません。そこで，会社経営上，株主になって欲しくない人が株主になることを防止するために，定款に株式の譲渡制限の定めを置くことが認められています。定款で株式の全部について譲渡制限の定めを設けている株式会社は，非公開会社ということになります。*2

　会社法では，公開会社であるか非公開会社であるかによって異なった規制をしている例が数多くみられます。例えば，公開会社では，必ず取締役会を設置

しなければなりませんが，非公開会社では，必ずしもその設置は要求されません。また，公開会社においては，定款を変更して発行可能株式総数を増加させる際，発行済株式総数の４倍を超えてはならない，という制約がありますが，非公開会社にはこの規制は適用されません。さらに，非公開会社においては，剰余金の配当，残余財産の分配，株主総会の議決権に関する事項について，株主ごとに異なる取扱いを行う旨を定款で定めることができます。これは株主平等の原則に反する内容の規制を認めるものであって，公開会社では認められません。その他，随所に差異が設けられていますが，これは株式会社の実情に応じた規制を可能にすることを目的としていることを理解しておいてください。

＊１ 「公開会社」という言葉は，これまで一般的に，「金融商品取引所（証券取引所）に株式を上場している会社」という意味に用いられてきましたが，会社法上の意味は，上記のようにそれと全く異なっていますから注意しましょう。公開会社であるからといって，株式を上場している必要はありません。もっとも，上場会社は，その株式を譲渡することは自由でなければなりませんから，すべて公開会社ということになります。

＊２ 公開会社については，会社法に定義規定が設けられていますが（２条５号），それ以外の会社について会社法は，「公開会社でない株式会社」とだけ表現しているに過ぎません。そのため，公開会社でない株式会社は，「株式譲渡制限会社」とか「閉鎖会社」などとも呼ばれますが，本書では，上記のとおり「非公開会社」という用語を用いることにします。

「大会社」

大会社とは，会社法の定義によれば，「最終の事業年度に係る貸借対照表において，資本金の額が５億円以上または負債の額が２００億円以上である会社」のことです（２条６号）。「最終の事業年度に係る貸借対照表」が基準となりますから，例えば年度内に増資により資本金が５億円以上となっても，直ちに大会社とはなりません。後の株主総会で貸借対照表が承認されることによって大会社としての扱いを受けることになります。本書では，大会社以外の会社を「中小会社」ということにします。大会社と中小会社の区別は，例えば，「公開会社でかつ大会社は監査役会および会計監査人を置かなければならない」というように，公開会社と非公開会社の区別と相まって，主に株式会社の機関設計

との関係で意味を持ってきます。この点については，第6講で詳述します。

「親会社・子会社」

　例えば，A株式会社がB株式会社の過半数の株式を保有している株主であったとします。この場合A社は，B社の株主総会の議決権の過半数を握っているのが通常ですから，B社の経営を支配しているという関係に立ちます。このように，総株主の議決権の過半数を有していること等により，ある会社（A社）が他の会社（B社）の経営を支配しているという関係がある場合，支配しているA社を親会社，支配されているB社を子会社といいます（2条3号・4号）。また，B社がC株式会社の総株主の議決権の過半数を保有しているときは，B社がC社の親会社であるとともに，A社もC社の親会社となります（C社はA社の「孫会社」と呼ばれることがあります）。

　さらに，会社法施行規則は，保有議決権数が半数以下であっても会社が他の会社の財務及び事業の方針の決定を支配している等実質的な要件を満たした支配・被支配の関係が認められる場合にも，親会社・子会社の関係が設定されるケースを細かく規定しています。（同規則3条，3条の2）。もっとも，試験対策的には，実質的な基準に深く立ち入ることなく，上記の形式的な基準を頭に入れておけば十分と思います。

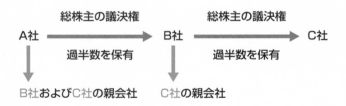

　親会社・子会社間の支配・被支配の関係は双方の会社の経営や財務関係に多大な影響を生じることがあります。会社法はその間の適切・公正を確保するための様々な規制を設けています。それらの規制については，該当箇所で個別に説明していくことにします。

公開会社であり，かつ大会社に関する次の記述のうち，会社法の規定に照らし，誤っているものはどれか。

1　譲渡制限株式を発行することができない。
2　発行可能株式総数は，発行済株式総数の４倍を超えることはできない。
3　株主総会の招集通知は書面で行わなければならない。
4　会計監査人を選任しなければならない。
5　取締役が株主でなければならない旨を定款で定めることができない。

解　説

1　×　公開会社とは，その発行する株式の全部または一部の株式の内容として譲渡による当該株式の取得について株式会社の承認を要する旨の定款の定めを設けていない株式会社のことです（２条５号）。そうすると，定款で発行する一部の株式の内容として譲渡制限を定めている公開会社は，残部について譲渡制限株式を発行することができます。したがって，「譲渡制限株式を発行できない」と断定することは誤りです。この点に気づけば，あっけなく答えが出てしまいます。

2　○　公開会社が定款を変更して発行可能株式総数を増加する場合，当該定款変更後の発行可能株式総数は，発行済株式総数の４倍を超えることができません（113条３項１号）。

3　○　株式会社が取締役会設置会社である場合，株主総会の招集通知は書面で行うことが義務づけられています（299条２項２号）。そして，公開会社は取締役会設置会社ですから（327条１項１号），書面で招集通知をしなければなりません。この点については，該当箇所（P149）を学習する際に確認してください。

4　○　大会社でかつ公開会社である株式会社は，監査役会および会計監査人を設置しなければなりません（328条１項）。

5　○　公開会社では，取締役が株主でなければならない旨を定款で定めることができません（331条２項本文）。P181 ここが狙われる を参照してください。

　本問で，大会社であるか否かが意味をもつのは，肢４だけです。他の肢は大会社であるか否かによって規制に差が設けられていません。

正解　1

③ 株式と株主の権利

学習ナビゲーション

　本講から第5講まで，株式会社の本質的要素である株式に関する事項を詳述していきます。株式をめぐる論点は多岐にわたりますが，その内容をきちんと把握しておかなければ，株式会社の法律関係を正確に理解することはできません。したがって，全般的に充実した正確な知識を習得することが必要です。

　もっとも，会社法は株式に関する多数の条文を設けていますが，最初から枝葉末節的な細かい事項にこだわり過ぎると全体的な構造がなかなかみえてきません。まずは，制度の骨格となる基本的な内容を押さえることを主眼として学習し，その後に発展的な学習に取り組んでください。

　本講では，株式の一般的な説明とその種類および株主の権利を解説します。

1　株式

設例6

　甲株式会社の発行済株式総数は，1万株である。Aは1000株，Bは100株，Cは10株の株式を有する甲社の株主である。

　株式とは，株式会社における社員たる地位であり，それは均一に細分化された割合的単位の形をとります。株式の所有者である株主は，この均一に細分化された株式を複数保有することができます。これを持分複数主義といいます。設例6では，A・B・Cは，それぞれ10分の1，100分の1，1000分の1の割合で，甲株式会社に対する持分を有することになります。

　このように，株式が均一に細分化されていることにより，株式の譲渡は容易となり，その結果個性のない多数の株主を容易に結

集することができます。また，株式が割合的単位の形をとることから，株主の会社に対する法律関係も明快なものとなります。議決権の行使や剰余金の配当は，持株数の大小に応じてその影響力や額が定まることになります。つまるところ，多くの株式を取得して大きな単位を有する株主は，少数の株式しか持たない株主よりも会社に対してより多くの権利を持ち，より強い影響力を行使でき，より多くの経済的リターンを得られることになります。

一歩前進

　持分会社では，例えば，300万円を出資した者は300万円の持分，100万円の出資者は100万円の持分を１つずつ持つというように，社員は出資に応じた持分を各自１つだけ持つことになります。これは持分単一主義と呼ばれます。

Check

「株式の共有」

　甲株式会社の株主Ａが死亡し，ＢおよびＣが，Ａを相続したような場合，Ｂ・Ｃが甲社の株式を共有（正確には「準共有」）することになります。このような株式の共有状態が生じた場合，株主全員で権利を行使するのは煩雑であり，会社の事務処理も面倒になりますから，事務処理上の便宜のために次のような方法が定められています。

　共有者が，当該株式についての権利を行使する者１人を定め，会社に対し，その者の氏名または名称を通知しなければ，会社が権利行使に同意した場合を除いて，当該株式についての権利を行使できません（106条）。上記の例でいえば，ＢまたはＣは，そのいずれかを権利行使者と定めて，会社に通知することになります。そして例えば，Ｂを権利行使者と定めて甲社にその旨を通知した場合，Ｂは，共同相続人Ｃとの間に意見の相違があっても，自己の判断に基づき単独で株主総会での議決権を行使することができます（最判昭53・4・14）。誰を権利行使者とするかは，共有物の管理行為に当たります（民法252条）。したがって，持分の価格に従いその過半数をもって決することになります（最判平9・1・28）。ちなみに，株式の売却等の処分は共有物の変更に当たりますから，全員の承諾を必要とします（同法251条）。

　株式の共有者は，株式会社が株主に対してする通知または催告を受領する者

　１人を定め，当該株式会社に対し，その者の氏名または名称を通知しなければ
なりません（会社法126条３項前段）。この通知をしておかなければ，株式会
社が株式の共有者に対してする通知または催告は，そのうちの１人に対してす
れば足りることとされています（同条４項）。したがって，甲社に対し，Bま
たはCのいずれかを権利行使者とする旨の通知をしておかなかったときは，甲
社は，株主総会の招集通知等をBまたはCのいずれかの株主名簿上の住所に宛
てて発送すれば足ります。

用語の説明 「準共有」
所有権以外の財産権が数人に共同に帰属する状態をいいます。その法律関係については，原
則として民法の共有に関する規定が準用されます（民法264条）。

2　株主

(1) 株主の権利

① 株主の基本的な権利

　株主は株式会社の実質的所有者ですから，株主たる地位に基づ
いて，会社に対しさまざまな権利が認められます。そのうち，会
社法は，株主の基本的かつ主要な権利として，（ⅰ）剰余金の配
当を受ける権利，（ⅱ）残余財産の分配を受ける権利，（ⅲ）株主
総会における議決権の３つを特に明示し（105条１項），株主に上
の（ⅰ）および（ⅱ）の権利の全部を与えない旨の定款の定め
は，その効力を有しないとしています（同条２項）。「最低限カネ
をもらえる権利だけは保障する」といっているに等しいのですか
ら，まさに営利団体である株式会社の本質を表す規定ということ
ができます。＊

＊この規定を反対解
釈すれば，株主に株
主総会における議決
権の全部を与えない
旨の定款の定めも有
効ということになり
ます。また，剰余金
配当請求権または残
余財産分配請求権の
いずれか一方を与え
ない旨の定めは有効
です。

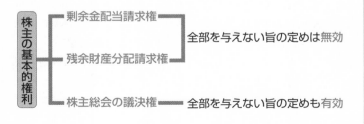

　なお，公開会社でない株式会社（非公開会社）では，上記

（ⅰ）（ⅱ）（ⅲ）の事項について，株主ごとに異なる取扱いをすることが認められていることに注意が必要です（P54「株主平等原則の例外」参照）。

② 株主の権利の分類

（ⅰ）自益権と共益権

株主の権利は，権利の行使の目的（権利の内容）に着目すると自益権と共益権に分類することができます。自益権とは，剰余金配当請求権，残余財産分配請求権，株式買取請求権などのように，株主が会社から直接経済的利益を受けることのできる権利です。一方共益権とは，株主総会における議決権，株主代表訴訟提起権のように株主が会社の経営に参加できる権利です。もっとも，会社の経営に参加できるといっても，直接経営判断に関わることができるということではなく，経営の監督あるいはその是正に関与することができるという意味です。

自益権	会社から経済的利益を受けることができる権利
共益権	会社の経営を監督あるいは是正するための権利

（ⅱ）単独株主権と少数株主権

株主の権利は，権利の内容に着目すると，上のような自益権，共益権という分類が可能ですが，権利の行使の要件に着目すると，単独株主権，少数株主権に分類することができます。

単独株主権	1株しか保有していない株主でも行使できる権利
少数株主権	一定数の議決権等を保有する株主が行使できる権利

単独株主権とは，1株の株主でも行使できる権利です。自益権はすべて単独株主権です。一方，少数株主権とは，総株主の議決権の一定割合以上，または発行済株式総数の一定割合以上の株式を有する株主だけが行使できる権利です。もっとも，必ずしも1人の株主がそれだけの株式を有していなければならないというわけではなく，複数の株主が共同して要求された議決権数割合または持株数割合をクリアすれば，権利行使は可能です。共益権には，単独株主権として行使できるものと少数株主権として行使で

きるものとがあります。株主に認められる権利はいくつもありますが，以下に主要な権利を挙げておきますから，その概要を頭に入れておいてください。

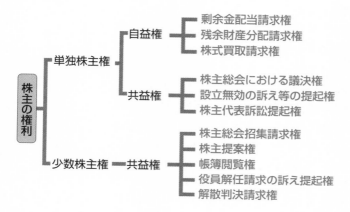

Check

「株主の義務」

　株主には，株主たる地位に基づいてさまざまな権利が認められますが，権利を有する以上は義務も負担するのが当然です。「義務がないのに権利だけはある」という都合のよい話は通用しません。

　もっとも，株主有限責任の原則により，株主は，会社に対して引き受けた株式の引受価額を限度とする出資義務だけを負い，そのほかには一切の義務を負いません（104条）。つまり，株主の義務は株式引受人としての出資義務に限られることになります。しかも，この株主の義務は，会社設立の際には会社の成立前，募集株式を発行する際にはその株式発行の効力が生ずる前に全部履行しなければなりません。したがって，会社成立後または新株発行の効力発生後については，株主は会社に対して何らの義務を負っていないことになります。

（2）　株主の平等取扱い

①　株主平等の原則

　会社法は，「株式会社は，株主を，その有する株式の内容及び数に応じて，平等に取り扱わなければならない」と規定しています（109条1項）。これは，いわゆる株主平等の原則を表すもので

す。株主の平等については，上の一般原則のほか，株主総会にお
ける議決権（308条1項），募集株式の割当を受ける権利（202条
2項），剰余金の配当を受ける権利（454条3項），残余財産の分
配を受ける権利（504条3項）について，個別的に規定が置かれ
ています。*

　ところで，株主の平等といっても，それは株主の頭数に応じた
絶対的平等ではなく，**株主の持株数に応じた相対的平等**を意味す
ることに注意が必要です。例えば，設例6で，甲株式会社が剰余
金1000万円の配当をする場合，A・B・Cは，持株数に応じて
それぞれ100万円，10万円，1万円の配当を受けることができま
す。株主総会における議決権についても，A・B・Cは，それぞ
れ10分の1，100分の1，1000分の1の割合で行使することがで
きます（一株一議決権の原則）。

　この株主平等原則に反する定款の定めや株主総会の決議は，無
効です。例えば，株主総会の多数によって議決したとしても，少
数派株主の利益を不当に奪うような決議は無効となります。そう
いう意味で，株主平等の原則は，**少数派株主の利益を保護する**と
いう機能を果たしていることになります。また，株主にしてみれ
ば，会社から平等に取り扱われるという保障（投資金額に見合っ
たリターンが期待できるという保障）がなければ，安心して株式
投資をすることもできないでしょう。株主平等の原則は，これを
保障することによって，**株主の投資を促進する**という働きもする
わけです。

*議決権，募集株式の割当を受ける権利，剰余金配当請求権，残余財産分配請求権は株主の持株数に応じて行使できる旨を定めています。

株主平等の原則の機能　┤少数派株主の利益保護／株主の投資の促進

一歩前進

　株主平等の原則は，株式の数のほか「株式の内容」に応じ
ても株主を平等に取り扱うことを要求するものです。した
がって，「内容の異なる二以上の種類の株式」すなわち種類
株式を発行した場合は，その種類株式ごとに株主を平等に取
り扱う必要があります。

Check

　特定の株主に対する会社の贈与契約が，株主平等原則に違反するとして無効とされた判例を紹介しておきます。

　事案は，業績不振に陥った甲株式会社が，ある会計年度の決算期に，株主に対する利益配当をゼロ（無配）にしたところ，これに不満を持った大株主Ａが文句をつけたため，甲社はＡに対し，贈与として通常の配当額に当たる金銭を与えようとしたというものです。

　裁判所は，このような贈与契約は，無配によるＡの投資上の損失を填補するという意味を有するものであり，株主のうちＡだけを優遇し利益を与えるものであるから，株主平等原則に違反し無効であると判断しています（最判昭45・11・24）。

---

②　株主平等原則の例外——非公開会社の特例

　公開会社でない株式会社（非公開会社）では，剰余金の配当，残余財産の分配，株主総会の議決権に関する事項について，株主ごとに異なる取扱いを行う旨を定款で定めることができます（109条2項，105条1項）。例えば，取締役を兼務している株主に他の株主よりも優先的に剰余金の配当をするとか，持株数によらないで株主1人に1議決権という定めもできるでしょう。これは，会社の実情に応じて株主ごとに異なる取扱いをすることを認めたものですから，株主平等原則の例外を定めたものということができます。

　もっとも，非公開会社であっても，剰余金の配当，残余財産の分配については，その権利の全部を与えないとする定款の定めは，その効力を生じません（105条2項）。株主の多くは，会社から経済的利益を得る目的で会社に参加しているのですから，株主の利益配当請求権や残余財産分配請求権は，株主の有する種々の権利の中でも最も重要な権利（「固有権」といわれることがあります）であるといえます。したがって，株主の利益配当請求権に対する合理的な範囲を超えた制限は許されないし，ましてその権利を株主から奪うなどということは，株主総会決議によっても許されません。

3　株式の内容と種類

設例7
> 甲株式会社は，発行済株式総数1万株の株式会社である。Aは，甲社の株式1000株を有する株主である。

（1）株式全部の内容についての特別の定め

　旧商法下においても，株式会社は，通常の株式のほか，配当に関して優先権の認められた株式，議決権のない株式，償還（払戻し）の予定された株式，他の種類の株式に転換することのできる株式等さまざまな種類の株式を発行することが認められてきました。会社や株主のさまざまなニーズに応じて，定款で定めることにより多様な内容の株式の発行が可能とされていたのです。

　会社法は，さらに進化を遂げ（？），一部の種類の株式について内容の異なる二以上の株式を発行することもできることに加えて，その発行する全部の株式について共通する特別の定めを置くことを認めています。定款で，全部の株式に共通する特別の定めを置いたときは，当該事項については，その会社の発行する株式の内容はすべて一様なものとなります。つまり，定款で全部の株式に共通する特別の定めを置いたときは，当該事項に関する種類株式は存在しません。

　発行する株式の全部に共通する内容として特別の定めを設けることができるのは，譲渡制限株式，取得請求権付株式，取得条項付株式の3つの事項に限られます（107条1項）。これら以外の事項については，定款で特別の定めを設けることはできません。

```
                          ┌ 譲渡制限株式
全部の株式について特別の定め ┤─ 取得請求権付株式
                          └ 取得条項付株式
```

①　譲渡制限株式

（ⅰ）譲渡制限の意義

　株式は自由に譲渡できるのが原則です（127条）。＊

＊この「株式譲渡自由の原則」の詳細については，P75で詳述します。

55

　しかし，日本に数多く存在する小規模な同族会社などでは，株主の個性が重視され，外部から新たに株主が参入してくることを避けたいという要求も根強いものがあります。また，定款に譲渡制限をつけておくと，いわゆる敵対的買収から会社を守る最も簡単で効果的な方法となります。このような会社のニーズに応じるため，株式の全部の内容として定款による株式譲渡制限をすることが認められています（107条1項1号）。＊

（ⅱ）譲渡制限の内容

　もっとも，株式の譲渡制限といっても，譲渡そのものを全面的に禁止するものではなく，「譲渡による当該株式の取得について当該株式会社の承認を要する」という形での制限が可能とされています。これは，譲渡により，譲受人は株式を取得すること自体はできるが，会社の承認がない以上，株主名簿の名義書換を会社に請求することはできない（134条本文，133条1項），つまり，株主たる地位を取得したことを会社に対し主張できないということです。その結果，譲渡承認を経ていない株式取得者は会社運営に口出しすることはできませんから，会社にとって好ましくない者が株主となることを排除するという株式譲渡制限の目的は達することができるわけです。例えば，設例7で，甲株式会社の定款に株式譲渡制限の定めがあるとき，その株主Aが，甲社の承認を得ることなく株式をBに譲渡したとしても，甲社に対して株主名簿の名義書換を請求することはできません。そうすると，株式の譲受人Bは，甲社に対して何ら権利行使することはできない，ということになります。もっとも，定款による株式の譲渡制限は，これを登記しておかなければ，善意の株式譲受人に対抗することができません（908条1項，911条3項7号）。加えて，株券発行会社では，株券にも記載することが義務付けられています（216条3号）。

| 譲渡人 | 譲渡制限株式を承認なく譲渡 → | 譲受人 |

⇓

株主名簿の名義書換を請求できない

＊「敵対的買収」の意味については，P59 閑話休題 をみてください。

一歩前進

　譲渡制限株式について，会社の承認を得ずになされた株式譲渡は，譲渡当事者間では有効ですが，会社に対する関係では，その効力を生じません。したがって，この場合，会社は譲渡人を株主として扱わなければなりません（最判昭63・3・15）。そうでないと，株主としての権利を行使する地位に空白を生じるからです。

　なお，株主が1人しか存在しない一人会社では，その株主が保有する譲渡制限株式を譲渡するのに，会社の承認を得る必要はありません（最判平5・3・30）。一人会社では，譲渡制限株式の譲渡によって他の株主の利益が害されるという問題が生じないからです。*1

（ⅲ）譲渡承認の機関

　定款にこのような譲渡制限がある場合，その株式を譲渡するには，原則として株主総会の承認を必要としますが，取締役会設置会社においては，取締役会決議が必要となります（139条1項本文）。ただし，定款でこれと異なる定めをすることもできます（同条同項ただし書）。例えば，取締役会設置会社であっても，株主総会の承認を要するとすることもできるし，また代表取締役の承認があれば足りるとすることもできます。*2

一歩前進

　定款に株式の譲渡制限の定めを置いていなかった会社が，新たに株式譲渡制限の定めを設ける場合，それによって既存の株主の利害に重大な影響を生じますから，その場合の定款変更については，株主総会の特殊決議という厳格な要件が課せられています（309条3項1号）。全部の株式の内容として，株式譲渡制限を設ける定款変更決議に反対の株主には，株式買取請求権が認められます（116条1項1号）。*3

　なお，株式会社の成立後に定款を変更するには，原則として株主総会の特別決議を必要としますが（309条2項），例外的に上記の場合のようにいわゆる特殊決議を要する場合があ

＊1 この場合，会社の承認がなくてもその譲渡は会社との関係でも有効となり，譲受人は会社に対して権利を行使することができます。

＊2 譲渡承認請求の手続については，P64 Check を参照してください。

＊3 株主総会決議の種類・要件等については，P164以下で詳述します。

57

り，逆に株主総会の決議を要しない場合もあります。この点については，それぞれの箇所で指摘しますから，その都度理解していくようにしてください。

Check

「株式買取請求権」

　株式買取請求権とは，会社法が定める一定の場合に，株主がその有する株式を公正な価格で会社に買い取らせることのできる権利です。

　いわゆる資本多数決の原則が支配する株式会社では，多数派の意向に従って重要事項が決定され，会社が運営されていくことになります。そうすると，その決定が違法または不当でなくても，その決定に反対の少数派株主には，その決定を承服できない場合も生じ得ます。例えば，従来は株式譲渡制限が定められていなかったのに，新たに株主総会の決議でその制限を設けようとする場合，「そんな制限を設けられたのでは困る」と不満を持つ株主が出てくることも当然あり得るでしょう。そのような場合，少数派株主には，持株を会社に買い取らせて，その会社から離脱することのできる権利が認められるわけです。

　株式買取請求権を行使できるのは，一定の重要な事項について反対の株主（反対株主）です。

　反対株主の意味については，次のように理解してください。

① 　まず，当該行為をするについて株主総会決議を要する場合には，株主総会に先立ってその決議に反対する旨を当該株式会社に対して通知し，かつ，当該株主総会においてその決議に反対した株主および無議決権株主のように当該株主総会において議決権を行使することができない株主のことです（116条２項１号）。

② 　次に，当該行為をするについて株主総会決議を要しない場合（例えば，略式合併等P344参照）には，すべての株主が反対株主となります。この場合には，すべての株主に株式買取請求権が認められます（同条同項２号）。

　この反対株主は，株式会社に対し，自己の有する当該会社の株式を公正な価格で買い取ることを請求することができます（同条１項）。買取価格の決定は，原則として株主と会社の協議によりますが，協議が不調のときは，裁判所に決めてもらうことになります（117条２項）。株式買取請求に係る株式の買取りは，効力発生日に，その効力を生じます（同条６項）。いったん株式買取請求をした株主でも，会社の承諾を得たときは，その請求を撤回することがで

きます（116条7項）。

　この株式買取請求権を行使できる場合については，116条1項にまとめて規定されているほか，合併・会社分割等の組織再編および事業譲渡等の場合に規定が置かれています。これらについては，該当箇所でその都度指摘しますから，頭に入れていくようにしてください。

ステップアップ

　承認が必要とされるのは，株式「譲渡」すなわち意思表示に基づき株式を移転する場合であり，相続，合併等の一般承継により株式が移転する場合は，会社の承認を必要としません。しかし，そのような場合であっても，会社にとって株主になって欲しくない者が株式を取得することはあり得ます。そこで，株式会社は，相続その他の一般承継により当該会社の株式を取得した者に対し，当該株式を当該株式会社に売り渡すことを請求することができる旨を定款で定めることができます（174条）。このような定款の定めを置いておくことによって，会社は確実に当該株式を取得できますから，一般承継の場合であっても，会社にとって好ましくない人物が株主となることを阻止できるわけです。

　また，株式に質権を設定する場合も「譲渡」ではないので，承認は必要ではありません。しかしこの場合，質権が実行されて競売が実施されたときは，競売により株式を取得した者が，会社に対して譲渡承認請求をすべきことになります。これに対し，株式に譲渡担保権を設定する場合は，同じ担保権の設定であっても質権設定の場合と異なり，会社の承認が必要とされています（最判昭48・6・15）。細かい事項ですが，一応覚えておきましょう。

閑話休題

「敵対的買収」

　最近，「M＆A」（合併と買収）が盛んに行われていますが，企業買収も結局は，株式取得による会社の支配権の獲得という形で実行されることも多いのです。

　さて，敵対的買収とは，買収される側の経営陣の同意のない買収のことです。買収される会社の経営陣の同意があれば，「友好的買収」となります。この「敵対的」という言葉には，ひどく不穏な響きが感じられるでしょう。実際，会社の経営陣の気がつかないところで株式を買い集め，一定数量の株式を取得した段階で突然，会社に提携あるいは合併を迫るという「けんか腰」の買収も行われます。かつて，ライブドアvsフジテレビの株式取得をめぐる攻防戦が話題を集めましたが，これは，ライブドアがフジテレビに対する支配権の獲得を目指してこのような方法を採った

一例です。

　しかし，「敵対的」といっても，買収する側と買収される側の経営陣が対立しているだけで，買収者と買収される会社の株主が対立しているわけではありません。したがって，敵対的買収といっても，言葉から受ける印象と違って必ずしも会社および株主にとってマイナスになるとは限りません。買収者が無能な経営陣を追い出し，新たな経営陣の下で会社の業績が向上するなら，株主にとってむしろプラスとなります。したがって，敵対的買収のすべてを「悪」と決めつけるのは早計です。ただ，敵対的買収を仕掛ける側，特にいわゆる投資ファンドによる買収には，どこかウサン臭い印象が付きまとうことが多いのは事実ですが。

　なお，以前から，敵対的買収に対する防衛策が盛んに論議されてきましたが，これについては，P357 閑話休題 をご覧ください。

②　取得請求権付株式

　株式会社は，定款でその発行する株式の全部の内容として，当該株式について，**株主が当該株式会社に対してその取得を請求することができる旨を定めることができます**（107条1項2号）。これは，**株主からの請求に基づき，会社が自己の株式を取得する**制度です。株主の側からみれば，会社に対し自分の保有するその会社の株式を取得せよと請求できるということになります。例えば，設例7で，甲株式会社が定款にこのような定めを置いている場合は，株主Aが，甲社に対し自分の保有する甲社の株式を取得するよう請求することができるわけです。

　この制度を採る場合，株式1株を取得するのと引換えに株主に与える社債，新株予約権，新株予約権付社債，他の種類の株式その他の財産についての内容，数，額，算定方法等を定款に定めておく必要があります（同条2項2号）。＊

　定款を変更して，新たにこの定めを置く場合は，**株主総会の特別決議**が必要です（466条，309条2項11号）。

＊会社は，株主による取得請求権の行使があった日に，その対象株式を取得し（167条1項），株主はその対価を取得します。会社が取得した株式は自己株式となります。

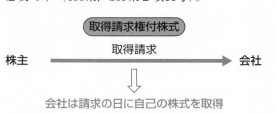

③ 取得条項付株式

　株式会社は，定款でその発行する株式全部の内容として，会社が一定の事由が生じたことを条件として，自己の株式を取得することができる旨を定めることができます（107条1項3号）。これは，会社が自己株式を消却する便宜のために用いられる制度です。すなわち，株式会社は，自己株式を消却することができますが（178条），それをする前段階として自己の株式を取得しておく必要があります。取得条項付株式は，株主から強制的に株式を取得できる制度ですから，自己の株式を取得するための切り札となるわけです。

　この制度を採る場合，株式1株を取得するのと引換えに株主に対して社債，新株予約権，新株予約権付社債，他の財産を交付するときは，その内容および数またはその算定方法等を定款に定めておく必要があります（同条2項3号）。＊

　株主の側からみれば，この制度によって当該会社の株主たる地位を強制的に奪われるという重大な結果を生じます。そこで，定款を変更して，新たにこの定めを設け，あるいはこの定めに関する事項を変更する場合は，株主全員の同意というきわめて厳格な要件が課せられています（110条）。

＊会社は，「一定の事由が生じた日」に対象株式を取得し（170条1項），その株式は自己株式となります。「自己の株式」「自己株式」の意味については，P90側注を参照してください。

> **Check**
>
> 「株式の消却」
>
> 　株式の消却とは，「株式を絶対的に消滅させる会社の行為」と定義されます。簡単にいうと，会社が自己株式を廃棄処分にすることです。株式の消却は，会社が自己の株式を取得したうえ，市場に出回っている株式の数を減らして需給関係を調整するとか，株式の配当負担を減らし，会社の財務内容を改善する等のために行われます。

（2）種類株式

　株式会社は，定款で定めることにより，一定の事項について内容の異なる二以上の種類の株式すなわち種類株式を発行することができます。これには，以下に説明するように，9種類もの株式があります（108条1項）。さらに，その種類を組み合わせて発行することも可能です（これを「混合株」といいます）。もっとも，ここに定めた内容以外の種類を創設して発行することはできません。*

＊定款に定めておかなければ，種類株式の発行はできないことに注意してください（108条2項）。

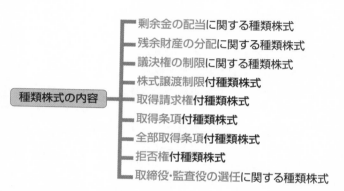

種類株式の内容
- 剰余金の配当に関する種類株式
- 残余財産の分配に関する種類株式
- 議決権の制限に関する種類株式
- 株式譲渡制限付種類株式
- 取得請求権付種類株式
- 取得条項付種類株式
- 全部取得条項付種類株式
- 拒否権付種類株式
- 取締役・監査役の選任に関する種類株式

① 種類株式の内容

（ⅰ）剰余金の配当に関する種類株式

　会社が剰余金の配当をする場合に，その配当率等について標準となる株式を普通株，普通株よりも優先的に配当をもらえる株式を優先株，普通株よりも劣った扱いを受ける株式を劣後株といいます。

　株式会社は，会社の現状に応じてこのような種類株式を発行することが認められます（108条1項1号）。例えば，設例7で，業績不振に陥った甲株式会社が，新株を発行して資金を調達しようとする場合，普通株ではなく優先株として株式を発行すれば，株式引受人を求めやすくなります。他方，会社の業績が好転した場合は，新株を劣後株として発行すれば，既存の株主に不利益を与えないようにすることができます。

　この種類株式を有する株主に剰余金の配当を受ける権利を与えない旨の定めをすることもできますが，その場合，残余財産分配請求権まで奪うことはできません（105条2項参照）。

（ⅱ）残余財産の分配に関する種類株式

　残余財産の分配とは，会社が清算をする際に，会社債権者に対して分配をした残りの会社財産を出資者に分配することです。株式会社の残余財産の分配は，当然のことながら株主に対して行われます。残余財産の分配に関しても，剰余金の配当の場合と同様，普通株，優先株，劣後株として株式を発行することが認められます（108条1項2号）。*1

（ⅲ）株主総会において議決権を行使することができる事項に関する種類株式

　これは，一般に議決権制限種類株式といわれるもので，その種類の株式を有する株主に，株主総会における議決権の全部または一部を与えないという内容の株式です。株主の中には，会社から経済的利益を得ることだけを目的とする者も多く，そのような株主は，株主総会に参加して議決権を行使することには興味がないのが通常です。そのような株主に対しては，議決権を制限する代わりに，剰余金の配当に関して優先権をつけることにすれば，株主としては満足を得られます。他方，会社側からみれば，議決権を制限することによって，従来の会社の支配関係に変動を生じさせることなく，資金調達の目的を達することができることになります。このように，議決権制限株式は，株主，会社双方のニーズに合致した株式として発行することができます（108条1項3号）。*2

　しかし，この議決権制限株式が大量に発行されると，わずかの資金しか出資していない者が会社を支配し，会社運営の方向性が決められてしまう結果となりかねません。そこで，通常多数の出資者の存在する公開会社の場合，議決権制限株式の数が発行済株式の総数の2分の1を超えたときは，株式会社は，ただちに，議決権制限株式の数を発行済株式の総数の2分の1以下にするための必要な措置を執らなければならないとされています（115条）。一方，株主間の人的信頼関係が重視される非公開会社においては，この制約は適用されません。

（ⅳ）譲渡による株式の取得について，株式会社の承認を要する種類株式

　先に説明したように，株式会社は，その発行する株式全部に共

＊1 会社の清算については，P360以下を参照してください。

＊2 議決権制限株式は，敵対的買収に対する防衛策としても利用することができます。

通する内容として，定款で株式譲渡制限の定めを置くことができます（107条１項１号）。

　しかし，このように全株式に一律に譲渡制限をかけるのではなく，その発行する株式の一部について譲渡制限を設けることもできるのです（108条１項４号）。これは，譲渡制限付種類株式と呼ばれます。この場合も，譲渡そのものを否定するのではなく，譲渡による株式の取得について，その株式会社の承認を要するとの限度で制限を付することができます。＊

＊一部の種類株式として譲渡制限株式を発行しても，公開会社であることに変わりはありません。

ここが狙われる

　発行する株式の全部を譲渡制限株式とする定款変更のほか，譲渡制限付種類株式の発行を可能とする定款の変更をする場合にも，反対株主には，株式買取請求権が認められます（116条１項１号・２号）。

Check

「譲渡制限株式の譲渡承認請求」

　譲渡制限を株式全部の内容とした場合，または種類株式とした場合のいずれであっても，これを譲渡するためには，譲受人の取得について会社の承認を得る必要があります。この承認がないときは，譲受人は，会社に対して株主名簿の名義書換を請求することができず，したがって，会社に対して株主たる地位の取得を主張することができません。しかし，その場合でも，会社による買取りまたは指定買取人による買取りという制度が設けられ，これを通じて株主の投下資本回収の道は開かれています。以下，設例7で，甲株式会社が定款で株式譲渡制限を設けていることを前提に，その株主Aが，甲社の譲渡制限株式をBに譲渡する場合の手続をここで説明しておきます。

　譲渡承認請求は，譲渡人Aからでも，あるいはその株式を取得した譲受人Bからであっても，することができます（136条，137条１項）。ただし，甲社が株券不発行会社である場合に取得者Bが承認請求を行うには，原則として株主名簿上の株主であるAまたはその相続人等の一般承継人と共同でなければ，これを行うことができません（137条２項）。そうしないと，譲り受けてもいないのに譲り受けたと偽って，譲渡制限株式の名義書換が請求されるおそれがあるからです。一方，株券発行会社においては，当該会社の譲渡制限株式を取得した者は，会社に対し，株券を提示して単独で譲渡承認請求をすることもで

きます（規則24条2項1号）。

　譲渡承認請求をする際には，AからBへの譲渡の承認だけを求めることも，もちろん可能ですが，会社がAからBへの譲渡を承認しない旨の決定をした場合に備えて，併せて甲社かまたは甲社が指定する者（指定買取人）が，株式の全部または一部を買い取るよう請求することができます（138条1号ハ・2号ハ）。つまり，甲社に対し「承認をしろ」と迫り，それが認められないのなら，「甲社が買い取れ，それができないのなら買取人を指定しろ」と二段構えの請求もできるわけです。

譲渡承認請求

①譲渡を承認せよ ⟹ 承認しないのなら

⟱

②自ら買い取るか買取人を指定せよ

　この譲渡承認請求を受けた甲社は，譲渡または取得の承認をするかどうかを決定しなければなりません。この決定をするのは，原則として株主総会ですが，甲社が取締役会設置会社である場合は，取締役会が決定します（139条1項本文）。また，定款で代表取締役等の他の機関の承認で足りるとすることもできるし，取締役会設置会社でも株主総会の承認を要するとすることもできます（同条同項ただし書）。甲社は，承認をするかどうかの決定をしたときは，譲渡承認請求をした者に対し，その決定の内容を通知しなければなりません（同条2項）。請求の日から2週間以内にこの通知をしないと，譲渡を承認したものとみなされることになります（145条1号）。

　譲渡承認請求に対し，甲社が承認をしたときは，取得者Bは甲社に対して株主たる地位を取得したことを主張することができます。つまり，Bは，甲社に対し株主名簿の名義書換を請求することができ（134条1号），これによって，甲社に対して権利行使が可能となります。当然のことながら，この場合，甲社はBの名義書換請求を拒絶することはできません。

　一方，甲社がBへの譲渡・取得の承認をしない旨の決定をしたときは，株主総会決議により一定事項を定めたうえで，自らその譲渡制限株式を買い取るか，その全部または一部を買い取る者（指定買取人）を指定しなければなりません（140条1項・2項・4項）。つまり，譲渡承認請求をする際，AまたはBが，甲社による買取り，または指定買取人による買取りを請求していた場合

に，甲社が承認をしない旨の決定をしたときは，甲社は自ら買い取るか，または指定買取人を指定しなければならないわけです。この買取人の指定は，株主総会（取締役会設置会社にあっては取締役会）の決議によらなければなりません（同条5項）。会社が自ら買い取る場合，株主総会の特別決議を要するほか（309条2項1号，140条2項），株主に対して交付する金銭の総額は，会社の分配可能額を超えてはならないという制限があります（461条1項1号）。

　甲社が承認をせず，買取人としてCを指定した場合には，指定買取人CがAに対してその株式の買取りを通知すると（142条1項），ＡＣ間で売買契約が成立します。その売買価格はＡとＣの協議によって定めるのが原則ですが，合意できないときは，申立てによって裁判所に決めてもらうことになります（144条7項・1項・2項）。

（ｖ）取得請求権付種類株式

　先に説明したように，取得請求権付株式は，株式会社が発行する全部の株式に共通する内容とすることもできますが（107条1項2号），その発行する株式の一部の内容として，株主が会社に対して取得を請求することができる旨の定めを置くこともできます（108条1項5号）。

　この取得請求権付種類株式を発行するには，定款で，その発行可能株式総数を定めるとともに，その種類の株式と引換えに交付される社債，新株予約権，当該会社の株式等の他の財産についての一定事項および当該会社の他の株式を交付するときは，その種類および種類ごとの数またはその算定方法について定めなければなりません（同条2項5号）。

┃一歩前進┃

　旧商法下においても，一定期間経過後に金銭で償還することの予定された株式（償還株式）とか，ある種類の株式から他の種類の株式に転換することのできる株式（転換予約権付株式）等の発行が認められていました。取得請求権付株式は，これらの償還株式や転換予約権付株式と同様の機能を持つ株式です。つまり，株主の取得請求権の行使に応じて，会社から対価として金銭が交付されるときは償還株式，他の種類の株式が交付されるときは，転換予約権付株式と同様の働

きをすることになります。

（vi）取得条項付種類株式

取得条項付種類株式についても，株式会社が発行する全部の株式に共通する内容とすることもできるほか（107条1項3号），その発行する株式の一部の内容として，会社に一定の事由が生じたことを条件として，当該株式を取得することができる旨の定めを置くことができます（108条1項6号）。

この取得条項付種類株式を発行するには，定款で，その発行可能株式総数を定めるとともに，一定の事由について，および取得と引換えにその株主に対して交付する社債，新株予約権，当該会社の他の株式，その他の財産についての一定事項またはその算定方法について定めなければなりません（同条2項6号）。

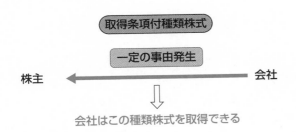

種類株式発行会社が，ある種類の株式の発行後に定款を変更して，新たにこの定め（取得条項）を設け，あるいはこの定めに関する事項を変更する場合には，当該定款の変更に関する株主総会の特別決議のほか，当該種類の株式を有する株主全員の同意を得なければなりません（111条1項）。

（vii）全部取得条項付種類株式

この全部取得条項付種類株式が（vi）の取得条項付種類株式と違う点は，一定の事由が生じたことを条件とするのではなく，株主総会の特別決議によって，その全部を会社が取得できるというところにあります（108条1項7号，171条1項，309条2項3号）。これは，いわゆる「100％減資」を可能とするための制度です。「100％減資」とは，業績の悪化した会社がその全部の株式を取得し，既存の株主を会社から締め出した後に，その株式を消却

して資本金をいったんゼロとし，同時に新株発行により会社に資金を注入して会社の再生を図るという方法です。これによって，その会社の株主は総入れ替えされることになります。＊

　この全部取得条項付種類株式を発行するについては，定款で，その発行可能株式総数を定めるとともに，取得対価の決定方法（171条1項1号）および当該株主総会の決議をできるか否かについての条件を定めるときは，その条件について定めなければなりません（108条2項7号）。

＊全部取得条項付種類株式の定めを設ける定款変更に反対の株主には，株式買取請求権が認められます（116条1項2号）。

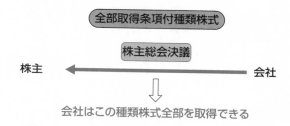

全部取得条項付種類株式

株主総会決議

株主　←　会社

会社はこの種類株式全部を取得できる

　┌─ 一歩前進 ─────────────────────
　│　会社が全部取得条項付種類株式を取得する際には，取得対
　│価（金銭，株式，社債，新株予約権等）に関する一定事項に
　│ついて事前および事後の情報開示が義務づけられています
　│（171条の2，173条の2）。また，全部取得条項付種類株式の
　│取得が法令または定款に違反する場合において，株主が不利
　│益を受けるおそれがあるときは，株主は，会社に対し，当該
　│全部取得条項付種類株式の取得をやめることを請求すること
　│ができます（171条の3）。この制度は，強制的に株式を奪わ
　│れることになる株主の利益保護を目的とするものです。
　└─────────────────────────────

（ⅷ）株主総会決議等を要する事項について，当該株式を有する株主の総会決議を要する種類株式（拒否権付種類株式）

　株主総会の決議事項は，通常，株主総会の決議だけで完結します。しかし，この種類株式が発行されている場合，一定の株主総会決議事項（取締役会設置会社にあっては，株主総会または取締役会の決議事項）について，当該株主総会の決議または取締役会決議のほか，当該種類株式を有する株主を構成員とする株主総会

（種類株主総会）の決議を要することになります（108条1項8号）。つまり，その種類株主総会の決議がないと，当該事項に関する株主総会決議等は効力を生じません（323条本文）。そうすると，この種類株式には，株主総会の決議事項について拒否権が認められるということになります。例えば，設例7で，甲株式会社が，「合併をするにはこの種類株主総会の決議を要する」と定款に定めておけば，甲株式会社と乙株式会社の合併決議をする際，甲社の株主総会で合併の決議がなされたとしても，この種類株式を有する株主の株主総会で合併が否決されれば，合併は不成立となります。このように，この種類株式は，きわめてパワフルな価値ある株式であるところから，俗に「黄金株」ともいわれます。この種類株式は，例えば「敵対的買収」に対抗する手段として利用することができます。つまり，あらかじめ経営陣に友好的な株主に対し，譲渡制限のついた「黄金株」を1株だけ発行しておけば，株主総会で敵対的な買収案が決議されたとしても，その種類株主に種類株主総会で買収案を拒否してもらうことによって，敵対的買収を阻止することができます。

　この種類株式を発行するには，定款で，その発行可能株式総数を定めるとともに，その種類株主総会の決議があることを必要とする事項およびその種類株主総会の決議を必要とする条件を定めるときは，その条件について定めなければなりません（108条2項8号）。

（ix）種類株主総会において取締役または監査役を選任することのできる種類株式

　この種類株式は，当該種類株式を有する株主を構成員とする種類株主総会で，取締役または監査役を選任することができる株式です（108条1項9号）。これは例えば，ベンチャーキャピタル（後記 閑話休題 参照）が，取締役や監査役の選任を通じて，投資先企業の会社運営を監視したいような場合に利用できる株式です。つまり，この種類株式を有していることによって，ベンチャーキャピタルは，投資先企業の過半数の株式を有していないときでも何名かの取締役または監査役を確保できることになり，ある程度投資先企業の経営に関わることができるのです。

　なお，この種類株主総会で選任された取締役は，いつでも，そ

の選任をした種類株主総会の決議により解任することができます
（347条1項）。

一歩前進

　指名委員会等設置会社および公開会社では，（ix）の種類
株主総会において取締役または監査役を選任することのでき
る種類株式を発行することはできません（108条1項ただし
書）。つまり，この種類株式を発行できるのは，指名委員会
等設置会社でない非公開会社だけということになります。

閑話休題

「ベンチャーキャピタル」

　成長の見込める新興企業（ベンチャー企業）などに対して，資金提供を行う投資
会社のことです。銀行など一般の金融機関は，企業に融資という形で資金を貸すだ
けですが，ベンチャーキャピタルは，投資先の企業の株式を取得する（出資する）
という形で資金需要に応じます。投資先の企業が成長して，金融商品取引所に株式
上場することになれば，大きな利益が得られることになります。その反面，投資先
企業が業績不振に陥ると，投資を回収できず損害を被るという結果が生じるおそれ
があります。したがって，ベンチャーキャピタルは投資先企業の経営に強い関心を
払わざるを得ないのです。先に，残余財産の分配に関する種類株式を紹介しました
が（P62），あの株式について「会社がつぶれる場合を想定した株式なんかに，一体
誰が金を出すんだ？」と疑問を持たれた方はありませんか。実は，この種類株式も
主にベンチャーキャピタルの利用を想定したものです。つまり，出資した会社の経
営が見込みどおりにいかず，その後始末をつけなければならなくなったとき，残余
財産の分配に関して優先権の認められる株式を保有していれば，出資者（ベンチャー
キャピタル）は損害を少しでも軽く抑えることが可能となるわけです。

　会社法上の公開会社（指名委員会等設置会社を除く。）が発行する株式に関する次のア〜オの記述のうち，会社法の規定に照らし，正しいものの組合せはどれか。

ア　会社は，その発行する全部の株式の内容として，株主総会の決議によってその全部を会社が取得する旨の定款の定めがある株式を発行することができる。

イ　会社は，その発行する全部の株式の内容として，株主総会において議決権を行使することができる事項について制限がある旨の定款の定めがある株式を発行することができる。

ウ　会社は，譲渡による当該種類の株式の取得について，会社の承認を要する旨の定めのある種類株式を発行することができる。

エ　会社は，株主が当該会社に対して当該株主の有する種類株式を取得することを請求することができる旨の定款の定めがある種類株式を発行することができる。

オ　会社は，当該種類の株式の種類株主を構成員とする種類株主総会において，取締役または監査役を選任する旨の定款の定めがある種類株式を発行することができる。

1　ア・イ　　　2　ア・エ　　　3　イ・ウ　　　4　ウ・エ　　　5　エ・オ

解　説

ア　×　全部取得条項付株式は，種類株式として発行することができますが，全部の株式の内容として発行することはできません。

イ　×　議決権制限株式は種類株式としてのみ発行することができます。

ウ　○　公開会社でも，譲渡制限付種類株式を発行することができます。

エ　○　取得請求権付株式は，種類株式として発行することができます。

オ　×　公開会社では，種類株主総会において取締役または監査役を選任することのできる種類株式を発行することはできません。問題文冒頭に，「公開会社」とあることに注意しましょう。

　以上より，正しいものはウ・エであり，肢４が正解となります。本問は，一見すると易しそうにみえますが，意外に骨のある問題です。

正解　4

実戦過去問　　　　　　　　　　　　　公認会計士　平成30年度

種類株式に関する次の記述のうち，正しいものの組合せとして最も適切な番号を一つ選びなさい。

ア　種類株式発行会社においては，発行可能種類株式総数の合計数は，発行可能株式総数と一致しなければならない。

イ　種類株式発行会社は，取得請求権付株式を発行する場合に，取得の対価を当該株式会社の他の種類の株式とすることができる。

ウ　種類株式発行会社が，ある種類の株式の発行後に，当該種類の株式を全部取得条項付種類株式にしようとするときは，当該種類の株式を有する株主全員の同意を得なければならない。

エ　指名委員会等設置会社は，ある種類の株式の種類株主を構成員とする種類株主総会において取締役を選任することを内容とする種類の株式を発行することができない。

1　アイ　　　2　アウ　　　3　アエ　　　4　イウ　　　5　イエ　　　6　ウエ

解　説

ア　×　発行可能種類株式総数の合計数は，発行可能株式総数と一致する必要はありません。

イ　○　取得請求権付株式の取得の対価を当該株式会社の他の種類の株式とすることもできます（108条2項5号ロ参照）。

ウ　×　種類株式発行会社が，ある種類の株式の発行後に，当該種類の株式を取得条項付種類株式にしようとするときは，当該種類の株式を有する株主全員の同意を得なければなりません（111条1項）。しかし，全部取得条項付種類株式にしようとする場合に株主全員の同意を要するとの規定はありません。単純なひっかけ問題ですが，案外ひっかけに気が付かないこともありますから，注意しましょう。

エ　○　指名委員会等設置会社および公開会社は，取締役または監査役の選任に関する種類株式を発行することができません（108条1項ただし書）。

以上より，正しいものはイエであり，肢5が正解となります。

正解　5

　譲渡制限株式に関する次の記述のうち，会社法の規定に照らし，誤っているものはどれか。

1　株式会社は，定款において，その発行する全部の株式の内容として，または種類株式の内容として，譲渡による当該株式の取得について当該株式会社の承認を要する旨を定めることができる。

2　譲渡制限株式の株主は，その有する譲渡制限株式を当該株式会社以外の他人に譲り渡そうとするときは，当該株式会社に対し，当該他人が当該譲渡制限株式を取得することについて承認するか否かを決定することを請求することができる。

3　譲渡制限株式を取得した者は，当該株式会社に対し，当該譲渡制限株式を取得したことについて承認するか否かの決定をすることを請求することができるが，この請求は，利害関係人の利益を害するおそれがない一定の場合を除き，その取得した譲渡制限株式の株主として株主名簿に記載もしくは記録された者またはその相続人その他の一般承継人と共同してしなければならない。

4　株式会社が譲渡制限株式の譲渡の承認をするには，定款に別段の定めがある場合を除き，株主総会の特別決議によらなければならない。

5　株式会社は，相続その他の一般承継によって当該株式会社の発行した譲渡制限株式を取得した者に対し，当該譲渡制限株式を当該株式会社に売り渡すことを請求することができる旨を定款で定めることができる。

解　説

1　○　株式会社は，その発行する株式全部の内容として，または種類株式として譲渡制限株式を発行することができます（107条1項1号，108条1項4号）。

2　○　譲渡制限株式の株主は，その株式を譲渡しようとするときは，株式会社に対し譲渡承認請求をすることができます（136条）。

3　○　譲渡制限株式を取得した者も，本肢のような要件の下で，株式会社に対して譲渡承認請求をすることができます（137条）。

4　×　取締役会設置会社では，取締役会決議で譲渡承認の決定をすることができます（139条1項かっこ書）。取締役会を設置していない株式会社では，原則として株主総会の普通決議を要します（139条1項）が，特別決議までは不要です。

5　○　株式会社は，定款に本肢のような定めをすることができます（174条）。

正解　4

④ 株式の譲渡と株主名簿・株式担保・自己株式等

学習ナビゲーション

　会社法は，株式の譲渡は原則として自由としつつ，広範な例外を認めています。試験においては，むしろ例外が重要なポイントとなりますから，原則を押さえたうえでその例外をしっかり把握しておくことが必要です。

　株主名簿は，株式譲渡と密接な関係を持った制度ですから，その間の関係を関連づけて正確に理解してください。

　本講では，上記の事項のほかに株式への担保設定，自己の株式の取得その他の株式関連事項についても説明します。これらについては細かい手続的事項に関する条文が置かれていますが，あまり細かい事項に深入りする必要はありません。基本的枠組みをしっかり押さえておけば十分です。

1　株式の譲渡

（1）意義

　株式の譲渡とは，株主たる地位を意思表示に基づき移転することです。売買によって株式を売り渡す場合がその典型です。株式が譲渡されると，株主たる地位に基づき認められる自益権・共益権のすべてが譲渡人から譲受人に移転することになります。

　しかし，株主総会決議によって具体的に発生し，すでに譲渡人に帰属している剰余金配当請求権は，当然には譲受人に移転しません。譲受人がこれを取得し，その取得を会社および第三者に対抗するには，別個に債権譲渡の手続（民法467条）が必要です。

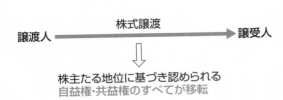

株主たる地位に基づき認められる
自益権・共益権のすべてが移転

用語の説明
「譲渡」
譲渡とは，権利や財産上の地位を意思表示に基づき移転することです。売買，贈与，代物弁済などの契約によって文字どおり「譲り渡す」ことと理解してください。相続，合併等による移転は，意思表示に基づくものではないので，譲渡とはいいません。

(2) 株式譲渡自由の原則

　株式は，自由に譲渡できるのが原則です（127条）。

　株式会社の社員である株主は，持分会社の社員と異なり，退社により持分を払い戻してもらうことができません。そうすると，株主が会社に投下した資本を回収するには，原則として株式を譲渡するしか方法がありません。したがって，株主の利益保護のために，株式譲渡の自由が保障されているわけです。

　他方，会社の側からみれば，株式の譲渡は，それによって株主が交代することを意味します。しかし，多数の株主からなる株式会社においては，株主間に個人的な信頼関係はないのが通常ですから，株主の個性は重視されません。＊

＊要するに，会社としては，誰が株主になろうと別段困ることはないのです。

(3) 株式譲渡の制限

　上記の説明は，株主間に個人的信頼関係がなく，所有と経営の分離した大規模な株式会社には，よく当てはまるといえるでしょう。しかし，前講で説明したように，閉鎖的な同族会社などでは，株式譲渡を制限することについて切実な要請があります。会社法は，そのニーズに応えるために，定款の定めにより全部の株式の内容として株式譲渡の制限をすることを認め（107条1項1号），また，譲渡制限付種類株式の発行を認めています（108条1項4号）。この定款による譲渡制限のほかに，会社法は，一般的な定めとして，譲渡の時期に関する制限と子会社による親会社株式の取得の制限を設けています。

① 譲渡の時期に関する制限

(ⅰ) 株式引受人たる地位の譲渡

　会社成立前の株式引受人たる地位および会社成立後の募集株式発行前の株式引受人たる地位を権利株（株主となる権利）といい

ます。この権利株の譲渡は，譲渡当事者間においては有効ですが，会社に対抗することができません（35条，50条2項，63条2項，208条4項）。会社成立前あるいは募集株式の効力発生前に権利株の譲渡による株式引受人の交代を認めると，株式引受人を確定することが困難となり，設立事務や株式発行事務が円滑に進まないおそれがあるからです。会社に対抗できないとは，株式引受人たる地位の譲受人は，会社に対して株主たる地位を取得したことを主張できないということです。

（ⅱ）株券発行前の株式譲渡

株券発行会社においては，株券が発行される前の株式譲渡は，会社に対してその効力を生じません（128条2項）。これは，株主名簿が整う前に株主が変更されると，株券発行事務が円滑に進まないことから，株券が発行されるまで株式譲渡の効力をストップするということです。株券発行前の株式譲渡は，権利株の譲渡と同様，譲渡当事者間では有効と考えられています。

なお，会社が株券の発行を不当に遅滞し，信義則に照らして株式譲渡の効力を否定するのが相当でなくなったときは，株主は，会社に対する関係においても，意思表示のみで有効に株式を譲渡することができるとされ，この場合，会社は譲受人を株主として扱わなければなりません（最大判昭47・11・8）。

株式譲渡の時期的制限

株式引受人たる地位の譲渡　━━┓
　　　　　　　　　　　　　　　　　┣━⇨　会社に対抗できない
株券発行前の株式譲渡　━━━━┛

一歩前進

上記（ⅰ）（ⅱ）の場合，「譲渡当事者間においては有効」ということですから，譲受人は，（ⅰ）の場合は会社成立後または株式発行の効力が生じた後，（ⅱ）の場合は株券発行後に，譲渡人に対して名義書換請求の協力を求めることができるでしょう。譲渡人がこの請求に応じない場合，譲受人は株式の譲渡契約を解除することもできます（民法540条）。

Check

「株券」

　株券とは，株式すなわち株主たる地位を表す有価証券のことです。

　旧商法では，株式会社は，原則として株券を発行しなければならないとしつ
つ，定款で定めることにより，株券を発行しないことも認めていました（株券
不発行制度）。これに対して会社法は，株式会社は株券を発行しないことを原
則とし，そのいわば例外として，株券を発行する旨を定款で定めることができ
るとしています（214条）。つまり，会社法は，旧商法下の制度とは原則と例
外を逆転させたわけです。

　会社法は，株券を発行する旨の定款の定めがない株式会社を「株券不発行
会社」，株券を発行する旨の定款の定めがある株式会社を「株券発行会社」と
いっています。株券発行会社では，株式を発行した日以後遅滞なく，株券を発
行しなければならないのが原則ですが，公開会社でない株券発行会社は，株
主からの請求があるまでは株券を発行しないことができます（215条１項・４
項）。さらに，株券発行会社においても，株主から株券の所持を希望しない旨
の申出があれば，その株主について株券を発行しないこともできます。この申
出を受けた株式会社は，その株式について株券を発行しない旨を株主名簿に記
載（記録）しなければなりません（217条１項・３項）。そして，この記載（記
録）をした場合，その株券発行会社は株券を発行することができなくなります
（同条４項）。

②　子会社による親会社株式の取得制限

　例えば，Ａ株式会社がＢ株式会社の総株主の議決権の過半数を
有していること等により，Ａ社がＢ社の親会社であるという関係
にある場合，Ｂ社（子会社）が，Ａ社（親会社）の株式を取得す
ると，Ａ社に対して出資を払い戻す結果となり，Ｂ社の会社財産
がその分空洞化することになります。また，Ｂ社がＡ社の株式を
取得すると，取得株数に応じてＡ社の議決権の一定数を押さえる
ことができます。そうすると，Ｂ社は，Ａ社の取締役の選任に影
響力を行使できますから，ＡＢ両社の取締役の馴合いにより，Ａ
社を不当に支配することもできてしまいます。このような弊害が
生じるのを防止するため，子会社による親会社の株式の取得は原
則的に禁止されています（135条１項）。

　ただし，例えば，Ａ社の子会社Ｂ社が，Ｃ社を吸収合併して，

C社の有するA社の株式も包括的に承継する場合のように，上のような弊害を生ずるおそれのない一定の場合には，例外的に許容されています（同条2項）。

　この例外に当たる場合でも，相当の時期にその取得した親会社株式を処分することが義務づけられています（同条3項）。

(4) 株式譲渡の方法とその対抗要件

　株式譲渡の方法は，株式会社が株券不発行会社であるか，株券発行会社であるかによって異なります。

設例8

　Aは，株券を発行していない甲株式会社の株主である。Aは，Bにその有する甲社の株式を売却しようとしている。

設例9

　Cは，株券を発行している乙株式会社の株主である。Cは，Dにその有する乙社の株式を売却しようとしている。

---

① 株券不発行会社の場合

　株券不発行会社の株式譲渡は，意思表示のみによって行われます。そうすると，設例8で，Aが甲株式会社の株式をBに売却する場合，A・B間の意思表示の合致により売買契約が成立すれば，株式はAからBに移転します。これによって，BがAに代わって，甲社の株主となります。

　しかし，Bが甲社やその他の第三者に対して，株主たる地位を取得したことを主張するためには，株主名簿の名義書換を必要とします（130条1項）。つまり，株主名簿の名義書換が会社およびその他の第三者に対する対抗要件となるわけです。＊

　株主名簿の名義書換をするには，原則として，取得した株式の名簿上の株主またはその相続人その他の一般承継人と株式取得者が共同して名義書換請求をしなければなりません（133条2項）。

② 株券発行会社の場合

＊株主名簿の名義書換については，P84を参照してください。

　株券発行会社の株式譲渡は，自己株式の処分による譲渡の場合を除いて，譲受人に株券を交付しなければ，その効力を生じません（128条1項）。つまり，意思表示だけでは，株式は移転しないのです。設例9で，CがDに株式を売却する場合，C・D間の意思表示の合致に加えて，CからDへの株券の交付がなければ，Dは株主たる地位を取得することはできません。また，この場合も，株主名簿の名義書換が会社に対する対抗要件となります（130条）。つまりDは，Cから株券の交付を受けて乙社の株主たる地位を取得したとしても，名義書換をしない限り，乙社に対して株主としての権利を行使することはできないのです。Dは，乙社に対して株券を呈示し，単独で名義書換を請求することができます。

一歩前進

　上の説明のとおり，株券不発行会社あるいは株券発行会社のいずれであるかによって株式の譲渡方法は異なりますが，ともに株主名簿の名義書換が会社に対する対抗要件となる点は共通しています。会社に対する対抗要件とは，会社に対し「株主総会で権利を行使させろ」とか「配当をよこせ」と主張するための要件です。

　株券不発行会社においては，株主名簿の名義書換は会社に対してのみならず，第三者に対する対抗要件となります（130条1項）。第三者に対する対抗要件とは，「僕が株主だ」「いや，わしだ」といった争いが生じたとき，相手方に対して優先することを主張するための要件です。例えば，設例8で，Aが，Bに譲渡した株式をさらにEにも譲渡したような場合，先に名義書換を受けたほうが優先します。＊

　一方，株券発行会社においては，株券の交付が第三者への対抗要件となり，株主名簿の名義書換が対抗要件となるわけではありません（同条2項参照）。というのは，株券発行会社の場合，株券を占有している者だけが権利者として名義書換を請求できるのであり，株券を占有していない第三者は株主名簿上の株主となること自体ができないからです。

＊後述しますが，振替株式については，振替口座簿への記載・記録によって第三者に対する対抗要件が備わります。

ステップアップ

「株式振替制度」

　株券不発行会社における株式譲渡の方法およびその対抗要件については，上記①の記述が会社法上の原則です。しかし，株券不発行会社でかつ公開会社においては，「社債，株式等の振替に関する法律」により，譲渡の意思表示に加えて電子データのやりとりだけで株式の権利関係を確定する「株式振替制度」が創設され，平成21年1月より実施されています。現在，いわゆる上場会社はすべてこの制度に参加し，上場株式の譲渡は，この株式振替の制度により行われています。この制度については，その細かい手続に立ち入る必要はありませんが，制度の概要については押さえておきましょう。

　株券不発行会社で，この制度を利用する会社（非公開会社はこの制度を利用できません）の株式を振替株式といいます。振替株式の権利の帰属は，振替機関や口座管理機関（併せて「振替機関等」といいます）に置かれる振替口座簿の記載・記録によって確定します。例えば，甲株式会社の株主Aが，その株式1000株をBに譲渡する場合，Aは，口座を有する振替機関等に対して振替申請を行い，これを受けた振替機関等が，A名義の甲社株式1000株を減少させ，譲受人B名義の振替口座簿に1000株の増加を記載・記録します。これによって，AからBへの甲社株式の譲渡の効力が生じ，第三者に対する対抗要件が具備されることになります。つまりBは，この記載・記録を受けておけば，Aから株式を譲り受けたと主張する第三者Cに対して，自分が甲社の株主であると主張できることになります。振替株式に対する質権の設定も，ほぼ同様の手続で行われます。振替口座簿の名義人は，口座に記録された振替株式を適法に有するものと推定されます。そのため，振替申請によって悪意または重大な過失なく自己名義の振替口座簿に振替株式の増加記載・記録を受けた者は，その振替株式の権利を取得することになります（善意取得）。

　株主の会社に対する権利行使は，振替機関の会社に対する通知に基づき行われます。まず，株主全員が一斉に権利を行使する場合，例えば会社が権利行使者を定めるための基準日等を決定したときは，振替機関が振替口座簿上の株主の氏名，保有株式数等を会社に通知します（総株主通知）。この通知を受けた会社は，通知された事項を株主名簿に記載・記録することにより，基準日等に株主名簿の名義書換がなされたものとみなされ，株主の会社に対する権利行使が行われることになります。また，株主が会社に対して少数株主権を行使しようとする場合には，当該株主が振替機関に申し出て会社に振替株式の保有数等必要事項を通知してもらい（個別株主通知），その株主が少数株主権の行使

要件を満たしていれば，会社に対する権利行使が可能となります。つまり，この個別株主通知が株主名簿の名義書換に代わる機能を有することになるわけです。このように，振替株式については，株式の譲渡の度に株主名簿の名義書換が行われるのではなく，振替機関から，一定の時期あるいは株主の申出に応じて随時通知がなされ，これによって会社に対する権利行使を可能とする仕組みになっているわけです。

Check

「株式の善意取得と株券失効制度」

　例えば，Cが紛失した株券をEが拾得し，EがこれをFに譲渡し株券を交付したとします。この場合Fは，Eが無権利者であることについて，善意でかつ重大な過失がないときは，その株式についての権利を善意取得します（131条2項）。先述のとおり，無権利者からの振替申請による善意取得もあり得ます。動産の善意取得の制度（民法192条）と同様，ともに取引の安全を保護するための制度です。しかし，動産の善意取得は，取得者が善意無過失であることを要件とするのに対し，株式の善意取得は，取得者に重大な過失のないことを要件とする（善意であれば軽過失があっても権利取得は認められる）という点で，動産の善意取得の場合よりも取得者の保護が拡充されています。

　このように，株券発行会社の株主が盗難・紛失等により株券を喪失した場合には，第三者が株式を善意取得し，その結果株主が権利を失ってしまうおそれがあります。そこで，そのような事態を防止するため，株券を失効させる制度（株券喪失登録制度）が用意されています。その手続を簡略に説明すると，まず，株券を喪失した者は，会社に対し一定の資料を提出して株券喪失登録簿への記載・記録を請求することができます（223条）。株券喪失登録簿は，本店または株主名簿管理人の営業所に備え置かれ，誰でも閲覧することができます（231条）。登録がなされた株券は，登録日の翌日から起算して1年を経過した日に無効となり，株券喪失者に株券が再発行されることになります（228条）。その後は，株式が善意取得される余地はなくなります。

　手続がこのようにスムーズに進めば，株券喪失者の権利は円満に保全されることになります。しかし，上記の1年の期間内に喪失登録された株券を所持する者が現れたとき，その者は，会社に対し喪失登録の抹消を請求することができます（225条）。そうなると，裁判という面倒な手続を経て決着がつけられることになります。抹消請求者の善意取得が認められれば，喪失登録者は裁判

で負ける（権利を回復できない）ことになります。

閑話休題

　株式投資の経験のある方はよくご存知でしょうが，金融商品取引所（証券取引所）で取引の対象となっている株式（いわゆる上場株式）を金融商品市場で売ったり買ったりするには，証券会社等の金融商品取引業者に売買の委託をしなければなりません。つまり，一般の投資家が市場で株式の売買をするには，証券会社等に注文を出して売買の代行（取次ぎ）をしてもらわなければならず，金融商品取引所に出向いて自ら株式の売買をすることはできません。この場合，株式取引の代行をする証券会社は，商法上の問屋営業を行うことになります（商行為としての問屋営業の意味・内容等については，P405以下の記述と関連付けて理解してください）。

　取引市場外で上場株式を取得するには上記のような制限はありませんが，上場株式を大量に取得しようとする場合には，一般的には金融商品取引法上の公開買付けという方法が多用されます。公開買付けとは，不特定多数の株主に対して，公告を使ってその保有している株式の売却を勧誘し，市場外で株式の買付けを行う方法です。市場外で株式を取得するには，譲渡人と譲受人との相対取引によることも可能ですが，取得者の所有割合が５％を超えることになる市場外での買付け等会社支配権の変動を生じさせるような一定の場合には，公開買付けの方法によることが義務付けられる場合があります。なお，金融商品取引法は，株式，社債その他の金融商品の取引に関し，主に投資者の保護といった観点から情報開示制度，不公正取引の禁止その他各種の行為規制を設けた法律です。会社法上も，この法律の規定と関わりのある規制が設けられている場合があり，この後も金融商品取引法という法律名が出てくることがありますから，いちおう気に留めておいてください。

2　株主名簿

(1)　意義

　株主名簿とは，株主および株券に関する事項を明らかにするため，会社法上，株式会社に作成が義務づけられている帳簿（電磁的記録）のことです。株式会社には，絶えず変動する多数の株主が存在するのが通常ですから，現在の株主が誰であるかを確定するのは容易なことではありません。そこで，株主を確定するため

の何らかの方策が必要となります。株主名簿の制度は，名簿上の記載を基準として形式的・画一的に株主を確定し，その名簿上の株主に対して会社からの通知や権利行使の催告をすれば足りることとして，円滑な事務処理を図ることを目的とするものです。

株主名簿は，会社の本店に備えておくのが原則ですが，株主名簿管理人を置く場合は，その営業所に備えることになります（125条1項）。この場合は，本店に備え置く必要はありません。*1

株主名簿には，次の事項を記載（記録）しなければなりません（121条）。

株主名簿記載事項

①	当該株主の氏名または名称および住所
②	当該株主の有する株式の数
③	当該株主が株式を取得した日
④	株券の番号*2

*1 株式会社は，株主名簿の作成，備置き，名義書換等の事務を代行する株主名簿管理人を置く旨を定款で定めることができます。株主名簿管理人となるのは，一般には信託銀行です。

*2 当然のことながら，株券の番号の記載が義務づけられているのは，株券発行会社の場合だけです。

一歩前進

株券不発行会社の株主は，会社に対して自己についての株主名簿に記載（記録）された事項を証明する書面の交付を請求することができます（122条1項）。この書面は，会社に対する対抗要件を備えたことの証明手段となります。株券発行会社の株主にはこの権利は認められていません（同条4項）。なぜなら，株券自体が最も有力な証明手段だからです。

Check

「株主名簿の閲覧・謄写」

株主および会社債権者は，営業時間内であればいつでも，請求の理由を明らかにしたうえで，株主名簿が書面で作成されているときは閲覧・謄写の請求ができ（125条2項1号），また株主名簿が電磁的記録によって作成されているときはその情報の内容を表示したものの閲覧・謄写の請求をすることができます（同条同項2号）。この権利に持株要件はなく，単独株主権として行使することができます。新株予約権者も「債権者」としてこの請求をすることができます。会社は，原則としてこの請求を拒むことはできません。しかし，株主ま

たは会社債権者がその権利の確保または行使に関する調査以外の目的で請求する場合その他一定の事由がある場合においては，その請求を拒むことができます（同条3項）。株式会社の親会社の社員は，その権利を行使するため必要があるときは，裁判所の許可を得て，株主名簿の閲覧・謄写等の請求をすることができます（同条4項）。

(2) 株主名簿の名義書換

① 意義

　株主名簿の名義書換とは，株式を取得した者の氏名または名称および住所を株主名簿に記載（記録）することです。株式取得者には，会社に対して，株主名簿の名義書換を請求する権利が認められます（133条1項）。＊

　株式の取得者は，この名義書換をしない限り，会社に対して自分が株主であることを対抗する（主張する）ことができません（130条1項）。これは，会社の側からみれば，株主名簿上の株主だけを株主として扱い，その者に対して株主総会招集通知等各種の通知を送り，またその他の権利行使の機会を与えれば足りるということを意味します。つまり，そうすることによって，会社としての責任は原則として免責されることになります。

＊株式買取請求をしている株式については,これを第三者に譲渡したとしても,その名義書換を請求することができません（116条9項,133条）。

ここが狙われる

　株式会社が株主に対して行う通知や催告は，株主名簿に記載（記録）された株主の住所または株主から通知された連絡先（例えば，株主のメールアドレス）にあてて発すれば足ります（126条1項）。この住所または連絡先に対して行った通知または催告が5年以上継続して到達しない場合は，以後通知または催告をする必要がなくなります（196条1項）。

② 名義書換の手続

　株券不発行会社では，株式譲渡により株式を取得した者は，それまで株主名簿に株主として記載（記録）された者（またはその相続人・一般承継人）と共同して名義書換をしなければなりません（133条2項）。設例8では，Bは，Aと共同して甲株式会社に対して名義書換を請求する必要があります。この場合Bは，株券

を保有しているわけではないので，会社としては，Bが本当に株式譲受人であるかどうか確実に把握する手段がありません。そのために譲渡人Aとの共同での名義書換が要求されるわけです。

　これに対し，株券発行会社では，**株券の占有者は適法にその権利を有するものと推定されます**（131条1項）。したがって，**株式の譲受人は会社に株券を呈示して，単独で名義書換を請求することができます**。設例9では，Dは単独で，乙株式会社に株券を呈示して名義書換を請求することができます。乙社は，Dが無権利者であるとの立証ができなければ，Dの請求を拒むことができません。＊

＊会社が株式を発行した場合，会社が自己の株式を取得した場合および自己株式を処分した場合などは，会社は確実に株主を把握することができますから，請求によらずとも名義書換をしなければなりません（132条）。

(3) 基準日

設例10

　甲株式会社の株主Aは，令和3年3月20日にその有する株式をBに譲渡し，Bは，同年4月7日に甲社に対して株主名簿の名義書換を請求した。

　株主名簿の制度により，株式会社は，**名簿上の株主だけを株主として画一的に扱えば足りる**ことになりますから，簡明・円滑に株主関係の事務を処理することができます。しかし，株式譲渡により株主は絶えず変動し，名義書換も頻繁に行われますから，いつの時点における株主に権利行使を認めるべきか，そしてその時点における株主をどのようにして把握するか，という問題が生じます。そのためには，一定の基準となる日時を定め，その時点において**株主名簿上に株主として記載されている者に権利行使を認める**こととすれば，会社に対する権利行使者を明瞭かつ容易に確定できることになります。そこで，会社法は，その一定の日を基準日として定め，その日において**株主名簿に記載（記録）されている株主（基準日株主）を権利行使できる者として定めることができる**，としています（124条1項）。

　設例10で，甲株式会社は令和3年3月31日を基準日と定めたとします。Aは，その時点ですでにBに株式を譲渡しているのですから，実質的には株主としての地位を失っています。しかし，基準日において名義書換がなされていないため，株主名簿上の株

主は依然としてAのままです。したがって，この場合甲社は，A
を株主として扱い，Aに対して株主総会の通知を送れば足りる
し，またAに剰余金の配当請求権を付与すれば，会社の事務処理
としては全く問題ないわけです。逆に，Bからみれば，実質的に
は株主としての地位を取得していますが，名義書換をしていない
以上，会社から株主としての扱いを受けることができなくても，
原則として文句は言えないのです。

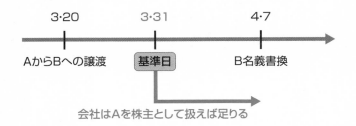

一歩前進

　会社が基準日を定める場合，そこで行使できる権利の内容
を定めなければなりませんが，それは**基準日から３ヶ月以内
に行使するもの**に限られます（124条２項）。基準日の制度に
よって，真の権利者であっても権利行使できないという状
態が生じますが，それをあまりに長期間にわたって認める
ことは適切でないので，これを３ヶ月に制限したわけです。
なお，その権利が株主総会または種類株主総会における議決
権である場合には，基準日株主の権利を害することがない
限り，基準日以後に株式を取得した者の全部または一部につ
き，会社がそこでの権利行使を認めることは許されます（同
条４項）。例えば，会社が基準日後に募集株式を発行したと
き，当該基準日後その株式を取得した者の全部について当該
議決権を行使できる者と定めることもできます。基準日を定
めたときは，会社は，その基準日の２週間前までに，基準日
および行使できる権利の内容を公告しなければなりません
（同条３項）。

Check

「名義書換未了の株主の地位」

これまでに説明したとおり，基準日において株主名簿上に株主として記載されていない者については，たとえその者が実質的に株主たる地位を取得していたとしても，会社はその者を株主として扱う必要はありません。これを逆にいうと，たとえ実質的に株主たる地位を取得した者であっても，名義書換をしていない以上，会社に対して権利行使をすることができないということになります。設例10では，Bは基準日前に名義書換を受けていない以上，甲株式会社に対して株主としての権利を行使できないのが原則です。

しかし，この原則を厳格に貫くと不当な結果を生ずる場合があることから，以下のような一定の場合に名義書換未了の株主に会社に対する権利行使を認めるべきかどうかが問題となります。判例は，以下の事案について，次のように判断しています。

まず，基準日において株主名簿上の株主として記載（記録）されていない者について，会社が株式の移転を確実に認識した場合，会社の側からその者を株主として扱い，その権利行使を認めることは差し支えないとしています（最判昭30・10・20）。

また，株式を取得した者から名義書換請求があったのに，会社が合理的な理由なく不当にその名義書換を拒絶した場合，会社は，その変更のないことを理由としてその譲渡を否認することはできず，このような場合には，会社は株式譲受人を株主として扱うことを要し，株主名簿上に株主として記載されている譲渡人を株主として扱うことはできないとしています（最判昭42・9・28）。

さらに，適法な名義書換請求があったのに，会社が過失によりその名義を変更しなかった場合についても，上の名義書換の不当拒絶の場合と同様に解しています（最判昭41・7・28）。

「失念株」

株式譲受人が名義書換を失念していた（うっかり忘れていた）場合において，会社から株主割当による募集株式の発行があったとき，その株式（「失念株」と呼ばれます）に対する権利は譲渡人，譲受人のいずれに帰属するのでしょうか。これは，設例10で，株主名簿上の株主である譲渡人Aに対して，株主割当により新株が発行され，Aが引受価額の払込みをしてその株式を取得したとき，Bは，Aに対して新株の引渡請求ができるかという形で問題となります。この問題について判例は，会社は一定日時の名簿上の株主を権利者とし

て定めることができることから，たとえ株式の譲渡があっても新株を引き受ける権利はこれに随伴して移転しないことを理由として，譲受人の譲渡人に対する新株の引渡請求を否定しています（最判昭35・9・15）。もっともこの判例の考え方に対しては，株主名簿の名義書換の有無にかかわらず，譲渡当事者間では譲受人に権利が移転しているのだから，譲受人の譲渡人に対する権利行使を認めるべきとの反対論が強く主張されてきました。そのためか最近の判例では，株式分割の事例で譲渡当事者間においては，譲受人を株主として扱うのが妥当とする見解も示されています（最判平19・3・8）。

3　株式担保

設例 11

　Aは，甲株式会社の株式1000株（時価500万円相当）を有している。Aは，Bから500万円を借り入れ，その債務の担保として甲社の株式に質権を設定した。

(1) 意義

　株式は，譲渡性のある財産権の一種ですから，これを担保の目的とすることができます。株式を担保とする方法としては，株式に質権を設定する方法と株式に譲渡担保権を設定する方法という2つの方法があります。

　会社法に規定されているのは，株式に質権を設定する方法だけです。譲渡担保は，法律に明文のある担保方法ではありませんが，実務上広く行われている慣習法上の担保手段であり，判例もその有効性を認めています。ここでは，株式に質権を設定する場合について説明します。＊

＊譲渡担保権については，設定方法や対抗要件など質権と共通する部分が多いので，両者の比較という視点から理解するのがベターです。

(2) 株式の質入れ
① 略式質と登録質

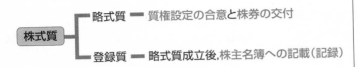

(i) 略式質

　略式質は，株券発行会社においては，当事者間の合意と株券の交付によって成立します（146条）。設例11では，Aが甲株式会社から株券の交付を受けているときは，Bとの間で質権設定の合意をするとともに，株券を交付することによってAを質権設定者，Bを質権者とする略式質が成立します。この場合，Bは株券の占有を継続しなければ，甲社その他の第三者に対抗することができません（147条2項）。

　一方，株券不発行会社の場合は，当事者間の質権設定の合意だけで質権設定契約が成立しますが，この場合は，すべて（ⅱ）で説明する登録質としなければ，会社その他の第三者に対抗することができません（同条1項）。

(ii) 登録質

　上記のように略式質が成立した後，さらに株主名簿に質権者の氏名・住所等を記載（記録）すると登録質となります。＊

　なお，譲渡担保の設定についても，略式譲渡担保，登録譲渡担保の方法があります。

② 株式質の効力

　次に，株式に質権を設定した場合，どのような効力があるのかをみておきましょう。

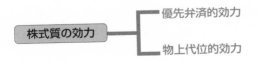

(i) 優先弁済的効力

　設例11で，Aが，Bから借り入れた500万円を返済できない場

＊会社が，定款を変更して株券を発行する旨の定款の定めを廃止する場合には，略式質の質権者は，定款の変更の効力が生ずる日の前日までに，会社に対し，質権に関する事項を株主名簿に記載（記録）することを請求することができます（218条5項）。これによって登録質権者となることができます。

合，質権者Bは，Aから質受けした甲株式会社の株式を競売し，その競売代金の中から**他の債権者に優先して弁済を受けること**ができます（民法342条）。*1

（ⅱ）物上代位的効力

また，Bの質権の効力は，Aの株式の価値それ自体はもとより，Aが株主として**甲社から受けることのできる金銭その他の財産**にも及びます（会社法151条）。例えば略式質の場合，Bは，甲社からAに剰余金の配当がなされる前に，**剰余金配当請求権**を差押えし，そこから優先弁済を受けることもできます（会社法151条1項8号，民法350条，304条）。

登録質とした場合には，質権者Bは，直接会社から通知・催告等を受けることができ（会社法150条1項），また剰余金の配当その他の物上代位的給付を受けることができます（151条）。

4　自己の株式の取得

（1）意義

会社が，自己の株式（自社の株式）を自ら取得することを自己の株式の取得といいます。俗に「自社株買い」ともいいます。*2

自己の株式の取得は，会社が自ら発行した株式を再び株主から買い上げることですから，株主に出資を払い戻すのと同じ結果となり，これによって会社の資産がそれだけ減少することとなります。その結果，会社の財産的基礎がグラつくことになりかねません。また，その取得の対価や取得の方法によっては，株主平等の原則に反するおそれがあります。さらに，会社が取得した自己株式については議決権が停止されますから（308条2項），取締役などがこれを利用して議決権数を減らし，自分たちの意のままに会社を支配する手段として悪用される危険性もあります。そのような弊害を考慮して，旧商法では，自己の株式の取得については，その目的，数量，保有期間等について相当に厳格な規制がかけられていました。

しかし，自己の株式の取得を認めることには，それなりの必要性やメリットがあることも否定できません。例えば，会社は，自

*1 譲渡担保権の実行により優先弁済を受ける方法としては，譲渡担保権者が第三者に株式を売却してその代金を充当する方法と，譲渡担保権者が自ら担保株式を取得し，その時価相当の弁済を受ける方法があります。

*2 会社法は，取得する前の自社の株式を「自己の株式」，会社が取得した自社の株式を「自己株式」と呼んで区別しています。

己の株式の取得という形で会社の余剰資金を株主に還元すること
ができるほか，自社の株式を取得することによって株式の流通量
を減少させ，高騰し過ぎた株価を引き下げる効果も期待できま
す。旧商法のような過度の規制は，会社の財務政策を硬直化させ
る結果となりかねません。また，株式交換，会社分割，合併等の
いわゆる組織再編に際して，自己株式の活用に対する実務界から
の要望が強いこともあり，自己の株式の取得は，会社法において
は大幅にその規制が緩和されました。

　会社法は，まず自己の株式の取得が許容される場合を列挙し，
さらにその取得手続およびその財源に関する規制を置いていま
す。

(2) 自己の株式の取得が許容される場合

　株式会社が自己の株式を取得できるのは，以下の場合に限られ
ます（155条）。これ以外の場合に自己の株式の取得は認められま
せん。13個ものパターンが挙げられていますが，該当箇所で個別
に説明してありますから，ここでは大体のところを頭に入れてお
けばよいでしょう。これらの場合のうち，③のパターンについて
は，会社法に細かな手続規定が置かれていますから，次の（3）
で多少詳しく説明します。

①　取得条項付株式について一定の事由が生じた場合
②　譲渡制限付株式について譲渡承認をしない場合
③　株主総会決議に基づき株主との合意により取得する場合
④　取得請求権付株式の取得請求があった場合
⑤　全部取得条項付種類株式の取得の場合
⑥　相続人等に対して売渡請求を行った場合
⑦　単元未満株主からの買取請求があった場合
⑧　所在不明株主の株式を買い取る場合
⑨　端数株式を買い取る場合
⑩　他の会社の事業全部の譲受けに伴う株式取得の場合
⑪　合併における消滅会社から自己の株式を承継する場合
⑫　吸収分割する会社から自己の株式を承継する場合
⑬　その他法務省令で定める場合＊

＊法務省令で定める
場合として，自己の
株式を無償で取得す
る場合，および株主
からの株式買取請求
に応じて自己の株式
を取得する場合を覚
えておきましょう。

(3) 株主との合意による取得

　上記の自己の株式の取得が認められる各場合のうち，株主総会決議による場合（155条3号，156条1項）は，株主との合意によって自己の株式を有償で取得することになります。この場合は，株主の平等を害さないような配慮が求められることから，取得手続について特に規制が置かれています。

　この場合の手続の流れを大まかに示すと次のようになります。

① すべての株主に申込機会を与える場合

（ⅰ）まず，あらかじめ株主総会の決議（普通決議）によって，取得する株式数，対価としての金銭等の内容およびその総額，取得期間等を定めます。取得期間は1年を超えることができません（156条）。

（ⅱ）上記の決議に従い，自己の株式の取得が実行されていくことになりますが，取締役会（取締役会設置会社でない会社では取締役）は，その都度，取得価格，申込期日等一定の事項を決定する必要があります（157条）。

（ⅲ）取締役会（または取締役）の決定した事項は株主に通知されます（158条1項）。*

　　　譲渡を希望する株主は，株式数を明示したうえで譲渡の申込みをします（159条1項）。この申込みがあったとき，会社が申込期日にこれに対する承諾をしたものとみなされます（同条2項）。これによって売買成立となり，会社は自己の株式を取得することになります。

② 特定の株主からの取得

　株主総会決議により自己の株式を取得しようとするときは，上記のように，すべての株主に対し譲渡の機会を与えなければならないのが原則ですが，特定の株主だけから自己の株式を取得することを決議することもできます（160条1項）。

　この場合は，他の株主との間に不公平とならないよう特に配慮する必要があるため，株主総会の特別決議を必要とし（309条2項2号，156条1項），しかもその特定の株主は当該特別決議において議決権を行使することができません（160条4項）。また，その対象となっていない他の株主には，「自分も売りたいから，売主に追加しろ」という請求権（売主追加請求権）が認められてい

＊公開会社においては，この通知は，公告をもって代えることができます（158条2項）。

ます（同条3項）。

一歩前進

　株式会社（上場会社）が，金融商品取引所の開設する**市場**で証券会社を通して自己の株式を取得する場合や**公開買付**けの方法により市場外で自己の株式を取得する場合（併せて「市場取引等」といいます）には，上記①②の規制は適用されません（165条1項）。市場における取引や市場外であっても公開買付けの方法による場合は，買付価格は均一の条件とされるので，**株主間の公平を害する危険性は少ない**からです。*

＊取締役会設置会社は，市場取引等により自己の株式を取得することを取締役会の決議で定めることができる旨を定款で定めることができます（165条2項）。

Check

「分配可能額による規制」

　株式会社が自己の株式を取得すると，これによって株主に会社財産を払い戻すのと同様の効果を生じます。したがって，むやみにこれを許すと会社財産の充実が害される結果となりますから，剰余金の配当等をする場合と同様の財源規制が置かれています。すなわち，自己の株式を取得するのと引換えに交付する金銭等の総額は，取得の効力発生日における分配可能額を超えてはならないこととされています（461条1項2号・3号）。もっとも，会社が単元未満株式の買取請求（P102参照）に応じて自己の株式を買い受ける場合や合併，会社分割，他の会社からの事業の全部の譲受けに際して相手方の有する自己の株式を取得する場合等には，このような財源規制にかかることはありません。分配可能額の意味については，P297以下を参照してください。

ここが狙われる

　自己株式については，議決権，剰余金配当請求権，残余財産分配請求権が認められません。また，募集株式や新株予約権発行の際の株主割当を受けることもできません。

(4) 自己株式の消却・処分

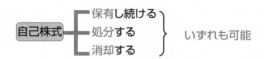

自己株式 ┌ 保有し続ける ┐
　　　　　├ 処分する　　├ いずれも可能
　　　　　└ 消却する　┘

　株式会社は，自己株式を保有し続けることもでき（いわゆる金庫株），また，いつでも自己株式を消却することができます。消却する自己株式の数の決定は，取締役（取締役会設置会社では取締役会）が行います（178条）。株式の消却は，発行済みの自己株式を消滅させることですから，それによって発行済株式総数は減少することになります。しかし，会社が発行することのできる株式総数すなわち発行可能株式総数（授権株式数）は，定款変更をしない限り変わりません。したがって，授権株式数のうち，これから発行することができる株式数が増加することになります。

　自己株式の処分は，その経済的な効果が新株発行の場合と同じですから，募集株式の発行の手続として，一括して規制されることになります（199条以下）。*

*募集株式の発行については，次講を参照してください。

Check

「特別支配株主による株式等売渡請求」

　特別支配株主とは，ある株式会社（対象会社）の議決権の10分の9以上を有する株主のことです（179条1項）。特別支配株主による株式売渡請求は，残りの株主（少数株主）が保有する全部の株式を強制的に買い取ることができる制度であり，平成26年の会社法改正により設けられました。

　特別支配株主が売渡株主に対して交付する対価は金銭に限られ，売渡株主は株式を売り渡すことによって株主としての地位を失うことになります。このように，金銭を対価として株式を買い取り，株主としての地位を失わせることにより少数株主を会社から締め出すことをキャッシュアウトといいます。キャッシュアウトは，現金を対価とする吸収合併，全部取得条項付株式の取得，株式併合等の手段によってもその目的を達することが可能ですが，特別支配株主による株式売渡請求は，このキャッシュアウトをより簡易な手続により実現することのできる制度ということができます。ただ，少数株主の側からすると，こ

れによって強制的に株主の地位を奪われる結果となりますから，それら少数株主の利益保護にも配慮する必要があります。会社法は，特別支配株主による株式売渡請求の手続を定めるとともに，少数株主の利益保護に配慮した規定を設けています。以下，その手続等の概要について説明します。

　売渡請求を行おうとする特別支配株主は，まず売渡株式の対価として交付する金銭の額またはその算定方法，特別支配株主が売渡株式を取得する日等所定の事項を決定し，対象会社に通知しなければなりません（179条の2，同条の3第1項）。売渡請求の対象には，対象会社の新株予約権も含まれますから，株式売渡請求に併せて新株予約権の売渡請求をするときは，その旨およびその対価等についても通知事項とされています。以下，株式と新株予約権の双方を含むという意味で，「売渡株式等」「売渡株主等」といいます。

　この売渡請求については，対象会社の取締役の承認（取締役会設置会社であれば取締役会決議）を得なければなりません（179条の3第3項）。しかし，株主総会の決議は必要としません。つまり，全部取得条項付株式の取得，株式併合等他の制度をキャッシュアウトの手段として使う場合は株主総会の特別決議を必要としますが，この手段を使えばより簡易な手続でその目的を達することができます。請求を承認した対象会社は，売渡請求の相手方である少数株主や登録株式質権者（売渡株主等）に対し取得日の20日前までに上記の売渡請求に関する事項を通知または公告しなければなりません（179条の4第1項・2項）。この通知または公告により，特別支配株主から売渡株主等への株式等売渡請求がなされたものとみなされ（同条3項），取得日に特別支配株主が売渡株式等の全部を取得することになります（179条の9第1項）。この場合，売渡株主等から，対象会社を経由することなく，特別支配株主に直接株式等が移転することに注意してください。

　売渡株主等の保護策として，一定事項についての事前および事後の情報開示（179条の5，同条の10），売渡株主等による差止請求（179条の7第1項），売渡株式等の売買価格決定の裁判所に対する申立て（179条の8第1項），売渡株式等の全部の取得の無効の訴えの制度（846条の2以下）が用意されています。これらの制度については，条文に当たってその概要を押さえておいてください。

5　株式の併合・分割・無償割当

　Aは，甲株式会社の株式を100株有する株主である。

(1) 株式の併合

　株式の併合とは，例えば，5株を1株にするというように，複数の株式を併せて，それよりも少数の株式とすることです（180条1項）。株式の併合は，出資単位を引き上げるという意味を持ち，下落した株価の引上げを目的として行われることがあり，また合併の際の合併比率の調整を目的として行われることもあります。まれに，キャッシュアウトの手段として利用されることもあったようです。株式の併合は，株主の利益に重大な影響を生じることがあります。例えば，株式5株を1株に併合したとします。この場合，4株以下の株主は，株主たる地位を失うことになってしまいます。また，設例12で，株式5株を1株に併合すると，甲株式会社の株主Aは，併合により20株の株主となりますが，出資単位が従来よりも5倍に引き上げられるため，株式の譲渡は併合以前に比べて不便とならざるを得ません。

　そこで，株式の併合を行うには，株主総会の特別決議が必要とされています（309条2項4号，180条2項）。この決議では，併合の割合，併合の効力を生ずる日，種類株式発行会社である場合には併合する株式の種類，効力発生日における発行可能株式総数（公開会社では発行済株式総数の4倍以内の数）を定めなければなりません（180条2項）。さらに，取締役は，その株主総会において，株式を併合することを必要とする理由を説明しなければなりません（同条4項）。その理由に合理性がなければ，株式併合の決議は成立しないでしょうから，むやみに株式併合の提案はできないことになります。

　株式併合により，株主は，その効力発生日に，その日の前日に有する株式（種類株式発行会社の場合は，併合対象となった種類の株式）の数に併合割合を乗じて得た数の株式の株主となります

（182条）。設例12のAは，100株に併合割合5分の1を乗じた20株の株主となります。この場合，発行済株式総数は5分の1に減少します。それに連動して，会社は，効力発生日における発行可能株式総数についての定めに従い，定款の変更をしたものとみなされます（180条3項，182条2項）。

一歩前進

例えば，1：1000というような極端な割合で株式併合をすれば，1株未満の端数しか有しない株主が多数生じ，それらの少数株主を会社から締め出す手段として利用することができることになります。この株式併合を手段とするキャッシュアウトは違法ではありませんが，そのような株式併合が濫用的に行われると少数株主の利益が害されてしまいます。そこで，少数株主を保護するため，株主への通知または催告および事前・事後の情報開示が会社に義務づけられているほか（181条1項・2項，182条の2），株式併合の差止請求の制度が設けられています。すなわち，株式の併合が法令または定款に違反する場合において，株主が不利益を受けるおそれがあるときは，株主は，会社に対しその株式の併合をやめることを請求することができます（182条の3）。

また，株式併合や株式分割によって1株に満たない端数株式が生じたときは，その合計数に相当する数の株式を競売してその代金を株主に交付しなければならないとされていますが（235条1項），さらに，株式併合によって生み出された端数株主（反対株主）には，端数株式買取請求権が認められます（182条の4第1項）。＊

---

(2) 株式の分割

株式の分割とは，例えば，1株を3株にするというように，1個の株式を細分化して従来よりも多数の株式とすることです（183条1項）。株式分割は，株式の併合とは逆に，高騰し過ぎた株式（「値嵩株」といいます）の株価を引き下げ，その流通性を高めることなどを目的として行われます。

株式分割により，発行済株式総数は分割割合に応じて増加し，

＊買取価格について協議が調わないときは，株主または会社は，裁判所に対し買取価格の決定の申立てをすることができます（182条の5第2項）。買取請求の撤回は，会社の承諾があった場合にのみ認められます（182条の4第6項）。

既存の株主は持株数に応じて新たに株式を無償で与えられること
になります。設例12で，1株を3株に分割した場合，Aは300株
の株主となります。この場合，他の株主もすべて同様の比率で持
株数が増加しますから，株主の持分割合に変化はなく，会社債権
者の利害にも影響はありません。したがって，株式分割について
は，取締役会非設置会社では株主総会の普通決議で足り，取締役
会設置会社では取締役会で決定することができます（同条2項）。
その際には，分割割合，分割に係る基準日，分割の効力が生ずる
日，種類株式発行会社である場合には，分割する株式の種類を定
めなければなりません（同条同項）。*1

　株式分割により，株主は，基準日において有する株式の数に分
割割合を乗じて得た数の株式を取得することになります（184条
1項）。

一歩前進

　設例12で，1株を3株にする株式分割が行われた場合，
Aは，100株に分割割合3倍を乗じた300株の株主となりま
す。この場合，発行済株式総数は増加しますが，発行可能株
式総数（授権株式数）は変わりませんから，その後に発行す
ることができる株式数は減少することになります。この場合
には，例外的に，株主総会による定款変更手続を経ることな
く，株式分割の効力発生日における発行可能株式総数に分割
割合を乗じて得た数の範囲内で発行可能株式総数を増加する
定款変更ができます（184条2項）。設例12で，甲株式会社
の発行可能株式総数（授権株式数）が1万株であった場合，
いわば自動的に3万株に増加する定款変更ができるわけで
す。これは，株式分割をしても株主の持株比率に変化はない
ため，発行可能株式総数の増加につき厳格な定款変更の手続
（株主総会特別決議）を経なくても，株主の利益を害するこ
とはないからです。*2

（3）　株式無償割当

　これは，株主に対して新たに払込みをさせることなく，株主に

*1種類株式発行会
社では，ある種類の
株式についてのみ株
式分割をすることも
できます（183条2
項3号参照）。また，
自己株式も分割の対
象となります。

*2もっとも，現に
2以上の種類株式を
発行している会社に
ついては，この特例
は適用されません
（184条2項かっこ
書）。

その持株数に応じて会社の株式の割当をすることです（185条）。つまり株主は，その持株数に応じて株式をタダでもらえることになります。「それじゃ，株式分割と同じじゃないか」と思われるかもしれません。しかし，株式分割では同じ種類の株式が与えられますが，無償割当では割当を受ける株式は同じ種類である必要はなく，また，株式の分割は自己株式についてすることができますが，株式無償割当は自己株式についてすることができない，という点などが異なります。＊

　株式無償割当の場合，原則として株式分割の場合と同様の要件の下で割当がなされ，その効果も株式分割の場合と同様，株主は，割当日において有する株式の数に割当割合を乗じて得た数の株式を取得することになります（187条1項）。株式無償割当によって生じた1株未満の端数については，その合計数に相当する数の株式を競売し，その代金を株主に交付します（234条1項3号）。

　株式無償割当をするには，株主総会決議（普通決議）を要しますが，取締役会設置会社では取締役会決議で足ります（186条3項本文）。また，取締役会設置会社か否かにかかわらず，この決定機関について，定款で別段の定めをすることができます（同条同項ただし書）。

＊株式分割の場合には必ず新株が発行されますが，株式無償割当の場合は，新株を発行するほか，自己株式の処分という方法によることもできます。しかし，いずれの場合も新たに払込みがなされるわけではないので，資本金の額に変更はありません。

	発行済株式総数	発行できる株式数
株式併合	減少	増加
株式分割	増加	減少
無償割当	増加	減少

6　単元株式

設例13

　甲株式会社の発行済株式総数は100万株である。Aは，甲社の株式100株を有する株主である。

（1）意義

　新聞の株式欄をご覧になるとわかりますが，上場株式の株価はさまざまです。1株数百円から千円台の株式が多数を占めていますが，ベンチャー企業などでは数十万円もする株式もあります。株主数の多い株式会社では，株主の管理コストは莫大な額に上りますから，少額の株式をわずかしか持たない株主と多数の株式を有する株主を同じように扱うことは，不経済といわざるを得ません。例えば，わずかの株式しか保有していない株主に対しても，株主総会に際して招集通知や参考書類を律儀に送り続けなければならないとすると，そのコストは相当な負担になります。

　単元株制度は，上のような不合理を解消するため，出資単位の小さい少額の株式を100株，あるいは1000株といった単位にまとめて，**株主管理コストを節減する**ことを意図するものです。すなわち，単元株制度とは，定款に定める一定数の株式を1単元と定め，1単元以上の株式を有する株主には，**株主としてのすべての権利を認める**が，1単元に満たない株式しか持たない株主（単元未満株主）には**株主としての権利を制限する**制度です。＊

　単元株の制度は会社の利益に配慮したものであり，これによって単元未満株主が発生し不利益を被ることになりますから，その単元未満株主を保護することが1つの課題となります。会社法は，後述するように，そのための一定の配慮をしています。

＊株式市場で株式を売買する際も，1単元の株式数が基準となります。つまり，単元株制度を定めている会社の株主は，最低でも1単元の株式を持っていないと株式市場で株を売却することはできないのです。

```
　　　　　　　　　1単元以上 ━ 株主としての権利をすべて認める
単元株 ┤
　　　　　　　　　1単元未満 ━ 株主としての権利を制限する
```

┌─ 一歩前進 ─┐

　1単元の株式数は，必ず定款で定めておかなければなりません（188条1項）。種類株式発行会社では，単元株式数を株式の種類ごとに定める必要があります（同条3項）。その数は，会社が独自の判断で定めることができますが，あまりに大きな数を1単元として指定すると，少数株主の利益をないがしろにする結果となります。そのような結果を避けるため，その上限は1000株および発行済株式総数の200分

の１に当たる数と定められています（同条２項，施行規則34条）。そのいずれか低い方が，単元株式数の上限となります。例えば，発行済株式総数が10万株であれば，その200分の１は500株となりますから，１単位の株式数の上限は500株となります。

　単元未満株主は，その有する単元未満株式について，株主総会および種類株主総会において議決権を行使することができません（189条１項）。したがって，株主総会の決議に際し，単元未満株式は，議決権を行使することができる株主の議決権の数に算入されません。また，単元未満株主に対して株主総会の招集通知を送る必要もありません。

(2) 単元株制度の導入

　例えば，設例13で甲株式会社が1000株を１単位として定めると，100株しか持っていないＡは，株主総会および種類株主総会における議決権を奪われることになります（189条１項）。また，Ａには利益配当請求権や残余財産分配請求権，株式無償割当を受ける権利など会社から一定の経済的利益を受ける権利等が保障され，これについては定款で定めても制限することはできませんが，それ以外の権利については定款で制限することも可能です（同条２項）。

　このように，単元株制度の導入によって単元未満株主が不利益を受けることになりますから，定款変更によって単元株制度を導入する場合には，株式併合の場合と同様の厳格な要件が課せられています。すなわち，この場合株主総会の特別決議を要し（466条，309条２項11号），また取締役はその決議をする株主総会で当該単元株式数を定めることを必要とする理由を説明しなければなりません（190条）。逆に，単元株式数の減少またはその定めを廃止するには，取締役（取締役会設置会社にあっては取締役会）の決定で足ります（195条１項）。

(3) 単元未満株主の保護

① 単元未満株主の株式買取請求

　単元未満株主は，対象となる株式数を明らかにしたうえで，会社に対して自己の有する単元未満株式の買取りを請求することができます（192条1項・2項）。この買取請求権は，いわば株主の投下資本回収の最後の切り札といえますから，定款の定めによっても奪うことはできません（189条2項4号）。

　この買取請求は，会社の承諾を得た場合に限り，撤回することができます（192条3項）。これによって，とりあえず買取請求をしておき，市場価格に応じて撤回する（株価が上がれば買取請求をやめる）というズルイことはできなくなります。

② 単元未満株主の売渡請求（買増請求）

　単元未満株主は，定款に定めがあれば，併せて1単元の株式になるべき数の株式を売り渡すよう会社に対し請求することができます（194条1項）。設例13で，甲株式会社が1000株を1単元と定めている場合，100株を有するAは，甲社の定款に定めがあれば，900株の株式を売り渡すよう甲社に対して請求することができることになります。これによってAは，「1人前の株主」になることができるわけです。

　単元未満株主は，単元未満株式数を明らかにしたうえで請求し，この請求があったときは，会社はその単元未満株式数に相当する自己株式を保有していない場合を除き，その数の自己株式を売り渡す義務を負います（同条2項・3項）。

　売渡請求の撤回は，買取請求の場合と同じく，会社の承諾があった場合に限って可能です（同条4項）。

> **ここが狙われる**
>
> 　単元未満株式も株式であることに変わりはありませんから，譲渡により単元未満株式を取得した者は，その単元未満株式につき，会社に対し株主名簿の名義書換を請求することができます。

　株式の譲渡又は株主名簿の名義書換に関する次の記述のうち，正しいものの組合せとして最も適切な番号を一つ選びなさい。なお，解答に当たり，譲渡制限株式及び振替株式については考慮しないものとする。

ア　株券発行会社であるか否かを問わず，株式会社の株式の譲渡は，当事者の意思表示のみによって効力が生じる。

イ　株券発行会社であるか否かを問わず，株式会社の株式の譲渡を当該株式会社を除く第三者に対抗するためには，株主名簿の名義書換が必要である。

ウ　株券発行会社であるか否かを問わず，株式会社の株式の譲渡を当該株式会社に対抗するためには，株主名簿の名義書換が必要である。

エ　最高裁判所の判例によれば，株券発行会社であるか否かを問わず，株式会社が株式譲渡による名義書換請求を不当に拒絶した場合には，当該株式会社は当該株式譲受人を株主として取り扱わなければならない。

1　アイ　　　2　アウ　　　3　アエ　　　4　イウ　　　5　イエ　　　6　ウエ

解　説

ア　×　株券発行会社の株式の譲渡は，当該株式に係る株券を交付しなければ，その効力を生じません（128条1項本文）。逆にいうと，株券発行会社の株式譲渡は，株券を交付することによって効力を生じます。

イ　×　株券不発行会社では，株主名簿の名義書換が会社および第三者への対抗要件となりますが（130条1項），株券発行会社の株式譲渡の第三者への対抗要件は，株券の交付で足り，株主名簿の名義書換が対抗要件となるわけではありません（130条2項参照）。

ウ　○　株券発行会社であるか否かを問わず，株式会社の株式の譲渡を会社に対抗するためには，株主名簿の名義書換が必要です（130条1項）。

エ　○　株券発行会社であるか否かを問わず，株式会社が株式譲渡による名義書換請求を不当に拒絶した場合には，当該株式会社は当該株式譲受人を株主として取り扱わなければなりません（最判昭42・9・28）。

　以上より，正しい記述はウエであり，正解は肢6となります。

正解　6

実戦過去問

　株式取得に関する次の記述のうち，会社法の規定および判例に照らし，妥当でないものはどれか。

1　株式会社は，合併および会社分割などの一般承継による株式の取得について，定款において，当該会社の承認を要する旨の定めをすることができる。
2　譲渡制限株式の譲渡を承認するか否かの決定は，定款に別段の定めがない限り，取締役会設置会社では取締役会の決議を要し，それ以外の会社では株主総会の決議を要する。
3　承認を受けないでなされた譲渡制限株式の譲渡は，当該株式会社に対する関係では効力を生じないが，譲渡の当事者間では有効である。
4　株式会社が子会社以外の特定の株主から自己株式を有償で取得する場合には，取得する株式の数および特定の株主から自己株式を取得することなどについて，株主総会の特別決議を要する。
5　合併後消滅する会社から親会社株式を子会社が承継する場合，子会社は，親会社株式を取得することができるが，相当の時期に親会社株式を処分しなければならない。

解　説

1　×　合併等の一般承継による株式取得の場合は，当然に株式移転の効果が生じるため，定款で承認を要する旨の定めをすることはできません。
2　○　譲渡承認をするかどうかの決定は，定款に定めがなければ，株主総会決議または取締役会の決議（取締役会設置会社の場合）による必要があります（139条1項）。
3　○　判例は，本肢の記述のように解しています（最判昭48・6・15）。
4　○　株式会社が，子会社以外の特定の株主から自己の株式を有償取得する場合には，取得する株式の数その他一定事項について株主総会の特別決議が要求されています（160条1項，156条1項，309条2項）。
5　○　子会社は，合併後消滅する会社から親会社株式を取得することができますが，相当の時期にその有する親会社株式を処分しなければなりません（135条2項2号・3項）。

正解　1

　株式会社が自己の発行する株式を取得する場合に関する次の記述のうち，会社法の規定に照らし，誤っているものはどれか。

1　株式会社は，その発行する全部または一部の株式の内容として，当該株式について，株主が当該株式会社に対してその取得を請求することができることを定めることができる。

2　株式会社は，その発行する全部または一部の株式の内容として，当該株式について，当該株式会社が一定の事由が生じたことを条件としてその取得を請求することができることを定めることができる。

3　株式会社が他の会社の事業の全部を譲り受ける場合には，当該株式会社は，当該他の会社が有する当該株式会社の株式を取得することができる。

4　取締役会設置会社は，市場取引等により当該株式会社の株式を取得することを取締役会の決議によって定めることができる旨を定款で定めることができる。

5　株式会社が，株主総会の決議に基づいて，株主との合意により当該株式会社の株式を有償で取得する場合には，当該行為の効力が生ずる日における分配可能額を超えて，株主に対して金銭等を交付することができる。

解　説

1　○　株式会社は，定款で，取得請求権付株式を発行することができることを定めることができます（107条1項2号，108条1項5号）。

2　○　株式会社は，定款で，取得条項付株式を発行することができることを定めることができます（107条1項3号，108条1項6号）。

3　○　株式会社は，他の会社の事業の全部を譲り受ける場合，当該他の会社が有する自社の株式を取得することができます（155条10号）。

4　○　取締役会設置会社は，市場取引等により当該株式会社の株式を取得することを取締役会の決議によって定めることができる旨を定款で定めることができます（165条2項）。

5　×　特定の株主との合意による有償取得の場合，自己の株式を取得するのと引き換えに交付する金銭等の総額は，取得の効力が生ずる日における分配可能額を超えてはならない，とされています（461条1項2号・3号，156条1項）。

正解　5

5 株式会社の資金調達——募集株式の発行・社債等

学習ナビゲーション

　株式会社が，継続的に営利活動を行い，利益を上げていくためには，その「元手」となる資金を必要とします。それまでの事業活動で得た資金を会社の内部にため込んであれば（利益の内部留保），これを新たな事業展開の資金として活用することができます。しかし，そのような内部資金が十分でないような場合は，会社の外部から資金を調達する必要があります。

　この外部資金を調達する方法としては，銀行等の金融機関からの借入れのほかに，新株の発行による方法や社債の発行による方法があります。金融機関からの借入れは，銀行等を通じて預金者の金銭を間接的に得るものであるところから間接金融，株式や社債の発行は，投資家からのダイレクトな資金調達方法であるところから直接金融と呼ばれることがあります。会社法は，株式会社の資金調達に関して後者の直接金融について広範な規制を設けています。

　本講では，募集株式の発行をメインに説明します。社債や新株予約権については，主に株式の発行との差異を中心に基本的事項を押さえたうえで，条文を読み込んでおけば十分です。

1　株式会社の外部資金調達手段——自己資本と他人資本

┌─ 設例 14 ─

　機械メーカー甲株式会社は，新工場建設資金として10億円が必要となった。甲社の現在の株主数は，1000名である。

　株式会社が，外部から資金を調達する手段としては，募集株式の発行，社債の発行，金融機関からの借入れ等の方法があります。ここでまず，その異同を大まかに押さえておきましょう。*

　募集株式の発行は，株式会社が新たに株式引受人を募集し，その払込金により資金を調達する方法です。これには，会社が新たに株式を発行する場合と自己株式を処分する場合があります。

　設例14で，甲株式会社が募集株式の発行によって10億円を調達しようとする場合，発行価額を1株5万円とするなら，新たに2万株の募集株式を発行する必要があります。甲社は，株式の発行によって得た資金を原則として株主に返還する必要はありません。そのため，株式の発行によって得た資金は自己資本と呼ばれます。しかし，株式の発行方法やその対価によっては既存の株主に重大な影響を及ぼすことになりますから，会社法は，この点に配慮した規定を置いています。

　株式会社が，必要な資金を調達する方法として最も多く利用されるのは，銀行等の金融機関からの借入れです。この場合は，借り入れた金銭について，利息を含めた返済の義務が生じます。したがって，募集株式を発行する場合に比べて会社にとっての資金調達コストは高くつきます。取締役会の法定決議事項としての「多額の借財（362条4項2号）」は，主にこの金融機関からの借入れを規制するものと考えられます。

　社債の発行とは，簡単にいえば，株式会社が多数の人（投資家）から広く借金をすることです。「借金をする」という点では，特定の金融機関からの借入れと本質的に変わりはなく，出資者に対して利息を含めた返済の義務が生じることになります。このように，他人からの借入れによって得た資金を他人資本といいます。

*英語で，株式のことをエクィティ（equity），負債のことをデット（debt）といいます。そこで，株式発行による資金調達をエクィティファイナンス，借入れにより負債を生ずる資金調達をデットファイナンスといいます。

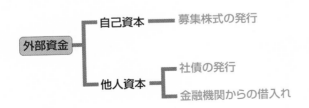

2　募集株式の発行等

　会社法は，会社が新株を発行する場合の手続および自己株式を処分（譲渡）する場合の手続を，募集株式の発行等としてまとめて規定しています（会社法第2編第2章第8節の表題参照）。新株であろうと古株であろうと，いずれも株式の引受人を募集して資金を調達するという点では同じことですから，これらを募集株式の発行等として一括規制しているわけです。

　もっとも，新株の発行をすると，発行済株式総数および資本金の額が増加しますが，自己株式の処分の場合は，それらの増加を伴わないという違いがあります。＊

＊以下，「等」という文字は省略します。

```
                        ┌── 新株の発行
    募集株式の発行等 ──┤
                        └── 自己株式の処分
```

一歩前進

　募集株式の発行手続は，大まかにいうと，募集事項の決定→募集株式の申込み・割当・引受→出資の履行という流れで行われます。つまり，会社の決定した募集事項を前提に，株式の申込みがなされ，これに対して会社が申込人にその引き受ける株式を割り当てることにより引受人が確定します。その後出資の履行がなされると，募集株式の発行が終了します。そのプロセスの中途段階における募集株式の割当には，株主割当，公募，第三者割当という3つの方法があります。話が前後しますが，この株式割当の方法について先に知識を得ておくほうが，募集株式の発行手続を把握しやすいと思われますので，まずこれについて説明しておきます。

```
                        ┌── 株主割当
    募集株式の割当 ──┤── 公募
                        └── 第三者割当
```

①　株主割当

　株主割当は，既存の株主（もともとその会社の株主であっ

た者）に対して，その持株数に応じて募集株式の割当を受ける権利を与える方法です。例えば，1株について0.5株を与えるというような場合です。そうすると，10株を有する株主は発行後15株，100株を有する株主は発行後150株の株主となります。他の株主についても，同様の割合で持株数が変動します。したがって，この場合，各株主の持株比率は変わらず，株主の勢力地図に変更はありません。つまり，**株主割当の場合，既存の株主に不利益を生じることはないので既存株主の保護は特に考慮する必要はありません。**＊

② 公募

公募は，不特定多数の人から広く株式引受人を募る発行方法です。公募での発行価額は，通常，発行会社の株式の時価を基準にそれを少し下回る価額とされることが多いようです。公募による場合は，既存株主を含めた不特定多数の人に平等な条件で発行されることになりますから，あまり問題は生じません。

公募の場合，実務上は1社または数社の証券会社が募集株式のすべてを引き受ける**買取引受**という方法が採られるのが一般的です。そして証券会社は，その後引き受けた株式を投資家に販売することになります。このように，株式の発行市場においては，金融商品取引業者である証券会社が重要な役割を担います。

③ 第三者割当

第三者割当は，**特定の者に募集株式を割り当てる方法**です。一般に，**第三者割当増資**と呼ばれます。この方法は，株式発行会社が他の会社と業務提携をするに際し資本的な関係を深めておくとか，敵対的買収に対する防衛策として友好的な株主に株式引受人になってもらう，というように特定の目的をもって行われるのが通常です。この方法によるときは，既存株主の持株比率に変動を生じ，また払込金額（発行価額）が**引受人に特に有利な価額**として設定されることが多くみられます（第三者に対する有利発行）。そうなると既存の株主の利益と衝突することになりかねません。したがって，**第三者割当については，既存株主の利益保護のため，公募や**

＊自己株式については，株主割当を受けることはできません（202条2項）。

109

株主割当の場合よりも厳格な手続が要請されることになります。以下，募集株式の発行手続について，そのプロセスに沿って説明していきます。

（1）募集事項の決定

①　募集事項

　株式会社は，その発行する株式または処分する自己株式を引き受ける者を募集しようとするときは，その都度，次のような募集事項を定めなければなりません（199条1項）。これらの募集事項は，募集ごとに均等に定めなければならないとされています（同条5項）。つまり，同一時期の募集である限り，以下の募集事項の内容は各引受人について同じにしなければなりません。でないと，引受人（株主）間の平等を確保できないからです。

（i）募集株式の数（種類株式発行会社では，その種類・数）

　まず前提として，株式会社は，あらかじめ定款で定めた発行可能株式総数の枠を超えて募集株式を発行することはできない，という制約があることに注意してください（37条1項，98条参照）。＊換言すると，株式会社は，あらかじめ定めた発行可能株式総数（「授権株式数」ともいいます）の範囲内において，株主総会決議または取締役会決議によって募集株式を発行することができます。これを授権株式制度または授権資本制度といいます。

＊株式会社は，この発行可能株式総数の定めを廃止することができません（113条1項）。

発行可能株式総数 ｛ 未発行部分　この部分について発行可能 ／ 発行済株式総数

┃一歩前進┃

　公開会社では，定款を変更して発行可能株式総数を増加する場合には，変更後の発行可能株式総数は，当該定款の変更が効力を生じた時における発行済株式総数の4倍を超えることはできません（113条3項1号）。取締役会に，あまりに強

大な株式発行権限を与えるべきでないという考慮に基づくものです。非公開会社では、このような制限はありません。しかし、非公開会社が定款を変更して公開会社となる場合には、この規制の適用を受けることになります（同条3項2号）。

　公開会社、非公開会社を問わず、定款を変更して発行可能株式総数を減少するときは、変更後の発行可能株式総数は、当該定款の変更が効力を生じた時における発行済株式の総数を下ることができないとされています（同条2項）。

（ⅱ）払込金額またはその算定方法

　募集株式1株と引換えに払い込む金銭の額や給付する金銭以外の財産の額またはその算定方法を記載します。＊

（ⅲ）金銭以外の財産を出資の目的とするときは（現物出資），その旨ならびに当該財産の内容および価額

　現物出資とは金銭以外の財産たとえば動産・不動産・知的財産権等による出資ですが、設立の場合と異なり、定款の記載は不要であり、また現物出資者についての制限もありません。誰でも、会社の承諾があれば現物出資者となることができます。

（ⅳ）募集株式と引換えにする金銭の払込みまたは現物出資の給付の期日またはその期間

　払込みは、特定の日に限ることなく、一定期間とすることが認められています。

（ⅴ）株式を発行するときは，増加する資本金・資本準備金に関する事項

　自己株式の処分の場合には、この記載は不要です。

一歩前進

　株主割当により募集株式を発行しようとするときは、以上の5つの項目に加えて、次の事項を定めなければなりません（202条1項）。

（ⅵ）株主に募集株式の割当を受ける権利を与える旨

（ⅶ）割当を受けた株式の引受の申込みの期日

＊上場会社が取締役や執行役に対し、インセンティブ報酬として募集株式を交付する場合には、金銭の払込みや財産の給付を要しないもの（無償）とすることが認められ、その場合は本文（ⅱ）および（ⅳ）の事項を定める必要はありません（202条の2）。この場合、募集株式の引受人は割当日に株主となります（209条4項）。これは令和元年会社法改正により新設された制度です。なお、同改正により新株予約権についても同趣旨の規定が設けられています（P127 一歩前進 参照）。

②　募集事項の決定機関

　上記の募集事項を誰が決定するかについて，会社法は，非公開会社の場合と公開会社の場合とで異なる取扱いをしています。

（i）非公開会社

　非公開会社では，募集事項の決定は，株主割当，公募，第三者割当のいずれの場合も株主総会の特別決議によらなければならないのが原則です（309条2項5号，199条2項）。非公開会社の株主は一般に，会社の経営権に関わる持株比率に強い利害関係を有すると考えられるからです。

　ただし，募集事項の決定は，株主総会の特別決議によって，取締役（取締役会設置会社にあっては，取締役会）に委任することもできます（200条1項前段）。さらに，株主割当の方法で募集株式の発行をするときは，定款で定めれば，募集事項の決定を取締役（取締役会設置会社にあっては取締役会）の権限とすることもできます（202条3項1号・2号）。[*1]

　なお，譲渡制限付種類株式の募集を行うときは，定款で特別の定めがない限り，種類株主総会の決議が必要となります（199条4項，200条4項）。

（ii）公開会社

　公開会社では，募集事項の決定は，株主割当，公募，第三者割当のいずれの場合も取締役会の決議によるのが原則です（201条1項）。これによって，機動的な新株発行が可能となり，迅速に資金調達の目的を達することができます。ただ，第三者割当においては，既存の株主の利益保護のために，例外として株主総会決議を要する2つの場合が規定されています。

　それは，（イ）第三者に対して特に有利な金額で発行する場合，および（ロ）会社の支配権の変動をもたらすような発行の場合です。

（イ）特に有利な金額での発行

　まず，第三者割当において，その払込金額が募集株式を引き受ける者にとって「特に有利な金額」であるときは，株主総会の特別決議を必要とします（309条2項5号，199条2項）。[*2]

　この場合は既存株主以外の第三者を優遇することになりますから，既存株主の意向を尊重しなければならないのです。

＊1 第三者割当の場合は常に株主総会の特別決議を要します。

＊2 どの程度の金額が「特に有利」な金額となるのかについて，客観的に明確な基準はありません。判例によれば，大体のところ，時価を基準としてそれを1割以上下回る額を定めれば，「特に有利」と判断される可能性が高いといえるでしょう。

一歩前進

　非公開会社であるか公開会社であるかを問わず，その払込金額が第三者にとって「特に有利な金額」である場合には，取締役は，その決議を行う株主総会において，当該払込金額でその者の募集を必要とする理由を説明しなければならない，とされています（199条3項）。これは，第三者に対する有利発行に合理性があるか否かを株主に判断させる機会を与えるという趣旨です。

（ロ）会社の支配権の変動をもたらす発行

　さらに公開会社においては，第三者割当による募集株式の発行により，株式引受人が総株主の議決権の過半数を有する結果となる場合には，払込期日の2週間前までに株主に対し，当該引受人（特定引受人）の氏名または名称および住所，引受人が有することになる議決権の数を通知または公告しなければならないとされています（206条の2第1項・2項・3項）。[1]

　そして，この通知または公告の日から2週間以内に，総株主の議決権の10分の1以上を有する株主が特定引受人による募集株式の引受に反対する旨を会社に通知したときは，この募集株式の割当について，原則として株主総会の普通決議による承認を必要とすることになります（同条4項本文）。これは，会社の支配権の変動を伴うような第三者割当増資については，取締役会決議だけでなく既存株主の意向を問うことが適当であるとの考慮に基づくものです。例外として，会社の財産状況が著しく悪化し，会社の事業継続のために緊急の必要があるとき（例えば会社が倒産の危機に瀕しているような場合）は，この総会決議は不要です（同条同項ただし書）。

一歩前進

　公開会社では，取締役会の決議により募集事項を定めたときは，払込期日または払込期間の初日の2週間前までに，株主に対し，当該事項を通知または公告することが義務づけられています（201条3項・4項）。[2]

*1 特定引受人が当該公開会社の親会社である場合や株主割当の場合等においては，この通知・催告は不要です（206条の2第1項ただし書）。

*2 株主割当の場合には，事前に募集事項の通知が義務づけられているため（202条4項），この通知・公告は不要です（同条5項）。

(2) 募集株式の申込み・割当・引受

　募集事項が決定されると，次に募集株式の申込み・割当・引受の手続に移行します。

① 申込み

　株式会社は，募集に応じて募集株式の申込みをしようとする者に対して，当該会社の商号，募集事項，金銭払込みの場合の払込取扱場所等を通知します（203条1項）。

　これに応じて申込みをする者は，その氏名または名称および住所，引き受けようとする募集株式の数を記載した書面を当該会社に交付しなければなりません（同条2項）。申込みは義務ではないので，株主割当を受けた場合であっても，申込みをしたくなければ，しなくても差し支えありません。

② 割当と引受

　引受の申込みがあると，会社は割当を受ける者およびその者に割り当てる募集株式の数を定めなければなりません（204条1項）。会社は，**誰に割り当てるかを自由に定めることができ，また割り当てる株式数を申込者の申し出た数より減らすこともできます（割当自由の原則）**。申込人は，割当を受けた株式の数について株式引受人となります（206条1号）。*1

一歩前進

　募集株式の引受の申込み，割当等に関する意思表示については，民法の心裡留保および虚偽表示に関する規定は適用されません。また，錯誤や詐欺・強迫による引受の取消しの主張も制限されることになります（211条）。これは，**設立の際の株式申込み，割当の意思表示に関する制限と同趣旨**です。*2

----

(3) 出資の履行

出資の方法	金銭による出資
	金銭以外の財産による出資（現物出資）

　引受人が確定すると，次は出資の段階に移ります。募集株式の引受人の出資の方法としては，金銭による出資のほかに現物出資

＊1募集株式を引き受ける者がその総数について引受を行う契約を締結することもできます。この場合は，申込みおよび割当に関する規定は適用されません（205条1項）。

＊2この点に関する具体的な意味等については，設立の講で詳述します（P322 **一歩前進** 参照）。ここでは，募集株式の引受に関する意思表示に民法の規定が適用されず，または適用が制限される場合があることを覚えておいてください。

も認められています。まず，金銭による出資を説明しますから，現物出資はそれとの異同という観点から理解してください。

(ⅰ) 金銭による出資の場合

募集株式の引受人は，払込期日または払込期間内に，会社の定めた銀行等の払込取扱場所において，払込金額の全額を払い込まなければなりません（208条1項）。この払込みをしないときは，募集株式の株主となる権利を失うことになります（同条5項）。この場合，会社から何の催告も必要としません。

(ⅱ) 現物出資の場合

現物出資者は，払込期日または払込期間内に，それぞれの募集株式の払込金額の全額に相当する現物出資財産を給付しなければなりません（208条2項）。この出資の履行をしないときは，募集株式の株主となる権利を失うことになります（同条5項）。

現物出資においては，その出資財産の価額を過大評価し，現物出資者に不当に多額の株式を与えると会社財産の充実が害され，また他の株主との公平を失することになります。そこで，募集株式の発行の際にも，設立の場合に類する規制が置かれています。

すなわち，現物出資については，原則として裁判所の選任した検査役による調査を必要とし，裁判所は，調査により現物出資財産の価額を不当と認めたときは，変更の決定をしなければなりません（207条1項・7項）。*

もっとも，以下の場合には，検査役の調査は不要とされています（同条9項各号）。

① 募集株式の引受人（現物出資者全員）に割り当てる株式の総数が発行済株式総数の10分の1を超えない場合

② 現物出資の対象となる財産の価額の総額が500万円を超えない場合

③ 現物出資財産のうち，市場価格のある有価証券について定められた価額が市場価格を超えない場合

④ 現物出資の対象となる財産の価額が相当であることについて，弁護士（法人），公認会計士，監査法人，税理士（法人）の証明を受けた場合（不動産については不動産鑑定士の評価を受けた場合）

⑤ 現物出資財産が会社に対する金銭債権（弁済期の到来してい

*引受人は，決定により現物出資財産の全部または一部が変更された場合，その決定確定後1週間以内に限り，引受の申込み等の意思表示を取り消すことができます（207条8項）。

115

るものに限る）であって，その**金銭債権について定められた出資価額が当該金銭債権にかかる負債の帳簿価額を超えない場合**

┃一歩前進┃

　上記⑤の，会社に対する金銭債権を現物出資する場合とは，例えば，Aが甲株式会社に対して1000万円の貸金債権を有している場合，その貸金債権を甲社に現物出資し，その代わりに1000万円相当の甲社の株式を引き受けるというような場合です。甲社は，Aに**株主になってもらう代わりに，その分債務を減らすことができる**というメリットがあります。

　この場合，負債（デット）と株式（エクィティ）の交換（スワップ）のような形になりますから，「**デット・エクィティ・スワップ**」と呼ばれ，業績不振の株式会社の再建策として有効に活用することができます。

（ⅲ）出資に関する主張の制限

　募集株式の引受人は，払込みまたは給付をする債務と会社に対する債権を相殺することはできません（208条3項）。これは，会社財産の充実を図るという観点からの相殺制限です。もっとも，会社の側からの相殺や，会社と募集株式の引受人との合意により，両債務を相殺する契約を締結することまでは禁止されません。要するに，引受人の側からの一方的な意思表示による相殺だけが禁止されるということです。

　また，出資の履行をすることにより**募集株式の株主となる権利**（いわゆる権利株）**の譲渡は，株式会社に対抗することができません**（同条4項）。*

（ⅳ）株主となる時期

　募集株式の引受人は，払込期日を定めた場合には出資を履行した**当該期日**に，払込期間を定めた場合は**出資の履行をした日**に，募集株式の株主となります（209条1項）。

> **┃株主となる時期┃**　　┏ 払込期日を定めた場合 ⇨ 当該期日
> 　　　　　　　　　　　　┗ 払込期間を定めた場合 ⇨ 出資の履行日

　募集株式の全部について，引受，払込み等がなくても，引受，

＊この場合，譲渡当事者間では有効です。その意味については，P76 ┃一歩前進┃ の説明を参照し確認してください。

払込み等のあった募集株式だけが有効に発行されたことになります。いいかえると，所定の期日までに払込みまたは現物出資の給付があった限度で募集株式発行の効力が生じます。会社としては，発行を予定した株式数に達しないときでも，別に新たに募集をかける必要はありません（打切発行）。

┤一歩前進├

　募集株式の引受人は，**株主となった日から1年を経過した後またはその株式について権利を行使した後**は，錯誤，詐欺または強迫を理由として募集株式の引受の取消しをすることができません（211条2項）。*

---

*これは株式引受の安定性を確保する趣旨ですが，制限行為能力を理由とする取消しは，可能であることに注意してください。

(4) 出資にかかる責任

　出資に関して不当な行為があった場合や出資が当初の予定どおり円満になされなかったときは，引受人や取締役，価額が相当であることの証明者に一定の責任が課せられます。

① 金銭による出資の場合

　取締役・執行役と通じて著しく不公正な払込金額で募集株式を引き受けた者は，当該払込金額と公正な価額との**差額に相当する金額を会社に対して支払う義務**を負うことになります（212条1項1号）。

② 現物出資の場合

　現物出資に関して，引受人は，株主になった時点（209条）で給付した財産の価額が募集事項として定められた価額に著しく不足する場合，その**不足額を会社に対し支払う義務**を負うことになります（212条1項2号）。もっとも，現物出資の引受人は，給付した財産の額が著しく不足することについて，**善意でかつ重大な過失もないときは**，引受の申込みの**意思表示を取り消す**ことが認められています（212条2項）。このような場合にまで，引受人の責任を追及するのは酷に過ぎるので，引受人にその責任から脱する手段を認めているわけです。

　また，現物出資財産の価額が募集事項の決定における財産の価額に著しく不足する場合，その決定に関与した一定範囲の取締役

は，引受人と連帯してその不足額を会社に対し支払う義務を負います（213条1項・4項）。

　ただし，現物出資財産の価額について検査役の調査を経た場合や取締役がその職務を行うについて注意を怠らなかったことを証明した場合は免責されます（同条2項）。

　さらに，現物出資財産の価額が相当であることの証明をした弁護士等も，給付された現物出資財産の価額が募集事項として定められた価額に不足する額を支払う義務を負います。ただし，証明者が証明をするにつき注意を怠らなかったことを証明したときは免責されます（同条3項）。

┃一歩前進┃

　募集株式の発行の際に，引受人が，実際に払込みや現物出資の給付がなされていないのにその履行がなされているかのように仮装した場合，当該引受人は，仮装払込金額の全額の給付義務または仮装現物出資財産の給付義務を負い，その義務を履行するまでは，株主の権利を行使することはできません（213条の2第1項，209条2項）。＊

　また，引受人が出資の履行を仮装することに関与した取締役等も，職務上の注意を怠らなかったことを証明しない限り，仮装引受人と同様の出資義務を負います（213条の3第1項）。

＊もっとも，仮装の引受人から当該株式を譲り受けた者は，悪意または重過失がない限り，当該引受人が出資義務を履行する前でも，株主の権利を行使することができます（209条3項）。

（5）違法な募集株式の発行に対する救済

①　事前の救済手段——株主による発行差止請求

　公開会社においては，原則として取締役会決議のみによって募集株式の発行が認められ，この場合株主は，募集事項の決定につ

いてはカヤの外に置かれることになります。そうすると，取締役会の独断的あるいは独善的な決定によって，株主が不利益を被る事態も生じ得ます。例えば，特に資金調達の必要もないのに，取締役が自己の支配権を維持する目的で，自分たちに都合のよい者に多数の株式を割り当てて新株を発行し，その結果，株主の持株比率が思うがままに変動させられてしまうことも考えられます。しかも，この場合新株の発行によって1株あたりの価値が薄くなり，株価の下落による経済的損失も生じる可能性があります。非公開会社においても，多数派株主が，株主総会で少数株主の利益を踏みにじるような株式の発行を決定し，それによって一部の株主が不利益を被るおそれがあります。

　そこで，株式の発行または自己株式の処分が，法令または定款に違反し，または著しく不公正な方法により行われ，それによって株主が不利益を受けるおそれがあるときは，株主は，会社に対し，株式の発行または自己株式の処分をやめることを請求することができます（210条）。＊

＊この差止請求は，裁判によらずにすることもできますが，会社が聞き入れないときは裁判で請求し，その際一般に発行差止めの仮処分を申し立てることになります。

一歩前進

　募集株式の発行差止事由としての法令・定款違反行為は，募集株式の発行に必要とされる**手続事項を遵守していない場合**を広く含みます。具体的には，発行可能株式総数を超えた発行，募集事項の通知・公告を欠いた発行，定款に定めのない種類株式の発行，公開会社における取締役会決議を欠く発行等のほか，第三者に対する有利発行であるのに株主総会の特別決議を経ていない等の事由も差止事由に該当します。後述する通り，募集株式の発行が効力を生じた後にその無効を争う場合は，法的安定性の維持，株式取引の安全等の見地から**無効原因を限定的に解する**ことになりますが，募集株式の発行の効力が生じる前の差止請求については，差止事由を広く解しても特に不都合はないのです。なお，「著しく不公正な方法」とは，例えば，特に資金調達の必要もないのに，取締役が自派の勢力を拡大するために，一部の株主に対して多数の株式を割り当てるようなケースがこれに該当します。

②　事後の救済手段──新株発行等の無効，不存在確認の訴え

①で説明したとおり，違法・不当な募集株式の発行について
は，株主に発行差止めの請求権が認められていますが，払込期日
または払込期間が経過し，新株発行等の効力が生じた後は，この
手段は使えません。そこで，その後については，事後の救済手段
として，新株発行等の無効の訴え（828条1項2号・3号）およ
び新株発行等の不存在確認の訴え（829条）の制度が用意されて
います。これらの訴えの被告は，いずれも株式の発行をした当該
株式会社です（834条2号・13号）。

（ⅰ）新株発行等の無効の訴え

一般に法律行為に無効事由となる瑕疵がある場合には，誰でも
またいつでもその無効を主張できるのが原則です。無効を主張す
るのに，訴えによる必要もありません。しかし，新株の発行等が
なされた場合には，これにより新たな株主やその譲受人等多数の
利害関係人が生じます。そうすると，一般原則により新株発行等
の効力を否定すると，収拾のつかない混乱を招くおそれがありま
す。そこで，会社法は，法律関係の安定，株式取引の安全を維持
するために，新株発行等の無効の訴えの制度を設け，その無効
は，この訴えによってのみ主張できることとしています。

（イ）無効原因

何が新株発行等の無効原因となるかについて，会社法に規定は
ありません。しかし，新株発行等の瑕疵のすべてが無効原因とな
ると解すると，法的安定性，株式取引の安全が損なわれる結果と
なります。そこで，無効原因は，たとえ法的安定性，株式取引の
安全を犠牲にしてもやむを得ないと考えられるような重大な法
令・定款違反があった場合に限定するのが妥当でしょう。

このような見地からは，発行可能株式総数を超えて新株発行が
なされた，定款で定めていない種類の株式を発行した，譲渡制限
株式の発行に際して必要な株主総会の決議に瑕疵がある，募集事
項の通知・公告を欠いて新株の発行がなされた（最判平9・1・
28），新株発行差止めの仮処分を無視して新株を発行した（最判
平5・12・16）等の場合については，無効原因となると解されま
す。これに対し，代表取締役の新株発行行為がそれに必要な取締
役会決議を欠いていた場合（最判昭36・3・31），著しく不公正

な方法で新株の発行がなされた場合（最判平6・7・14）などについては，その瑕疵は無効原因とならないと解されます。

ここが狙われる

　公開会社の代表取締役が，株主総会の特別決議を経ることなく，株主以外の者に対して特に有利な発行価額をもってした募集株式の発行は，無効原因となりません（最判昭46・7・16）。

（ロ）提訴期間・提訴権者

　株式会社の成立後における新株の発行の無効は，新株の発行の効力が生じた日から6ヶ月以内（公開会社でない株式会社にあっては，株式の発行の効力が生じた日から1年以内）に訴えをもってのみ主張することができます（828条1項2号）。＊

　また，この無効の訴えを提起できる者は，株主，取締役または清算人（監査役設置会社にあってはこれに加えて監査役，指名委員会等設置会社にあってはこれに加えて執行役）に限定されています（同条2項2号・3号）。提訴期間・提訴権者を限定することによって，法律関係の早期安定を図るためです。

（ハ）無効判決の効果

（a）無効判決の効力は第三者に対しても及ぶ

　裁判所によって請求認容の判決（新株発行等無効判決）がなされ，その判決が確定した場合，この無効判決は，第三者に対してもその効力を生じます（838条）。つまり，原告と被告の関係だけでなく誰に対する関係においても新株発行等の効力は無効とされます。

（b）無効判決の効力は，将来に向かって生じる

　さらに，判決において無効とされた行為は，将来に向かってその効力を失うことになります（839条）。無効判決の効果が当初にさかのぼるとすると，著しい混乱が生じることになりますから，これを防止するためです。

　被告である会社は，判決確定時における株主に対し，払込みを受けた金額または給付を受けた財産の給付の時における価額に相当する金銭を支払う義務を負うことになります（840条1項前段）。

＊自己株式の処分の無効の訴えの提訴期間は，自己株式の処分の効力が生じた日から起算されます。その期間は，本文の記載と同じです。

（ⅱ）新株発行等の不存在確認の訴え

　新株発行の実体が全くないにもかかわらず，新株発行に関する変更の登記（915条1項）がなされている等，新株の発行がなされているかのような何らかの外観があるときは，新株発行等の不存在確認の訴えの対象となります（829条）。この場合は，瑕疵の程度が極端ですから，提訴期間の制限はありません。提訴権者の資格についても特に制限は設けられていませんが，この訴えを提起するには，不存在の確認を求めるにつき訴えの利益（確認の利益）を有することが必要です。

　不存在確認の確定判決は，第三者に対してもその効力を生じます（838条）。さらに，無効判決の場合と異なり，その確定判決の効果は当初にさかのぼって生ずることになります。

Check

「会社の組織に関する行為の無効の訴え」

　会社法は，「会社の組織に関する行為の無効の訴え」を一括して規制し（828条1項各号），新株発行等無効の訴えをその1つの類型として位置づけています（同条同項2号）。「会社の組織に関する行為の無効の訴え」としては，他に，設立，自己株式の処分，新株予約権の発行，資本金額の減少，組織変更，合併，会社分割，株式交換・株式移転等の無効の訴えが含まれます。これら会社の組織に関する行為については，会社をめぐる多数の利害関係人に影響を及ぼすところから，法的安定性を維持することが強く望まれ，また法律関係を画一的に確定する必要があります。そこで，これらの行為の無効は，訴えをもってのみ主張できることとされています。さらに，これらの訴えにおいては，提訴権者および提訴期間を限定して無用な訴訟が濫発されるのを防止するとともに，無効判決の効果は訴訟当事者以外の第三者に及び，かつ，その効力は遡及せず将来に向かってのみ生ずるのが共通の原則とされています。これらの訴えは，被告となる会社の本店の所在地を管轄する地方裁判所の管轄に専属することになります（835条1項）。

　さらに，会社法は，株主総会決議取消しの訴えその他多数の会社関係訴訟を「会社の組織に関する訴え」として規定しています（834条）。これらの訴えの詳細については，該当箇所で説明しますが，ここで大体のイメージを把握しておくとよいでしょう。

3 新株予約権

(1) 意義

新株予約権とは，当該株式会社に対して行使することにより，当該株式会社の株式の交付を受けることのできる権利です（2条21号）。[1]

すなわち，株式会社の発行した新株予約権を取得した権利者は，あらかじめ定められた所定の期間内に所定の金銭を払い込めば，会社から一定数の株式の交付を受けることができます。株式会社は，この新株予約権を有償で募集発行することにより，事業資金調達手段として利用することができます。しかし，株式会社が自己資本としてその事業資金を調達するためには，募集株式の発行という手段があり，わざわざ新株予約権の発行という回り道をする必要はないともいえます。

にもかかわらず，募集株式の発行のほかに新株予約権の発行が認められているのは，それなりの使い道があるからです。つまり新株予約権は，事業資金の調達のほか，その会社の**取締役や従業員等に対するストックオプション**として活用することができます。また，**社債に新株予約権を付して発行するという形態**（新株予約権付社債）も従来からみられるところです（後述P131 Check 参照）。さらに敵対的買収に対する会社防衛の手段としても利用することができます（いわゆるポイズンピル）。[2]

ストックオプションとは，会社の取締役や従業員に対し，無償あるいは安価で新株予約権を発行するもので，その発行後に株価が上昇したときに，予定された取得価額を払い込むことにより相当の利益を得られることになります。例えば，1株あたりの行使価格500円で新株予約権を取得した場合，株価が600円に値上がりした時点で権利を行使して株式を取得しそれを売却すると，1株あたり100円の利益が得られることになります。このように，ストックオプションは，会社の業績が上向きになって株価が上がれば上がるほど，権利行使時に得られる利益も大きくなるという仕掛けになっています。つまりこの場合，いわゆるインセンティブ報酬として会社関係者に新株予約権が付与されるわけです。人間

*1 権利者の一方的な意思表示により権利内容を実現することのできる権利を「形成権」といいます。取消権や解除権がその典型ですが，新株予約権もこの形成権に属します。

*2 ポイズンピルは，「毒薬条項」と訳されます。ただならぬ雰囲気を持った言葉ですが，その意味については，P357 閑話休題 を参照してください。

は利に敏い生き物ですから，これによって**取締役や従業員の会社貢献意欲向上のモチベーション**（動機づけ）になるわけです。*1

　もっとも，新株予約権の行使は義務ではないので，行使する気がないのであれば行使しなくても差し支えありません。

新株予約権の活用 ─── ストックオプション
　　　　　　　　　　　 新株予約権付社債
　　　　　　　　　　　 会社防衛策（ポイズンピル）

　新株予約権については，「新株予約権の**発行**」と「新株予約権の**行使**」という２つのステージがありますから，これらを混同しないようしっかり区別して把握する必要があります。まず，この点を頭に入れたうえで，以下の手続を理解してください。

（2）新株予約権の発行手続
①　新株予約権の内容の決定
　新株予約権の発行に際しては，まず当該新株予約権の内容を定める必要があります（236条１項）。定めるべき重要事項を挙げておきますから，ザっと頭に入れておきましょう。*

　（ⅰ）新株予約権の目的である株式の数またはその算定方法，（ⅱ）新株予約権の**行使価額**またはその算定方法，（ⅲ）**現物出資**の場合はその旨および出資財産の内容・価額，（ⅳ）新株予約権の**行使期間**，（ⅴ）新株予約権の行使により株式を発行する場合の増加する資本金等に関する事項，（ⅵ）新株予約権の**譲渡制限**を定めたときはその旨，（ⅶ）取得条項付新株予約権の発行をするに際しては，法の定める一定の事項

②　発行方法・手続
　新株予約権の発行については，募集の方法による場合とそれ以外の方法による場合があります。募集の方法により発行される新株予約権を**募集新株予約権**といいます。それ以外の方法としては，例えば，既存の株主に対して新たな払込みをさせることなく無償で新株予約権を割り当てる方法があります。これを**新株予約権無償割当**といいます。*2

　募集新株予約権の発行は，無償の場合と有償の場合がありま

*1 インセンティブ報酬とは，例えば，プロ野球選手の「出来高払い」の契約から連想するとわかりやすいでしょう。出来高払いとは，頑張って実績を挙げれば，それに応じて報酬が加算されるという仕組みです。

アドバイス
募集新株予約権の発行手続については，募集事項の内容やその決定機関等募集株式の発行手続とほぼ同内容の規定が置かれています。一度，双方の条文を対照して読み込むことをお勧めします。それで，大体の内容をつかむことができるでしょう。

*2 その他，取得請求権付種類株式や取得条項付種類株式の対価として新株予約権が発行される場合もあります（P66，67参照）。

す。無償の場合は，新株予約権と引換えに金銭の払込みを要しないこととする旨を，有償の場合には払込金額（募集新株予約権1個と引換えに払い込む金銭の額）またはその算定方法を募集事項に定める必要があります（238条1項2号・3号）。

　募集事項の決定は，非公開会社では株主総会の特別決議によるのが原則ですが（238条2項，309条2項6号），取締役（取締役会設置会社では取締役会）に委任することもできます（239条1項）。公開会社では有利発行等の場合を除き，取締役会決議によります（240条1項）。募集事項の決定後は，募集株式の発行手続と同様，申込み，割当，払込みの順序で手続が進行します。

　募集新株予約権の割当を受けた者は，割当日に新株予約権者として権利行使が可能になります（245条1項）。つまり，割当日に新株予約権の効力が発生します。もっとも，新株予約権が有償で発行される場合は，新株予約権自体の価額について払込みをし，その後新株予約権を行使する際に出資価額を払い込む必要があります。前の価額を発行価額，後の価額を行使価額といいます。このように，有償で発行される新株予約権については，その価額の払込みが新株予約権行使の条件になりますから，権利行使日までに払込金額の全額の払込みをする必要があります（246条1項）。要するに，新株予約権の有償発行の場合，割当を受けた者は割当日に新株予約権者となりますが，払込金全額の払込みをしないと新株予約権の行使はできないということです（同条3項）。

ここが狙われる

　発行価額の払込みについては，会社の承諾を得て，会社に対する債権と相殺することができます（246条2項）。ここでの払込みは，「出資」とは異なるからです。この点次頁（3）で記述するとおり，新株予約権の行使に際して払込みをする際は，相殺できないことに注意してください。

一歩前進

　新株予約権は，財産的価値を持った権利ですから，株式と同様これを譲渡することができます（254条１項）。ただし，新株予約権付社債については，その新株予約権付社債に付された社債が消滅した場合を除いて，新株予約権だけを譲渡することはできません（同条２項）。

　新株予約権の譲渡は，証券発行新株予約権では，**新株予約権証券の交付を必要とします**（255条１項）。新株予約権証券が発行されない場合は，**譲渡当事者間の意思表示**だけでその効力を生じ，**新株予約権原簿（249条）**の名義書換が会社その他の第三者に対する対抗要件となります（257条１項，260条）。また，新株予約権発行決議において，その譲渡に**当該株式会社の承認を要する旨を定めることもできます**（236条１項６号）。この場合，定款で定めておく必要はありません。新株予約権を発行する際に，その内容として定めれば足ります。

　なお，譲渡制限付株式の譲渡承認請求に際しては，株式買取人の指定や会社による買取りなどの制度が設けられていますが，譲渡制限付新株予約権については，そのような制度はありません。つまり，譲渡制限付新株予約権については会社が承認しなければそれまでですから，事実上，譲渡禁止とすることが可能なわけです。

用語の説明

「新株予約権証券」
新株予約権を表章する有価証券のことです。株券と同様，不発行が原則ですが，株券不発行会社でも，この新株予約権証券を発行することができます。

（3）新株予約権の行使

　新株予約権者は，金銭を出資の目的としたときは，権利行使日に会社が定めた銀行等の払込取扱場所において**出資価額（行使価額）の全額**を払い込まなければなりません（281条１項）。この場面での払込み（新株予約権の行使に際しての払込み）については，先に説明した新株予約権の発行価額の払込みと異なり，**払込みをする債務と会社に対する債権とを相殺することができません**（同条３項）。＊

　金銭以外の財産によって出資するときも，新株予約権の行使日に募集事項に定められた出資財産を給付することになりますが，

＊ここでの払込みは「出資」に該当しますから，これを確実に確保する趣旨です。

出資される財産の価額が募集事項において定められた財産の価額に足りないときは，その差額に相当する金銭を払い込まなければなりません（同条2項）。

　新株予約権者は，新株予約権を行使した日にその株式会社の株主となります（282条）。なお，株式会社は，自己新株予約権を取得しこれを消却することができますが（276条1項本文），自己新株予約権を行使することはできません（280条6項）。

一歩前進

　募集新株予約権の発行に際して，新株予約権と引換えに金銭の払込みを要しない旨を定めることはできますが（238条1項参照），その行使に際して出資を要しない旨を定めることはできないのが原則です（236条1項2号参照）。しかし，令和元年度改正法により上場会社が取締役や執行役に対するインセンティブ報酬として新株予約権を付与する場合は，その行使価額を無償とすることが認められています（236条3項・4項参照）。先述したとおり，同改正により，上場会社において取締役に報酬として株式を与える場合にも無償とすることが認められていますので確認しておきましょう（P111側注参照）。*

---

(4) 違法な新株予約権の発行に対する救済

　募集新株予約権の発行は，その条件や内容によっては，既存株主の株式の経済的価値の低下，持株比率の低下による会社への影響力の低下等，既存の株主に対して重大な不利益を生ずる可能性があります。そこで，募集株式の発行の場合と同様，事前の救済手段として株主による発行差止請求（247条）および事後の救済手段として新株予約権発行無効の訴え（828条1項4号），新株予約権発行不存在確認の訴え（829条3号）の制度が設けられています。その要件，効果等は募集株式の発行の差止請求，募集株式の発行の無効の訴え，募集株式の発行の不存在確認の訴えと同じです。

＊なお，当然のことながら，新株予約権の行使によって新株が発行され払込みがなされた場合，資本金の額および発行済株式総数はともに増加します。

4　社債

社債とは，会社法の定義によれば，「会社が行う割当てにより発生する当該会社を債務者とする金銭債権であって，会社法の定めに従い償還されるもの」です（2条23号）。何だか小難しそうな定義ですが，要するに社債は，会社が一般公衆から広く金銭の借入れをし，一定期間の経過後に会社から返済される（償還される）ものです。もっとも，特定少数者からの借入れであっても，会社法の規定によって割当・償還のなされるものは社債となります。前者を公募債，後者を私募債ということがあります。会社の割当に応じて，社債を引き受けた者を社債権者といいます。

(1) 株式と社債の差異

① まず，株式は株式会社の社員たる地位であるのに対し，社債は会社に対する金銭債権であるという法律的な性質において根本的な違いがあります。これを株主と社債権者の側からみると，株主は株式会社の実質的所有者であり，社債権者は会社に対する債権者ということになります。この法律上の地位の差異から，次のような具体的な差異が生じます。

② 株主は，株主総会での議決権や各種の監督是正権のような会社の経営に参加する権利が認められますが，社債権者にはそのような権利は認められません。

③ 株主は，会社が存続している間は，原則として会社から出資の払戻しを受けることができません。他方，社債権者は，あらかじめ決められた償還期限が到来すれば，その償還（払戻し）を受けることになります。また，会社の解散に際しては，株主はその持株数に応じて残余財産の分配を受けることができるに過ぎませんが，社債権者は一般の債権者と同様，株主に優先して弁済を受けることができます。

④ 株主は，分配可能額が存在しかつ原則として株主総会での剰余金の配当決議があってはじめて配当を受けることができます。一方，社債権者は，会社の剰余金の有無にかかわらず，あらかじめ定められた額の利息の支払いを受けることができます。

> **ここが狙われる**
>
> 株式会社に限らず，持分会社も社債を発行することができます。

（2）社債の発行

会社が社債を発行し，その引受人を募集しようとする場合には，その都度募集社債の総額，各募集社債の金額，募集社債の利率，償還の方法・期限その他の事項について決定をしなければなりません。募集社債に関する事項の決定は，取締役会非設置会社では，業務執行の一環として，取締役が決定します（348条）。取締役会設置会社では，**社債募集に関する一定の重要な事項は取締役会の専決事項**とされています（362条4項5号）。なお，募集社債の総額について割当がなされなかった場合には，割当がされた部分についてだけ募集社債の発行の効力が生じます。つまり，募集社債の発行についても株式と同様に，**打切発行が原則**とされています。しかし例外的に，一定の日までに募集社債の総額について割当を受ける者を定めていない場合には**募集社債の全部を発行しない旨を定めることもできます**（676条11号）。*1

（3）社債権者の権利

社債権者は，社債の償還期限到来までは，発行時に定められた内容の利息の支払いを受けることができ，償還期限が到来すると，社債の償還（社債の元本の返済）を受けることができます。

（4）社債管理者

会社は，社債を発行する際には，各社債の金額が1億円以上である場合その他一定の場合を除いて，原則として社債管理者を定めなければなりません（702条）。この社債管理者とは，社債発行会社から，社債権者のために，弁済の受領，債権の保全その他社債の管理を行うことの委託を受けた者をいいます。*2

社債管理者は，社債権者のために，社債に係る債権の弁済を受け，または社債に係る債権の実現を保全するために必要な**一切の裁判上または裁判外の行為をする権限**を有します（705条1項）。これに加えて，社債権者集会の決議に基づき行い得る様々な権限

用語の説明
「**募集社債**」
株式会社が社債募集をした場合に，これに応じて社債の引受の申込みをした者に対して割り当てる社債のことです。

＊1 募集株式の発行と同様に，募集社債の発行についても証券会社が包括的に社債の総額を引き受けるという方法（総額引受）が認められています。

＊2 社債管理者となるのは，一般的には，銀行および信託会社です（703条1号・2号参照）。

が認められています（706条）。その権限を行使するために必要があるときは，裁判所の許可を得て，社債発行会社の業務および財産の状況を調査することができます（同条4項）。

　社債管理者は，上記のように広範な法定権限を与えられ，また社債管理委託契約で定められた権限（約定権限）を行使することができます（706条）。そのため社債管理者は，社債権者のために公平かつ誠実に社債の管理をする義務・善良な管理者の注意をもって社債の管理を行うべき義務を負い，社債管理者が会社法や社債権者集会の決議に違反する行為により損害を生じさせたときは，社債権者に対し，連帯して損害賠償責任を負うことになります（704条，710条）。

Check

「社債管理補助者」

　上記のとおり会社は，社債を発行する場合は，原則として社債管理者を定める必要がありますが，各社債の金額が1億円以上の社債を募集する等の場合には社債管理者を定める必要はありません（702条）。これほど高額の社債権者であれば，その権利の実行・保全は社債管理者に頼ることなく自ら行い得ると考えられるからです。しかし，社債管理者を置かない場合でも，会社は，社債管理補助者を定め，社債権者のために，社債の管理補助を委託することができます（714条の2本文）。この制度は，社債管理者よりも権限および責任の限定された補助者という位置付けで社債の管理を委託するもので，令和元年度改正法により創設されました。

---

(5) 社債権者集会

　社債を発行する会社においては，共通の利害を有する社債権者が団体として意思を決定し行動できるように，社債権者により構成される社債権者集会が組織されます（715条）。※

　社債権者集会は，会社法に規定する事項および社債権者の利害に関する事項について決議することができます（716条）。社債権者は，社債権者集会において，その有する種類の社債の金額の合計額に応じて議決権を有します（723条1項）。もっとも，社債権者集会における決議は，その決議のみで効力が生じることはな

※社債権者集会は，株主総会と異なり常設の制度ではなく，社債の種類ごとに別個の社債権者集会が臨時に設置されます。

く，裁判所の認可を受けることによってはじめてその効力が生じます（734条1項）。

社債権者と社債管理者の利益が相反する場合において，社債権者のために裁判上または裁判外の行為をする必要があるときは，裁判所は，社債権者集会の申立てにより，特別代理人を選任しなければなりません（707条）。

Check

「新株予約権付社債」

新株予約権付社債とは，新株予約権を付した社債のうち，新株予約権と社債を分離していずれか一方のみを譲渡することができないものです（254条2項・3項）。新株予約権付社債は，公開会社，非公開会社を問わず，発行することができます。

新株予約権付社債権者は，会社の業績が低調で剰余金の配当にあまり期待が持てないときは，社債権者として安定した利息の支払いを受けることができ，逆に会社の業績が好転して株価の上昇，配当の増加が期待できるようになれば，新株予約権を行使して株主となることができ，それによって大きな経済的利益を得ることができます。そういうことから，この新株予約権付社債は，投資家のニーズに合致したものといえます。この新株予約権付社債には，転換社債型と新株引受権型の2つの種類があります。転換社債型は，新株予約権の行使によって社債が社債権者に償還されるとともに，その償還金が新株予約権行使の際に必要な出資となります。すなわち，社債を株式に転換するような形となります。これに対し新株引受権型は，金銭など社債以外の財産を出資することにより新株予約権を行使するものです。

新株予約権付社債の発行については，社債の募集に関する規定ではなく，新株予約権の募集に関する規定が適用されます（248条）。したがって，原則として公開会社では取締役会決議で，非公開会社では株主総会の特別決議で新株予約権付社債の募集事項が決定されることになります。

実戦過去問　　　　　　　　　　　公認会計士　令和２年度

　公開会社の募集株式の発行に関する次の記述のうち，正しいものの組合せとして最も適切な番号を一つ選びなさい。

ア　募集株式の引受人が現物出資財産を給付する場合，当該引受人に割り当てる株式の総数が発行済株式の総数の10分の１を超えないときは，当該現物出資財産の価額について，検査役の調査を要しない。

イ　募集株式の引受人は，出資の履行をする債務と株式会社に対する債権とを相殺することができる。

ウ　募集株式の払込金額の払込みを仮装した引受人から当該募集株式を善意でかつ重大な過失なく譲り受けた者は，当該引受人が仮装した払込金額につき支払がされた後でなければ，当該募集株式についての株主の権利を行使することができない。

エ　最高裁判所の判例の趣旨によれば，払込金額が募集株式の引受人に特に有利な金額であるために株主総会の特別決議が必要である場合において，株主総会の特別決議を経ることなく，当該募集株式が発行されたものであっても，その瑕疵は，当該募集株式の発行の無効原因とはならない。

1　アイ　　　2　アウ　　　3　アエ　　　4　イウ　　　5　イエ　　　6　ウエ

解　説

ア　○　募集株式の引受人に割り当てる株式の総数が発行済株式総数の10分の１を超えないのであれば，検査役の調査は不要です（207条９項１号）。

イ　×　募集株式の引受人は，払込みまたは給付をする債務（出資の履行をする債務）と株式会社に対する債権とを相殺することはできません（208条３項）。

ウ　×　募集株式の仮装引受人から善意かつ無重過失で株式を譲り受けた者は，仮装引受人が払込金額につき支払をする前でも，株主としての権利行使をすることができます（209条３項）。

エ　○　本肢のようなケースでは，株主総会の特別決議を経ていないことをもって無効原因とはならないとされています（最判昭46・７・16）。

　以上より，正しいものはアおよびエであり，肢３が正解となります。

正解　3

新株予約権に関する次のア～オの記述のうち，正しいものの組合せはどれか。

ア　新株予約権と引換えに金銭の払込みを要する募集新株予約権を発行する場合において，募集新株予約権の割当てを受けた者は，払込期間中または払込期日に払込金額の全額を払い込んだときに，新株予約権者となる。

イ　募集新株予約権の行使に際して出資する金銭その他の財産の価額が新株予約権を引き受ける者に特に有利な金額であるときには，募集新株予約権の募集事項は，株主総会の特別決議により決定しなければならない。

ウ　募集新株予約権の発行が法令もしくは定款に違反し，または著しく不公正な方法により行われる場合において，株主が不利益を受けるおそれがあるときには，株主は，会社に対して募集新株予約権の発行をやめることを請求することができる。

エ　新株予約権付社債を有する者は，新株予約権付社債についての社債が消滅した場合を除いて，新株予約権付社債に付された新株予約権のみを譲渡することはできない。

オ　新株予約権と引換えに金銭の払込みを要する募集新株予約権の払込金額は，新株予約権が行使されるか否かにかかわらず，その全額を資本金に計上しなければならない。

1　ア・イ　　　2　ア・オ　　　3　イ・ウ　　　4　ウ・エ　　　5　エ・オ

解　説

ア　×　新株予約権者となるのは，割当を受けた日です（245条1項）。

イ　×　募集事項の決定については，取締役等に委任することができますから，必ずしも株主総会の特別決議を要するわけではありません（239条）。

ウ　○　株式発行の場合と同様，新株予約権の発行についても，本肢のような制度が設けられています（247条）。

エ　○　254条2項。

オ　×　新株予約権は，実際に行使されるまでは，払込みがなされるかどうか不明ですから，その払込金額は資本金に計上されません。

　　以上より，正しいものはウ・エであり，正解は肢4となります。

正解　4

> **実戦過去問**（問題文の一部を変更してあります）　　公認会計士　平成27年度

社債に関する次のア〜エの記述のうちには，正しいものが二つある。その記号の組合せの番号を一つ選びなさい。

ア　株式会社は，募集社債の総額について割当てを受ける者を一定の日までに定めていない場合には，当該募集社債の全部を発行しない旨を当該募集社債に関する事項として定めることができる。

イ　持分会社は，社債を発行することができる。

ウ　株式会社は，募集社債の総額が資本金及び準備金の総額を超えない範囲内で，社債の募集をしなければならない。

エ　社債発行会社は，裁判所の許可を得なければ，社債権者集会を招集することができない。

1　アイ　　　2　アウ　　　3　アエ　　　4　イウ　　　5　イエ　　　6　ウエ

解　説

ア　○　募集社債の発行事項の決定の際，一定の日までに募集社債の総額について割当てを受ける者を定めていない場合において，募集社債の全部を発行しないこととするときは，その旨およびその一定の日を定めることができます（676条11号）。募集社債の発行も，株式の発行の場合と同様，打切発行が原則ですが，その例外として上記の事項を定めることができます。

イ　○　社債に関する規定は，持分会社に関する規定よりも後に置かれています。これは，社債に関する規定が持分会社にも適用されるということです。つまり，株式会社に限らず，持分会社も社債を発行することができます。

ウ　×　株式の発行の場合と異なり，募集社債の発行総額については，特に制限はありません。

エ　×　社債権者集会の決議は，裁判所の認可を受けなければ，その効力を生じないとの規定は存在しますが（734条1項），社債権者集会を招集するについて，裁判所の許可を必要とする規定は存在しません。

以上より，正しいものはアイであり，正解は肢1となります。

正解　1

3

株式会社の機関

6 株式会社の機関設置の枠組み

学習ナビゲーション

　株式会社が取引主体として活動していくためには，そのアタマとなって意思決定をし，その手足となって行動する一定の機関の存在が必要となります。

　会社法は，株式会社の機関として株主総会，取締役，取締役会，監査役，監査役会，会計参与，会計監査人，監査等委員会または指名委員会等の種類を設け，定款で定めることにより，会社の実情に応じて柔軟に機関設計をすることを可能としています。本講では，この株式会社の機関設置の枠組みについて説明します。

　個々の機関の意義・権限等については，次講以下で説明していきます。本講の内容を十分に理解するには，各機関についての個別的な知識を必要とします。何の脈絡もなく丸暗記しても，混乱するだけですから，ここではその概要を押さえておき，機関に関する全体的な知識を習得した後，再度この部分を読み返すことをお勧めします。

1　株式会社の機関の意義

　第1講で説明したように，会社は1個の法人格者としてその名で取引行為を行うことができ，その行為の効果は会社自身に帰属します。つまり，会社が行った取引行為から生ずる権利は会社自身が取得し，またその取引行為から生ずる義務は会社自身が負担することになります。

　ところでこの場合，「会社の行った行為」とは，一体どういうことなのでしょうか。会社自体は，精神も肉体もないのですから，それ自体が意思を決定することはできないし，まして，それに基づき行動することはできません。そこで，会社内部において

一定の地位にある人や一定範囲の人で構成される合議体を会社の機関とし，その意思決定や行動を「会社の行為」として認識することが必要となります。つまり，会社の組織上一定の地位にある人や人によって組織される合議体が会社の機関であり，その機関の行為が会社の行為となるわけです。

2　株式会社の機関の種類と機関の設計

(1) 株式会社の機関の種類

　株式会社の機関の種類としては，まず株主総会と取締役があります。この２つは，すべての株式会社に必ず設置しなければならない機関です（295条，326条１項）。株主総会は会社の組織や運営の根本に関わる意思決定を行う最高の意思決定機関であり，取締役は具体的な経営に関する行為を担う機関と理解してください。

　その他に会社法は，会社の機関として，定款の定めにより取締役会，会計参与，監査役，監査役会，会計監査人，監査等委員会または指名委員会等を置くことができると規定しています（326条２項）。もっとも，この規定は，定款で定めればどの機関をどのように設置してもよいという意味ではありません。

(2) 株式会社の機関設計の基本的枠組み

　ひと口に株式会社といっても，所有と経営の分離した大規模な会社もあれば，所有と経営が分離していない小規模な会社までさまざまなタイプがあります。この会社のタイプを無視して，すべて一律の機関構成を採らなければならないとすると，会社の合理的運営に支障が生ずることもあり得ます。

　そこで，会社法は，それぞれの会社の実情，タイプに応じた機関設計を可能とするために，さまざまなバリエーションを用意しています。そして，会社法の定める枠組みの範囲内においては，定款でどのように機関を構成するか，すなわち機関設計の自由が認められることになります。このように株式会社は，定款で定めることにより，ある程度その機関設計を自由に行うことができま

すが，会社法の定める枠組み（ルール）を逸脱して，全く自由に
定めることはできないのです。*

　そこでまず，会社法の規定する基本的な枠組みを示しておきま
す。一応の概要を押さえたうえで，読み進めてください。

① 　株主総会と取締役は，すべての株式会社に必ず置かなければ
　ならない（295条，326条1項）。
② 　取締役会は，公開会社，監査役会設置会社，監査等委員会設
　置会社および指名委員会等設置会社では必ず置かなければなら
　ない（327条1項）。これら以外の会社では，置いても置かなく
　てもよい。
③ 　取締役会設置会社は，原則として監査役を置かなければなら
　ない。ただし，取締役会設置会社であっても非公開会社で会計
　参与を設置している会社は，監査役を置く必要はない（同条2
　項）。
④ 　取締役会設置会社でも，監査等委員会設置会社および指名委
　員会等設置会社は監査役を置いてはならない（同条4項）。
⑤ 　会計監査人設置会社は，監査役を置かなければならない（同
　条3項）。監査等委員会設置会社および指名委員会等設置会社
　は会計監査人を置かなければならないが（同条5項），監査役
　を置いてはならない。
⑥ 　指名委員会等設置会社は，監査等委員会を置いてはならない
　（同条6項）。
⑦ 　公開会社であるか非公開会社であるかを問わず，大会社は，
　会計監査人を置かなければならない（328条2項）。
⑧ 　公開会社でありかつ大会社は，監査等委員会設置会社または
　指名委員会等設置会社である場合を除いて，監査役会および会
　計監査人を置かなければならない（同条1項）。

(3)　会社の類型別の機関設計

　以上を前提に，公開会社と非公開会社，大会社とそれ以外の会
社（以下「中小会社」といいます）の組合せによる機関設計のバ
リエーションについて，敷衍して説明していくことにします。な
お，公開会社であると非公開会社であるとを問わず，また大会社

＊これは，「定款自治
の範囲の拡大」（P17
一歩前進 参照）の
例です。

用語の説明
「取締役会設置会社」
取締役会を置く会社
または会社法の規定
により取締役会を置
かなければならない
会社のことです（2
条7号）。

であるか中小会社であるかを問わず，会計参与を設置することができ，また監査等委員会設置会社または指名委員会等設置会社となることができるということを覚えておきましょう。

① 非公開会社でかつ中小会社

設例 15

　甲株式会社は，資本金１億円の中小会社である。甲社は，発行する株式の全部の内容として，定款で譲渡制限の定めを設けている。

　甲株式会社のような，非公開かつ中小会社の場合，会社の機関として株主総会と取締役だけを設置し会社を運営することも可能です。これは最もシンプルな形態の株式会社ですが，小規模な株式会社では，この形態を採ることにより効率的で小回りの利く会社経営を目指すことができるでしょう。この形態を採用した場合，監査役を設置するか否かは会社の自由です。

　甲社では，取締役会は設置することもしないことも可能です。取締役会を設置した場合で，監査等委員会設置会社または指名委員会等設置会社とならないときは，監査役を設置するか会計参与を設置しなければなりません（327条２項）。監査等委員会設置会社または指名委員会等設置会社とすることを選択したときは，会計監査人を設置しなければなりません（同条５項）。

＊本文の表中，黒字で示した「会計参与」は設置してもしなくてもよいという意味です。なお，この表は，単なる早見表のようなものですから，暗記する必要はありません。

非公開会社でかつ中小会社のパターン ＊

（ⅰ）	取締役			**会計参与**
（ⅱ）	取締役	監査役		**会計参与**
（ⅲ）	取締役	監査役	会計監査人	**会計参与**
（ⅳ）	取締役会			会計参与
（ⅴ）	取締役会	監査役		**会計参与**
（ⅵ）	取締役会	監査役	会計監査人	**会計参与**
（ⅶ）	取締役会	監査役会		**会計参与**
（ⅷ）	取締役会	監査役会	会計監査人	**会計参与**
（ⅸ）	取締役会	３委員会	会計監査人	**会計参与**
（ⅹ）	取締役会	監査等委員会	会計監査人	**会計参与**

┌─一歩前進─┐

　（iii）のパターンのように，取締役会を設置せずに会計監査人を設置した場合は，監査役の設置が義務づけられますが（327条3項），監査役会を設置することはできません。取締役会を設けないのに，監査機関ばかり充実させても意味がないからです。また，監査等委員会設置会社または指名委員会等設置会社以外で，取締役会を設置して監査役を置く必要がないのは，（iv）のパターンだけです。この場合は，必ず会計参与を置く必要があります。

②　非公開会社でかつ大会社

┌─設例16─┐

　乙株式会社は，資本金5億円の大会社である。乙社は，発行する株式の全部の内容として，定款で譲渡制限の定めを設けている。

　乙株式会社のような非公開会社でかつ大会社は，公開会社でないので取締役会の設置は義務づけられていませんが，大会社なので会計監査人を置くことが義務づけられています（328条2項）。
　会計監査人を置くということは，監査役または監査役会を設置するか監査等委員会設置会社または指名委員会等設置会社とならなければならない，ということを意味します（327条3項・5項）。そして，監査等委員会設置会社または指名委員会等設置会社となることを選択したときは，取締役会を設置しなければなりません（同条1項3号・4号）。

非公開会社でかつ大会社のパターン

（ⅰ）	取締役	監査役	会計監査人	**会計参与**
（ⅱ）	取締役会	監査役	会計監査人	**会計参与**
（ⅲ）	取締役会	監査役会	会計監査人	**会計参与**
（ⅳ）	取締役会	3委員会	会計監査人	**会計参与**
（ⅴ）	取締役会	監査等委員会	会計監査人	**会計参与**

③　公開会社でかつ中小会社

設例 17

　丙株式会社は，資本金3億円の中小会社である。丙社は，その発行する株式の内容として，定款で譲渡制限の定めを設けていない。

　その発行する株式の一部であっても，定款で譲渡制限の定めを設けていない株式会社は，公開会社となります（2条5号参照）。したがって，丙株式会社は，公開会社ということになります。

　丙社は，公開会社ですから取締役会の設置が義務づけられます（327条1項1号）。そうすると丙社は，原則として監査役の設置が義務づけられることになりますが（同条2項），監査等委員会設置会社または指名委員会等設置会社となることを選択したときは，監査役を置くことはできません（同条4項）。ただしこの場合，会計監査人を必ず設置しなければなりません（同条5項）。

公開会社でかつ中小会社のパターン

(ⅰ)	取締役会	監査役		会計参与
(ⅱ)	取締役会	監査役	会計監査人	会計参与
(ⅲ)	取締役会	監査役会		会計参与
(ⅳ)	取締役会	監査役会	会計監査人	会計参与
(ⅴ)	取締役会	3委員会	会計監査人	会計参与
(ⅵ)	取締役会	監査等委員会	会計監査人	会計参与

④　公開会社でかつ大会社

設例 18

　丁株式会社は，資本金50億円の大会社である。丁社は，その発行する全部の株式の内容として，定款で譲渡制限の定めを設けていない。

　丁株式会社は，典型的な公開会社でかつ大会社です。したがって，取締役会を設置するとともに（327条1項），原則として監査役会および会計監査人の設置が義務づけられます（328条1項）。

　ただし，監査等委員会設置会社または指名委員会等設置会社となることを選択したときは，監査役や監査役会を置いてはならないこととなりますが（327条4項），会計監査人は置かなければなりません（同条5項）。＊

＊要するに，公開会社でかつ大会社は，監査役会設置会社，指名委員会等設置会社，監査等委員会設置会社のいずれかでなければならないということになります。

公開会社でかつ大会社のパターン

（ⅰ）	取締役会	監査役会	会計監査人	**会計参与**
（ⅱ）	取締役会	3委員会	会計監査人	**会計参与**
（ⅲ）	取締役会	監査等委員会	会計監査人	**会計参与**

一歩前進

　株式会社と取引する相手方にとっても，その会社がどのような機関構成を採っているかは重要なことですから，この点は登記によって公示すべき事項とされています（911条3項15号～23号）。

閑話休題

　上記の機関設計の①から④まで，すべての会社で会計参与を設置したとすると，そのパターンは24通りとなります。さらに，会計参与を設置しないパターンは23通りありますから，これを合わせると，株式会社が採用可能な機関設置のパターンは，なんと合計47通りもあることになります。会社法成立前までは，すべての株式会社について，株主総会，取締役会，代表取締役，監査役というワンパターンの機関設置が要求されていたのと比べると，まさに隔世の感があります。

　株式会社の機関に関する次の記述のうち，正しいものの組合せとして最も適切な番号を一つ選びなさい。

ア　公開会社（監査等委員会設置会社及び指名委員会等設置会社を除く。）は，監査役を置かないことができる。
イ　会計監査人設置会社（監査等委員会設置会社及び指名委員会等設置会社を除く。）は，監査役を置かなければならない。
ウ　指名委員会等設置会社は，会計監査人を置かないことができる。
エ　監査等委員会設置会社は，取締役会を置かなければならない。

1　アイ　　　2　アウ　　　3　アエ　　　4　イウ　　　5　イエ　　　6　ウエ

解　説

ア　×　公開会社では，必ず取締役会を設置する必要があります（327条1項）。そして，取締役会設置会社は，監査等委員会設置会社または指名委員会等設置会社である場合を除いて，監査役を置かなければなりません（同条2項）。「監査役を置かない」という選択肢はありません。
イ　○　会計監査人設置会社は，監査等委員会設置会社または指名委員会等設置会社である場合を除いて，監査役を置かなければなりません（327条3項）。
ウ　×　指名委員会等設置会社は，必ず会計監査人を置かなければなりません（327条5項）。
エ　○　監査等委員会設置会社は，必ず取締役会を置かなければなりません（327条1項3号）。
　以上より，正しいものはイエであり，肢5が正解となります。

正解　5

7 株主総会

学習ナビゲーション

　国家が三権分立という統治制度を採っているのに似て，株式会社にも最高の意思決定機関としての株主総会，執行機関としての取締役（取締役会），監査機関としての監査役（監査役会）といった機関が設置され，それぞれの役割分担が定められています。大体のイメージとして，株主総会は国会，取締役（取締役会）は内閣，監査役（監査役会）は裁判所に相当する機関と考えれば，わかりやすいでしょう。

　株主総会は，会社のいわば主権者である株主によって構成される最高の意思決定機関です。本講では，株主総会全般について説明します。覚えるべき事項は多岐にわたりますが，手続を丸暗記するよりも，なぜそのような手続が必要とされるのか，という視点を持って考察していけば，頭に入りやすいでしょう。

1　株主総会の意義と権限

設例19

（イ）甲株式会社は，取締役会を設置していない。
（ロ）乙株式会社は，取締役会を設置している。

　株主総会は，株主によって構成される合議体であり，株式会社の最高の意思決定機関です。株主総会は，すべての株式会社に必ず設置しなければなりません。株主総会の存在しない株式会社というものは存在し得ません。

　もっとも，会社法は，会社の規模や実情に応じた規制を可能とするため，株式会社が取締役会設置会社であるか否かにより，株

主総会の権限に差異を設けています。＊

① **取締役会非設置会社における株主総会の権限**

　設例19(イ)の，甲株式会社のような取締役会非設置会社は，所有と経営の一致した閉鎖的な小規模会社であることが多く，このような会社では，株主の意向が株主総会により強く反映されるよう，取締役会設置会社の場合よりも株主総会の権限が強化されています。すなわち，株主総会は，会社法に規定する事項および会社の組織，運営，管理その他株式会社に関する一切の事項について決議をすることができます（295条1項）。

② **取締役会設置会社における株主総会の権限**

　一方，設例19(ロ)の乙株式会社のような取締役会設置会社においては，一般に所有と経営が分離し，多数の株主が存在することが通常です。このような会社においては，株主全員で構成される株主総会には会社の基本的な事項に関する意思決定を担当させ，具体的な経営に関する意思決定は取締役会に担当させるほうが合理的であり，かつ会社経営に不可欠な意思決定の迅速性を確保することもできます。そこで取締役会設置会社については，株主総会は，会社法および定款で定めた事項に限り決議できることとされています（295条2項）。それ以外の事項は取締役会での決定が可能です。つまり，取締役会設置会社では，取締役会の権限が強いことの裏返しのような形で，株主総会の権限が相対的に小さくなっているわけです。もっとも，取締役会設置会社でも，定款で定めることにより，法定事項以外の決議事項を株主総会の権限とすることができることに注意してください。例えば，非公開会社でかつ取締役会設置会社において，取締役会の決議事項である代表取締役の選定について，取締役会決議によるほか，株主総会の決議によることもできるとする定款の定めを有効とした判例があります（最決平29・2・21）。

　逆に，株主総会の法定決議事項とされているものについて，定款で取締役，執行役，取締役会その他の機関に決定権限を委譲する旨を定めても，その定めは無効となります（同条3項）。

> **一歩前進**
> 　取締役会設置会社について，株主総会の決議事項とされて

＊公開会社では必ず取締役会を設置しなければなりませんが（327条1項1号），非公開会社においては，取締役会を設置することもしないことも自由です。

145

いるものは，大まかに分類すると，①会社の根本に関わる事項（定款変更・事業譲渡・解散・合併・会社分割・株式交換・株式移転等），②取締役，監査役，会計監査人，会計参与，清算人等の機関の選任・解任に関する事項，③株主の利害に重大な影響を与える事項（自己の株式の取得・株式併合・募集株式の第三者に対する有利発行等）です。

　取締役会設置会社においては，上記の事項について，取締役会の決議をもって代えることはできないのです。

株主総会の権限	
取締役会非設置会社	組織，運営，管理その他一切の事項
取締役会設置会社	会社法および定款で定めた事項

2　株主総会の招集

(1) 株主総会の種類と招集時期

　株主総会には，定時株主総会と臨時株主総会があります。定時株主総会は毎事業年度の終了後一定の時期に招集しなければなりません（296条1項）。臨時株主総会は必要がある場合には，いつでも招集することができます（同条2項）。*

＊日本では，決算期を3月末日とし，その後3ヶ月以内に定時株主総会を招集すると定めている会社が多く，そのため6月下旬に各社の株主総会が集中する傾向がみられます。

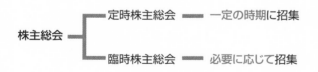

```
                ┌── 定時株主総会 ━━ 一定の時期に招集
株主総会 ───┤
                └── 臨時株主総会 ━━ 必要に応じて招集
```

Check

「種類株主総会」

　第3講で詳述したとおり，株式会社は，定款で定めることにより，一般の株式とは別に，一定の事項について内容の異なる二以上の種類の株式すなわち種類株式を発行することができます（108条1項）。種類株式を有する株主には，

その株主固有の利益があり，通常の株主総会決議だけでその決議の効力が生じるとした場合，種類株主の利益が多数決によって害されるおそれがあります。

そこで，ある種類の株式を有する株主（種類株主）に損害を及ぼすおそれのある一定の場合には，通常の株主総会決議に加えて，その種類株主を構成員とする種類株主総会の決議がなければ，株主総会決議はその効力を生じないとされています（322条1項柱書）。種類株主総会の決議を要する一定の場合として，322条1項各号は株式の種類の追加，株式の内容の変更等一定の事由を列挙していますから，一応条文に目を通しておいてください。もっとも，定款で同条列挙事項について種類株主総会の決議を不要とする旨を定めることもできます（同条2項）。ただし，株式の種類の追加，株式の内容の変更，発行可能株式総数または発行可能種類株式総数の増加についての定款変更については，必ず決議が必要です（同条3項ただし書）。以上は，一定事項について会社法が種類株主総会における決議を必要とする旨を定めている場合です（法定種類株主総会）。

これとは別に，会社が，拒否権付種類株式（108条1項8号）を発行し（P68参照），一定事項について定款で特に種類株主総会の決議を必要とする旨を定めた場合には，通常の株主総会決議に加えて，当該事項に関する種類株主総会の決議が必要となります（323条）。つまり，定款で定めることにより，種類株主総会の決議を要すべき事項を創設できるわけです（任意種類株主総会）。

(2) 招集の決定

株主総会を招集するには，取締役会非設置会社では取締役が，取締役会設置会社では取締役会が，まず次の事項を定めなければなりません（298条1項・4項）。

①株主総会の日時・場所
②株主総会の目的である事項があるときは，当該事項
③書面による議決権の行使を可能とするときは，その旨
④電磁的方法による議決権の行使を可能とするときは，その旨
⑤その他法務省令で定める事項

株主総会の招集権限は，取締役にあるのが原則ですが（296条3項），一定の場合（次頁 Check 参照）には，少数株主も株主総会を招集することができます（297条4項）。

┌─ **一歩前進** ─────────────────────

　株主総会において，その延期または続行の決議があった場合は，新たに株主総会の招集の決定をする必要はなく，また新たに招集通知をする必要もありません（317条）。この場合は，別個の株主総会が開催されるのではなく，当初の株主総会と同一性のある会議が行われるに過ぎないからです。

└──────────────────────────────

┌─ **Check** ─────────────────────

「少数株主による株主総会の招集」

　株主総会の招集は，原則として取締役によって決定されますが，一定の要件を満たせば，少数株主にも株主総会を招集する権限が認められています。

　すなわち，公開会社においては，総株主の議決権の100分の3以上の議決権を6ヶ月前から引き続き有する株主は，取締役に対し，株主総会の目的である事項（議題）および招集の理由を示して，株主総会の招集を請求することができます（297条1項）。つまり，株主がこの株主総会招集請求権を行使して株主総会を招集する場合は，その株主が自ら株主総会の目的たる事項（議題）を設定することができます。

　非公開会社にあっては，議決権についての「6ヶ月前から」という要件は不要とされています（同条2項）。つまり，非公開会社では，「100分の3以上の議決権を有する株主」でありさえすれば，株主となった時期を問わず株主総会の招集を請求できることになります。通常，所有と経営の分離していない非公開会社にあっては，会社と株主の利害関係が密接であるため，株主の経営参加の機会をより強く保障すべきとする趣旨に基づくものです。

　上記の請求をした後，遅滞なく招集の手続が行われない場合，あるいは請求があった日から8週間以内の日を株主総会の日とする株主総会の招集の通知が発せられない場合，請求をした株主は，裁判所の許可を得て，株主総会を自ら招集することができます（同条4項）。

└──────────────────────────────

（3）招集通知

① 通知の時期

　株主総会の招集通知には，前記①～⑤の事項を記載（記録）したうえ，公開会社においては総会の日の2週間前までに，非公開

会社においては総会の日の1週間前までに発しなければならないのが原則です（299条1項）。非公開会社でかつ取締役会を設置しない会社では，定款でこの期間をさらに短縮することができます。ただ，非公開会社においても，書面による議決権行使または電磁的方法による議決権行使を定めているときは，総会の日の2週間前までに通知を発しなければなりません（同条同項）。

② **通知の方法**

招集通知は，取締役会設置会社である場合は，書面で行うことが義務づけられていますが（同条2項2号），株主の承諾を得たうえであれば，書面に代えて電磁的方法により招集通知を発することができます（同条3項）。取締役会非設置会社の場合は，その方法に限定はありませんから，口頭でもOKです。しかし，議決権の書面による行使，電磁的方法による行使を定めたときは，書面で行わなければなりません（同条2項1号）。＊

＊この場合でも，株主の承諾を得て，電磁的方法により通知を発することが可能です。

Check

「株主総会資料の電子提供制度」

後述しますが，議決権の書面による行使を定めた会社は，招集通知に際して，議決権の行使について参考となるべき事項を記載した書類（株主総会参考書類）および株主が議決権を行使するための書面（議決権行使書面）等の送付が義務づけられています（301条1項）。また，議決権の電磁的方法による行使の方法を定めた会社は，招集通知とともに株主総会参考書類の送付が義務づけられています（302条1項）。総会に出席しない株主は，これらの株主総会資料によって会社の情報を得て，これをもとに意思決定をすることができます。

従来，この株主総会資料は書面による送付が原則とされ，例外的に電磁的方法により提供する場合は株主の個別の承諾を要するとされていたところ，令和元年度改正法により，書面による提供のほか電子提供制度が創設されました（325条の2）。これは，会社が株主総会参考書類等を自社のホームページ等のウェブサイトに掲載し，株主に対してそのアドレス等を書面で通知すること等の方法により，株主の個別の承諾なく株主に対して必要な書類を提供したものとする制度です。これにより会社は，書類の印刷・郵送等にかかるコストを節約することができ，また株主に早期に充実した資料を提供することができます。この方法を採用するには，株主総会参考書類等について電子提供措置をとる旨を定款で定めれば足ります（325条の2）。上場会社では，この電子提供

149

制度を実施することが義務づけられています（325条の5）。この制度の施行期日は，他の令和元年度改正事項（令和3年3月1日施行）と異なり，令和4年度以降となります。

ここが狙われる

　書面による議決権行使または電磁的方法による議決権行使を採用している場合を除き，株主全員の同意があるときは，招集手続を経ることなく，株主総会を開催することができます（300条）。また，株主が1人しかいない，いわゆる一人会社では，その1人の株主に対して厳格な招集手続を要求するのはナンセンスですから，招集手続は不要です。一人会社では，いつでもどこでも株主総会を開催することができます（最判昭46・6・24）。

　また，株主全員が異議なく出席して行われた会合（全員出席総会）でなされた決定については，招集の決定および通知を欠く場合であっても，株主総会決議として有効に成立します（最判昭60・12・20）。

Check

「総会検査役」

　株式会社または株主は，株主総会に先立ち，当該株主総会の招集手続や決議の方法を調査させるため，裁判所に対し，検査役の選任を申し立てることができます（306条1項）。この検査役の調査は，多数派の横暴から少数株主の利益を保護するという機能を持つほか，いわゆる総会屋などによって，株主総会の議事運営が妨害されるおそれがあるような場合などに，これを予防し，あるいはその証拠を押さえるための手段として活用できます。

　検査役の選任の申立ては，会社自身ができるほか，非公開会社の場合は，議決権を行使できる総株主の議決権の100分の1以上の議決権を有する株主もすることができます。公開会社の場合は，これに「6ヶ月前から引き続き株式を有する」という要件が加わります（同条2項）。

　裁判所は，選任した検査役からの結果報告があった場合において，必要があると認めるときは，取締役に対し，一定の期間内に株主総会を招集することまたは調査結果を株主に通知することの全部または一部を命じなければなりません（307条1項）。

3 株主総会の議事と議題・議案

(1) 株主総会の議事

　株主総会の議事の方法について，会社法には特に定めがありませんから，議事は定款の定めまたは慣習により進められます。

　株主総会の議事の運営は，議長が行います。議長は，株主総会の秩序を維持し，議事を整理する権限を有していますから，その命令に従わない者その他株主総会の秩序を乱す者を退場させることもできます（315条）。＊

＊会社法には，議長の選任等に関する規定はなく，定款にもその定めがないときは，当該株主総会で議長を選任することになります。

(2) 株主総会の議題・議案

　議題とは株主総会の目的となる事項のことであり，議案とは議題の具体的な案のことです。例えば，「取締役選任の件」が議題であり，「○○を取締役に選任する件」が議案です。

　取締役会設置会社においては，株主総会は，原則として取締役会の定めた事項以外の事項を決議することができません（309条5項）。つまり，株主総会の議題として取締役会が決定した事項だけが決議の対象となるわけです。そのため，後述するように少数株主にとっては，一定事項を株主総会の議題として設定してもらうための議題提案権が重要な意味を持つことになります。

　取締役会非設置会社においては，このような制約はなく，株主は，取締役に対し，株主総会の場で一定の事項を株主総会の目的とすることを請求することができます（303条1項）。

(3) 株主提案権

> **設例20**
>
> 　甲株式会社の株主Aは，甲社の次期株主総会で，取締役Bを解任したいと考えている。

　株主には，株主総会において議題を提案する権利（303条1項）および議案を提出する権利（304条本文）が認められています。この議題提案権および議案提出権を合わせて株主提案権とい

います。

　この株主提案権については，取締役会非設置会社と取締役会設置会社とで，その行使の要件や方法に差が設けられています。

①　議題提案権

（ⅰ）取締役会非設置会社の場合

　取締役会非設置会社では，１株の株式を有する株主であっても，この株主提案権を行使することが可能です（303条１項）。つまり，取締役会非設置会社においては，株主は，単独株主権として議題提案権および議案提出権を行使できるというわけです。一般に株主数の少ない取締役会非設置会社では，株主が会社経営に強い利害関係を持ちますから，株主の意向を株主総会に反映させる機会を十分に与える必要があるからです。このように，取締役会非設置会社においては，株主の議題提案権に制約はありませんから，株主総会当日に，招集通知では予定されていなかった議題を提出して決議にかけてもらうこともできます（同条同項）。設例20で，甲株式会社が取締役会非設置会社であるときは，Ａは，事前に別段の手続を踏まないでも株主総会に取締役解任の議題を提案することができます。

（ⅱ）取締役会設置会社の場合

　これに対し，取締役会設置会社では，招集通知に掲げた事項しか決議できない建前になっていますから（309条５項本文），株主は総会当日にいきなり議題を提案することはできません。設例20の甲株式会社が取締役会設置会社である場合，Ａは，取締役解任を議題としようとするときは，少数株主権としての議題提案権の行使という手段によらなければなりません。

　取締役会設置会社では，総株主の議決権の100分の１以上の議決権または300個以上の議決権を６ヶ月前から引き続き保有する株主に限り，議題提案権が認められます。この権利を行使するためには，総会の日の８週間前までに一定の事項を株主総会

の目的とすべきことを請求しなければなりません（303条2項）。取締役会設置会社において，このような制限が設けられているのは，株主提案の濫発による総会の紛糾を防止するためです。

一歩前進

　議題提案権を行使するための株式の保有議決権数は定款で引き下げることができ，また保有期間や行使期限については，これを短縮することができます。「6ヶ月前から引き続き」とは，6ヶ月前からのどの時期においても，という意味です。つまり，6ヶ月前からずっとコンスタントに必要数を保有していなければならないということです。6ヶ月の保有期間の要件は，取締役会設置会社であっても，非公開会社では不要です（303条3項）。つまり，非公開会社では，株主になりたての者であったとしても，保有議決権数の要件を満たせば議題提案権を行使できます。

　もっとも，株主総会において議決権を行使することができない株主には，議題提案権は認められません。また，当該事項が株主総会の決議すべきものでないときも，議題提案権は認められません。

② 議案提出権
（ⅰ）意義

　議案提出権については，取締役会設置会社，取締役会非設置会社のいずれであるかを問わず，各株主に認められます（単独株主権）。すなわち，各株主は，株主総会の目的である事項（議題）について，その具体的な中身である議案を提出することができます（304条本文）。設例20では，Aは，「取締役Bの解任の件」という議案を提出することができます。＊

　ただし，その議案が法令または定款に違反する場合およびその議案が実質的に同一の議案につき株主総会において総株主の議決権の10分の1以上の賛成を得られなかった日から3年を経過していない場合には，そのような議案の提出は認められません（同条ただし書）。総会屋等が，可決の見込みのない議案を濫発して株主総会をかく乱するのを防止するためです。したがって，会社

＊もっとも，株主は，株主総会の目的である事項であっても，自らが議決権を行使することができない事項については，議案を提出することができません（304条かっこ書参照）。

の側から同一の議案を提出する場合には，上記の制限は適用されません。

（ⅱ）議案要領通知請求権

　株主総会で株主の提出した議案が可決されるためには，他の株主の相当数の同意を必要とします。そうすると，総会前から他の株主への働きかけもせず，議場でいきなり提案権を行使しても，可決される可能性は薄いでしょう。

　そこで，株主は，取締役に対し，株主総会の日の8週間前までに，株主総会の目的である事項につき，その株主が提出しようとする議案の要領を他の株主に通知することを請求することができます（305条1項本文）。これを議案要領通知請求権といいます。取締役会設置会社においては，株主がこの権利を行使するためには，議題提案権と同様の議決権数（総株主の議決権の100分の1以上または300個以上の議決権）を有していることが要件となります（同条同項ただし書）。

　議案の要領とは，提案する決議内容の要約のほか，その提案の議決を必要とする理由も含まれます。これによって，一株主の提出した議案が広く他の株主にも周知され，他の株主は，その議案の当否を考慮する機会が与えられることになります。設例20で，取締役Bが甲社に対する背信的行為を行っている事実があるような場合，この議案要領通知請求権は，株主Aの有効な武器となるでしょう。

一歩前進

　令和元年度改正法により，取締役会設置会社において，一人の株主が議案要領通知請求権を行使して提案できる議案の数は，一株主総会あたり10個までに制限されることになりました（305条4項）。つまり，会社は10を超える数に相当する数の議案の提案は拒絶することができます。このところ，同一の株主による非常識なほど多数の議案の提案が目につき始めたため，これを抑えることを意図する改正です。どの議案を「10を超える数に相当することとなる数の議案」とするかは，取締役が定めます（同条5項本文）。つまり，株主に要領を通知すべき10個の議案は取締役が選択することができ

ます。ただし，株主が議案相互間の優先順位を定めている場合には，取締役はその順位に従わなければなりません（同条同項ただし書）。*

＊もっとも，取締役が10を超える数の議案をあえて拒絶せず，他の株主に任意に通知して当該議案を決議しても，その決議は違法となるわけではありません。

③　取締役等の説明義務

　取締役，会計参与，監査役および執行役は，株主総会において株主から特定の事項について説明を求められた場合は，その事項について必要な説明をしなければなりません（314条本文）。

　国民が国家の主権者であるように，株主は，いわば会社の主権者なのですから，会社経営の現状やその見通し等について，「知る権利」が認められるはずです。その権利を実現する手段として，株主には，取締役等に対し質問する権利が認められるべきです。しかし，これを真正面から無制約に認めると，いわゆる総会屋などの「特殊株主」が，議案とは無関係な質問を濫発し，円滑な議事進行を妨害する手段として悪用されるおそれがあります。株主総会で活発な議論が交わされるのは，株主総会の活性化という観点からは望ましいところですが，質問権の濫用によって株主総会が混乱に陥るという事態は避けなければなりません。そこで，会社法は，正面から株主の質問権を認めるという方向を採らず，取締役等の説明義務という形でいわば裏手の方向から，株主の質問権を認めたものといえるでしょう。このような趣旨から，次の場合には，取締役等は，説明を拒むことができます（同条ただし書）。

①　質問事項が株主総会の目的である事項に関しないものである場合
②　取締役等が株主の質問に対して説明することにより，株主の共同の利益を著しく害する場合その他正当な理由がある場合として法務省令で定める場合

Check

「株主の権利行使に関する利益供与の禁止」

　株式会社は，何人に対しても，株主の権利の行使に関し，財産上の利益を供与してはならないものとされています（120条1項）。子会社の計算で，つまり子会社に財産を出させて供与することも禁止されています。これは，いわゆ

る総会屋の暗躍を防止して，株主総会の活性化・適正化を図ることを主な目的とするものです。すなわち，総会屋が株主総会で株主としての権利を行使すること，またはその権利を行使しないことの対価として金品等を要求するような行為を防止しようとするものです。もっとも，「何人」に対しても財産上の利益供与は禁止されていますから，相手が総会屋でなくても，違法な利益供与は許されません。

　会社が無償で財産上の供与をしたときは，株主の権利の行使に関し財産上の利益を供与したものと推定されます。また，有償で財産上の利益を供与したときでも，会社の受けた利益が，供与した財産上の利益に比べて著しく少ないときも，同じく財産上の利益の供与をしたものと推定されます（同条2項）。

　株式会社が，この規定に違反して財産上の利益を供与したときは，利益の供与を受けた者は，これを会社に返還しなければなりません（同条3項）。また，利益の供与に関する職務を行った取締役，執行役のほか，利益を供与することに関与した取締役，執行役は，供与した利益の価額に相当する額を連帯して会社に支払う義務を負うことになります（同条4項本文）。ただし，利益の供与に関する職務を行った取締役，執行役以外の取締役，執行役は，その職務を行うについて，注意を怠らなかったことを証明したときは，その義務を免れることができます（同条同項ただし書）。つまり，利益の供与に関する職務を行った取締役および執行役の責任は無過失責任ですが，利益供与に関与した取締役・執行役の責任は過失責任です。利益供与に関与した取締役，執行役の義務は，総株主の同意があれば，免除することができます（同条5項）。

閑話休題

　総会屋とは，狙いをつけた企業の株主となり，会社の不正・不当な行為や取締役等の不祥事をかぎつけ，その弱みにつけこんで会社に金品などを要求する不逞なヤカラです。スジの悪い団体と絡んでいることも多く，経営陣にとっては頭の痛い存在です。その手口は，会社に対して，「総会で表沙汰にされたくなかったら，要求に応じろ」とか「総会を無事に終了させたいのなら，力になる」などと，あの手この手で迫ることが多いようです。会社の不正を追及すること自体は違法な行為とはいえませんが，それを手段あるいは口実に金品等を要求する行為は，恐喝にも等しい違法な行為です。総会屋にしてみれば，株主権は会社に対するユスリ・タカリの道具でしかないのです。

　利益供与禁止規定は，目に余る総会屋の横行を阻止して，株主総会の活性化，適

正化を図るため，昭和56年の商法改正で採り入れられ，現在の会社法に引き継がれています。この刑事罰を伴う改正法の施行により，総会屋は激減したともいわれますが，根絶には至っていないという指摘もあったところ，平成9年には日本を代表するような大証券会社やその他の有力証券会社による利益供与が発覚しています。そこで，平成9年，同12年の2回に亘って罰則が強化されるとともに，新たに利益供与を要求しただけで処罰の対象となる「利益供与要求罪」も新設されています。

4 株主の議決権

(1) 議決権の意義—— 一株一議決権の原則とその例外

　議決権とは，株主総会の決議に加わる権利のことです。

　各株主には，1株について1個の議決権が認められるのが原則です（308条1項）。これを「一株一議決権の原則」といいます。そうすると，多数の株式を有する株主は，少数の株式しか持たない株主よりも会社に対する強い影響力が認められることになります。すなわち，株式会社では，より多くの出資をし，より多くの株式を取得した者が会社運営に対する支配権を握ることになります。早い話，「金を出さなきゃ，口も出せない」ということです。身もフタもない言い方ですが，これが株式会社における多数者支配の現実なのです。

　もっとも，この原則には，次のような例外があります。

① 相互保有株式

設例21

　甲株式会社は，乙株式会社の総株主の議決権の4分の1以上の株式を保有し，乙社の経営を実質的に支配している。乙社も，甲社の総株主の議決権の4分の1以上の株式を保有している。

　株式会社相互間で株式を保有しあっている場合，それぞれの会社は，株主総会における議決権の行使を通じて，相互に影響力を行使できる関係にあります。例えば，設例21で，甲社の取締役Aが，乙社の取締役に対し，「今後も当社の取締役を続けたいので，ひとつよろしく」などと持ちかけ，これに応じて乙社が，

甲社の株主総会で議決権を行使し，Aを取締役に選任し続けることも可能です。逆に，甲社が，乙社の株主総会で議決権を行使して，乙社の取締役の選任を支配することもできることになります。このようなことが許されるなら，相互の会社の取締役の馴合いにより，会社の派閥支配が固定化してしまうことになるでしょう。株式相互保有から生じるこのような弊害を防止するため，**株式会社がその総株主の議決権の4分の1以上を有すること等により，株式会社がその経営を実質的に支配することが可能な関係に**ある場合は，その相手方会社はその株式会社の議決権を有しないとされています（308条1項かっこ書）。設例21では，甲社および乙社は，その保有する相手方会社の株式について議決権を行使することはできない，ということになります。

> **一歩前進**
>
> 　株式会社間の株式相互保有は，両会社間の提携強化，安定株主の確保による企業防衛策等，一定の有用性が認められる反面，本文で説明したような会社支配の歪曲化，資本の空洞化等の弊害を生じます。そのため，一定の規制が必要とならざるを得ないのです。

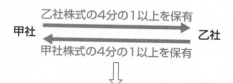

相互保有株式

乙社株式の4分の1以上を保有

甲社　　　　　　　　　　　　　　乙社

甲社株式の4分の1以上を保有

⬇

甲乙両社は，ともに相手方会社の株主総会で
議決権を行使できない

② 議決権制限株式

　議決権を行使できる事項について，定款で制限が置かれている種類株式については，議決権の行使が制限されます（108条1項3号）。＊

③ 自己株式

＊なお，種類株主総会においては，議決権制限株式についても議決権が認められます。

会社が取得した自社の株式（自己株式）については，議決権が認められません（308条2項）。

④　単元未満株式

株式会社が定款で単元株式数を定めている場合，1単元について1個の議決権が認められ（308条1項ただし書），1単元に満たない単元未満株式については議決権が認められません（189条1項）。*1

*1 単元株式の詳細については，P99以下の記述を確認してください。

⑤　非公開会社の株式

非公開会社では，定款で株主ごとにその有する議決権について異なる取扱いをする旨を定めることができます（109条2項）。この場合，定款で特定の株式に議決権の制限を定めたときは，その定めどおりに議決権が制限されることになります。

ここが狙われる

株主総会の決議について，特別の利害関係を有する株主であっても，当該株主総会で議決権を行使することができます。株主は，取締役と異なり，自分の利益のために議決権を行使することができるからです。ただ，それによって著しく不当な決議がなされたときは，決議取消しの訴えの対象となります（831条1項3号）。

---

(2)　議決権の行使方法

議決権は，株主が自ら株主総会に出席し，自らの判断で行使するのが原則です。しかしながら，すべての株主が自ら株主総会に出席し議決権を行使することは，なかなか期待し難いものがあります。ことに，多数の株主が存在する公開会社においては，株主全員の出席は実際上不可能です。そこで，会社法は，このような場合でも株主ができるだけ総会に自己の意思を反映できるよう，次のような議決権の行使方法を定めています。*2

*2 以下に説明する議決権の代理行使，書面による行使，電磁的方法による行使は，株主総会における定足数確保の手段という意味合いもあります。

議決権行使の便宜的方法
- 代理行使
- 書面による行使
- 電磁的方法による行使
- 不統一行使

①　議決権の代理行使

　株主は，自ら株主総会に出席することなく，代理人によって議決権を行使することができます（310条1項前段）。

　株主は，代理人によって議決権を行使する場合，株主総会ごとに代理権を授与しなければなりません（同条2項）。この場合，株主またはその代理人は，代理権を証明する書面を会社に提出しなければなりません（同条1項後段）。この書面は，株主総会の日から3ヶ月間本店に備え置き，株主の請求があったときはその閲覧・謄写に供することが義務づけられています（同条6項・7項）。会社は，株主の請求に法定の拒絶事由があるとき以外は，その請求を拒むことができません（同条8項）。

　また，代理権を証明する書面の提出に代えて，会社の承諾を得て，その書面に記載すべき事項を電磁的方法により提供することもでき，この場合，株主または代理人は，代理権を証明する書面を提出したものとみなされます（同条3項）。

　なお，株式会社は，代理人が複数ある場合，株主総会に出席することができる代理人の数を制限することができます（同条5項）。

ここが狙われる

　議決権行使の代理人は当該株式会社の株主に限る，とする定款の定めは，株主の議決権行使の制約として，その有効性が問題となります。この点について判例は，議決権行使の代理人資格を株主に限るとする旨の定款の定めは，株主総会が株主以外の第三者（総会屋，会社荒し等）によってかく乱されることを防止し，会社の利益を保護する趣旨に出たものと認められ，合理的な理由による相当な制限であるから有効である，と判断しています（最判昭43・11・1）。ただ，国や地方公共団体が株主となっている場合に，その職員に代理人として議決権を行使させるとか，成年被後見人が株主である場合に，その法定代理人である成年後見人が議決権を行使する場合等，株主以外の者に議決権の代理行使を認めても何の弊害も生じない場合には，このような定款の定めは厳格に適用すべきではないと解されています。

---

②　書面による議決権の行使（書面投票制度）

　株式会社は，株主総会を招集する際に，取締役の決定（取締役

会設置会社では取締役会決議）により，株主総会に出席しない株主が書面によって議決権を行使することができる旨を定めることができます（298条1項3号）。これは，遠隔地に居住しているため株主総会に出席できない株主の便宜を図るという趣旨です。この定めは，すべての会社が任意に定めることができますが，議決権を有する株主の数が1000人以上の非上場会社では，原則として，この書面による議決権の行使ができる旨を定めなければならないとされています（同条2項本文）。*1

この定めをした場合には，招集通知に際して株主総会参考書類および議決権行使書面の交付が義務づけられています（301条1項）。書面による議決権の行使は，議決権行使書面に必要な事項を記載し，法務省令で定める時までに，その議決権行使書面を会社に提出して行います（311条1項）。つまり，株主総会に参加しない株主は，株主総会参考書類を元に議案についての賛否の意思決定をし，それを記した書面を会社に提出して議決権を行使するわけです。

株主は，会社の営業時間内はいつでも，理由を明らかにして提出された議決権行使書面の閲覧または謄写の請求をすることができます（同条4項）。この請求があったとき，会社は，法定の拒絶事由に該当しない限り，請求を拒むことができません（同条5項）。*2

当然のことながら，書面によって行使した議決権の数は，出席した株主の議決権の数に算入されます（同条2項）。

> **一歩前進**
>
> 株主またはその代理人が書面による議決権行使の期限までに書面によって議決権を行使したものの，株主総会当日に出席し議決権を行使した場合には，出席による議決権の行使が優先され，書面による議決権の行使は撤回されたものとみなされます。

③ 電磁的方法による議決権の行使（電子投票制度）

すべての株式会社は，株主総会を招集する際に，取締役の決定（取締役会設置会社では取締役会決議）により，株主総会に出席

*1 ここでいう非上場会社とは，金融商品取引法が規定する金融商品取引所（証券取引所）に株式を上場していない会社のことです。

*2 閲覧・謄写請求に対する拒絶事由は，令和元年度改正により新たに規定されました。列挙された拒絶事由（311条5項1号〜4号）については，条文を確認しておいてください。

しない株主が電磁的方法により議決権を行使できる旨を定めることができます（298条1項4号・4項）。要するに，パソコンや携帯電話から電子メールを送って，議決権を行使できるという超便宜的な方法です。この定めをした場合は，招集通知に際して株主総会参考書類の交付が義務づけられます（302条1項）。＊

電磁的方法による議決権の行使は，会社の承諾を得て，法務省令で定める時までに，議決権行使書面に記載すべき事項を電磁的方法により会社に提供して行います（312条1項）。電磁的記録についても，議決権行使書面と同様，その閲覧・謄写請求およびその拒絶事由について規定が設けられています（同条5項・6項）。電磁的方法によって行使した議決権の数も，出席した株主の議決権の数に算入されます（同条3項）。

④　**議決権の不統一行使**

> ### 設例22
>
> 　Ｘ証券会社は，甲株式会社の株主Ａ・Ｂ・Ｃの3人から，それぞれの持株の信託を受けている。

＊これは，書面による議決権行使の場合と同じく，総会に出席しない株主に対し，議案について意思決定の判断材料を提供するためです。

株主は，株主総会における議決権について，ある議案に対してその議決権の全部をもって賛成あるいは反対と統一的に行使するのが普通です。同一の株主が，同一の議案に対して，持株の一部については賛成，他の部分は反対という形で行使することは，通常はまず考えられません。

しかし，会社法は，株主がその有する議決権を，統一しないで行使することを認めています（313条1項）。当然，それにはそれなりの必要性があるからです。議決権の不統一行使を認める必要性が最も大きいのは，設例22のように，証券会社が複数の株主から株式の信託を受けている場合です。設例22で，ＡＢＣが甲株式会社の株式をそれぞれ100株ずつＸ証券会社に信託していたとします。この場合，甲社の株主名簿上の株主はＸ証券会社になっているのが通常です。つまり，甲社の株主総会で議決権を行使するのはＸということになります。そうすると，甲社の株主総会の議案について，Ａは賛成，ＢおよびＣは反対ということも当然起こり得ますから，その場合でも，Ｘが議決権を統一的に行使

しなければならないとすると，AまたはBCのいずれかの意思に
反する結果とならざるを得ないでしょう。このような不合理を解
消するために，Xが甲社の株主総会で議決権を行使する場合，A
の100株の議決権については賛成，BおよびCの200株の議決権に
ついては反対，というように議決権の不統一行使を認める必要が
あるわけです。

　議決権の不統一行使を認める必要があるのは，上記のように，
株主が他人のために株式を有する者である場合です。したがっ
て，議決権の不統一行使をしようとする者が，他人のために株式
を有する者でないときは，会社はその株主による議決権の不統一
行使を拒むことができます（同条3項）。＊

＊逆にいえば，他人
のために株式を有す
る者でない株主も，
会社が拒まないので
あれば，議決権の不
統一行使をすること
もできます。

一歩前進

　取締役会設置会社においては，議決権の不統一行使をしよ
うとする株主は，株主総会の3日前までに，会社に対してそ
の有する議決権を統一しないで行使する旨およびその理由を
通知しなければなりません（313条2項）。取締役会非設置会
社では，この事前通知は不要です。

Check

「株主総会の議事録」

　株主総会の議事については，その記録，すなわち議事録の作成が義務づけら
れています（318条1項）。

　株式会社は，株主総会の日から10年間，議事録をその本店に備え置かなけ
ればなりません（同条2項）。支店については，株主総会の日から5年間，議
事録の写しを備え置かなければなりません（同条3項）。

　株主および債権者は，株式会社の営業時間内は，いつでも，議事録が書面を
もって作成されているときは，当該書面または当該書面の写しの閲覧または謄
写の請求を，議事録が電磁的記録で作成されているときは，当該電磁的記録に
記録された事項を法務省令で定める方法により表示したものの閲覧または謄写
の請求をすることができます（同条4項）。親会社社員は，その権利を行使す
るため必要があるときは，裁判所の許可を得て閲覧・謄写の請求をすることが
できます（同条5項）。

5 株主総会の決議

　株主総会の決議は，一株一議決権を基本とした多数決によって行われますが，決議の内容の重要度に応じて，その要件に軽重があり，普通決議，特別決議，特殊決議という種類に区別されます。決議の要件は，この順序で厳格になっています。

```
              ┌ 普通決議
株主総会の決議 ┼ 特別決議
              └ 特殊決議
```

（1）普通決議

　普通決議は，その会社の議決権を行使することができる株主の**議決権の過半数を有する株主が出席し（定足数），出席した株主の過半数の議決（決議要件）**をもって行われる決議です（309条1項）。会社法または定款で特別の要件が定められていない場合は，この普通決議によることになります。ということは，定款で定めれば，定足数および決議要件を**軽減または加重**することができます。

用語の説明
「定足数」「過半数」
「定足数」とは，会議において決議をするために最小限出席していなければならない構成員の数のことです。「過半数」とは，半数を含まずそれより多い数のことです。例えば，50の半数は25ですが，過半数は26以上の数です。

> **一歩前進**
>
> 　株主総会において決議をすることができる事項の全部につき議決権を行使することができないものと定められた種類の議決権制限株式の数は，議決権を行使することができる株主の議決権の数に算入されません。

> **ここが狙われる**
>
> 　普通決議の定足数については，定款によりその数を引き下げることも，さらには排除することもできますが，**役員（取締役・会計参与・監査役）の選任または解任の決議**では，定足数を**総株主の議決権の3分の1未満**に引き下げることはできません。また，決議要件を出席株主の**過半数未満**に引き下げることもできません（341条）。

(2) 特別決議

特別決議は，その会社の議決権を行使することができる株主の議決権の過半数を有する株主が出席し，出席した株主の議決権の3分の2以上の多数をもって行われる決議です（309条2項）。*1

定足数は普通決議と同じですが，定款によっても定足数について議決権を行使することができる株主の3分の1未満に引き下げることができません（つまり「3分の1以上」が限度）。

決議要件については，定款で，例えば，出席した株主の議決権の4分の3以上というように引き上げることもでき，また一定数以上の株主（頭数）の賛成を要する等の要件を付け加えることもできます。つまり，法定の要件よりも決議要件をさらに厳格にすることも認められるわけです。*2

(3) 特殊決議

特別決議よりもさらに厳格な要件の要求される決議です。これには，次の2つの種類があります。

① **議決権を行使することができる株主の半数以上であって，当該株主の議決権の3分の2以上に当たる多数をもってする決議（309条3項）**

上記のように，特別決議の定足数は，原則として「株主の議決権の過半数」であり，定款でこれを「3分の1以上」にまで引き下げることも可能でしたが，この特殊決議においては，決議に必要な最低限を「株主の半数以上」としています。つまり，決議の要件として株主の頭数の半数以上で，かつ議決権の3分の2以上という厳しい要件を課しています。この特殊決議が要求されるのは，次の3つの場合です。

（ⅰ）その発行する全部の株式の内容として譲渡制限規定を定款で定める場合の定款変更

（ⅱ）吸収合併契約等の承認（合併消滅会社または株式交換をする会社が公開会社であり，かつ，当該会社の株主に対して交付する金銭等の全部または一部が譲渡制限株式等である場合における当該株主総会に限る）

（ⅲ）新設合併契約等の承認（合併または株式移転をする会社が公開会社であり，かつ，当該会社の株主に対して交付する金

*1 特別決議を要する場合は，309条2項に個別的に列挙されていますが，それぞれの該当箇所で指摘しますから，その都度頭に入れ，条文を確認していくようにしてください。

*2 逆に，決議要件について3分の2を下回る割合を定款で定めることはできません。つまり，法定の決議要件を定款で緩和することはできないのです。

銭等の全部または一部が譲渡制限株式等である場合における
当該株主総会に限る）

┌─ 一歩前進 ─────────────────────────

　上記（ⅱ）および（ⅲ）の意味はわかりにくいかもしれ
ませんが，要するに，公開会社でそれまで自由にできた株式
譲渡が，合併等の組織再編によって制限されることとなる場
合と理解してください。合併等の組織再編に際しては，通常
は特別決議による承認を必要としますが，上記のような場合
は，特殊決議が必要となるわけです。

└─────────────────────────────────

② **総株主の半数以上であって，総株主の議決権の4分の3以上**
　に当たる多数をもってする決議（309条4項）

　これは，非公開会社において，株主ごとに異なる権利内容を設
ける場合（109条2項）における定款の変更のための総会決議
について要求されます。*

　この定款変更は，いわゆる株主平等原則に真正面から反する決
議ですから，このような非常に厳しい要件が課せられているわけ
です。

*これについては，
P54「株主平等原則
の例外」の記述を確
認してください。

┌─ Check ──────────────────────────────────────

「株主総会における決議の省略」

　取締役または株主が，株主総会の目的である事項について提案をした場合に
おいて，当該提案につき株主の全員が書面または電磁的記録により同意の意思
表示をしたときは，当該提案を可決する旨の株主総会の決議があったものとみ
なされます（319条1項）。これは，提案されている議案について，議決権を
行使できる株主全員が同意している場合には，あえて株主総会の場で決議をす
るまでもないとの考慮に基づくものです。

　会社法は，さらにこの考え方を推し進め，定時株主総会の目的である事項の
すべてについての議案を可決する旨の株主総会の決議があったものとみなされ
た場合には，その時に当該定時株主総会が終結したものとみなす，としていま
す（同条5項）。

└──

6 株主総会決議の瑕疵（かし）

株主総会でなされた決議については，多数の利害関係人が存在するのが通常です。したがって，その手続面あるいは内容面に瑕疵（欠陥）がある場合，一般原則に従ってその効力を否定すると，著しい混乱が生ずることになりかねません。

そのような混乱を避けるため，会社法は，株主総会決議の瑕疵を争うには，訴えの方法によることを原則とし，決議の瑕疵の軽重の程度に応じて，決議取消しの訴え（831条1項），決議無効確認の訴え（830条2項），決議不存在確認の訴え（同条1項）の3つの訴えの制度を用意しています。*1

大まかにいえば，決議の瑕疵の程度が比較的軽い場合には決議取消しの訴え，瑕疵の程度が重くなるに従って，無効確認の訴え，不存在確認の訴えによることになります。

*1 いずれの訴えも，その管轄裁判所は，会社の本店所在地を管轄する地方裁判所です（835条1項）。

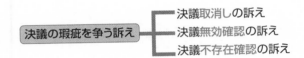

決議の瑕疵を争う訴え ┣ 決議取消しの訴え
　　　　　　　　　　 ┣ 決議無効確認の訴え
　　　　　　　　　　 ┗ 決議不存在確認の訴え

（1）決議取消しの訴え

　設例23

甲株式会社の定時株主総会は，予定された日時に滞りなく終了したが，一部の株主に対する招集通知がなされていなかった。

① 取消事由

株主総会決議に会社法の定める一定の瑕疵がある場合に，その決議の効力を否定しようとするときは，必ず株主総会決議取消しの訴えの提起という裁判上の方法によらなければなりません。*2

決議取消しの訴えの対象として会社法が定めるのは，次の3つの場合です（831条1項）。

（ⅰ）招集手続または決議の方法が，法令・定款に違反し，また

*2 すなわち，取消事由のある総会決議も一応有効であり，取消判決の確定によって無効となります。

167

は著しく不公正なとき（831条1項1号）

設例23のような一部の株主に対して招集通知漏れがある場合や招集通知期間が不足している場合のほか，代表取締役が有効な取締役会決議を経ることなく招集した場合（最判昭46・3・18）や取締役会設置会社において招集通知に記載のない議題について決議した場合（最判昭31・11・15）も，招集手続が法令に違反する場合に該当します。決議の方法が法令に違反する場合の例としては，決議の定足数の不足，取締役等の説明義務違反，決議の方法の著しい不公正の例としては，出席困難な時刻・場所への招集等を覚えておきましょう。

｜一歩前進｜

　決議取消しの訴えが提起された場合に，株主総会の招集手続または決議の方法が法令または定款に違反するときであっても，裁判所は，その違反する事実が重大でなく，かつ，決議に影響を及ぼさないものであると認めるときは，請求を棄却することができます（831条2項）。これは，裁判所の「裁量棄却」と呼ばれる制度であり，些細な瑕疵を理由として法的安定性が害されるのを防ぐとともに，決議取消しの訴えが濫用されるのを防止する趣旨です。したがって，違反する事実が重大であるときは，それによって決議の効力に影響を及ぼすかどうかに関係なく，当該決議は取り消さなければならないとされています（最判昭46・3・18）。

（ⅱ）決議の内容が定款に違反するとき（831条1項2号）

　後述するように，決議の内容が法令に違反する場合は，決議の無効事由となりますが，会社の内部的ルールである定款違反は法令違反よりも瑕疵の程度が軽いといえます。そこで，この場合は取消事由とされています。例えば，定款で取締役の員数を3名と定めているのに，4名の取締役の選任を決議したような場合は，この取消事由に該当します。

（ⅲ）決議について特別の利害関係を有する者が議決権を行使したことによって，著しく不当な決議がなされたとき（831条1項3号）

　例えば，取締役の責任は株主総会の決議により免除される場合がありますが（P255以下参照），免除の対象となっている当の取締役は，その議案について特別の利害関係を有することになります。そこで，会社の取締役である株主が，自分の責任を免除する議決に賛成し可決されたような場合は，著しく不当な決議がなされた場合として，この取消事由に当たります。

ここが狙われる

　設例23で，自分への招集通知はなされていた株主Aが，他の一部の株主への招集通知が欠けていたことを理由として，決議取消しの訴えを提起することができるでしょうか。判例は，株主は一般に公正な総会決議の成立に利害関係を持つことを理由として，Aの訴え提起資格（原告適格）を認めています（最判昭42・9・28）。

②　提訴権者・提訴期間

　決議取消しの訴えは，株主，取締役（清算人），執行役または監査役が，会社を被告として，決議の日から3ヶ月以内に限り提起することができます（831条1項，828条2項1号，834条17号）。加えて，いわゆるキャッシュアウトにより株主としての地位を失った者のように，株主総会決議の取消しにより，株主としての地位を回復できる者もこの訴えを提起することができます（831条1項）。*

　このように，提訴権者，提訴期間が限定されているのは，訴訟関係の錯綜を防止し，法律関係を早期に安定させることを意図したものです。

提訴権者	株主　取締役（清算人）執行役　監査役
提訴期間	決議の日から3ヶ月以内

*決議取消しの訴えを提起した原告が訴訟係属中に死亡した場合は,相続により株式を取得した相続人がその訴訟の原告たる地位を承継します（最大判昭45·7·15）。

一歩前進

　株主総会決議取消しの訴えを提起することができるのは，株主，取締役（清算人），執行役または監査役と定められていますから，これら以外の第三者（例えば会社債権者）が決議取消しの訴えを提起しても，原告となる資格（原告適格）

がないものとして，本案判決（請求内容の当否について判断した判決）に至らず不適法却下されることになります。提訴期間経過後に提起された訴えも不適法として却下されます。

このように，原告適格の存在や提訴期間の遵守，さらに後述する訴えの利益の存在は訴訟要件と呼ばれます。訴訟要件を欠く訴えは，請求内容の当否の審理に入ることなく，いわば門前払いされることになるわけです。

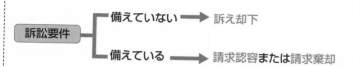

　訴訟要件を備えた適法な訴えについては，裁判所はその請求内容の当否を審理し，本案判決がなされることになります。ここでいう「請求」とは，原告の被告に対する権利主張（訴訟上の請求）のことであり，決議取消しの訴えにおいては原告の主張する取消事由の存否が審判の対象となります。

　本案判決には，原告の請求に理由があると認める請求認容判決と請求に理由がないとして原告の請求を排斥する請求棄却判決があります。株主総会決議取消しの訴えにおいては，原告の主張する取消事由が存在することを認め当該決議を取り消す判決（決議取消判決）が請求認容判決であり，取消事由の不存在を理由として原告の請求を排斥する判決が請求棄却判決です。＊

　訴え却下判決および本案判決（請求認容判決・請求棄却判決）は，ともに訴訟の終了という効果をもたらしますから，終局判決と呼ばれます。

＊要するに，請求認容判決は原告の「勝ち」,訴え却下判決と請求棄却判決は「原告の負け」となります。

ここが狙われる

　決議の日から3ヶ月以内に決議取消しの訴えを提起した者（原告）が，3ヶ月経過後に新たな取消事由を追加して取消しの主張をすることは許されるでしょうか。例えば，設例23で，招集通知がなかったことを理由として取消しの訴えを提起した株主が，3ヶ月経過後（提訴期間経過後）に新たに議決の定

足数の不足を取消事由に追加することはできるでしょうか。判例は，決議の効力の早期安定の必要性を理由として，このような追加主張は認められないとしています（最判昭51・12・24）。

ステップアップ

「決議取消しの訴えにおける訴えの利益」

　裁判という，公的な紛争解決制度を利用して本案判決を得るためには，原告に，訴えによって紛争を解決してもらうための利益ないし必要性のあることが必要です。この利益ないし必要性のことを「訴えの利益」といいます。訴えの利益が欠ける場合，その訴えは不適法として却下される（門前払いされる）ことになります。

　株主総会決議取消しの訴えにおいても，当然この訴えの利益の存在が必要となります。例えば，役員選任の総会決議取消しの訴えが裁判所に係属していたところ，その決議に基づいて選任された取締役等の役員が任期満了によりすべて退任し，その後の株主総会の決議によってそれらの取締役等の役員がもはや現存しなくなったときは，決議取消しの判決をしても意味がありません。そこでこの場合，特別の事情のない限り，訴えの利益を欠くことになり，その訴えは不適法として却下されることになります（最判昭45・4・2）。また，ある議案についてそれを否決した決議については，その決議の取消しによって議案が可決されたことになるわけではなく，何ら法律関係に変更が生じることはないので，その取消しを求める訴えは，不適法却下を免れません（最判平28・3・4）。

---

③　決議取消判決の効力

（i）遡及効 —— 決議取消判決の効力は当初にさかのぼって生じる

　株主総会決議に取消事由となる瑕疵があったとしても，その決議は一応有効として扱われます。しかし，原告の主張を認めた決議取消判決（請求認容判決）が確定すると，その決議の効力は，決議の時にさかのぼって無効となります。

一歩前進

　会社の組織に関する訴えの請求認容判決については，遡及効が制限され，当該行為は将来に向かってのみ効力を失うの

が原則です（839条）。しかし，株主総会決議取消判決には遡及効が認められ，上記のとおり決議取消判決の確定により，決議の効力は決議の時にさかのぼって無効となることに注意してください（同条かっこ書）。

（ⅱ）対世効 —— 決議取消判決の効力は第三者に対しても生じる

確定判決の効力は，訴訟当事者間にのみ及び，当事者以外の第三者には及ばないのが原則です（民事訴訟法115条1項）。しかし，確定した決議取消判決の効力は，訴訟当事者だけでなく，第三者に対しても効力を生じます（会社法838条）。つまり，決議取消判決が確定すると，もはや誰もその決議の有効を主張することはできなくなります。*

*これに対し,原告の訴えを却下する判決や原告の請求を棄却する判決の効力は,原則通り訴訟当事者間でのみ効力を生じます。

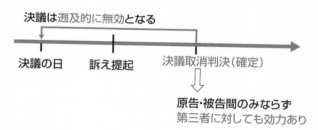

決議取消判決（請求認容判決）の効力

決議は遡及的に無効となる

決議の日　　訴え提起　　決議取消判決（確定）

原告・被告間のみならず
第三者に対しても効力あり

Check

「判決の確定」と「確定判決」

例えば，決議取消訴訟の第一審である地方裁判所で取消判決（請求認容判決）がなされた場合，被告である会社はその判決書の送達の日から2週間以内に高等裁判所に控訴することができます。しかし，被告が控訴することなく2週間が経過してしまうと，その判決は上訴による変更の可能性のないものとなります。請求棄却判決に対して原告が2週間以内に控訴しなかった場合も同じです。これを判決の確定といい，このような状態になった判決を確定判決といいます。決議取消しの訴えにおける請求認容判決（決議取消判決）は，いわゆる形成判決であり，確定判決の形成力により当該決議は直ちに効力を失うことになります。なお，決議取消しの訴えにおける請求棄却判決は，取消事由の不存在を既判力をもって確定する確認判決となります。

(2) 決議無効確認の訴え

設例24

　乙株式会社は，定時株主総会において，一部の大株主についてだけ剰余金の配当をするが，他の大多数の株主に対しては，剰余金の配当をしない（無配）旨の決議をした。

　株主総会決議の内容が法令に違反する場合，その決議は当然に無効です。例えば，設例24の乙株式会社の株主総会決議には，株主平等の原則（109条1項）に違反する重大な瑕疵がありますから，この決議は当然に無効となります。この場合，訴えの利益がある限り誰でも，またいつでもその無効の訴えを提起することができます（830条2項）。

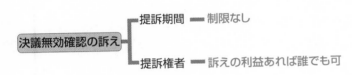

　つまり，株主総会の決議の内容が法令に違反する場合は，必ずしも訴えによらなくとも無効を主張することができますが，訴えにより画一的に決議の無効を確定する方法として決議無効確認の訴えの制度が設けられているわけです。この訴えにおいて，決議無効確認の判決が確定したとき，その判決の効力は第三者に対しても及びます（838条）。つまり，その後は誰もその決議の有効を主張することはできないのです。

(3) 決議不存在確認の訴え

設例25

　丙株式会社の株主総会議事録に，株主総会が開催され決議がされた旨の記載がされているが，実際には招集手続は全くされず，決議がされた事実もない。

　設例25のように，株主総会が開催され，決議がなされたかのような「痕跡」だけはあるが，実際は，決議と呼べるものが存在

しないような場合は，誰でも，またいつでも，どのような方法によっても決議の不存在の主張をすることができ，さらに，決議不存在確認の訴えを提起することもできます（830条1項）。判例によれば，設例25のように，実際には株主総会を開催していないのに議事録だけ作成していた事案（最判昭45・7・9）や代表権のない取締役が取締役会決議に基づくことなく株主総会を招集した事案（最判昭45・8・20）について決議不存在とされています。

　決議不存在確認の判決が確定した場合，その判決の効力は，第三者に対しても及びます（838条）。

ここが狙われる

　決議無効確認の訴え，決議不存在確認の訴えには，決議取消しの訴えの場合のように，提訴権者の限定はありませんから，訴えの利益がある限り，誰でも訴えを提起することができます。提訴期間の制限もありません。

　株主総会又は株主総会の決議に関する次の記述のうち，正しいものの組合せとして最も適切な番号を一つ選びなさい。

ア　株式会社は，定款で定めることにより，株主総会の普通決議の要件を，出席した株主の議決権の過半数より引き下げることができる。

イ　法定の要件を満たす株主の申立てに基づき，株主総会に係る招集の手続及び決議の方法を調査させるための検査役が裁判所により選任された場合に，当該検査役は，必要な調査を行い，当該調査の結果を記載した書面を当該株主に提供して，報告をしなければならない。

ウ　株主総会の決議による会計監査人の解任は，定款に別段の定めがない限り，普通決議によりなされる。

エ　退任取締役に対し退職慰労金を支給する旨の株主総会の決議について，当該退任取締役が株主である場合，当該株主は議決権を行使することができる。

1　アイ　　　2　アウ　　　3　アエ　　　4　イウ　　　5　イエ　　　6　ウエ

解　説

ア　×　原則としては正しい記述ですが，例外として，役員の選任または解任等の決議では，出席株主の過半数以上が決議要件とされています（341条）。出題の意図としては，この例外があることを理由として誤りとするのでしょうが，この記述を誤りと断定することには躊躇を感じざるを得ません。出題としての適切性に疑問が残ります。

イ　×　検査役が調査を行った場合には，当該調査の結果を記載し，または記録した書面を裁判所に提供して報告をしなければなりません（306条5項）。株主に書面を提供し報告しなければならないわけではありません。

ウ　○　株主総会の決議による会計監査人の解任は，定款に別段の定めがない限り，普通決議によりなされます（339条1項　P249参照）。

エ　○　株主総会の決議については，当該決議に特別の利害関係を有する株主であっても，当該株主総会で議決権を行使することができます。

　以上より，正しいものはウエであり，肢6が正解となります。

正解　6

> **実戦過去問**（問題文の一部を変更してあります）　　　行政書士　平成25年度

会社法上の公開会社（指名委員会等設置会社および監査等委員会設置会社を除く。）における株主総会の決議に関する次の記述のうち，会社法の規定および判例に照らし，株主総会の決議無効確認の訴えにおいて無効原因となるものはどれか。なお，定款に別段の定めはないものとする。

1　株主総会の招集手続が一切なされなかったが，株主が全員出席した総会において，取締役の資格を当該株式会社の株主に限定する旨の定款変更決議がなされた場合
2　代表権のない取締役が取締役会の決議に基づかずに招集した株主総会において，当該事業年度の計算書類を承認する決議がなされた場合
3　取締役の任期を，選任後1年以内に終了する事業年度に関する定時株主総会の終結の時までとする株主総会決議がなされた場合
4　株主に代わって株主総会に出席して議決権を代理行使する者を，当該株式会社の株主に限定する旨の定款変更決議がなされた場合
5　特定の株主が保有する株式を当該株式会社が取得することを承認するための株主総会に，当該株主が出席して議決権を行使し決議がなされた場合

> **解　説**
>
> 1　無効原因となる。公開会社においては，取締役を株主に限定する旨の定款規定は法令違反となります（331条2項）。
> 2　無効原因とならない。判例は，本肢のような決議は，無効ではなく不存在であるとしています（最判昭45・8・20）。
> 3　無効原因とならない。株主総会決議により取締役の任期を短縮することは適法です（332条1項ただし書）。
> 4　無効原因とならない。判例は，株主総会に出席する代理人の資格を株主に限る旨の定めは有効と解しています（最判昭43・11・1）。
> 5　無効原因とならない。株主総会において特別利害関係人が議決権を行使した場合であっても，それによって著しく不当な決議がなされたときに決議取消原因になるに過ぎません（831条1項3号）。
>
> **正解　1**

株主の権利に関する次の記述のうち，正しいものの組合せとして最も適切な番号を一つ選びなさい。

ア　株式会社が，特定の株主に対して，当該株式会社又はその子会社の計算において，無償で財産上の利益を供与したときは，当該株式会社は，株主の権利の行使に関し，財産上の利益の供与をしたものと推定される。

イ　最高裁判所の判例の趣旨によれば，株主総会の決議の取消しの訴えを提起した株主が，その係属中に死亡した場合は，相続により株式を取得した相続人は，その訴訟の原告たる地位を承継しない。

ウ　株主名簿の閲覧又は謄写の請求をする権利は，単独株主権である。

エ　最高裁判所の判例の趣旨によれば，株式の準共有者間において，当該株式についての権利を行使する者を定めるに当たっては，当該準共有者全員の同意を要する。

1　アイ　　　2　アウ　　　3　アエ　　　4　イウ　　　5　イエ　　　6　ウエ

解　説

ア　○　株式会社が，特定の株主に対して，当該株式会社またはその子会社の計算において，無償で財産上の利益を供与したときは，当該株式会社は，株主の権利の行使に関し，財産上の利益の供与をしたものと推定されます（120条2項）。

イ　×　判例は，株主総会の決議の取消しの訴えを提起した株主が，その係属中に死亡した場合は，相続により株式を取得した相続人は，その訴訟の原告たる地位を承継する，としています（最大判昭45・7・15）。

ウ　○　株主名簿の閲覧または謄写の請求をする権利については，持株要件はなく，単独株主権として行使することができます（125条2項）。

エ　×　判例は，株式の準共有者間において，誰を権利行使者と定めるかは共有物の管理に関する事項に当たるので，持分の価格に従いその過半数をもって決するとしています（最判平9・1・28）。

以上より，正しいものはアおよびウであり，2が正解となります。

正解　2

8 取締役・取締役会および代表取締役，使用人

学習ナビゲーション

　株式会社が，対外的な経済活動によって利益を上げていくためには，その経営判断が適切かつ迅速に行われる必要があります。多数の，また必ずしも経営意欲が高いとはいえない株主によって構成される株主総会は，このような経営判断を行うには不向きな機関です。

　そこで，会社法は，株式会社の具体的な業務執行に関する意思決定および現実の業務執行については，経営のプロというべき取締役，または取締役会および代表取締役がこれを担うという体制を採っています（所有と経営の分離）。さらに，指名委員会等設置会社では，株式会社の執行機関についてそれ以外の会社とは異なった仕組みが採られています。

　本講では，まず取締役に関する一般的事項を説明した後，指名委員会等設置会社以外の会社の業務執行機関について説明することにします。さらに，会社の使用人についても，会社法に規定が設けられていますから，これについても言及します。指名委員会等設置会社については，第10講で解説します。

1　株式会社の業務執行機関

　株式会社を経営していくためには，例えばメーカーであれば，新製品の開発，取引先の決定およびその取引額，工場や支店の進出計画およびそのための資金調達の方法，従業員の採用その他さまざまな具体的事項を決定し，それを実行に移していく必要があります。このような，会社の具体的な業務に関する意思を決定

し，現実の業務執行を行う機関を業務執行機関といいます。

　会社法は，取締役会非設置会社と取締役会設置会社とで，業務執行機関のあり方に差異を設けています。これは，会社の規模や経営実態等に配慮して，その実情に応じた適切な経営を可能とするためです。

　取締役会非設置会社においては，取締役が業務執行機関として位置づけられているのに対し，取締役会設置会社においては，さらに監査役（または監査等委員会）を置く会社と指名委員会等設置会社とで，取締役の性格や権限に違いが設けられています。

　この点については，本講および後の2講で後述することにし，まず取締役の資格とその選任・終任等に関する事項から説明していくことにします。

> **┌─一歩前進─┐**
>
> 　指名委員会等設置会社とは，指名委員会，監査委員会および報酬委員会を置く株式会社であり（2条12号），監査等委員会設置会社は監査等委員会を置く株式会社のことです（同条11号の2）。詳細は第10講で説明します。

2　取締役

(1)　取締役の資格とその選任・員数・任期

①　取締役の資格

　取締役は会社経営の中枢を担う者ですから，その能力や資質に問題がある者は，そこから排除する必要があります。そこで，次の事由（「欠格事由」といいます）に該当する者は，取締役となることができません（331条1項）。

(ⅰ)　法人（1号）

　取締役となり得るのは，自然人に限られます。なお，持分会社では，法人が業務執行者となることができます（598条1項）。

(ⅱ)　会社法，一般社団法人及び一般財団法人に関する法律の規定違反，金融商品取引法，民事再生法，会社更生法，破産法，外国倒産処理手続の承認援助に関する法律等の所定の罪を犯

アドバイス
令和元年度改正法により，331条1項に規定された欠格事由のうち，第2号が削除されています。（次頁 一歩前進 参照)。取締役の欠格事由は，監査役，執行役，清算人等の欠格事由として準用されていますから，ここでしっかり押さえておくと後が楽です。

して，刑に処せられ，その執行を終わり，またはその執行を受けることがなくなった日から2年を経過しない者（3号）

ここに規定する法律に違反し，または所定の罪を犯した者は，科せられた刑の種類を問わず，その執行終了または執行免除の日から2年を経過するまで取締役になることができません。例えば，破産法所定の罪を犯し罰金刑に処せられた場合，罰金を納付した日から2年間，取締役になることができません。上記の犯罪により有罪判決を受け，刑の執行猶予期間中の者は取締役となることができませんが，執行猶予期間が満了すれば刑の言渡しは効力を失いますから（刑法27条），その翌日から取締役となることができます。*1

（ⅲ）上記（ⅱ）に規定する法律の規定以外の法令の規定に違反し，禁錮以上の刑に処せられ，その執行を終わるまでまたはその執行を受けることがなくなるまでの者（執行猶予期間中の者を除く，4号）

「禁錮以上の刑」とは，禁錮と懲役の2つを意味します。形式的には死刑も該当しますが，実際上問題となりません。要するに，（ⅱ）に規定された罪以外の罪を犯した場合は，罰金刑などの軽い刑を受けたに過ぎないときは欠格事由とならないのです。また，執行猶予期間中の者は除かれますから，例えば窃盗罪（刑法235条）を犯して懲役刑の有罪判決を受けた者は，執行猶予が付いているときは欠格事由とならず，その期間中であっても取締役になることができます。

┌─── **一歩前進** ───

従前，成年被後見人および被保佐人であることが取締役の欠格事由とされていました。つまり，成年被後見人や被保佐人は一律に取締役になれないとの扱いを受けていたわけです。しかし，令和元年度改正法により，その規定（改正前331条1項2号）が削除されたことにより欠格事由から外され，成年被後見人や被保佐人も取締役に就任する道が開かれるとともに新たに次のような規律が設けられました。*2

まず，成年被後見人が取締役に就任するには，その成年後見人が成年被後見人の同意（後見監督人がある場合には成年

*1 ちなみに，刑罰には，死刑，懲役，禁錮，罰金，拘留，科料の6種類があり，この順に重くなっています（刑法9条，10条1項）。

*2 ただ，受任者が後見開始の審判を受けると委任の終了事由となりますから（民法653条3号），後見開始の審判を受けた取締役は取締役としての地位を失うことに注意してください（P186参照）。

被後見人および後見監督人の同意）を得たうえで成年被後見人に代わって就任の承諾をしなければなりません（331条の2第1項）。成年被後見人が自らした承諾や成年後見人が成年被後見人の同意を得ずにした承諾は無効となります。

被保佐人は，保佐人の同意を得て就任の承諾をすることにより取締役の地位に就くことができます（同条2項）。民法の規定に基づき代理権を付与された保佐人が被保佐人に代わって承諾する場合は，被保佐人の同意を必要とします（同条3項）。これらの規定を遵守して取締役に就任した成年被後見人または被保佐人が取締役の資格に基づき行った行為は，行為能力の制限を理由として取り消すことができません（同条4項）。

なお，未成年者であることは取締役の欠格事由とされていませんから，未成年者は親権者等の法定代理人の同意を得て取締役になることができます。

ここが狙われる

公開会社では，取締役が株主でなければならない旨を定款で定めることはできません（331条2項本文）。これは，株主以外の者からも広く取締役の適材を得るべきとする趣旨です。もっとも，「定款で定めることができない」だけであって，実際上株主を取締役に選任することはできます。非公開会社では，取締役を株主に限る旨の定款の定めは有効です。（同条同項ただし書）。一般に所有と経営の一致した非公開会社では，取締役資格を株主に限定することに合理性があるからです。なお，取締役に限らず，監査役，執行役についても同様です（335条1項，402条5項）。

② 取締役の選任

誰を取締役にするかは，会社経営の方向性を左右するほどの重要な事柄ですから，取締役の選任は，株主総会の専属決議事項とされています（329条1項）。この決議は普通決議，すなわち議決権を行使することができる株主の議決権の過半数を有する株主が出席し（定足数），出席した株主の議決権の過半数をもって行う（決議要件）ことになります（309条1項）。＊

＊取締役が欠けた場合または会社法あるいは定款で定めた員数に欠員が生じた場合に備えて，補欠の取締役を選任することもできます（329条3項）。

　普通決議については，一般にその定足数を定款で引き下げ，あるいは排除することも可能です。しかし，取締役の選任（解任）決議については，定足数を3分の1未満に引き下げることができません。さらに，決議要件については，**出席株主の議決権の過半数の要件を上回る割合を定款で定めることができます**（341条）。これは，株主の利害に大きく影響する取締役の選任について，より多くの株主の意向を反映させようとするものです。

　なお，監査等委員会設置会社においては，取締役の選任決議について**監査等委員である取締役**と**監査等委員でない取締役**を区別してしなければならないとされています（329条2項）。

ここが狙われる

　総会決議によって取締役に選任された者は，それだけで取締役の地位に就くのではなく，**取締役の地位に就くことを承諾する**ことによって取締役となります。株式会社と取締役との関係は，**委任に関する規定に従う**ことになります。つまり，取締役は委任契約における**受任者として民法644条の善管注意義務を負う**ほか，委任契約上の規制を受けることになります。この点は，会計参与，監査役および会計監査人についても同様です（330条）。

Check

「累積投票」
（るいせきとうひょう）

　株式会社では，会社の支配をめぐって，多数派と少数派の対立が生ずることがみられるのが常です。資本多数決の原理からすれば，多数派の意向が株主総会決議に反映され，多数派の支持を受けた取締役によって会社が運営されていくのが自然な姿であるともいえます。しかしそうすると，多数決によって少数派の利益がないがしろにされるという状況が生じるおそれがあります。そこで，会社法は，取締役の選出に関して，**累積投票という制度により少数派からも取締役選出の可能性を与える**方策を採り入れています（342条）。

　例えば，ある会社の株主総会で，3人の取締役を選出する場合に，多数派がA・B・C，少数派がD・Eの取締役候補者を支持しているとします。この場合，議決権の数が1000個であり，多数派が700個，少数派が300個の議決権を有しているとすると，1人1人各別に選任の決議をするなら，いずれの議決も700対300となり，すべて多数派の支持する取締役が選任されることになるでしょう。これに対し，累積投票では，選任されるべき取締役候補者全員を一

まとめにして選任することとし，選任する取締役の数と同数の議決権を議決権数に応じて与えることとします。そうすると，多数派は700×3＝2100，少数派は300×3＝900の議決権が与えられることになります。累積投票は，これをある取締役候補者1人に集中して投票するか，あるいは適当に分散して投票するかは株主の自由とする制度です（同条3項）。当選者は，投票の最多数を得た候補者から順次選出されますから（同条4項），少数派がその支持するDに900票を集中して投じたとすると，Dは，多数派がどのような割り振りで投票しようと常に多数派の候補者の1人の得票を上回ることができます。つまり，この方法によれば，少数派であっても，取締役を選出できる可能性が高くなるわけです。株主は，この累積投票により取締役を選任することを請求することができます。

　ただ，この累積投票によるときは，少数派の利益の代弁者を選出できるという反面，株主間の派閥対立を助長する懸念があります。そこで，累積投票の制度は，定款で排除することが認められています（同条1項）。現実には，累積投票の制度を定款で排除している会社が大多数のようです。

③ 取締役の員数

　取締役の員数は，取締役会非設置会社では1人または2人以上ですが（326条1項），取締役会設置会社では3人以上でなければなりません（331条5項）。

　取締役の員数は，必ずしも定款で定める必要はありませんが，通常は定款の任意的記載事項として定められています。なお，取締役の員数に上限はありません。*

*定款の記載事項の種類・意味等についてはP310以下の記述を参照してください。

```
                   ┌─ 取締役会非設置会社 ━━ 1人または2人以上
┌─────────┐        │
│取締役の員数│ ─────┤
└─────────┘        │
                   └─ 取締役会設置会社 ━━ 3人以上
```

④ 取締役の任期

設例26

　甲株式会社では，毎年4月1日から翌年3月31日までを一事業年度とし，事業年度終了後の6月25日を定時株主総会の期日と定めている。

　取締役の任期は，原則として選任後2年以内に終了する事業年度のうち，最終のものに関する定時株主総会の終結の時までです（332条1項）。設例26で，令和2年度の定時株主総会（令和3年6月25日開催）において，Aが取締役に選任されたとします。Aにとって，「選任後2年以内に終了する事業年度のうち最終のもの」は，令和4年度ということになります。令和4年度に関する株主総会は，令和5年6月25日に開催されることになりますから，この定時総会終結時である令和5年6月25日までがAの任期ということになります。Aが任期途中で退任し，Bが後釜として取締役に選任されたときは，Bの任期は，Aの任期の残存期間ということになります。要するに，取締役の任期は「選任の日から2年間」が上限になるということです。

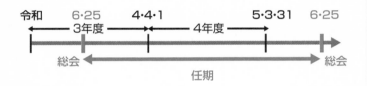

　以上の原則には，次のような例外があります。
（ⅰ）定款または株主総会の決議により，上記の取締役の任期を短縮することができます（同条同項ただし書）。＊
（ⅱ）非公開会社でかつ監査等委員会設置会社および指名委員会等設置会社でない会社は，定款によって選任後10年以内に終了する事業年度のうち，最終のものに関する定時株主総会の終結の時まで取締役の任期を伸長することができます（同条2項）。

＊この規定に基づく取締役の任期の短縮は，個々の取締役ごとに行うことが可能です。したがって，例えば，同一の株主総会で選任された取締役の任期に長短の差がつくことがあり得ます。

　　一歩前進

　公開会社では，取締役の任期を長期に設定すると，取締役がその地位にアグラをかいてしまい，経営に緊張感が失われるおそれがあることから，取締役の任期は比較的短期に設定されています。これに対し，一般に所有と経営の一致している非公開会社では，取締役の任期を長期化して安定経営を実現する要請が強く，定款で定めれば取締役の任期を10年ま

で延ばせることとされているわけです。

（iii）監査等委員会設置会社においては，取締役が監査等委員で
あるか否かによってその任期に差が設けられています。すな
わち，監査等委員である取締役の任期は原則2年ですが（332
条1項），監査等委員でない取締役の任期は原則として1年と
されています（同条3項）。監査等委員である取締役について
は，定款や株主総会決議によっても任期の短縮は認められま
せん（同条4項・1項ただし書）。これは，監査等委員である
取締役の地位の安定性に配慮したものです。

監査等委員である**取締役**	**任期**2年（**短縮できない**）
監査等委員でない**取締役**	**任期**1年（**短縮できる**）

　　指名委員会等設置会社の取締役の任期は，原則として1年
ですが（同条6項），定款または株主総会決議によってその任
期を短縮することが可能です（同条1項ただし書）。

（iv）次のような定款変更がなされた場合は，取締役の任期は，
上記の期間が経過していなくてもその定款変更の効力が生じ
た時に満了することになります（同条7項）。

（イ）監査等委員会設置会社または指名委員会等設置会社とな
る旨の定款変更

（ロ）監査等委員会設置会社または指名委員会等設置会社とな
る旨の定款を廃止する旨の定款変更

（ハ）譲渡による株式の取得につき会社の承認を要する旨の定
款規定を廃止する定款変更

　　（イ）および（ロ）の場合は，会社の形態が変わることになります
から，それに応じて取締役の任期も中途で終了するわけです。

　　（ハ）の場合は，非公開会社から公開会社に移行することにな
ります。

（2）取締役の終任

① 取締役の終任事由

取締役は，次の事由が生じたときに，その地位を去ることにな

ります。取締役の解任も終任事由の１つですが，解任は，一定の
事由の発生によって当然に取締役としての地位を失うというもの
ではなく，一定の手続によって取締役を辞めさせる手続です。解
任については，P189以下で多少詳しく説明します。

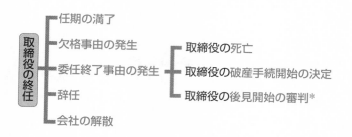

＊繰り返しになりま
すが，取締役が後見
開始の審判を受けて
成年被後見人となっ
たときは取締役とし
ての地位を失うもの
の，取締役の欠格事
由には該当しないの
で，その後に取締役
に就任することは可
能です。

（ⅰ）任期の満了

　法定の期間の任期満了の場合のほか，定款で，任期を法定の期
間よりも短く設定している場合，その期間の満了により，取締役
は退任します。

（ⅱ）欠格事由の発生

　取締役が，前記331条１項各号に規定する欠格事由に該当す
るに至った場合のほか，定款で定める欠格事由に該当するに至っ
た場合も含みます。例えば，取締役は日本国籍を有する者に限る
旨の定款の定めがある場合に，取締役が日本国籍を失ったとき
は，取締役の地位を失います。

（ⅲ）委任の終了事由の発生

　株式会社と取締役の関係は，委任に関する規定に従うことにな
るので（330条），民法に規定された委任契約の終了事由が発生し
たときは，取締役の終任事由となります。これには，受任者であ
る取締役の死亡，破産手続開始の決定，後見開始の審判等があり
ます（民法653条）。破産手続との関係では，委任者である会社が
破産した場合と受任者である取締役が破産した場合とを混乱しな
いよう区別して理解してください。

　　　一歩前進

　民法上，委任者の破産手続開始の決定は，委任の終了事由
とされています（民法653条２号）。この規定を形式的に適用

すれば，委任者である会社の破産手続開始の決定により，受任者である取締役との委任関係は終了し，取締役はその地位を失うことになるはずです。しかし，判例は，会社につき破産手続開始の決定がなされても直ちに会社と取締役との委任関係が終了するものではなく，破産手続開始当時の取締役は，破産手続開始によりその地位を当然に失うことはないから，会社組織に係る行為等については，取締役としての権限を行使することができる，としています（最判平21・4・17）。破産手続の開始決定により，破産財団の管理処分権は破産管財人に専属することになりますが（破産法78条1項），破産財団の管理等と無関係な会社組織に係る行為については，会社の内情等に精通している従来の取締役に行わせるのが適当とする考慮によるものです。

閑話休題

「取締役の破産」

　破産手続は，債務者（自然人であるか法人であるかを問いません）が経済的破綻状態に陥った場合に，破産法という法律の規定に基づき，債務者の財産関係を清算して総債権者に対する平等・公平な満足を得させることを目的とする裁判上の手続です。破産手続は，債権者または債務者自身の申立てにより裁判所が破産手続開始決定をすることにより開始されます。破産手続開始の決定は，受任者の終任事由となりますから（民法653条2号），会社の受任者である取締役が破産手続開始の決定を受けたときは，その取締役は取締役としての地位を失うことになります。しかし，破産者で復権を得ていない者であっても取締役の欠格事由に該当しませんから（331条参照），その者を株主総会で新たに取締役として任命することは可能なわけです。

　この点，旧商法の下では，破産手続開始の決定を受け復権していない者は取締役の欠格事由とされていましたが，会社法は，そのような資格制限を撤廃したので，破産者で復権を得ていない者であっても取締役となることができるのです。復権とは，裁判所の破産手続開始決定によって，破産者が失った公私の一定の資格を回復する地位を得ることです。ちなみに，復権の対象となる資格は多岐に亘ります。行政書士，司法書士，弁護士，弁理士，公認会計士その他の国家資格のほか後見人や公証人，教育委員会委員その他の公的地位も含まれます。会社の取締役もかつては，破産が欠格事由とされ復権しない間はその地位に就けないという資格制限を受けて

いたのです。しかし，中小企業では，会社の債務を保証した取締役が，会社の破産とともに自分も破産する事例が多かったため，取締役であった者の経済的再起を容易にする趣旨から，破産者で復権を得ていない者であっても取締役となれることとしたものです。

（ⅳ）取締役の辞任

　委任契約はいつでも解除することができますから（民法651条1項），委任契約解除の意思表示をして取締役はいつでも辞任することができます。

（ⅴ）会社の解散

　株式会社は，解散した場合であっても，清算手続の結了まで清算の目的の範囲内においてなお存続します（会社法476条）。この場合，取締役は退任し，清算人が清算事務を執行することになります。もっとも，清算人は，退任した取締役が横滑りするような形で就任することが予定されています（P360以下参照）。

一歩前進

　任期の満了または辞任によってその地位を去った取締役は，新たに選任された取締役が就任するまでは，なお取締役としての権利義務を有することになります（346条1項）。これは，取締役に欠員が生じて，株式会社の業務に支障が生じることを防止するためです。任期満了，辞任以外の事由によって退任した取締役については，もはや会社との信頼関係は失われていると考えられますから，その任務を継続させることは適当でないので，この任務継続義務はありません。

　また，取締役が欠けた場合や会社法または定款で定めた取締役の員数が欠けた場合には，裁判所は，必要があると認めるときは，利害関係人の申立てにより，一時取締役の職務を行うべき者を選任することができます（同条2項）。これを仮取締役といいます。仮取締役の権限は，通常の取締役の権限と異なりません。なお，以上は「役員」を対象とした規定ですから，取締役のみならず，会計参与，監査役が欠けた場合等にも適用されます。＊

＊代表取締役が欠けた場合または員数不足が生じた場合についても，同様の規定が設けられています（P219 **ここが狙われる** 参照）。

(3) 取締役の解任

　上記の終任事由のほか，取締役は解任によって任期途中でその地位を追われることがあります。これには，株主総会における解任決議の場合と解任の訴えによる場合があります。

取締役の解任 ┬ 株主総会における解任決議
　　　　　　　└ 解任の訴え

設例 27

　甲株式会社の株主Ａは，甲社の取締役Ｂがその職務の執行に関して，会社の上げた利益を不正に取得し私的に流用している事実をつかみ，その証拠を入手した。

---

① 株主総会決議による解任

　会社法は，株主総会の決議によって，いつでも会社の役員および会計監査人を解任できると定めています（339条1項）。ここでいう役員とは，取締役，会計参与，監査役の三者のことです。したがって，会社は，株主総会の決議によっていつでも理由のいかんにかかわらず，取締役を解任することができます。もっとも，会社法は，取締役の地位の安定性にも配慮して，正当な理由のある解任の場合を除き，取締役は会社に対して解任によって生じた損害の賠償を請求できるとしています（同条2項）。逆にいうと，正当な理由があるときは，損害賠償（通常は残任期間の報酬相当額）をする必要はありません。正当な理由とは，例えば，取締役に違法または不当な行為があった場合などのほか，取締役の任務懈怠，取締役として無能であること，さらに病気治療に専念して職務を行うことができない等の場合も含まれます。設例27の取締役Ｂの行為は，甲社に対する背任行為といえますから，その解任には正当な理由があることは明らかです。したがって，Ｂの解任に際して損害賠償をする必要はありません。

　ここで必要とされる株主総会決議は，普通決議で足ります。ただし，取締役の選任の場合と同様，解任決議の定足数は，議決権を行使することができる株主の議決権の3分の1未満に引き下げ

189

ることはできないという制限があります（341条）。なお，累積投票によって選任された取締役を解任するには，普通決議ではなく特別決議によらなければなりません（309条2項7号）。

```
                    ┌ 正当な理由あり ━ 損害賠償は不要
    取締役の解任 ━━┤
                    └ 正当な理由なし ━ 損害賠償が必要
```

一歩前進

　株式会社は，定款で定めることにより株主総会決議を要する事項について，当該株式を有する株主の総会決議を要する種類株式（拒否権付種類株式）を発行することができます（108条1項8号）。*1

　株主総会の決議事項は，通常，株主総会の決議だけで完結しますが，この拒否権付種類株式が発行されている場合，所定の株主総会決議事項（取締役会設置会社にあっては，株主総会または取締役会の決議事項）について，当該株主総会の決議のほか，当該種類株式を有する株主を構成員とする株主総会（種類株主総会）の決議を要することになります。つまり，その種類株主総会の決議がないと，株主総会決議は効力を生じません（323条）。そうすると，取締役の解任についてこの拒否権付種類株式が発行されている場合には，株主総会の解任決議に加えて，この種類株主総会の解任決議がなければ，解任はできないということになります。

*1 これについては，P68以下の記述を確認してください。

② 取締役解任の訴え

　設例27では，株主Aは，一定の要件を満たす場合には，定時株主総会において株主提案権の行使により，取締役Bの解任議案を提出して解任を請求することもできます（303条）。また，一定の要件を満たせば，自ら株主総会を招集して取締役Bの解任を請求するという手段が使える場合もあります（297条4項）。*2

　ただ，設例27のような事実があるにもかかわらず，Bが多数派のボスであるような場合には，その威光をおそれて，多数派によってAの提出した解任議案が否決されることもあり得ます。そのような場合に備えて会社法は，少数株主による**取締役解任の訴**

*2 この点については，P148 Check の記述を確認しておいてください。

えの制度を設けています。

この解任の訴えについては，要件が多少混み入っていますので，覚えやすいように下に箇条書きにしておきます。

（i）訴え提起の要件

（イ）取締役の職務執行に関して**不正の行為**または**法令・定款違反の重大な事実**があったにもかかわらず，**株主総会でその取締役を解任することが否決されたとき**

（ロ）当該会社の定款で種類株主総会の決議を要求されている場合に，その決議が成立せず効力が生じないとき

（ii）提訴権者

（ハ）6ヶ月前より引き続き**総株主の議決権の100分の3以上**を有する株主

（ニ）発行済株式の100分の3以上の数の株式を6ヶ月前より引き続き有する株主*

上記（i）の（イ）または（ロ），および（ii）の（ハ）または（ニ）のいずれかの要件を満たしたときは，当該株主総会の日から30日以内に裁判所に訴えをもってその取締役の解任を請求することができます（854条1項）。

この解任の訴えは，その会社と解任決議の対象となった取締役の双方を被告として，その会社の本店所在地を管轄する地方裁判所に提起しなければなりません（855条，856条）。

*非公開会社では，（ii）の（ハ）および（ニ）の「6ヶ月前から」の要件は排除されています。また，「100分の3」の要件は定款で引き下げることができます。

ここが狙われる

　　この解任の訴えは，株主総会での解任決議の否決を要件としていますから，解任決議を経ずにいきなり解任の訴えを提起することはできません。

Check

「取締役（代表取締役）の職務執行停止と職務代行者の選任」

　　上記の取締役解任の訴えや取締役の選任決議取消しの訴え（831条），選任決議無効確認の訴え（830条）等が提起された場合であっても，当該取締役の職務の執行が自動的に停止されるわけではなく，当該取締役は，それらの訴えの認容判決が確定するまでは職務執行の権利義務を保持するのが原則です。しかし，取締役の地位に疑義が生じているのに，その取締役にそのまま職務を続けさせるのは，不適当といわざるを得ません。そこで，上記訴えの原告等は，

当該取締役の職務執行を停止するとともに，その職務を代行する者（職務代行者）を選任する仮処分を申し立てることができます。この仮処分命令によって選任された取締役や代表取締役の職務代行者が，株式会社の常務に属しない行為をするには，原則として裁判所の許可を得ることが必要です（352条1項）。いいかえると，職務代行者は，会社運営に伴う通常の業務（常務）については許可なく行うことができますが，常務ではない行為（例えば臨時株主総会の招集）を許可なく行った場合は，その行為は無効となります。ただし，善意の第三者にはその無効を対抗することができないとされています（同条2項）。

（4）取締役の地位と権限

設例28

　株式会社甲工務店は，資本金1000万円，株主数5人の取締役会非設置会社である。同社の取締役は，A1人である。

設例29

　乙建設株式会社は，資本金100億円，株主数5000人の取締役会設置会社である。同社の取締役は，B・C・D・E・F・G・Hの7人である。

① 取締役会非設置会社における取締役

設例28のような，取締役会非設置会社では，その執行機関は取締役であり，取締役が業務執行の権限を持ち，また対外的に会社を代表する権限を持つことになります（348条1項，349条1項本文）。取締役は1人でも2人以上でもOKです（326条1項）。設例28では，取締役はA1人ですから，業務執行および会社代表権は，Aが持つことになります。*

取締役会非設置会社において取締役が複数あるときは，各自が業務執行および会社代表の権限を持つのが原則です。業務執行の決定については，定款に別段の定めがない限り，取締役の過半数によって決定します（348条2項）。もっとも，一定の業務執行について，定款で特定の取締役に委任することは可能です。この場合は，その業務執行に関しては，委任を受けた取締役が判断し決

＊取締役会非設置会社では，監査役は設けても，設けなくてもかまいません。要するに，取締役会非設置会社では，かなりの程度ワンマン経営が認められる余地があります。

192

定することになります。しかし，次の業務執行については，特定
の取締役に委任して行わせることができません（同条３項）。

（ⅰ）支配人の選任および解任（１号）

（ⅱ）支店の設置，移転および廃止（２号）

（ⅲ）株主総会の招集事項の決定（３号）

（ⅳ）内部統制体制の整備その他株式会社の業務ならびに当該株
　　　式会社およびその子会社から成る企業集団の業務の適正確
　　　保に関する事項（４号）＊

（ⅴ）定款に基づく役員の責任免除（５号）

＊（ⅳ）の事項を定め
なければならないの
は，大会社の場合で
す。これについては，
後述する，P207
ステップアップを参
照してください。

一歩前進

　取締役会非設置会社の会社代表については，上に述べたよ
うに取締役各自が代表権を持つのが原則ですが，会社を代表
する取締役（代表取締役）を定めた場合には，その者以外の
取締役の代表権は否定されることになります（349条１項た
だし書・３項）。もっとも，この場合でも，定款に別段の定
めをした場合を除いて，代表取締役以外の他の取締役の業務
執行権が失われることはありません。また，複数の代表取締
役を選定することもでき，その場合にも，会社代表権は代表
取締役が各自単独で行使することができます（同条２項）。

---

② **取締役会設置会社における取締役**

　取締役会設置会社では，取締役の権限は，取締役会非設置会社
の場合とかなり異なっています。すなわち，取締役会非設置会社
では，上記のように取締役は会社の業務執行機関となりますが，
取締役会設置会社においては，取締役はそれ自体会社の機関で
はなく，取締役会の単なる構成員に過ぎないのです。設例29で
は，乙株式会社には７人の取締役が選任されていますが，これら
の取締役は，各自が業務執行権を有するのではなく，全員で取締
役会を構成し，その職務を行うことになります。

```
                    ┌─ 取締役会非設置会社 ━━ 業務執行・会社代表
    取締役の地位 ─┤
                    └─ 取締役会設置会社 ━━ 取締役会構成員
```

　さらに，取締役会設置会社には，指名委員会等設置会社でない会社（監査役設置会社）と指名委員会等設置会社とがあります。設例29の乙株式会社についても，そのどちらかの形態を採っていることになります。次に説明するように，どちらの形態を採っているかによって取締役会の権限が変わってきますから，注意が必要です。

（ⅰ）指名委員会等設置会社でない取締役会設置会社

　この形態の会社では，会社の業務執行は，各取締役ではなく，**代表取締役**およびいわゆる**業務執行取締役**の権限とされています（363条1項）。業務執行取締役は，代表取締役以外の取締役で，業務を執行する取締役として，取締役会の決議によって選定された者のことです。この業務執行取締役は，必ず選定しなければならないというわけではありませんが，**代表取締役は必ず選定し**なければなりません。＊

　会社代表については**代表取締役の権限**とされています。代表取締役は**取締役会において取締役の中から選定**されます（362条3項）。設例29で，Bが代表取締役に選定されたとすると，Bが会社を代表して取引行為等を行うことになります。

　では，指名委員会等設置会社でない取締役会設置会社において，取締役会は一体何をする機関なのでしょうか。この点について会社法は，取締役会は，取締役全員で構成される合議体で，**業務執行の決定，取締役の職務執行の監督，代表取締役の選定・解職**を行う機関として位置づけています（362条1項・2項）。これについては，本講3で詳述します。

（ⅱ）指名委員会等設置会社

　指名委員会等設置会社とは，取締役会設置会社のうち**指名委員会，監査委員会，報酬委員会**を置く株式会社のことです（2条12号）。設例29では，乙株式会社は，指名委員会等設置会社の形態を選択することもできます。

　指名委員会等設置会社の取締役については，原則として会社の業務を執行する権限が認められません（415条）。**業務の執行は執行役**（418条），**会社代表は代表執行役**が行います（420条）。

　取締役全員で構成される取締役会の職務は，**業務執行の決定と執行役等の職務の監督**です（416条1項）。

＊この形態の取締役会設置会社では，必ず監査役または監査役会を設置しなければなりません。また，設例29の乙株式会社のような大会社では，会計監査人の設置が義務づけられます。

一歩前進

　取締役会設置会社には，従来，委員会設置会社でない取締役会設置会社および委員会設置会社がありましたが，平成26年度の会社法改正で**監査等委員会設置会社**という形態の会社が新設され，従来の委員会設置会社は，上記のとおり指名委員会等設置会社という名称に改められています。監査等委員会設置会社とは，監査役を置かず，取締役会の一機関として３人以上の取締役（その過半数は社外取締役）で構成される**監査等委員会を置く株式会社**です（２条11号の２）。この形態の会社では監査等委員となる取締役は，他の取締役と区別して株主総会の普通決議によって選任され，相当に強力な監査権限が認められます。いわば，**取締役会のガバナンス機能を重視**する会社形態といえるでしょう。指名委員会等設置会社および監査等委員会設置会社については，第10講で詳述しますから，ここでは以上を頭に入れておけば十分です。

---

(5) 取締役の義務

① 善良な管理者の注意義務と忠実義務

(i) 善良な管理者の注意義務

　会社と取締役の関係は，**委任に関する規定に従う**ことになります（330条）。つまり，会社を委任者，取締役を受任者として，両者の間に委任関係が成立します。そうすると，受任者たる取締役は，取締役としての職務を行うに際し，**委任者たる会社に対して善良な管理者の注意義務（善管注意義務）を負う**ことになります（民法644条）。したがって，取締役が，この注意義務を怠り会社に損害を生じさせたときは，債務不履行となり（同法415条），会社に対し損害賠償義務を負うことになります。

用語の説明

「善良な管理者の注意義務」

　これは，個人の主観的能力にかかわらず，一定の地位にある人に一般的に要求される程度の注意義務のことです。つまり，取締役としての地位にある人には，その地位に応じた客観的かつ一般的な注意義務が課せられます。

（ⅱ）忠実義務

　他に，会社法は取締役の義務として，法令および定款ならびに株主総会の決議を遵守し，**株式会社のために忠実にその職務を行わなければならない**，と定めています（会社法355条）。この，いわゆる忠実義務について判例は，善管注意義務をより明確に注意的に規定したものに過ぎず，**善管注意義務とは別個のより高度な注意義務を取締役に課したものではない**，としています（最大判昭45・6・24）。

```
　　　　　　　　　　　　┌ 善良な管理者の注意義務
取締役の一般的義務 ┤
　　　　　　　　　　　　└ 忠実義務
```

━一歩前進━

　忠実義務は，善管注意義務とは異なった性質の義務であるとの見解（異質説）も有力に主張されていますが，どちらの考え方を採るかによって具体的な問題の結論に顕著な差異が生じることはありません。したがって，判例の考え方どおり，**善管注意義務と忠実義務は同じ性質の義務である（同質説）**と理解しておけばよいでしょう。さらに，会社法は，これらの一般規定による規制だけでは十分でないことを考慮して，次に説明する競業取引規制，利益相反取引規制，報酬規制等を設けています。これらの規制は，**広く会社と取締役の間の利益の相反する行為を規制する**ものです。

　善管注意義務，忠実義務違反に基づく損害賠償責任は，いわば一般原則から導かれる責任ですが，会社法は，それとは別個に取締役，会計参与，監査役，執行役，会計監査人が，**任務を怠り，会社に損害を生じさせた場合の責任（「役員等の責任」）**を定めています（423条1項）。この任務懈怠責任は，一般原則以上の明確かつ厳格な責任を役員等に課したものと考えられます。取締役が競業規制，利益相反取引規制に違反して会社に損害を生じさせたときは，任務懈怠に基づく損害賠償責任が生じます。任務懈怠の責任については，次講5「役員等の責任」の項で詳述します（P251以下参照）。

② 競業取引の規制

設例 30

　取締役会設置会社である甲株式会社は，東京に本社を置き，関東地方一円に支店を設置して衣料品販売事業を行っている。甲社の取締役Aは，甲社が扱っているのと同種の衣料品の販売を目的とする乙株式会社を設立し，Aが代表取締役となって関西地方で営業を開始しようとしている。

（ⅰ）意義

　会社の営業上の機密やノウハウに通じ得る立場にある取締役が，会社が行っている事業と同種類の事業を自由に行い得るとすると，それによって会社の取引先を奪うなど，会社の利益を犠牲にして自己の利益を図るおそれがあります。

　そこで会社法は，取締役が，**自己または第三者のために株式会社の事業の部類に属する取引**をしようとするときは，その取締役は，当該取引について**重要な事実を開示**して，**株主総会（取締役会設置会社では取締役会）の承認を受けなければならない**，としています（356条1項1号，365条1項）。つまり，取締役には，会社の行っている事業と**競合する事業を行ってはならない**という義務（競業避止義務）が課せられているわけです。

　以下，その規制の対象，内容等についてみていきます。

（ⅱ）競業規制の対象

　規制の対象となる競業取引とは，「**会社の事業の部類に属する取引**」を「**自己または第三者のために**」行う場合です。

　「会社の事業の部類に属する取引」とは，会社が行っているのと同種または類似の商品やサービスの提供を目的とする取引であり，**会社が実際に行っている事業と市場において取引先が競合し，会社との利益衝突のおそれのある取引**です。設例30で，甲株式会社の営業エリアが，現在は関東地方に限定されていても，関西地方への進出を計画し，具体的に店舗の立地先を物色しているというような事情があれば，規制の対象となり得ます。逆に，過去にその事業を行っていたが，現在は廃業し再開の予定もないという場合は，競業規制の対象となりません。

　「自己または第三者のために」とは，その取引による経済的効

果が，会社ではなく，その取締役または第三者に帰属する場合です。その取引が会社名義でなされたのか，あるいはその取締役または第三者の名義でなされたのかは関係がありません。いいかえると，その取引による経済的利益を取締役または第三者が取得する場合です。取締役が，自ら個人で利益を取得する場合のほか，設例30のように取締役が同種の事業を行う他の会社の代表取締役に就任して取引を行う場合は，「第三者のために」取引することになります。設例30では，乙株式会社の計算で衣料品の販売事業が行われ，乙社がその事業による利益を取得することになりますから，Aは「第三者」である乙社のために取引をしようとしているものといえるでしょう。＊

（ⅲ）競業規制の内容

　取締役が，競業取引に当たる行為をするには，その取引についての重要な事実を開示し，株主総会（取締役会設置会社では取締役会）の承認を受けなければなりません（356条1項1号，365条1項）。「重要な事実」とは，取引の相手方，その価額，期間等競業取引によって会社にどのような影響が及ぶのかを判断するのに必要な事実のことです。

```
　　　　　　　　　　　　　取締役会非設置会社 ━ 株主総会
競業取引の承認機関 ┤
　　　　　　　　　　　　　取締役会設置会社 ━━ 取締役会
```

　設例30の甲株式会社は取締役会設置会社ですから，Aは，重要な事実を開示して甲社の取締役会の承認を受ける必要があります。

　取締役会設置会社においては，自己または第三者のために競業取引を行った取締役は，取締役会の承認を受けて行ったかどうかにかかわらず，その取引後，遅滞なく，その取引についての重要な事実を取締役会に報告しなければなりません（365条2項）。これは，このような取引が行われた場合に，会社が事後的にそれに対する適切な措置を執れるようにするためです。競業取引をした取締役は，この報告をせず，または虚偽の報告をしたときは，過料に処せられます（976条23号）。

＊取締役が同種の事業を行う他の株式会社の取締役に就任しただけでは，競業取引に該当しませんから，事前に会社の承認を得る必要はありません。

一歩前進

設例30で，Aの違法な競業取引によって甲社に著しい損害を生じるおそれがあるときは，甲社の監査役は，Aに対し，その取引をやめることを請求することができます（385条1項）。甲社の株主も同様の請求をすることが認められていますが，この場合は，「回復することができない損害」が生じるおそれがあることが要件となります（360条3項）。＊

＊株主の差止請求については，P253 Check に詳述してありますので参照してください。

（ⅳ）競業取引の効果

　取締役が，株主総会（取締役会設置会社では取締役会）の承認を得て行った競業取引は当然有効ですが，承認を得ないで行った競業取引も無効とはなりません。例えば，設例30で，Aが，甲株式会社の取締役会の承認を得ることなく，乙株式会社の代表取締役として商品の仕入れやその販売を行ったとしても，その行為自体は有効なのです。このように解さないと，取締役会の承認の有無という会社内の手続によって取引の効果が左右されることになり，取引上の安全が著しく害されることになるからです。

　承認を要する競業取引であるのに，承認を得ずにその取引を行った取締役は，会社に損害が生じた場合，任務懈怠による損害賠償責任を負うことになります（423条1項）。その場合，その取引によって取締役または第三者が得た利益の額が損害額と推定されます（同条2項）。設例30で，Aを代表取締役とする乙株式会社が大量の商品の販売に成功し，1億円の利益を上げたとします。その場合，乙社の上げた1億円の利益が甲株式会社の被った損害と推定されることになりますから，甲社は，Aに1億円の損害賠償を請求できることになります。ただ，これは「推定」に過ぎませんから，Aが「1億円も儲かっていない」ことを証明すれば，減額されることになります。

　さらに，Aが甲社の取締役会の承認を得て競業取引を行った場合であっても，それによって取締役としての義務を怠り，甲社に損害を生じさせたときは，任務懈怠として，甲社に対する損害賠償責任を免れることはできません（同条1項）。

用語の説明

「推定する」
法律上の用語としての「推定する」とは，法律上の取扱いについて事実はこうだと一応決めることです。それが事実と異なることを証明しない限り，推定どおりの事実があるものとして扱われることになります。逆にいえば，真実と異なる場合には，それを証明すれば，推定された事実を否定することができるわけです。

一歩前進

設例30で，Aが甲社の取締役会の承認を受けずに競業取引を行った場合，Aの行為は法令に違反する行為となりますから，**取締役解任の正当理由**となります。したがって，甲社は，その株主総会において，損害賠償をすることなくAを解任することができます（339条）。また，少数株主による**取締役解任の訴えの事由**になります（854条1項）。

---

③　利益相反取引の規制

設例31

取締役会設置会社である甲株式会社の取締役Aは，甲社の所有する土地を買い受けようとしている。

設例32

取締役会設置会社である乙株式会社の取締役Bは，自己の住宅資金として金融機関Cから1億円を借り入れるに際し，乙社を保証人としようとしている。

（ⅰ）意義

利益相反取引とは，取締役と会社の利益の相反する取引，つまり**取締役の利益が会社の不利益となるような取引**のことです。このような利益相反取引においては，取締役が，**自分の利益を図って会社に不利益を及ぼすおそれがあります**から，一定の規制が必要となるわけです。会社法は，「取締役性悪説」に立っているかのようです。

（ⅱ）規制の対象──直接取引と間接取引

（イ）直接取引

設例31のような，会社を売主，取締役を買主とする土地の売買契約では，土地の売買代金額を相場よりも低く設定すれば，それは取締役の利益となりますが，会社にとっては不利益となります。例えば，Aが甲株式会社から買い受けようとしている土地が，時価1億円の価値があるのに，その代金を5000万円と設定したときは，Aに5000万円の利得を生じる反面，甲社に5000万円の

損失が生じることになります。したがって，この売買契約は利益
相反取引に当たります。逆に，取締役が売主，会社が買主となっ
て売買契約をする場合や取締役が会社から金銭の借入れをする場
合も利益相反の関係が生じます。これらの場合は，取締役が自己
のために会社と取引をする事例ですが，取締役が第三者のために
会社と取引をする場合も規制の対象となります。例えば，Aが，
丙株式会社の代表取締役を兼ねている場合，Aが丙社を代表して
甲社と取引する場合，Aは，第三者である丙社のために取引する
という関係が成り立ち，この場合も規制の対象となります。＊

（ロ）間接取引

　さらに，上記のような，会社と取締役自身を当事者とする取
引（直接取引）でなくても，会社と第三者の取引が実質的にみて
取締役に有利，会社に不利となる場合もあり得ます。設例32で
は，乙株式会社は，BのCに対する債務について，Cと保証契約
を締結することになります。つまり，乙社の取引の相手方は取締
役Bではなく第三者Cです。しかし，この場合，Bの債務不履行
があったときには，乙社が保証債務を履行しなければならないと
いう関係に立ちますから，実質的に考えれば，取締役と会社の利
益は相反するといえるでしょう。このような取引においても，取
締役が会社の犠牲の下に自分の利益を確保するという構図が成り
立ち得ます。

　そこで，会社法は，設例31のような会社と取締役の直接取引
の場合（356条1項2号）のほか，設例32のような会社と第三
者の間接取引の場合（同条同項3号）にも同じ規制を設けていま
す。

> ┌ 直接取引 ━ 会社と取締役との間の取引
> **利益相反取引** ┤
> └ 間接取引 ━ 会社と第三者との間の取引

── **一歩前進** ──────────────

　形式的に取締役と会社が取引する場合であっても，実質的
にみて会社に不利益を生じないものは，利益相反取引に当た
りません。例えば，取締役から会社に対する負担なしの贈

＊後述しますが，直
接取引のうち，取締
役が「自己のため
に」すなわち自らの
名で会社と取引をす
る場合は，「第三者の
ために」会社と取引
する場合よりも責
任が重くなります
（P203 **一歩前進**
参照）。

与，取締役が会社に対し無利息かつ無担保の金銭貸付などを
することについては，会社と取締役との間に利益相反の関係
は生じません。また，航空会社の取締役が私用のために，一
般旅客と同様の料金を支払って航空券を購入し自社の飛行機
を利用するとか，銀行の取締役が，一般の利用者と同様の条
件でその銀行の住宅ローンを借り入れる等の行為は，常識的
に考えて会社と取締役の利益対立はないといえます。

（ⅲ）規制の内容

　会社法は，設例31のような直接取引，設例32のような間接
取引のいずれについても，競業取引の場合と同様，その取引につ
いての**重要な事実を開示**して，**株主総会（取締役会設置会社では
取締役会）の承認**を要求しています（356条１項，365条１項）。設
例31の甲株式会社，設例32の乙株式会社は取締役会設置会社
ですから，いずれも取締役会の承認を要することになります。ま
た，取締役会設置会社では，取締役は，競業行為の場合と同様，
取引後遅滞なくその取引についての重要事実を取締役会に報告し
なければなりません（365条２項）。＊

一歩前進

　民法108条は，同一の法律行為について，相手方の代理人
となり（自己契約）または当事者双方の代理人（双方代理）
となることを原則として禁止しています。これを認めると，
「あちら立てれば，こちら立たず」の関係となり，本人の利
益が害されるおそれがあるからです。この規定に違反する代
理行為は**無権代理**となり，本人にその効果が帰属しません。
　設例31の甲株式会社と取締役Ａの間の直接取引は，まさ
しく自己契約に当たりますが，株主総会（取締役会設置会
社では取締役会）の承認を得た直接取引については，**民法
108条の適用は排除**されます（会社法356条２項）。つまり，
承認のあった直接取引については，その取引の効果は有効に
会社に帰属することになります。したがって，この場合，甲
社とＡとの間に土地売買契約が成立します。

＊利益相反取引をし
ようとする取締役
が，会社の株式の全
部を所有している場
合すなわち一人会社
であるときは，取締
役会の承認を必要と
しません（最判昭
45・8・20）。この
場合実質的に，利益
相反の関係を生じな
いからです。

（ⅳ）規制違反の効果

利益相反取引について承認がない場合の効果については，直接取引の場合と間接取引の場合を一応区別して理解すべきです。というのは，直接取引の場合には，契約当事者が会社と取締役ですから，その間の関係で考える限り第三者に影響を生じることはない反面，間接取引の場合は，会社と第三者が契約当事者となっていますから，その第三者の利益を考慮する必要があるからです。もっとも，直接取引でも第三者が利害関係を有するに至る場合があり，この場合はその第三者の利益を保護する必要が生じます。以下，この点について具体的に考えてみましょう。

設例31のような甲株式会社と取締役Aの間の直接取引において，取締役会の承認がなかったときは，会社は，原則として取締役に対しその無効を主張することができます。*

しかし，Aが甲社から買い受けた土地をさらに第三者Dに譲渡しているような場合は，Dの利益も考慮する必要があります。判例は，この問題についていわゆる相対的無効説を採り，会社は，取締役に対しては利益相反取引の無効を主張できるが，承認のなかったことを知らない善意の第三者に対しては無効を主張できないと判断しています（最判昭46・10・13）。そうするとDが，取締役Aと甲社との土地売買契約について，取締役会の承認がなかったことを知らなかったときは，甲社は，Aとの売買契約の無効を主張して，Dに土地の返還を求めることはできない，ということになります。

一方，設例32のような乙株式会社と第三者Cの間の間接取引において，取締役会の承認がなかった場合について，判例は，承認のない取引も原則として有効であることを前提としつつ，会社はその取引について取締役会の承認がなかったことのほか，相手方である第三者が悪意であることを主張し，それを証明してはじめてその無効を相手方である第三者に主張できるとしています（最大判昭43・12・25）。この場合の悪意とは，承認を要すべき取引であることおよび承認がないことを第三者が知っていることです。

> **一歩前進**
>
> 利益相反取引によって会社に損害が生じた場合，その取引

*取締役会の承認なく利益相反取引をした取締役の側から，会社に対しその無効を主張することはできません（最判昭48・12・11）。

が取締役会等で承認されたものであっても，その利益相反取引をした取締役，会社がその取引をすることを決定した取締役，その取引を承認した取締役会決議に賛成した取締役は，**任務を怠ったものと推定**されます（423条3項）。したがって，これらの取締役は，任務を怠らなかったことを証明しない限り，会社に対する損害賠償責任を免れません。*1

　さらに，取締役が**自己のために会社と直接取引**した場合の責任に限っては，**無過失責任**とされています（428条1項）。したがって，この場合は任務を怠ったことがその取締役の責めに帰することができない事由によるものであったとしても，責任を免れることはできません。また，この場合の責任については，責任の一部免除（425条），取締役等による免除に関する定款の定め（426条）および責任限定契約（427条）の各規定が適用されません（428条2項）。つまり，非常に厳しい責任が課されます。この点については，P253 **一歩前進** で再度説明します。

　なお，これまで説明してきた取締役の競業規制および利益相反取引規制は，指名委員会等設置会社の**執行役**に準用されています（419条2項）。したがって，執行役についても同様の規制が及ぶことに留意しておいてください。

④　取締役の報酬に関する規制

　取締役の報酬等の決定は，業務執行行為に属するものですから，本来は，代表取締役や取締役会が決定できるはずです。しかし，取締役の報酬を代表取締役や取締役会が自ら決定できるということになると，いわゆる「お手盛り（自分の茶碗に自ら飯を盛る）」によって不当に高額の報酬が支払われる危険があります。

　そこで，会社法は，会社が取締役に対して支払う，報酬，賞与その他職務執行の対価である財産上の利益（「**報酬等**」といいます）に関する次の事項は，**定款または株主総会の決議（普通決議）**によって定めることを要求しています（361条1項）。つまり，取締役の報酬に関する事項については，**定款に定めがないときは，株主総会で決める**ことを要し，取締役会決議で決めることはできません。*2

*1 なお，監査等委員会設置会社においては，監査等委員会の承認によって，この推定が排除される特例が設けられていますから注意してください（P282参照）。

*2 定款または株主総会決議によって報酬の金額が定められなければ，具体的な報酬請求権は発生せず，取締役は会社に対して報酬を請求することはできません（最判平15・2・21）。

（ⅰ）報酬等のうち額が確定しているものについては，**その額**

（ⅱ）報酬等のうち額が確定していないものについては，**その具体的な算定方法**

（ⅲ）報酬等のうち金銭でないものについては，**その具体的な内容***

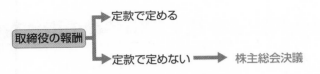

取締役の報酬 → 定款で定める

取締役の報酬 → 定款で定めない ⟹ 株主総会決議

*取締役に対し，報酬等として募集株式や募集新株予約権を付与するのであれば，その数の上限等について定める必要があります（361条1項3号，4号）。

━一歩前進━

　報酬等の規制の目的は，取締役によるお手盛りの防止ですから，取締役全体の報酬等の総額またはその最高限度額を株主総会の決議で決定し，**個々の取締役に対する配分については取締役会の判断に任せる**という扱いは許されます。定款に定めがなく，また株主総会決議もない報酬等の支払いであっても，**事後の株主総会決議で承認**されれば，株主総会決議に基づく有効なものとなります（最判平17・2・15）。

　また，使用人兼務取締役（例えば取締役が会社の部長を兼ねているような場合）の報酬については，使用人として受ける給与の体系が明確に確立しており，かつその体系に基づいて給与が支給されている場合には，**取締役としての報酬額のみを株主総会で決議**すれば足ります（最判昭60・3・26）。

　なお，令和元年度改正法により，監査役会設置会社（公開会社であり，かつ大会社であるものに限る）のうち有価証券報告書提出会社と監査等委員会設置会社については，取締役の個人別の報酬等の内容を定款または株主総会の決議で定めた場合を除き，取締役の**個人別の報酬等の内容についての決定方針を取締役会決議によって定める**ことが義務づけられました（361条7項）。ここでいう決定方針とは，主に個人別の業績連動報酬（主に株式・新株予約権等のいわゆるインセンティブ報酬）の内容等の決定方針を指すと考えられます。

━ここが狙われる━

　取締役の退任に当たって支払われる退職慰労金は，それが取締役在職中の職

務執行の対価として支給されるものである限り，「報酬等」に含まれます（最判平22・3・16）。したがって，会社内の支給基準が確立されていないのに，株主総会決議により退職慰労金の最高限度額も決めずに，取締役会や代表取締役にその決定を一任することは認められません。

3　指名委員会等設置会社でない会社の取締役会

(1)　意義

先に言及したとおり，指名委員会等設置会社でない取締役会設置会社では，取締役会は，取締役全員で構成される合議体で，業務執行の決定，取締役の職務執行の監督，代表取締役の選定・解職を行う機関とされています（362条2項）。

以下，指名委員会等設置会社でない取締役会設置会社の取締役会の権限等について説明していきます。

取締役会の権限
- 業務執行の決定
- 取締役の職務執行の監督
- 代表取締役の選定および解職

(2)　取締役会の権限

①　業務執行の決定

取締役会は，株式会社の業務執行の決定を1つの職務とする機関です（362条2項1号）。「3人よれば文殊の知恵」という言葉がありますが，取締役会設置会社では最低3人の取締役によって取締役会が構成され（331条5項），その合議によって適正かつ慎重な業務執行の決定がなされ，そして，その決定に基づき代表取締役が会社の業務執行および会社代表をするという建前になっています。また，取締役会は，会社代表権は持たないものの，取締役会の定めた一定範囲の業務執行を行う業務執行取締役を選定することができます（363条1項）。

取締役会の決議は，原則として議決に加わることができる取締役の過半数が出席し，その過半数をもって行うこととされていますが，定款で，これを上回る割合を定めることもできます（369条1項）。もっとも，会社の経営判断は迅速性を要することも多

アドバイス
指名委員会等設置会社の取締役会については，以下の説明が当てはまらないものがあることを，まずしっかり把握しておいてください。指名委員会等設置会社の取締役会については，第10講で説明します。監査等委員会設置会社については，ここでの説明が基本的に妥当しますが，わずかながら特則も設けられています（P280 一歩前進 参照）。

いので，取締役会は，**業務執行の決定を代表取締役に委任するこ**とができます。これによって，ある程度意思決定の機敏性を確保することができます。しかし，代表取締役への無制約な委任は，いわば独裁を認めることになり，代表取締役の暴走を招くおそれがあります。そこで，取締役会の専決事項とされている次の事項については，代表取締役にその決定を委任することができません（362条4項）。*

*取締役会の専決事項はこれらに限定されるわけではなく，個別の条文にも数多く規定されていますから，該当箇所でその都度確認してください。

取締役会の専決事項

（ ⅰ ）重要な財産の処分**および譲受け**
（ ⅱ ）多額の借財
（ ⅲ ）支配人その他の重要な使用人の選任**および解任**
（ ⅳ ）支店その他の重要な組織の設置，変更**および廃止**
（ ⅴ ）社債募集に関する重要な事項
（ ⅵ ）内部統制体制の整備その他株式会社の業務ならびに当該株式会社およびその子会社から成る企業集団の業務の適正確保に関する事項
（ ⅶ ）定款に基づく役員の責任免除

ステップアップ

「コーポレートガバナンスと内部統制体制の整備」

　コーポレートガバナンスは「企業統治」と訳されます。これは，簡単にいうと，企業とくに大企業が，法令を遵守し（コンプライアンス），効率的な経営を行うために，どのようなシステムを構築するべきかという議論です。アメリカでは，エンロンやワールドコムといった超巨大企業の粉飾決算とそれに次ぐ倒産を契機として，また日本でも，頻発する企業の不祥事に直面して，このコーポレートガバナンスの議論が高まり，企業の内部統制体制の整備・充実の必要性が強調されてきています。

　会社法においても，大会社については，「取締役の職務の執行が法令および定款に適合することを確保するための体制その他株式会社の業務ならびに当該株式会社およびその子会社から成る企業集団の業務の適正を確保するため必要なものとして法務省令で定める体制の整備」に関する事項，すなわち内部統制体制の整備を決定しなければならないとされています（348条3項4号・4項，362条4項6号・5項）。ここでいう内部統制とは，健全な会社経営を行

うためのリスク管理および会社経営に携わる人々の行動を制御するための会社内部のシステムのことです。利害関係人の多数存在する大会社では，このシステム構築の義務が取締役会に課されているわけです。さらに，系列子会社を含めた業務の適正確保に関するシステムの構築義務も会社法に明記されるに至っています。指名委員会等設置会社も，業務執行と業務監査を分離するアメリカ型のコーポレートガバナンスを採り入れた会社制度ということができます。ただ，「会社は株主のもの」という意識の強いアメリカと異なり，終身雇用を基調とした家族的経営の志向の強い日本では，株主の立場ばかり強調すべきでなく，従業員，債権者，消費者といった会社を取り巻く多様な利害関係者（ステークホルダー）の立場を考慮したコーポレートガバナンスが必要であるとの主張も有力です。試験には，あまり関係ありませんが，一応頭の隅に置いておかれるとよいでしょう。

② 代表取締役・業務執行取締役の選定・解職と監督

> **設例33**
>
> 　スーパーマーケット等の小売業を経営の主体としている甲株式会社は，代表取締役Aの方針により事業の多角化を進め，多数の不動産を投機目的で取得した。ところが，不動産価格の下落により，甲社は大損害を被った。

　取締役会設置会社においては，取締役会に，代表取締役および業務執行取締役の選定および解職の権限が認められます（362条2項3号，363条1項2号）。さらに，それらの者の職務執行の監督も取締役会の権限とされています（362条2項2号）。つまり，取締役会は，取締役の中から会社代表や業務執行を行う代表取締役・業務執行取締役を選定するとともに，その職務執行を監督し，代表取締役・業務執行取締役が不適切な職務執行を行うときは，これらの者を解職することもできるということになります。

　取締役会の代表取締役・業務執行取締役に対する監督権限は，業務執行の適法性（その行為が法令に適合しているかどうか）に及ぶのは当然のこととして，その妥当性（その行為を行うことが経営判断として適切かどうか）にも及びます。設例33では，甲株式会社の代表取締役Aの土地投機は違法な行為ではありません。しかし経営判断としては妥当性を欠くものといわざるを得ま

せん。他の取締役は，Ａの無謀な土地投機について，事前にこれをやめさせる措置を執るべきであったといえるでしょう。それができずに会社に損害を生じさせたということで，他の取締役は責任を免れることはできません。[1]

取締役会の監督権限 ┬ 代表取締役等の業務執行の適法性
               └ 代表取締役等の業務執行の妥当性

　会社法は，取締役会がこの代表取締役・業務執行取締役に対する監督権限を実効的に行使できるよう，次のような規定を置いています。
　まず，取締役会が，その監督機能を十分に発揮し得るためには，業務執行に関する情報を入手できる体制が整えられている必要があります。そこで，代表取締役および業務執行取締役には，３ヶ月に１回以上業務執行の状況を取締役会に報告することが義務づけられています（363条２項）。この報告は，代表取締役が取締役および監査役の全員にあらかじめ通知したとしても省略することはできません（372条２項）。これによって，最低３ヶ月に１回以上は取締役会の開催が義務づけられることになります。
　さらに，代表取締役または業務執行取締役の行為に対して取締役会が迅速に対応できるように，原則として，各取締役に取締役会招集権が認められています（366条１項本文）。[2]

　┌─**一歩前進**
　　取締役会が上記のような監督権限を有する結果，その構成員である各取締役は，代表取締役の業務執行を監視する義務を負うことになります。この監視義務は，代表取締役の業務執行一般について及ぶものですから，取締役会に上程され，そこで論議された事項はもとより，取締役会に上程されなかった事項についても及びます（最判昭48・5・22）。したがって，設例33で，甲株式会社の過剰な不動産投機がＡの独断で行われ，取締役会に上程されていなかった場合であっても，他の取締役は，監視義務を免れることはできま

せん。これは，取締役の第三者に対する責任の場面（P265 一歩前進 参照）で問題となります。

（3）取締役会の運営

① 取締役会の招集

（ i ）取締役による招集

　取締役会は，原則として各取締役が招集します（366条1項本文）。つまり，原則としてすべての取締役が招集権を持ちますが，定款または取締役会決議で，特定の取締役のみが招集できると定めることができ，その場合は，その取締役だけが招集権を有することになります（同条同項ただし書）。*

　しかし，取締役会がその監督機能を十分に発揮するためには，時機を失したのでは効果が期待できませんから，適時に取締役会を開くことが必要です。例えば，設例33のように，代表取締役が独断で不適切な取引を行おうとしている場合には，代表取締役自らの判断による招集は期待できませんから，それに気づいた取締役が事前に阻止する必要があります。そこで，定款等で招集権者を定めている場合であっても，各取締役は，招集権者に対し，取締役会の目的である事項を示して，取締役会の招集を請求することができます（同条2項）。

（ ii ）株主による招集

　監査役設置会社と監査等委員会設置会社および指名委員会等設置会社を除き，取締役会設置会社の株主は，取締役が会社の目的の範囲外の行為その他法令もしくは定款に違反する行為をし，またはこれらの行為をするおそれがあると認めるときは，招集権を有する取締役に対し，取締役会の目的である事項を示して，取締役会の招集を請求することができます（367条1項・2項）。

　この請求を行った株主は，招集された取締役会に出席し意見を

＊大規模な株式会社では，取締役の数が数十名にも及ぶことがあり，その全員に取締役会招集権を認めると混乱のもとになります。そこで，招集権者が限定されているわけです。通常は，代表取締役（社長）に取締役会招集権を付与している例が多いようです。

述べることができます（同条4項）。株主は，会社の業績に重大な利害関係を持ちますから，この権利が認められていることによって，代表取締役の「暴走」をくい止める措置を執るべき要求をすることができることになります。

┃一歩前進┃

　株主による取締役会の招集が認められるのは，取締役会設置会社でかつ監査役設置会社，監査等委員会設置会社および指名委員会等設置会社でない株式会社に限られます。これに該当するのは，非公開会社かつ中小会社で，**取締役会と会計参与だけを設置している株式会社**だけです。そうすると，株主による取締役会の招集請求が認められる会社は，きわめて限定されることに注意してください。＊

＊これに該当するのは，P139の表中の（ⅳ）のパターンの会社だけです。

（ⅲ）監査役による招集

　監査役は，取締役が不正の行為をし，もしくはそのような行為をするおそれがあると認めるとき，または法令もしくは定款に違反する事実もしくは著しく不当な事実があると認めるときは，**取締役に対し取締役会の招集を請求する**ことができます（383条2項）。

┃一歩前進┃

　上記のような取締役，株主，監査役による請求があった日から5日以内に，その請求があった日から2週間以内の日を取締役会の日とする取締役会の招集通知が発せられない場合には，その請求をした**取締役，株主，監査役**は，**自ら取締役会を招集できる**とされています（366条3項，367条3項，383条3項）。

取締役・株主・監査役　　　　　　　請求者が招集できる
招集請求
　　　　　　　　5日間経過

---

② 招集手続

　取締役会を招集する者は，取締役会の日の1週間前まで（これ

を下回る期間を定款で定めたときは，その期間）に，各取締役に対して，招集通知を発しなければなりません（368条1項）。招集通知の方法に限定はありませんから，書面による必要はなく，口頭でもOKです。招集通知に会議の目的たる事項や議案を示す必要はなく，またそれを示した場合でも，取締役会はそれ以外の事項も決議することができます。取締役会は，いわば「経営会議」であり，あらかじめ提出された議案等に縛られることなく自由で活発な意見の交換が望ましいからです。

　なお，監査役設置会社では，取締役だけでなく，監査役にも招集通知を発しなければならないことに注意しましょう（368条1項）。

ここが狙われる

　取締役会は，取締役（監査役設置会社にあっては，取締役および監査役）の全員の同意があるときは，招集の手続を経ることなく開催することができます（368条2項）。

---

③　取締役会の決議
（ⅰ）決議の方法

　取締役会の決議は，議決に加わることができる取締役の過半数が出席し，出席した取締役の過半数をもって行うのが原則です（369条1項）。ただし，取締役会の定足数や決議要件については，定款でこれを上回る定足数，決議要件を定めることもできます（同条同項かっこ書）。逆に，定款によって軽減することはできません。

　取締役会の決議については，株主総会決議において認められているような議決権の代理行使や書面投票・電子投票は原則として認められません。取締役は，会社との信任関係に基づきその地位に立っているのですから，自らの意思に基づき議決権を行使するのがスジというべきであり，また合議による現実の討論を通じて妥当な経営判断を導くことが，職務上当然といえるからです。合議体の決議には，「討論」が重要な意味を持つのです。

　しかし，現代のように会社の活動が国際的に展開されるようになると，取締役の一部が海外出張などで不在のときは，その全員

が一堂に会して合議することが困難な状況も予想されます。そこで，会社法は，会議自体を開催することなく，書面による取締役会決議で代替する便宜的方法を認めています。すなわち，取締役が取締役会の決議の目的である事項について提案をした場合において，その提案につき**取締役の全員が書面または電磁的記録により同意の意思表示をしたとき**は，その提案を可決する旨の取締役会の決議があったものとみなす旨を**定款で定める**ことができます（370条）。このような**定款の定め**があるときは，実際の会議が開催されなくても，有効な決議があったものとされることになります。*

　旧商法下の判例では，取締役の合議によらず，個別の同意を取り付けるような，いわゆる「持ち回り決議」を無効としたものもありましたが（最判昭44・11・27），会社法は，**一定限度で持ち回り決議を認めた**ものといえるでしょう。

＊余談になりますが，最近のコロナ禍の下では，いわゆる「三密防止」の観点から，この制度の有効性および有用性は高いといえるのではないでしょうか。

一歩前進

　この取締役会の決議の省略が認められるのは，**定款にその旨の定めがあるとき**に限られます。その定めがなければ，たとえ取締役全員の書面による同意があっても，決議の省略はできません。

（ii）**特別取締役による取締役会決議**

　上記のように，取締役会決議は，取締役の過半数の出席とその過半数の議決を要するのが原則です（369条1項）。しかし，取締役会の専決事項（362条4項各号）のうち，特に迅速な意思決定が必要と考えられる**重要な財産の処分および譲受け**（同条同項1号）および**多額の借財**（同条同項2号）についての決議は，一定の要件を満たしたときは，**あらかじめ選定した3人以上の特別取締役の中から，決議に参加できる者の過半数が出席し，その過半数をもって行うことができる旨を定める**ことができます（373条1項）。この定めは，定款でする必要はなく，取締役会で定めることができます。

　その要件は，次のとおりです。

　①　その会社における**取締役の数が6人以上であること**（同条

同項1号）

②　取締役のうち，1人以上が社外取締役であること（同条同項2号）*

この特別取締役の議決の定めがある場合には，それ以外の取締役は重要な財産の処分および譲受け，および多額の借財を決定する取締役会に出席する必要はありません（同条2項）。

特別取締役の互選によって定められた者は，当該決議があった後，遅滞なく，当該決議の内容を特別取締役以外の取締役に報告しなければなりません（同条3項）。

＊特別取締役は社外取締役でなければならない，というわけではありません。

特別取締役による決議 ┌ 取締役の数6人以上
　　　　　　　　　　　└ 取締役のうち1人以上が社外取締役

Check

「社外取締役」

社外取締役とは，株式会社の取締役で，その株式会社またはその子会社の業務執行取締役もしくは執行役または支配人その他の使用人でなく，かつ就任前の過去10年間に当該会社またはその子会社において，そのような地位に就いたことのないものが典型です（2条15号イ）。実際は，より細かく複雑な要件が規定されていますから，いちおう条文に当たっておいてください。この制度は，アメリカ型のコーポレートガバナンスのあり方を採り入れたものであり，その会社との関係がない，あるいは関係の薄い者を取締役として，公正，中立に取締役の職務の遂行がなされるよう期待したものです。社外取締役は，上記の特別取締役の制度を導入した場合や監査等委員会設置会社および指名委員会等設置会社となる場合にその選任が求められます（この点については該当箇所で指摘します）。

この社外取締役については，令和元年度改正法により新たに2つの規律が設けられています。まず，上場会社等（公開会社かつ大会社である監査役会設置会社であって，金融商品取引法による有価証券報告書の提出が義務付けられている会社）においては，社外取締役を設置しなければならないこととされました（327条の2）。これは，以前から懸案となっていた上場会社等における社外取締役の設置を義務づけるものです。また，社外取締役を置いている会社は，会社と取締役（指名委員会等設置会社では執行役）との利益が相反する状況にある場合，その他取締役（指名委員会等設置会社では執行役）が会社の業

務を執行することにより株主の利益を損なうおそれがあるときは，その度ごとに取締役会決議により，社外取締役に業務の執行を委託することができることとされました（348条の2第1項第2項）。これは，会社と取締役の利益相反取引はもとより，ＭＢＯ（マネジメントバイアウト）のような株主と取締役の利益が相反する特殊な取引の場面で社外取締役の活用を意図するものです。社外取締役は本来，業務執行はできないのが原則ですが，本規定により業務執行が委託されても社外取締役の要件は失われないこととされています（同条3項本文）。

(iii) 特別の利害関係を有する取締役の議決権行使

　取締役会の決議については，特別の利害関係を有する取締役は，議決に加わることができません（369条2項）。「特別の利害関係を有する」とは，例えば，甲株式会社の取締役Ａが，自分の所有する不動産について，甲社と売買契約を締結するような利益相反取引の場合がこれに当たります。この場合Ａは，自分の利益を優先して甲社の利益をかえりみない可能性がないとはいいきれませんから，特別利害関係人に当たります。したがって，Ａは，その取引の承認に関する取締役会決議には加わることはできないのです。この点，株主総会の決議については，特別の利害関係を有する株主であっても議決権を行使すること自体はできる（ただ，それによって著しく不当な決議がなされたときは，決議取消事由となる），ということと対比して覚えておきましょう（P159 ここが狙われる 参照）。

ここが狙われる

　代表取締役の解職に関する取締役会決議について，解職の対象となっている代表取締役は特別利害関係人に当たるでしょうか。この場合は，取締役相互間で，会社支配に関する争いが生じているに過ぎず，代表取締役と会社との間に利害の対立が生じているわけではなく，したがって，解職を請求されている当の代表取締役は利害関係人に当たらないという考え方も成り立ちます。しかし，判例は，当該代表取締役が私心を捨てて会社の利益のために判断することは期待できないとして，解職を請求されている代表取締役も特別利害関係人に当たると判断しています（最判昭44・3・28）。したがって，解職決議の対象となっている代表取締役は，その解職に関する取締役会決議に加わることはできません。

④　取締役会の議事録

　取締役会の議事については，法務省令で定めるところにより，議事録を作成し，議事録が書面をもって作成されているときは，出席した取締役および監査役は，これに署名し，または記名押印しなければならないとされています（369条3項）。

　取締役会の決議に参加した取締役であって，議事録に異議をとどめないものは，その決議に賛成したものと推定されることになります（同条5項）。例えば，設例33で，代表取締役Aが不動産投機の議案を取締役会に提出した場合に，それに異議をとどめなかった他の取締役は，その議案に賛成したものと推定されることになります。したがって，甲株式会社が被った損害に対して，任務懈怠として損害賠償責任を問われる可能性もあるわけです（423条1項）。もっとも，これは「推定」ですから，異議をとどめなかった他の取締役が，自分はその決議に反対したということを証明できれば，責任を免れることができます。

> **一歩前進**
>
> 　取締役会議事録は，取締役会の日から10年間，会社の本店に備え置くことが義務づけられています（371条1項）。＊
>
> 　取締役会議事録には企業秘密とすべき事項が記載されている可能性も高く，自由な閲覧・謄写を認めるとその情報がライバル会社に流出したり，総会屋に悪用されるおそれがあります。しかも，それをおそれて取締役が自由な発言を控えることもあり得ます。そこで，監査役設置会社，監査等委員会設置会社または指名委員会等設置会社では，株主や会社債権者が取締役会議事録の閲覧・謄写をするには，裁判所の許可を必要とします（同条3項）。
>
> 　それ以外の株式会社では，株主は裁判所の許可を必要とすることなく，その権利を行使するため必要があるときは，株式会社の営業時間内は，いつでも取締役会議事録の閲覧または謄写の請求ができます（同条2項）。

＊株主総会議事録は，本店に10年間，支店に5年間備え置くことが義務づけられています（318条2項・3項）。対比して覚えておきましょう。

⑤　取締役会決議の瑕疵

　株主総会決議に瑕疵がある場合について，会社法は，決議取消

しの訴え，決議無効確認の訴え，決議不存在確認の訴えの制度を
設けていますが，取締役会決議に瑕疵がある場合については，会
社法は特に規定を設けていません。そのため，取締役会決議に瑕
疵があるときは，一般原則により，その決議は当然に無効となる
と解されます。

したがって，この場合，決議に利害関係を有する者は，訴えの
利益がある限り，いつでも取締役会決議無効確認の訴えを提起す
ることができます。＊

＊必要な取締役会決
議を欠く代表取締役
の行為の効力につ
いては，後述します
（P221参照）。

ここが狙われる

　一部の取締役に対して取締役会の招集通知漏れがある場合，その取締役会の
決議は原則として無効となります。しかし，その取締役が出席してもなお，決
議の結果に影響を及ぼさないと認めるべき特段の事情があるときは，その決議
は有効となります（最判昭44・12・2）。単に員数合わせのために，名目だ
け取締役として名を連ねている取締役（名目取締役）に対してのみ招集通知が
なされていなかったという場合が，これに当たる可能性があります。

4　代表取締役

（1）意義

　代表取締役は，取締役会の決議に基づき会社の内部的な業務執
行を行うとともに，対外的には会社を代表する権限を有する会社
の機関です。先に説明したとおり，代表取締役の選任の要否・そ
の権限等については，取締役会非設置会社，指名委員会等設置会
社でない取締役会設置会社および指名委員会等設置会社とでそれ
ぞれ異なった規制が設けられています。多少くどくなりますが，
ここで再度確認しておきます。

①　取締役会非設置会社

　取締役会非設置会社においては，原則として各取締役が会社の
業務を執行するとともに，会社を代表します（348条1項，349条
1項本文・2項）。この形態の会社では，代表取締役を定めるか
どうかは，会社の任意ですが，代表取締役を定めたときは，他の
取締役は代表権を失い，代表取締役だけが会社を代表することに

なります（349条1項ただし書）。

②　指名委員会等設置会社でない取締役会設置会社

　指名委員会等設置会社でない取締役会設置会社の業務執行および会社代表は，各取締役ではなく，代表取締役の権限とされています（363条1項）。つまり，この形態の会社では，必ず代表取締役を選定する必要があります（362条3項）。*1

③　指名委員会等設置会社

　指名委員会等設置会社では，代表取締役は存在しません。指名委員会等設置会社の業務の執行，会社代表は，取締役会が選定する執行役，代表執行役が担うという体制になっているからです（418条，420条）。

(2)　代表取締役の選定および終任

①　選定

　取締役会非設置会社においては，必ずしも代表取締役を定める必要はありませんが，これを定める場合は，定款，定款の定めに基づく取締役の互選，または株主総会決議によって，取締役の中から選ばれます（349条3項）。

　指名委員会等設置会社でない取締役会設置会社の代表取締役は，取締役会において取締役の中から選定されます（362条2項3号）。*2

②　終任

　代表取締役は，以下の事由があるとき，その地位を失います。

(ⅰ) 取締役としての地位を失ったとき

　代表取締役は，取締役の中から選定されるのですから，その地位は取締役としての資格を前提とします。したがって，代表取締役が，任期満了，欠格事由の発生，辞任，解任等の事由により取締役としての地位を失ったときは，代表取締役の地位も消滅することになります。逆に，代表取締役としての地位を失ったからといって，それによって取締役としての地位まで失うことにはなりません。

(ⅱ) 代表取締役の辞任

　代表取締役は，いつでも辞任することができます（330条，民法651条1項）。

*1 当然のことながら，監査等委員会設置会社でも代表取締役の選定は不可欠です。

*2 代表取締役については，一般の取締役と異なり，その住所も登記事項とされています（911条3項14号）。

ここが狙われる

　任期の満了または辞任により代表取締役が退任した場合，その代表取締役は，新たに選定された代表取締役が就任するまでは，なお代表取締役としての権利義務を有します（351条1項）。代表取締役が欠けた場合または員数不足が生じた場合，裁判所は，必要があると認めるときは，利害関係人の申立てにより，一時代表取締役の職務を行うべき者を選任することができます（同条2項）。これを仮代表取締役といいます。

（iii）解職

　取締役会設置会社では，いつでも取締役会決議により代表取締役を解職することができます（362条2項3号）。*

代表取締役の終任　┳　取締役としての地位喪失
　　　　　　　　　┣　辞任
　　　　　　　　　┗　取締役会決議による解職

*代表取締役の解職は，代表取締役への解職決議の告知によって効力を生じるのではなく，取締役会の決議により直ちに効力を生じます（最判昭41・12・20）。

（3）代表取締役の権限

①　権限の範囲とその制限

設例34

　Aは，家具の販売を目的とする甲株式会社（取締役会設置会社）の代表取締役である。
　また，乙株式会社は，家具の製造・卸販売を目的とする株式会社である。

（i）業務執行権

　代表取締役が業務執行の権限を有することについては，明文の規定があります（363条1項1号）。業務執行とは，例えば，設例34で甲株式会社が，その取締役会で乙株式会社から家具の仕入れ契約（売買契約）を締結するとの決定をした場合に，その決定を実行することです。
　代表取締役以外の取締役であっても，取締役会の決議によって，会社の業務を執行する取締役として選定された者は業務執行取締役となります（同条同項2号）。なお，社外取締役は，業務

執行取締役になることはできません（2条15号）。社外取締役の職務の重点は，業務執行よりも取締役の職務執行の監督にあるからです。

（ii）会社代表権

「代表」とは，代表取締役の行った行為は，対外的には会社が行った行為と同視されるということです。この関係は「代理」とほぼ同様です。例えば，設例34で，Aが，甲株式会社の代表取締役として，乙株式会社と家具の仕入れ契約を締結した場合，甲社を買主，乙社を売主とする売買契約が成立することになります。要するに会社の代表という行為は，これを別の観点から眺めれば，対外的な業務執行という意味を持つわけです。

（iii）権限の範囲とその制限

代表取締役の権限は，株式会社の業務に関する一切の裁判上または裁判外の行為に及ぶ包括的なものです（349条4項）。＊

このように代表取締役の権限は，会社の業務に関する一切の行為に及ぶことから，定款，取締役会規則などによって代表権を制限しても，その制限はこれを知らない善意の第三者に対抗することができません（同条5項）。例えば，設例34で，甲株式会社が内規で，仕入額5000万円以上の取引は，取締役会の決議が必要である旨の制限を定めていたとします。ところが，Aが取締役会の決議を経ることなく，甲社を代表して乙社と代金額1億円の仕入れ契約を締結した場合に，乙社がそんな制限があることを知らなかったときは，甲社は，その制限を乙社に対抗できません。その結果，甲社と乙社の間に代金1億円の売買契約が成立することになります。

＊裁判上の行為とは，訴えの提起，訴えの取下げ，和解その他の訴訟行為です。裁判外の行為とは，営業の範囲内における契約の締結等の法律行為その他一切の行為です。

一歩前進

代表取締役は，裁判上の行為についても会社を代表しますから，例えば，設例34で，甲株式会社が乙株式会社に対して，売買契約に基づく商品引渡請求の訴えを提起するときは，代表取締役Aが，甲社を代表することになります。

しかし，会社と取締役との間で紛争が生じた場合に，会社が取締役に対して，また取締役が会社に対して訴えを提起する場合には，取締役同士の馴れ合い訴訟の危険があります。

そこで，会社と取締役間の訴訟については，株主総会で会社を代表する者を定めるのが原則とされ（353条），この株主総会の定めがない場合，取締役会設置会社では，取締役会で会社を代表する者を定めることとされています（364条）。

さらに，会社と取締役間の訴訟については，監査役設置会社では監査役，監査等委員会設置会社では監査等委員が選定する監査等委員または取締役会が定める者，指名委員会等設置会社では監査委員会が選定する監査委員または取締役会が定める者がそれぞれ会社を代表することとされています（386条1項，399条の7第1項，408条）。*

②　必要な取締役会決議を欠く取引行為の効力

前述したとおり，代表取締役の業務執行および代表行為の前提として，取締役会決議が要求されている事項があります（P207参照）。例えば，重要な財産の処分は取締役会の決議を要すべき事項であり，代表取締役個人の判断でなし得るものではありません（362条4項1号）。これは，会社の命運を左右するような重要な財産の処分については，取締役会の決議を要求することによって，より慎重に決定するのが適当とする考慮に基づくものです。にもかかわらず，代表取締役が取締役会決議を経ることなく，第三者と会社の重要な財産の処分契約を締結したとき，その行為の効力はどのように解すべきでしょうか。例えば，甲株式会社の代表取締役Aが，取締役会の決議を経ることなく，「重要な財産」である本店ビルをCに売却する契約を締結したとしましょう。このような，代表取締役の独断的な行為の効力を認めると，会社が手ひどい損害を受け，会社に酷な結果となることもあり得ます。だからといって，必要な取締役会決議がない以上，代表取締役Aの行為は無効と単純に割り切ってしまうと，処分の相手方であるCの利益が害される結果となります。したがって，この問題については，取締役会決議を要求することによって守るべき甲社の利益のほか相手方であるCの利益すなわち取引の安全も考慮する必要があります。

判例は，この問題について，「代表取締役が取締役会の決議を経てすることを要する対外的取引を決議なしで行った場合も，そ

*公開会社でない株式会社であって，監査役会，委員会を設置しない場合には，定款で監査役の権限を会計監査に限定することができます（389条1項）。この定めをした場合には，会社と取締役間の訴えについては，353条または364条の規定によることになります。

の取引行為は内部的意思決定を欠くにとどまり，原則として有効であって，相手方がその決議を経ていないということを知りまたは知り得べきときに限って無効である」としています（最判昭40・9・22）。そうすると，甲社の代表取締役Aの行為は，原則として有効ですが，その相手方であるCが，本店ビルの売却について，甲社の取締役会の決議がないことを知っていた場合および少し注意すれば知ることができた（過失によって知らなかった）ときは，その契約は無効となります。

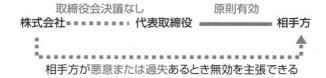

③　代表取締役の代表権の濫用

　代表権の濫用とは，代表取締役が，客観的には代表権の範囲内に属する行為を，会社の利益ではなく，自分または第三者の利益を図るために行った場合です。例えば設例34で，甲株式会社の代表取締役Aが，取締役会決議を経たうえ，仕入れた商品を横流しして，その代金を着服する目的で乙株式会社と家具の売買契約を締結したとします。取締役会決議を経ている以上，代表取締役Aの行為は，客観的には代表権の範囲内ですが，Aの甲社に対する背信的意図をどのように考えるべきかが問題となります。この場合，甲社の利益を重視すれば，Aが代表権を濫用して行った行為の効力は否定すべきと解することになるでしょう。しかし，このように解すると，甲社との取引が有効に成立したものと信じていた乙社が，思わぬ不利益を被ることになってしまいます。そこで，取引の安全も考慮する必要があります。

　この問題については，平成29年成立の民法改正により，明文をもって解決策が示されています。すなわち，代理人（代表者）の権限濫用行為について，改正後の民法107条は，「相手方がその目的を知り，または知ることができたときは，その行為は，代理権を有しない者がした行為とみなす」と規定しています。つまり，

代表取締役の権限濫用行為も有権代理（代表）として会社にその効果が帰属するのが原則であるが，その相手方が代表取締役の背信的意図を知り（悪意）または知り得た（有過失）ときは，無権代理（代表）として扱われ，会社に効果が帰属しないと解されます。*

*代表とは，代表者が会社のためにした行為の効果が会社に及ぶということであり，代理人の行為が本人に及ぶということと基本的に同じことです。

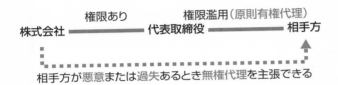

権限あり　　　　権限濫用（原則有権代理）
株式会社 ━━━━━ 代表取締役 ━━━━━ 相手方

相手方が悪意または過失あるとき無権代理を主張できる

　そうすると，設例34では，代表取締役Aが自己の利益を図るために締結した売買契約の効果は原則として甲社に帰属し，甲乙間に売買契約が成立します。しかし甲社が，Aの背信的意図を乙が知りまたは知ることができたことを主張・立証すれば，Aの行為は無権代理（代表）として扱われ，甲乙間に売買契約は成立しません。

一歩前進

　代理人の権限濫用行為について，従前の判例は，代理人の真意（権限濫用の目的）と本人のためにする旨の表示を心裡留保に類するものとしてとらえ，相手方が代理人の真意につき悪意または有過失であるときは，民法93条ただし書の規定を類推し，本人はその無効を主張できるとしていました（最判昭38・9・5）。この考え方に対しては，本人のためにする旨の表示と代理人の真意との間に心裡留保に類する関係があるわけではない，との理論的問題性が指摘されていたところ，法改正により上記本文のような解決が図られました。

Check

「代表者の行為についての損害賠償責任」

　株式会社は，代表取締役その他の代表者がその職務を行うことについて第三者に加えた損害を賠償する責任を負います（350条）。

　代表取締役の職務行為は会社の行為とみなされ，代表取締役の違法な職務行為により第三者が損害を被ったときは，会社が不法行為責任を負うという趣旨です。例えば，設例34で，甲株式会社の代表取締役Aが，乙株式会社から商品を詐取（だまし取る）したような場合は，甲社が乙社に対し損害賠償責任を負うことになります。この場合，代表取締役であるAも，甲社と連帯して損害賠償義務を負います（最判昭49・2・28）。

(4)　表見代表取締役

　設例34で，甲株式会社の代表取締役Aが，乙株式会社と代金額5000万円の売買契約を締結したとすると，その契約の効果は甲社に帰属します。これは，Aが，甲社の代表権を持っているため，Aの行為がすなわち会社の行為となるからです。したがって，代表権のない取締役Bが，甲社を代表して乙社と契約を締結しても，甲乙両社間に契約は成立しないのが原則です。

　しかし，甲社が，取締役Bに対し，一般に代表権があるかのような名称を使用させ，それによってBに代表権があるものと誤信して乙社が契約を締結したような場合であっても契約の成立が否定されるとすると，乙社は，思わぬ不利益を被る可能性があります。そこで，株式会社は，代表取締役以外の取締役に対し，社長，副社長その他株式会社を代表する権限を有するものと認められる名称を付した場合，その取締役（表見代表取締役）が行った行為について，善意の第三者に対して責任を負うとされています（354条）。設例34で，甲社が，代表権のない取締役Bに「社長」という名称を名乗ることを許諾し，Bがその名称で乙社と売買契約を締結したときは，甲乙両社間に売買契約が成立し得ることになります。この表見代表取締役の制度によって，会社に責任が生じるのは，以下の要件を満たした場合です。＊

①　外観の存在

　社長，副社長その他株式会社を代表する権限を有すると認められる名称を付したことが必要です。条文で明示されている社長，副社長等のほか，代表取締役職務代行者，会長，副会長，頭取，副頭取，CEO（最高経営責任者 chief executive officerの略）等の名称を付した場合がこれに当たります。

＊指名委員会等設置会社の代表執行役についても，表見代表取締役と同趣旨の表見代表執行役の制度が設けられています（421条）。

② 会社の帰責事由

　会社が，その名称の使用を積極的に許容した場合のほか，勝手に使用しているのを知りながら消極的に黙認している場合であっても，会社にこの責任が生じます。しかし，名称を勝手に使用し，会社もそれを知らなかったような場合は，会社に責任は生じません。

③ 第三者の善意

　相手方である第三者が，その名称使用者に権限がないことを知っていた場合（悪意）および善意であっても重過失があるときは，会社の責任は生じません（最判昭52・10・14）。＊

＊つまり，第三者が保護されるためには善意無重過失であることを要します。

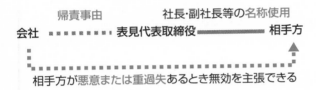

表見代表取締役

```
          帰責事由            社長・副社長等の名称使用
会社 ▪▪▪▪▪▪▪▪▪ 表見代表取締役 ━━━━━━━ 相手方
```

相手方が悪意または重過失あるとき無効を主張できる

ここが狙われる

　表見代表取締役の規定は，代表取締役以外の「取締役」に代表権があるかのような名称を使用させた場合に適用されるのであり，取締役以外の者にそのような名称を使用させた場合には，直ちに適用されるものではありません。しかし，判例は，取締役でない会社の使用人が代表取締役の了承の下に，「常務取締役」の名称を使用して金銭の借入れをした事案について，表見代表取締役の規定を類推適用し，会社の責任を認めています（最判昭35・10・14）。

5　会計参与

（1）意義と職務

　会計参与とは，取締役と共同して，計算書類およびその附属明細書，臨時計算書類，連結計算書類を作成することならびに会計参与報告を作成することを職務とするものであり（374条1項），取締役，監査役とともに会社の役員として位置づけられています

（329条1項）。

　取締役は，各事業年度に係る計算書類（貸借対照表，損益計算書等），附属明細書を作成し，定時株主総会にその書類を提出して，その承認を受けなければなりません（438条1項・2項）。しかし，取締役は必ずしも計算書類作成のプロではありません。そこで，会社法は，取締役が専門知識を有する会計参与と共同してこれらの書類を作成することにより，充実した適正な計算書類の作成を期待しているものといえるでしょう。

　このような会計参与の職務内容からすると，会計参与は，執行機関としての性格を色濃く持っています。その一方で，会計参与は，その職務を行うに際して，取締役の職務の執行に関し**不正の行為または法令・定款違反の重大な事実を発見したときは，遅滞なく，株主（監査役設置会社においては監査役）に報告しなければならない**とされており（375条1項），その点では，監査機関に似た機能も有しているということができます。[*1]

　会計参与と会社は**委任関係に立ちます**（330条）。したがって，会計参与は，その職務を行うに当たっては，**善良な管理者の注意義務を尽くさなければなりません**（民法644条）。

(2)　会計参与の資格・選任

　会計参与は，**公認会計士**（監査法人を含む）または**税理士**（税理士法人を含む）の中から**株主総会の決議**で選任されます（333条1項，329条1項）。その任期は，取締役と同様です（334条1項，332条）。なお，株式会社の取締役，監査役，執行役，支配人その他の使用人は，その会社の会計参与となることができず，また，子会社においてこのような地位にある者は，その親会社の会計参与となることができません（333条3項1号）。[*2]

*1 取締役会設置会社の会計参与は，計算書類の承認に関する取締役会に出席し，必要があれば意見を述べる義務があります（376条1項）。

*2 会計参与は，株主総会において，会計参与の選任・解任・辞任について意見を述べることができます（345条1項）。

ここが狙われる

　会計参与は，すべての株式会社で設置することができます。非公開会社であっても取締役会設置会社である場合は，原則として監査役を置かなければなりませんが，会計参与を設置すれば，監査役の設置を免れることができます。

6 使用人

(1) 意義

　ここまで，株式会社の業務執行機関について説明してきましたが，ご承知のとおり会社には，「社長」（代表取締役）を頂点として取締役，会計参与，監査役などの「役員」が存在し，その他に「従業員」と呼ばれる多数の人々が業務を行っています。役員は会社の機関に相当しますが，従業員は，法律上は「使用人」として位置づけられます。この使用人についても，会社法に規定が設けられていますから（会社法第1編第3章），必要最小限の事項は理解しておきましょう。使用人のうち，特に「支配人」という概念が重要です。

　なお，個人の営業主が従業員を使用して営業を行う場合には，商法の「商業使用人」の規定が適用されることになりますが（商法第1編第6章），会社法上の「使用人」とその内容はほぼ同一ですから，ここで併せて理解しておきましょう。

　以下，会社法の条文のみを引用しますが，これに対応するほぼ同一内容の条文が商法20条以下に規定されていますから，ざっと目を通しておかれるとよいでしょう。

(2) 役員と使用人の法律上の地位の差異

　まず，会社の役員（機関）と使用人の法律上の地位の差異を理解しておくことが必要です。役員は，株式会社との間の委任関係に基づき，その職務を遂行することになります。一方，使用人は，会社との雇用関係に基づきその業務に従事します。平たくいうと，使用人は，会社に雇われて仕事をしている人のことです。

　このように，会社の役員と使用人は，法律上の地位が異なり，その担当する職務も，役員は会社の経営に関わる業務，使用人は

いわばルーティンワークと色分けすることも可能です。日本に多くみられる終身雇用形態の会社では，役員は，使用人が「出世」して登りつめる地位という意識にも根強いものがありますが，法律的には，役員は「会社に雇われている人」ではないのです。もっとも，指名委員会等設置会社以外の会社の取締役は，使用人との兼任が禁止されているわけではないので，取締役が営業部長とか総務部長などの使用人を兼ねている例も多くみられます。*1

さて，会社法に規定されている使用人とは，「支配人」「ある種類または特定の事項の委任を受けた使用人」および「物品販売店等の使用人」のことです。いずれも，会社から一定範囲の代理権を与えられている使用人です。以下，順に説明していきます。

＊1 指名委員会等設置会社の取締役は，使用人との兼任が禁止されています（P271参照）。

（3）支配人

① 意義

使用人のうち，最も広範な代理権を有する使用人が支配人です。会社は，支配人を選任し，その本店または支店において，その事業を行わせることができます（10条）。*2

支配人は，会社に代わってその本店または支店の事業に関する一切の裁判上または裁判外の行為をする権限を有する使用人です（11条1項）。支配人であるかどうかは，このような権限を会社から与えられているか否かによる区別であり，その地位にどのような名称がつけられているかとは関係がありません。例えば，支配人，支店長，支社長あるいは営業所長等，営業の主任者であることを示す名称が付されていても，実質上会社から支配人としての権限を与えられていなければ，支配人ではありません。

② 表見支配人

もっとも，支配人，支店長，支社長あるいは営業所長のように，会社の本店または支店の事業の主任者であることを示す名称を与えられた使用人は，一見するとその本店，支店，営業所における一切の取引につき会社を代理する権限を有するものとみられるのが通常です。そこで，そのような名称を付した使用人については，実際にはそのような権限が与えられていなかったとしても，本店あるいは支店の事業に関し，一切の裁判外の行為をする権限を有するものとみなされます（13条本文）。これを表見支配

＊2 株式会社では，支配人の選任および解任は，取締役または取締役会の専決事項です（348条3項1号，362条4項3号）。会社が支配人を選任し，またはその代理権が消滅したときは，会社の本店所在地でその登記をしなければなりません（918条）。

人といいます。したがって，会社は，そのような名称を付した使用人の裁判外の行為について，原則として責任を免れることができないこととなります。ここでは「裁判上の行為」は除外されていることに注意してください。*1

相手方が，その使用人にそのような権限がないことを知っていたときは，会社は責任を負いません（同条ただし書）。

③ 支配人の権限

先に説明したとおり，支配人は，会社の事業に関する一切の裁判上または裁判外の包括的な代理権を持つことになりますが，その代理権は，営業所単位によって特定された事業の範囲に限定されます。したがって，支店の支配人には，本店や他の支店の事業についての代理権は認められません。この点は，代表取締役の権限との大きな差異です。*2

支配人は，他の使用人を選任し，または解任することができます（11条2項）。

④ 支配人の義務

支配人は，会社の許可を受けなければ，自ら営業を行うことや競業取引をすること，他の会社または個人商人の使用人となること，および他の会社の取締役，執行役，業務執行社員となること等が禁じられています（12条1項）。

つまり，株式会社の取締役は，株主総会または取締役会の許可（承認）を得なくとも，他の会社の取締役になることができますが，支配人は，許可がなければ他の会社の取締役となることができません。

(4) ある種類または特定の事項の委任を受けた使用人

事業に関するある種類または特定の事項の委任を受けた使用人は，当該事項に関する一切の裁判外の行為をする権限が認められます（14条1項）。支配人と異なり，裁判上の代理権はないことに注意してください。具体的には，部長，課長，係長などの役職にある者がこれに該当します。これらの者の代理権は，会社から委任を受けた「ある種類または特定の事項」に限定されます。しかし，その範囲内においては，包括的なものです。例えば，原材料の仕入れを担当する課長であれば，その業務についての包括的

*1 ここでいう本店・支店は，営業所としての実質を備えていなければなりません。そうでない場合は，たとえ「支社長」という名称を与えられていても表見支配人としての扱いを受けません（最判昭37・5・1）。

*2 支配人の代理権に制限を加えても，その制限は善意の第三者に対抗することができません（11条3項）。

な代理権が認められます。*1

＊1これらの使用人の代理権に制限を加えても，善意の第三者に対抗することはできません（14条2項）。

(5)　物品の販売等を目的とする店舗の使用人

　物品の販売等（販売，賃貸その他これらに類する行為をいいます）を目的とする店舗の使用人は，その店舗にある物品の販売等をする権限を有するものとみなされます（15条本文）。「みなす」とは，事実はどうあれ，法律の規定どおりに扱うということです。例えば，デパートである洋服を買ったところ，後になってそのデパートから，「実は，あなたのお相手をした店員には，あの洋服を売る権限を与えていなかったので，あの商品は返してください。代金はお返ししますから」などといわれても納得できないでしょう。この規定があることによって，デパートの売り場にいる店員さんには，そのデパートの商品を売る権限があるものとして扱われますから，そんな言い草は通用しないのです。もっとも，こんな馬鹿げた話は，実際にはあり得ないでしょうが。

　物品の販売だけでなく，「賃貸」の場合も含まれますから，例えば，レンタルビデオ屋さんから，ビデオやＤＶＤを借りるような場合にもこの規定が適用されます。*2

＊2相手方が悪意，つまりその店員に販売等の権限がないことを知っていたときは，この規定は適用されません。

> **Check**
>
> ### 「代理商」
>
> 　会社が，その事業を拡大するためには，進出しようとする地域に支店を設け，そこに従業員（使用人）を配置するという手段もあります。しかし，それでは費用がかかり過ぎ採算が合わないというような場合には，誰かその地域の実情に明るい他人に取引の代わりを任せて，取引ごとに手数料を支払うという方法を採るほうが有利な場合があります。
>
> 　代理商は，このような取引上の便宜のために利用される独立の商人であり，特定の会社のためにその平常の事業の部類に属する取引の代理または媒介をする者です（会社法16条かっこ書）。街で「損害保険代理店」という看板をみかけることがあるでしょう。この損害保険代理店が代理商のよい例です。通常，代理商と会社は「代理商契約」を締結することにより，委任または準委任の関係に立ち，代理商は善良な管理者の注意をもって業務を行う義務を負い（民法644条），取引を成立させたときは，当然に報酬の支払いを請求することができ

ます。代理商には，代理権を付与され取引を代理する締約代理商と取引の媒介
のみをする媒介代理商があります。締約代理商は会社のために契約を締結する
権限がありますが，媒介代理商は契約締結の権限はなく単に契約の成立に向け
て交渉を行う権限が認められます。つまり，会社との関係では，締約代理商は
委任，媒介代理商は準委任の関係に立ちます。

　会社法は，代理商について次のような規制を設けています。なお，個人営業
主（商人）の代理商については，商法に会社の代理商とほぼ同内容の規定が置
かれています（商法27条〜31条）。したがって，ここでの説明は，個人営業
主である商人の場合にも当てはまります。

① **代理商の義務**

（ⅰ）通知義務

　会社のために取引の代理または媒介をしたときは，遅滞なく，会社に対し
て，その旨の通知を発しなければなりません（会社法16条）。

（ⅱ）競業避止義務

　会社の許可なく，自己または第三者のために会社の事業の部類に属する取引
をしてはなりません（会社法17条1項1号）。また，会社の許可なく，会社の
事業と同種の事業を行う他の会社の取締役，執行役または業務執行社員となる
ことはできません（同条同項2号）。

② **代理商の権利**

（ⅰ）報酬請求権

　代理商は，商人ですから，報酬の特約がない場合であっても，本人である会
社に対して，当然に報酬を請求することができます（商法512条，P395参照）。

（ⅱ）相手方からの通知を受ける権利

　物品の販売またはその媒介の委託を受けた代理商は，商法526条2項等の通
知を受ける権限を持ちます（会社法18条）。商法526条2項の通知とは，商
事売買において買主が売主に発すべき通知のことです。詳しい意味について
は，P399以下を参照してください。

（ⅲ）留置権

　代理商は，取引の代理または媒介をしたことによって生じた債権の弁済期が
到来しているときは，その弁済を受けるまで，会社のために代理商が占有する
物などを留置することができます（会社法20条）。

③ **代理商契約の終了**

　代理商契約について，期間の定めがない場合，当事者は2ヶ月前に予告し
て，契約を解除することができます（会社法19条1項）。逆にいうと，2ヶ月

前に予告しないと解除できません。契約の期間を定めた場合も，やむを得ない事情があるときは，いつでも契約を解除することができます（同条2項）。

一歩前進

　使用人は企業の活動をいわば企業の内部にあって補助する者ということができますが，代理商は，企業の活動を企業の外部から補助する者といえます。このような企業の外部補助者としては，他に，仲立人および問屋（といや）というものがあります。仲立人とは，他人間の商行為の媒介を行うことを業とする者です。問屋とは，自己の名をもって，他人のために，物品の販売または買入れを業とする者です。これらについては，商法の仲立営業，問屋営業の項に規定されていますから，そこで説明することにします（P403以下参照）。

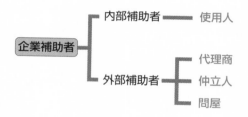

　取締役会設置会社（指名委員会等設置会社および監査等委員会設置会社を除く。）の取締役会に関する次の記述のうち，会社法の規定に照らし，誤っているものの組合せはどれか。なお，定款または取締役会において別段の定めはないものとする。

ア　取締役会は代表取締役がこれを招集しなければならない。

イ　取締役会を招集する場合には，取締役会の日の1週間前までに，各取締役（監査役設置会社にあっては，各取締役および各監査役）に対して，取締役会の目的である事項および議案を示して，招集の通知を発しなければならない。

ウ　取締役会の決議は，議決に加わることができる取締役の過半数が出席し，その過半数をもって行う。

エ　取締役会の決議について特別の利害関係を有する取締役は，議決に加わることができない。

オ　取締役会の決議に参加した取締役であって，取締役会の議事録に異議をとどめないものは，その決議に賛成したものと推定する。

1　ア・イ　　　　2　ア・オ　　　　3　イ・ウ　　　　4　ウ・エ　　　　5　エ・オ

解　説

ア　×　取締役会は，各取締役が招集するとされ（366条1項），代表取締役が招集しなければならないと定められているわけではありません。

イ　×　取締役会の招集通知に，取締役会の目的である事項および議案を示すことは要求されていません（368条1項参照）。経営会議である取締役会では，特定の事項や議案に縛られることなく，自由闊達に議論することが望ましいからです。

ウ　○　取締役会の決議は，議決に加わることができる取締役の過半数が出席し，その過半数をもって行うのが原則です（369条1項）。

エ　○　取締役会の決議について特別の利害関係を有する取締役は，議決に加わることはできません（369条2項）。

オ　○　取締役会の決議に参加した取締役であって，取締役会の議事録に異議をとどめないものは，その決議に賛成したものと推定されます（369条5項）。

以上より，誤っているものは，アおよびイであり，肢1が正解となります。

正解　1

実戦過去問 行政書士　平成21年度

取締役の選任および解任に関する次の記述のうち，正しいものはどれか。

1　すべての株式会社は，定款において，取締役の資格として当該株式会社の株主である旨を定めることができる。

2　取締役の辞任により員数が欠けた場合，当該取締役は，直ちに取締役としての地位を失うのではなく，新たな取締役が就任するまでの間は，引き続き取締役としての権利義務を有する。

3　解任された取締役であっても，正当な事由がなく解任された場合には，新たな取締役が就任するまでの間は，当該取締役は引き続き取締役としての権利義務を有する。

4　利害関係人の申立により裁判所が一時取締役を選任した場合，当該一時取締役が株式会社の常務に属しない行為をするには，裁判所の許可が必要である。

5　取締役が法令もしくは定款に違反する行為をし，当該行為によって株式会社に著しい損害が生じるおそれがある場合には，株主は直ちに当該取締役の解任の訴えを提起することができる。

解 説

1　×　公開会社では，取締役が株主でなければならない旨を定款で定めることはできません（331条2項）。

2　○　任期の満了または辞任によってその地位を去った取締役は，新たに選任された取締役が就任するまでの間は，なお取締役としての権利義務を有します（346条1項）。

3　×　肢2の場合と異なり，取締役が解任によってその地位を失ったときは，取締役としての権利義務を直ちに失います。

4　×　一時取締役（仮取締役）の権限は，通常の取締役の権限と異なりませんから，この場合裁判所の許可は不要です。取締役職務代行者の場合と混同しないよう，注意が必要です。

5　×　株主が取締役解任の訴えを提起するには，株主総会または種類株主総会で当該取締役の解任議案が否決されたことが要件となります（854条1項）。

正解　2

取締役会設置会社の支配人又は代表取締役に関する次のアからオまでの記述のうち，正しいものの組合せは，後記1から5までのうちどれか。

ア　未成年者であっても，支配人又は代表取締役になることができる。

イ　支配人についても，代表取締役についても，裁判上又は裁判外の行為をする権限に制限を加えたときは，その旨の登記をすれば，当該制限を善意の第三者に対抗することができる。

ウ　支配人については，取締役会の決議によらずに代表取締役の決定により選任することができる場合があるが，代表取締役は，取締役会の決議により選任しなければならない。

エ　支配人は，当該株式会社の許可がなければ，他の異業種の会社の取締役となることはできないが，代表取締役は，当該株式会社の許可を受けなくても，他の異業種の会社の取締役となることができる。

オ　支配人も，代表取締役も，当該株式会社の子会社の監査役を兼ねることはできない。

1　アエ　　　　2　アオ　　　　3　イウ　　　　4　イオ　　　　5　ウエ

解　説

ア　○　未成年者でも，会社の支配人や代表取締役になることは可能です。

イ　×　支配人および代表取締役の権限に加えた制限は，善意の第三者に対抗することができません（11条3項，349条5項）。

ウ　×　支配人は，取締役会決議により選任することを要します。この権限を代表取締役に委任することはできません（362条4項3号）。

エ　○　支配人は，会社の許可を受けなければ，他の会社の取締役等になることはできません（12条1項4号）。取締役についてはそのような制限はありません。

オ　×　支配人や代表取締役が，その子会社の監査役を兼ねることは禁止されていません。

以上より，正しいものはアエであり，正解は肢1となります。

正解　1

9 株式会社の監査機関と役員等の責任

学習ナビゲーション

　株式会社を適切に運営していくためには，取締役や代表取締役の行為を
チェックしその暴走を抑えるためのメカニズムが不可欠です。そこで，会社法
は，一定の類型の株式会社に独立の監査機関の設置を要求し，株式会社の経営
が適正・円滑に遂行できるような体制を整えています。この監査機関がその役
割を十分に果たし，取締役等の違法行為を抑止し，会社の損害を未然に防ぐこ
とができればそれに越したことはありません。しかし，不幸にも損害が生じて
しまったときは，その責任者に対する責任追及が認められます。

　本講では，指名委員会等設置会社および監査等委員会設置会社でない株式会
社の監査機関に関する一般的事項とともに，役員等の責任について説明しま
す。試験対策的には，役員等の責任が重要ですから，十分な理解に努めてくだ
さい。

1 監査機関の意義

　営利団体である株式会社の経営は，法令・定款の規定を守り，
適時・的確な経営判断の下に行われる必要があります。しかし，
会社の経営を担う取締役等が，利益追求を過度に重視するあまり
法令・定款違反を犯し，また無謀・無軌道な経営に走ることも稀
ではありません。

　このような事態を防止するため，株式会社の実質的所有者であ
る株主には，株主総会の議決権や監督是正権を通じて，取締役の

活動に対する一定程度のチェック機能が認められますが，大多数
の投資株主や投機株主に，常に経営の監視を期待することは無理
といわざるを得ません。また，取締役会設置会社では，取締役会
にも代表取締役の職務執行の監督機能が付与されていますが，取
締役会による監督は，取締役同士の人的なつながりから義理や人
情に流されがちで，必ずしも十分な成果を期待できません。

　そのようなことから，株式会社の経営に当たる取締役や代表取
締役が法令に違反し，また経営判断を誤って会社が不適正な状態
に陥ることも想定しなければなりません。そうなると，会社の利
益が落ち込むだけならまだしも，粉飾決算等の不正な行為によっ
て会社が社会的信用を失い，倒産の危機に瀕することにもなりか
ねません。そこで，会社法は，そのような事態を未然に防止し，
あるいはそれを是正するため，一定の内容を持った会社や一定規
模の会社には，取締役等の職務の執行を監査する独立の監査機関
を設けることを義務づけています。

　会社法上，株式会社に設置することが認められている監査機関
は，監査役，監査役会，会計監査人，監査委員会および監査等委
員会です。監査委員会については指名委員会等設置会社の項で，
監査等委員会については監査等委員会設置会社の項でそれぞれ説
明しますので，以下，監査役，監査役会，会計監査人等の監査機
関について説明していくことにします。

2　監査役

設例35

　非公開会社である甲株式会社は，取締役会と会計参与を設置している。

設例36

　非公開会社である乙株式会社は，取締役会を設置していないが，会計監査人
を設置している。

(1) 意義

　監査役は，**取締役の職務執行の監査**を行う機関です。会計参与を設置している会社では，併せて**会計参与の職務の執行も監査の対象**となります。(381条1項前段)。監査役は**独任制の機関**ですから，監査役が何人いても，それぞれが**独立**してその権限を行使します。*

　監査役の職務 →取締役の職務の監査
　　　　　　　　→会計参与の職務の監査

一歩前進

　旧商法の下では，監査役はすべての株式会社に必ず設置しなければならない機関とされていましたが，会社法は，会社の規模や実情に応じた合理的な会社の運営を可能とするため，**監査役を置くかどうかは原則として会社の任意**としたうえで（326条2項)，**一定の内容や規模を持った株式会社に監査機関を置くことを義務づけています。**

　指名委員会等設置会社および監査等委員会設置会社でない取締役会設置会社では，原則として監査役を置かなければなりません（327条2項本文)。ただ，設例35の甲株式会社のように，取締役会設置会社であっても，**非公開会社で会計参与を設置した場合は，監査役の設置を免れる**ことができます（同条同項ただし書)。しかし，甲社が大会社であるときは，会計監査人の設置が必要となり，必ず監査役を設置しなければなりません（328条2項，327条3項)。

　取締役会を設置していない会社では，監査役を置くかどうかは原則として任意です。要するに，置いても置かなくても，どちらでもいいわけです。しかし，設例36の乙株式会社のように，**会計監査人を置いたときは，併せて監査役を置くことが義務づけられる**ことになります（327条3項)。もっとも実際上は，取締役会を設置していない会社が会計監査人を置くということは，ちょっと想定できるものではありませんが。

*この点，国家の司法権の行使における，裁判官の職権行使の独立（憲法76条3項)をホウフツとさせるものがあります。

(2) 監査役の資格・選任・任期
① 資格

監査役は，取締役（会計参与）の職務執行の監査という重責を担うのですから，その能力や資質に問題がある者は，排除する必要があります。そこで，監査役についても，**取締役と同様の欠格事由**が定められています（335条1項，331条1項）。したがって，例えば，法人や一定の犯罪を犯した後所定の期間を経過していない者等は，監査役となることができません。成年被後見人や被保佐人は欠格事由から外されていますから，監査役となることができます。（335条1項，331条の2）。未成年者については，**法定代理人の同意を得て監査役になることができます。**＊

また，公開会社では，取締役の場合と同様，**定款で監査役が株主でなければならない旨を定めることはできません**。監査役にも社外からの適材を求める趣旨です。もっとも，非公開会社では，この制限は適用されません（335条1項，331条2項）。すなわち，株式全部について譲渡制限を設けている会社では，取締役も監査役も株主でなければならない旨の定款の定めは有効です。

＊監査役の欠格事由については，取締役の欠格事由を参照して確認しておいてください（P179以下参照）。

ここが狙われる

監査役は，会社（または子会社）の取締役，支配人その他の使用人，当該子会社の会計参与，執行役を兼ねることができません（335条2項）。これを認めると，監査する者と監査される者とが同一人というナンセンスな構図になってしまうからです。もっとも，親会社の取締役や支配人が，子会社の監査役を兼ねることは禁止されていません。

---

② 選任・員数
（i）選任

監査役の選任の要件も，取締役の場合と全く同様です。繰り返しのような形になりますが，確認しておきましょう。

監査役は，**株主総会の決議**により選任されます（329条1項）。

この決議は普通決議，すなわち議決権を行使することができる株主の議決権の過半数を有する株主が出席し（定足数），出席した株主の議決権の過半数をもって行う（決議要件）ことになります（309条1項）。監査役が欠けた場合または定款で定めた員数に

欠員が生じた場合に備えて，補欠の監査役を選任することもできます（329条3項）。

　普通決議については，一般にその定足数を定款で引き下げ，あるいは排除することも可能です。しかし，監査役の選任決議については，定足数を3分の1未満に引き下げることができません。これは，重大な職責を担う監査役の選任について，より多くの株主の意向を反映させようとするものです。また，決議要件については，出席株主の議決権の過半数の要件を上回る割合を定款で定めることができます（341条）。総会決議によって監査役に選任された者は，それだけで監査役の地位に就くのではなく，監査役の地位に就くことを承諾することによって監査役となります。

　株式会社と監査役との関係は，委任に関する規定に従うことになります（330条）。つまり，監査役は善良な管理者の注意義務を尽くして，その職務を遂行しなければなりません（民法644条）。監査役がその任務を怠ったときは，会社に対しこれによって生じた損害を賠償する責任を負います（会社法423条1項）。

委任関係

会社 ━━━━━━━━━━━━━━ 監査役

⇩

善良な管理者の注意義務

ここが狙われる

　監査役は，取締役と異なり，忠実義務は課せられていません。また，監査役は業務執行には直接タッチしませんから，取締役に課せられる競業取引，利益相反取引に関する制限はありません。つまり，これらの取引をするに際し，株主総会または取締役会による承認は不要です。

（ⅱ）員数

　監査役の員数については，監査役会設置会社では3人以上で，そのうち半数以上は，社外監査役でなければならないとされています（335条3項）。監査役会設置会社以外では，監査役の員数に特に制限はありませんから，1人でもOKです。

一歩前進

　監査役は，取締役に対し，監査役の選任に関する議題または議案を株主総会に提出することを請求することができます（343条2項）。その場合，監査役（監査役が2人以上ある場合には，その過半数）の同意を得なければなりません（同条1項）。取締役の意のままに監査役が決められるのを防止するためです。*1

＊1監査役の解任議案の提出には，監査役の同意は不要です。

③　任期

　監査役の任期は，原則として選任後4年以内に終了する事業年度のうち最終のものに関する定時株主総会の終結の時までです（336条1項）。取締役の場合と異なり，その任期は長く設定され，また定款で任期を短縮することもできません。これは，監査役の地位の独立性・安定性に配慮したものです。*2

　非公開会社では，定款により，任期を選任後10年以内に終了する事業年度のうち最終のものに関する定時株主総会の終結の時まで伸長することができます（同条2項）。

＊2補欠監査役の任期については，定款で定めれば，退任した取締役の任期の満了する時までに短縮することができます（同条3項）。

(3) 監査役の終任

①　終任事由

　監査役の終任事由も，取締役の場合と同様です。

　すなわち，監査役は，任期満了，辞任，委任契約の終了のほか，監査役の欠格事由の発生，会社の解散によりその地位を去る場合があります。

②　解任

　上記の終任事由のほか，監査役は，取締役と同様，解任によって任期途中でその地位を追われることもあります。これには，株主総会における解任決議の場合と解任の訴えによる場合があります。

監査役の解任 ── 株主総会決議による解任

　　　　　　　└ 解任の訴えによる解任

（ⅰ）株主総会決議による解任

　会社は，株主総会の**特別決議**によっていつでも理由のいかん
にかかわらず，監査役を解任することができます（309条２項７
号，339条１項）。もっとも，会社法は，監査役の地位の安定性に
も配慮して，正当な理由のある解任の場合を除き，監査役は会
社に対して解任によって生じた損害の賠償を請求できるとしてい
ます（同条２項）。いいかえると，解任に正当の理由があるとき
は，損害賠償の必要はないということです。

```
                        ┌ 正当な理由なし ⇒ 損害賠償必要
総会決議による解任 ─┤
                        └ 正当な理由あり ⇒ 損害賠償不要
```

一歩前進

　監査役は，株主総会において，監査役の**選任，解任，辞任**
について意見を述べることができます（345条４項・１項）。
また，監査役を辞任した者は，辞任後最初に招集される株主
総会に出席して，**辞任した旨およびその理由を述べる**ことが
できます（同条４項・２項）。監査役が，取締役からの不当
な圧力によって辞任させられたような場合には，それを株主
総会で明らかにすることができるのですから，取締役の横暴
をけん制する効果的な武器となるでしょう。

ここが狙われる

　監査役を解任する株主総会決議は，**特別決議**でなければなりません（309条
２項７号，339条１項）。

（ⅱ）解任の訴え

　監査役についても，取締役の解任の場合と同一の要件の下で，
少数株主による解任の訴えが認められます（854条１項）。その要
件等については，取締役解任の訴えの項（P190以下）を確認し
てください。

（4）監査役の職務と権限

① 監査役の職務

　監査役の監査は，原則として会計監査のほか，業務監査もその対象となります。

　業務監査については，適法性監査（その行為が法令に適合しているかどうか）に限られるのか，妥当性監査（その行為を行うことが経営判断として適切かどうか）にも及ぶのかという点について争いがあります。この点について，通説（最も有力な見解）は，業務執行の権限がなく，またその責任もない監査役が業務執行の妥当性に口出しすることは適当でないことを理由として，監査役の業務監査の範囲は適法性監査に限られるとしています。ただ，監査役といえども，取締役の著しく不当な業務執行については，監査すべき職務を負うと考えられます（382条，384条参照）。

> **一歩前進**
>
> 　監査役の報酬等は，定款にその額を定めていないときは，株主総会の決議によって定めます（387条1項）。監査役が2人以上ある場合で，各監査役の報酬等について定款の定めまたは株主総会の決議がないときは，個々の報酬は，その総額の範囲内で監査役の協議によって決めます（同条2項）。取締役会設置会社であっても，取締役会の決議により定めることはできません。これは，監査役が取締役から「兵糧攻め」にされ，その職務を圧迫されるのを防ぐためです。

② 監査役の権限と義務

（ⅰ）事業報告請求権および調査権

　監査役は，法務省令で定めるところにより，監査報告を作成しなければなりません（381条1項）。そのための手段として，監査役は，いつでも取締役，会計参与，支配人その他の使用人に対し

て事業の報告を求め，または監査役設置会社の業務および財産
の状況を調査することができます（同条2項）。さらに，監査役
は，その職務を行うため必要があるときは，監査役設置会社の子
会社に対して事業の報告を求め，またはその子会社の業務および
財産の状況を調査することができます（同条3項）。＊

＊子会社は，正当な
理由があるときは，
監査役への報告，調
査を拒むことができ
ます（381条4項）。

（ii）取締役への報告義務，取締役会への出席義務

　監査役は，取締役が不正の行為をし，もしくはそのおそれがあ
ると認めるとき，または法令もしくは定款に違反する事実もしく
は著しく不当な事実があると認めるときは，遅滞なく，その旨を
取締役（取締役会設置会社にあっては，取締役会）に報告しなけ
ればなりません（382条）。また，監査役は，取締役会に出席し，
必要があると認めるときは，意見を述べなければなりません（383
条1項本文）。

ここが狙われる

　取締役への報告を行うために，必要があると認めるときは，監査役は，取締
役に対し，取締役会の招集を請求することができます（383条2項）。この場
合，その請求があった日から5日以内に，その請求があった日から2週間以内
の日を取締役会の日とする取締役会招集通知が発せられないときは，その請求
をした監査役は自ら取締役会を招集することができます（同条3項）。

（iii）株主総会に対する報告義務

　監査役は，取締役が株主総会に提出しようとする議案，書類そ
の他法務省令で定めるものを調査し，この場合において，法令も
しくは定款に違反し，または著しく不当な事項があると認めると
きは，その調査の結果を株主総会に報告しなければなりません
（384条）。

（iv）取締役の行為の差止請求権

　監査役は，取締役が監査役設置会社の目的の範囲外の行為その
他法令もしくは定款に違反する行為をし，またはこれらの行為を
するおそれがある場合において，その行為によって監査役設置会
社に著しい損害が生ずるおそれがあるときは，その取締役に対
し，その行為をやめることを請求することができます（385条1
項）。

一歩前進

　監査役会・会計監査人のどちらも置かない非公開会社では，定款で，監査役の監査の範囲を**会計監査**に限定することができます。その定めを設けている会社は，「**監査役設置会社**」ではないとされ（2条9号参照），そのような会社の監査役の権限は会計監査に限定され，当該監査役は，上記本文（ⅰ）の事業報告請求権および調査権，（ⅱ）の取締役の行為の差止請求権は認められず，また取締役や株主総会への報告義務や取締役会への出席義務もありません（389条7項）。＊

＊定款にその旨の定めを設けている場合は，登記が義務づけられます（911条3項17号イ）。

ここが狙われる

　監査役設置会社について会社と取締役の間で内部紛争が生じ，会社が取締役に対し，または取締役が会社に対し訴えを提起する場合，**監査役が会社を代表**することになります（386条1項）。

3　監査役会

(1) 意義

　監査役会は，すべての**監査役で組織**される株式会社の監査機関です（390条1項）。数人の監査役がある場合であっても，当然に監査役会が構成されるのではなく，監査役会を置くには，**定款でその旨を定める**ことが必要です（326条2項）。

　監査役会を設置した場合でも，監査役自体は独任制の機関ですから，**各監査役は独立**してその職務を行います。しかし，複数の監査役によって構成される監査役会を設置することにより，取締役に対する発言力が増し，取締役会に対する影響力を強めることができると考えられます。また，監査役会で定めて監査役の役割を分担することにより，効率的な監査を期待することができます。さらに，各監査役の調査結果や情報を監査役全員で共有できるというメリットもあります。このように，監査役会は，**監査役単独での監査**よりも強力かつ効率的な監査を実現することを目的とする制度といってよいでしょう。

　公開会社である大会社（監査等委員会設置会社および指名委員会等設置会社を除く）は，**監査役会**および**会計監査人**を置くことが義務づけられています（328条1項）。利害関係人の多い大会社では，より充実した監査体制を敷くことが求められるからです。その他の取締役会設置会社では，**定款で定めることによって監査役会を置くこと**ができます（326条2項）。*

(2)　監査役会の構成と職務

　監査役会は，**すべての監査役で組織**されます（390条1項）。監査役会設置会社においては，監査役は**3人以上**でなければなりません。また，その**半数以上は社外監査役**でなければなりません（335条3項）。例えば，監査役が4人であれば2人以上，5人であれば3人以上の社外監査役を必要とします。これは，監査役に会社の「子飼い」でない人材を求めて，取締役の影響力を排除した公正な監査を可能とするためです。

　監査役会は，監査役の中から**常勤の監査役**を選定しなければなりません（390条3項）。この選定の決議は，監査役の過半数をもって行います（393条1項）。通常は，この常勤監査役が，取締役会への出席等の日常業務を行います。監査役は，監査役会の求めがあるときは，いつでもその職務の執行の状況を監査役会に報告しなければなりません（390条4項）。

　監査役会の職務は，①監査報告の作成，②常勤の監査役の選定および解職，③監査の方針，業務および財産の状況の調査の方法，その他の監査役の職務の執行に関する事項の決定です（同条2項）。

```
監査役会の職務 ┏ 監査報告の作成
              ┣ 常勤の監査役の選定および解職
              ┗ 監査方針等,監査役の職務執行事項の決定
```

(3)　監査役会の招集・決議・議事録
①　招集

　監査役会は，**各監査役が招集**します（391条）。取締役会については，特定の取締役に限定して取締役会を招集する権限を認める

---

*監査役会を置く株式会社または会社法の規定により監査役会を置かなければならない株式会社を監査役会設置会社といいます（2条10号）。

用語の説明
「社外監査役」
株式会社の監査役であって,過去に当該株式会社またはその子会社の取締役,会計参与,執行役,支配人その他の使用人でなく,かつ就任前の過去10年間に当該会社またはその子会社において,そのような地位に就いたことがないものです（2条16号）。要するに,その会社や子会社の「生え抜き」あるいは「たたき上げ」でない人とイメージして間違いではありません。ただ,その範囲については,もう少し詳細に規定されていますから,一応条文に目を通しておいてください。

こともできますが（366条1項ただし書），監査役会についてはそのような扱いは認められません。これは，監査役の独立性を確保するためです。

監査役会を招集するには，監査役会の日の1週間（これを下回る期間を定款で定めた場合には，その期間）前までに，各監査役に対してその通知を発しなければなりません（392条1項）。ただし，監査役全員の同意があるときは，招集の手続を経ることなく，監査役会を開催することができます（同条2項）。

② **決議**

監査役会の決議は，監査役の過半数で可決されます（393条1項）。定款でこの要件を加重することはできません。また，監査役は各自独立した職務権限を有するのですから，監査方針，調査方法の決定等の事項に関しては，多数決による決定で監査役の権限行使を妨げることはできません（390条2項ただし書）。

③ **議事録**

監査役会の議事については，法務省令で定めるところにより，議事録を作成しなければなりません。その議事録が書面をもって作成されているときは，出席した監査役は，これに署名し，または記名押印しなければなりません（393条2項）。*

監査役会の決議に参加した監査役であって議事録に異議をとどめないものは，その決議に賛成したものと推定されることになります（同条4項）。

＊監査役会議事録は，本店に10年間備え置かれます。株主は，その権利を行使するため必要があるときは，裁判所の許可を得て，その閲覧・謄写の請求をすることができます（394条1項・2項）。

4 会計監査人

（1）意義

会計監査人は，株式会社の計算書類およびその附属明細書，臨時計算書類，連結計算書類等を監査し，これらに関して法務省令の定めるところにより会計監査報告を作成することを職務とします（396条1項）。会計監査人と会社との関係は，委任に関する規定に従うものとされています（330条）。したがって，会計監査人は，善良な管理者の注意義務をもって，その職務を行わなければなりません（民法644条）。監査役と会計監査人の役割分担と

して，計算書類の監査は，第一次的には会計監査人が行い，監査役は，これを事後審査したうえ，監査報告を作成することとされています。しかし，その間に主従の関係があるわけではありません。

会計監査人の資格は，公認会計士または監査法人に限られています（337条1項）。これは，企業会計のプロフェッショナルであり，会社外部の独立した存在である公認会計士，監査法人を株式会社の監査に参加させることにより，より適正かつ充実した監査の実現を目指したものです。

用語の説明
「監査法人」
公認会計士で構成される法人で，企業の会計監査を行います。

大会社では，公開会社，非公開会社を問わず，会計監査人を置くことが義務づけられています（328条）。また，指名委員会等設置会社および監査等委員会設置会社でも必ず会計監査人を置かなければなりません（327条5項）。これらの会社では，多数の利害関係人が存在するのが通常であり，ひとたび粉飾決算等の不正な会計処理が行われると，多大な社会的影響を及ぼすことになります。したがって，これらの会社では，計算書類の適正さを確保する必要性が特に大きく，そのため監査役の監査に加えて会計監査人の監査を要求しているわけです。

それ以外の会社では，定款で定めることにより会計監査人を置くことができます（326条2項）。＊

＊会計監査人を置く会社では，指名委員会等設置会社および監査等委員会設置会社を除いて，必ず監査役を置かなければならないことに注意しましょう（327条3項）。

(2) 会計監査人の選任・解任・任期
① 選任・解任

会計監査人は，株主総会の決議（普通決議）によって選任され

ます（329条1項）。また，その解任も株主総会決議（普通決議）によらなければなりません（339条1項）。会計監査人の選任・解任を取締役会決議で行うことができるとすると，取締役が自分たちのいいなりになる者を会計監査人に選任する一方で，自分たちの意に沿わない会計監査人を一方的に辞めさせるというおそれがあります。このような弊害を防止し，会計監査人の地位の独立性と監査の継続性を確保するため，その選任・解任には株主総会決議が要求されているわけです。正当な理由なく解任された会計監査人は，解任によって生じた損害の賠償を請求することができます（同条2項）。

　会計監査人は，株主総会において，会計監査人の選任もしくは解任または辞任について意見を述べることができます（345条5項・1項）。また会計監査人を辞任した者または解任された者は，辞任後または解任後最初に招集される株主総会に出席して，辞任した旨およびその理由または解任についての意見を述べることができます（同条5項・2項）。これは，会計監査人に，会社からの不当な圧力に対する対抗手段を認めたものです。

一歩前進

　上記の株主総会決議による場合のほか，監査役，監査役会，監査委員および監査等委員も，会計監査人の職務怠慢，非行，心身の故障等を理由として，会計監査人を解任することができます（340条1項・4項・5項）。この解任は，監査役が複数あるときはその全員の同意を必要とします。また，指名委員会等設置会社では監査委員全員，監査等委員会設置会社では監査等委員全員の同意によって行わなければなりません（同条2項・5項・6項）。

---

② **任期**

　会計監査人の任期は，選任後1年以内に終了する事業年度のうち最終のものに関する定時株主総会の終結の時までです（338条1項）。このように，会計監査人の任期は短期間に設定されています。しかし，この定時株主総会で別段の決議がなされなかったときは，その会計監査人は，再任されたものとみなされます（同

条2項)。[1]

　総会に提出する会計監査人の選任・解任および再任に関する議案の内容は，監査役設置会社においては**監査役**，監査役会設置会社では**監査役会**が決定します（344条1項・3項）。

(3) 会計監査人の権限

　会計監査人は，その職務を遂行するために，次のような権限が認められています。

① 　会計監査人は，いつでも会計帳簿またはこれに関する**資料の閲覧・謄写**をすることができる（396条2項）。

② 　会計監査人は，いつでも取締役（指名委員会等設置会社においては執行役，取締役）および会計参与・支配人その他の使用人に対し，**会計に関する報告を求める**ことができる（同条同項柱書・6項）。

③ 　会計監査人は，その職務を行うため必要があるときは，会社の**子会社に対して会計に関する報告を求める**ことができる（同条3項）。

④ 　会計監査人は，その職務を行うため必要があるときは，会社またはその子会社の**業務および財産の状況の調査**をすることができる（同条3項）。[2]

一歩前進

　監査役の監査と会計監査人の監査の根本的な違いは，監査役の監査が**会社の機関による内部監査**であるのに対し，会計監査人の監査は**外部の会計専門家による外部監査**であるという点です。会社法は，このように性質の違う2つの監査が相互に連携し，補完しあって実効性を発揮することを期待しています。

　会計監査人は，その職務を行うに際して会社またはその子会社の取締役，会計参与，監査役，執行役，使用人等の使用

---

*1会計監査人の任期については，法定の任期より短縮し，または伸長することはできません。

*2子会社は，正当な理由があるときは，③の報告または④の調査を拒むことができます（396条4項）。

が禁じられます（396条5項2号）。そして，取締役の職務の執行に関し不正の行為または法令もしくは定款に違反する重大な事実があることを発見したときは，遅滞なく，これを監査役（監査役会）に報告しなければならないこととされています（397条1項）。逆に，監査役（監査役会）は，その職務を行うため必要があるときは，会計監査人に対し，その監査に関する報告を求めることができます（同条2項）。

さらに，株式会社の計算書類およびその附属明細書，臨時計算書類ならびに連結計算書類が，法令または定款に適合するかどうかについて会計監査人が監査役と意見を異にするときは，会計監査人は，定時株主総会に出席して意見を述べることができます（398条1項）。＊

＊会計監査人がその職務を全うし得るよう，取締役が会計監査人の報酬を決定するには，監査役の同意を必要とします（399条1項）。

5　役員等の責任

営利団体である株式会社は，利益を上げることを目的として組織的に活動しますが，その活動の過程で，取締役等の不正行為あるいは軽率な行為によって会社に損害が生じることも想定できます。そこで，そのような事態が生じた場合に備えて，取締役等の会社に対する損害賠償責任の規定が整備され，併せて株主による責任追及の手段も用意されています。さらに，取締役等の違法な活動によって，取引の相手方などの第三者に損害を生じさせた場合には，その第三者に対する損害賠償責任も用意されています。

会社法は，取締役のほか，会計参与，監査役，執行役，会計監査人についての責任を「役員等の損害賠償責任」として，まとめて規定しています。この役員等の責任としては，上記のとおり任務懈怠に基づく会社に対する損害賠償責任と第三者に対する損害賠償責任の2つがあります。

```
役員等の任務懈怠責任 ┬━ 会社に対する損害賠償責任
                    └━ 第三者に対する損害賠償責任
```

アドバイス
任務懈怠の責任については，P195以下で説明した「取締役の義務」の記述との関連を意識して理解に努めてください。

（1）任務懈怠に基づく会社に対する損害賠償責任

設例37

　スーパーマーケット等の小売業を主体とする甲株式会社は，代表取締役Aの方針により，全国的に店舗網を急拡大した。ところが，その後の景気後退により，出店のための多大な投資が一因となって，業績が急速に悪化した。

①　意義

　取締役，会計参与，監査役，執行役，会計監査人といった株式会社の「役員等」が，その任務を怠り，これによって会社に損害を生じさせたときは，会社に対してその損害を賠償する義務を負います（423条1項）。*1

損害賠償責任を負う役員等
- 取締役
- 会計参与
- 監査役
- 執行役
- 会計監査人

> *1 「役員」という言葉は通常，取締役，会計参与，監査役の三者を意味するものとして使われますが，損害賠償責任に関しては，これに加えて，執行役，会計監査人も含むものとして「役員等」という言葉が使われています。

　これらの者は，会社と委任関係に立ち（330条，402条3項），その職務を遂行するに当たっては，善良な管理者の注意義務（民法644条）を負います。したがって，この義務に違反して会社に損害を生じさせたときは，債務不履行の一般原則（同法415条）から，会社に損害賠償責任を負うことになるはずです。

　会社法が，これに加えて，上記の役員等の任務懈怠責任を規定しているのは，役員等の責任を一般原則以上に明確かつ厳格なものとする意味があると考えられます。ただ，これら役員等の責任は，原則として過失責任であることに注意してください。したがって，取締役等が，その行為によって会社に損害を生じさせたときでも，その任務懈怠について過失がなかったことを証明したときは，責任を免れることになります。*2

　役員等が会社に生じた損害を賠償する責任を負う場合，他の役員等もその損害を賠償する責任を負うときは，これらの者は連帯債務を負うことになります（会社法430条）。つまり，これらの者

> *2 取締役が無過失の任務懈怠責任を負うのは，利益相反取引の直接取引を「自己のためにした」場合だけです。その他の場合の任務懈怠責任はすべて過失責任です（次頁 **一歩前進** を参照）。

の責任は連帯責任となります。例えば，利益相反取引によって会社に損害が生じた場合，その取引を承認する取締役会決議に賛成した取締役は，任務を怠ったものと推定されますから（423条3項），任務を怠っていないことを証明しない限り，損害賠償責任を免れることはできません。この場合その取締役は，利益相反取引をした取締役とともに，連帯して会社に対する損害賠償責任を負うことになります。

一歩前進

　取締役が会社との競業取引を行った場合の損害賠償責任（356条1項1号）や利益相反取引に基づく損害賠償責任（同条同項2号・3号）も任務懈怠責任の一種です。そして，利益相反取引においては，取締役が自己のために会社と直接取引をした場合に限っては，その任務を怠ったことがその取締役の責めに帰することができない事由によるものであることを立証しても，損害賠償責任を免れることはできないとされています（428条1項，356条1項2号）。つまり，自己の利益を図る目的で利益相反取引を行った取締役が負う損害賠償責任は，無過失責任です。＊

　これは，逆にいえば，それ以外の任務懈怠責任は，過失責任であることを意味します。したがって，設例37で，代表取締役Aの行為が，その当時の経済動向や会社の営業成績から判断して，一応合理的な選択の範囲内にある場合は，Aは，その任務を行うについて過失がなかったものとして，甲株式会社に対する損害賠償責任を免れることができます。

＊しかも，この責任については，P255以下で説明する責任軽減規定も適用されません（428条2項）。

Check

「株主の差止請求権」

　取締役等の行為によって会社に損害が生じたときは，株主には，会社に代わってその取締役等の責任を追及する訴え（株主代表訴訟）を提起する権利が認められています（P257以下参照）。しかし，損害が生ずる前の段階でいち早く対処できれば，有効な防止策となり，損害の拡大も最小限に抑えることができるでしょう。そこで会社法は，株主に取締役の行為の差止請求権を認めてい

ます。すなわち，6ヶ月前から引き続き株式を有する株主（これを下回る期間を定款で定めた場合は，その期間）は，取締役が，株式会社の目的の範囲外の行為その他法令・定款に違反する行為をし，またはこれらの行為をするおそれがある場合において，その行為によって会社に著しい損害が生ずるおそれがあるときは，その取締役に対して，その行為をやめることを請求することができます（360条1項）。非公開会社では，「6ヶ月」の要件はありません（同条2項）。指名委員会等設置会社では，業務執行を行う執行役に対する株主の差止請求権が認められています（422条）。

　監査役設置会社，監査等委員会設置会社または指名委員会等設置会社においては，株主の行う差止請求については，損害の要件が厳格で，「著しい損害」ではなく，回復することができない損害が生じるおそれのある場合に限られます（360条3項）。つまり，これらの株式会社では，著しい損害では足らず，回復不能な手ひどい損害を生ずる可能性がある場合に限定して株主の差止請求が認められます。監査役設置会社では監査役，監査等委員会設置会社では監査等委員，指名委員会等設置会社では監査委員という，取締役や執行役に対する監査機関が存在しますから，株主が差止請求できる範囲は，上記以外の形態の会社よりも相対的に縮小されているわけです。

ステップアップ

「経営判断の原則（ビジネス・ジャッジメント・ルール）」

　取締役は，会社が利益を上げるために，その経営能力を買われて選任されるのですから，その期待に応え，利益を上げるために積極的な努力をするのが至上の課題であるともいえます。熾烈な競争社会の中にあって，消極的な「安定経営」ばかり志向していては，利益追求の目的を達することは難しく，会社の発展も望めないのではないでしょうか。

　取締役は，会社の業績向上を託された者として，時には多少のリスクを冒してでも積極果敢な経営判断を下すべき状況に直面することもあるでしょう。そのような場面に遭遇した取締役の決定が，たまたま裏目に出て会社が損失を被ったとしても，その結果だけから判断されて当然に損害賠償責任を負わなければならないとすると，取締役の経営判断が萎縮し，ひいては会社がビジネスチャンスを逸することにもなりかねません。また，常に経営判断の見込み違いについて厳しい責任を問われるとすると，取締役のなり手がごく限られてしまうという心配もあります。そこで，決断を下すべき取締役が，選び得る選択肢

の中から合理的な範囲内で選択した経営判断については，その判断が結果的に誤りであり，それによって会社に損失が生じたとしても，当然に取締役に責任を問うべきでないとの考え方が求められることになります。このような考え方を「経営判断の原則」といいます。この経営判断の原則を採り入れ，取締役の会社に対する損害賠償責任を否定した判例も相当数見受けられます。設例37でも，この原則の適用により，代表取締役Ａの責任が否定される余地もあるでしょう。また，この原則は，取締役の第三者に対する損害賠償責任を限定するためにも用いることができるとされています。

② 役員等の責任の免除・軽減

　株主代表訴訟等により，取締役の会社に対する損害賠償責任が追及される場合，裁判所は，上記の経営判断の原則により取締役の損害賠償責任を否定することもあります。

　一方で，会社法は，役員等がその判断の過誤によって無限定な責任を負わされるという不安を解消し，柔軟かつ弾力的な職務の遂行を可能とするため，会社が自主的に取締役等の責任の免除または軽減を図ることも認めています。＊

（ⅰ）総株主の同意による責任免除

　まず，任務懈怠に基づく役員等の損害賠償責任は，総株主の同意があれば免除することができます（424条反対解釈）。しかし，これは，所有と経営の一致した小規模株式会社を想定したものであり，株主数の多い公開会社では，総株主の同意を得ることなど不可能に近いでしょう。そこで，もう少し緩やかな要件の下で，役員等の責任を軽減するため，以下のような制度が設けられています。

（ⅱ）株主総会決議による責任軽減

　役員等が，その職務を行うにつき善意でかつ重大な過失がないときは，株主総会の特別決議によって，その賠償責任額から一定額（最低責任限度額）を控除した額を限度として責任を免除することができます（425条1項，309条2項8号）。

　最低責任限度額は，その役員等が在職中に会社から受領する報酬等の1年分の額を基準として，代表取締役・代表執行役であればその6倍，業務執行取締役・執行役であればその4倍，さらに業務執行取締役以外の取締役，会計参与，監査役，会計監査人

＊令和元年度の会社法改正により明文化された会社補償および役員等賠償責任保険の制度も，役員等の職務の執行が，損害賠償責任の発生を恐れて過度に臆病にならないようにするための配慮ということができます。これらの制度については後述します（P266以下参照）。

（これらの者を「非業務執行取締役等」といいます）であればその２倍を乗じた額が基本となります（425条１項１号）。[1]

設例37で，甲株式会社の代表取締役Ａが，仮に甲社から3000万円の年収を得ていた場合は，その６倍である１億8000万円がその責任限度額となります。

代表取締役・代表執行役	6倍
業務執行取締役・執行役	4倍
非業務執行取締役・会計参与・監査役・会計監査人	2倍

（iii）定款の定めに基づく責任軽減
（イ）取締役会決議による責任軽減

　監査役設置会社（取締役が２人以上の会社に限る）または指名委員会等設置会社および監査等委員設置会社は，役員等が職務を行うにつき善意でかつ重大な過失がない場合，責任の原因となった事実の内容，当該役員等の職務の執行の状況その他の事情を勘案して特に必要と認めるときは，最低責任限度額を限度として取締役（当該責任を負う取締役を除く）の過半数の同意（取締役会設置会社にあっては，取締役会の決議）によって責任を免除することができる旨を定款で定めることができます（426条１項）。

　そして，定款の定めに基づき責任免除の決議がなされたときは，当該役員等の責任は最低責任限度額の範囲内に軽減されることになります。[2]

（ロ）契約に基づく責任軽減

　業務執行取締役以外の取締役，会計参与，監査役または会計監査人（非業務執行取締役等）の責任について，当該非業務執行取締役等が職務を行うにつき善意でかつ重大な過失のないときは，定款で定めた額の範囲内で，あらかじめ会社が定めた額と最低責任限度額とのいずれか高い額を限度とする旨の契約を非業務執行取締役等と締結することができる旨を定款で定めることができます（427条１項）。非業務執行取締役等とこの契約を締結しておけば，その契約の効力により非業務執行取締役等の責任が契約内容どおりに軽減されることになります。株主総会決議による責任軽減であれば，総会決議により否決される可能性がありますが，契約による責任軽減についてはその心配はありません。したがっ

＊１当該役員等が新株予約権の有利発行を受けている場合は，その新株予約権の財産上の利益に相当する額も合わせて最低限度額が算出されます（425条１項２号）。

＊２しかし，この責任軽減に対して，総株主の議決権の100分の３以上の議決権を有する株主が，一定期間内に異議を述べたときは，この方法による責任軽減はできないこととなります（426条７項）。

て，この制度を使えば，多少は社外から人材（社外取締役等）を招聘しやすくなるでしょう。＊

＊ただし，この責任限定契約を締結するには，そのような契約を締結できる旨の定款の定めを必要とすることに注意しましょう。

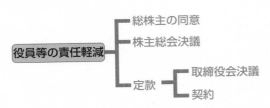

(2) 株主代表訴訟 ―― 株主による責任追及等の訴え

① 意義

　役員等が会社に対して責任を負う場合，監査役設置会社であれば，役員等の責任を追及する訴えを提起するのは，本来監査役の職務です（386条1項）。

　しかし，会社組織の中にあって，役員同士の仲間意識などの特殊な感情から，監査役の訴え提起に多くを期待し難いこともあり得ます。そこで，会社法は，株主が監査役に代わって，役員等に対する責任追及等の訴えを提起する制度を設けています（847条以下）。これが，俗にいう株主代表訴訟です。

Check

「検査役の選任請求権」

　株主には，取締役の業務執行を監督是正するための手段として，取締役の違法行為の差止請求権（P253　Check　参照）や株主代表訴訟提起権が認められていますが，そのためには，会社の業務や財産の状況について詳細かつ正確な情報を得ておく必要があります。そのための手段として株主には，会計帳簿閲覧等の請求権が認められていますが（433条），これだけでは不十分です。

　そこで，株主には，会社の業務および財産の状況を検査するため，裁判所に対し，検査役の選任を求めることができる権利が認められています（358条1項）。検査役は裁判所の選任する第三者（通常は弁護士）であり，公正な検査を期待することができますから，株主は，検査役の調査によって得られた資料や情報に基づき，取締役の不当な業務執行を是正し，あるいは取締役の責任を追及するための有効な手を打つことができます。つまり，この権利は，株主の差止請求権や代表訴訟提起権を実効的に行使するための前提としての意味を持

つことになります。この検査役選任請求権を行使できるのは，総株主の議決権の100分の3以上の議決権を有する株主または発行済株式の100分の3以上の数の株式を有する株主です。

②　株主代表訴訟の手続

（ⅰ）会社に対する請求

　株主は，原則として会社の頭越しにいきなり株主代表訴訟を提起することはできません。株主代表訴訟を提起する前提として，株主は，まず会社に対して書面その他の法務省令で定める方法により，役員等の責任追及等の訴えを提起すべきことを請求しなければなりません（847条1項本文）。この請求を受ける際に会社を代表するのは，監査役です（386条2項1号）。

　この請求ができるのは，6ヶ月前から引き続き株式を有する株主です（847条1項）。この「6ヶ月前から」の要件は，定款で引き下げることも可能です。議決権数や持株数の要件はありませんから，株主であれば，誰でもこの請求をしたうえ，株主代表訴訟を提起することができます（単独株主権）。なお，非公開会社では，この6ヶ月の要件は課せられません（同条2項）。＊

　請求の対象となる訴えは，

（イ）発起人，設立時取締役，設立時監査役，取締役，会計参与，執行役，会計監査人，清算人の責任（423条）を追及する訴え

（ロ）株主の権利の行使に関する利益供与を受けた者への利益の返還（120条3項）を求める訴え

（ハ）著しく不公正な払込金額で募集株式を引き受けた株式引受人の支払い（212条1項）を求める訴え

（ニ）著しく不公正な払込金額で新株予約権を引き受けた新株予約権の引受人の支払い（285条1項）を求める訴え

（ホ）出資の履行を仮装した引受人に払込金額の全額等の支払い（102条の2，213条の2）を求める訴え

（ヘ）新株予約権について仮装払込みをした新株予約権者に払込金額の全額の支払い（286条の2）を求める訴え

の6種です。（ロ）から（ヘ）までは，役員等を相手方とする訴えではありませんが，いずれも役員等の責任も問題となることが

＊濫用的な株主代表訴訟を防止するため，責任追及等の訴えが，不正な利益を図りまたは会社に損害を加えることを目的とする場合は，この請求はできません（847条1項ただし書）。

258

多く必ずしも会社による訴え提起が期待できないため，責任追及等の訴えの対象とされています。会社がこれらの訴えを提起したときは，株主は，株主代表訴訟を提起することはできません。[*1]

　株主から請求を受けたにもかかわらず，その日から60日以内に会社が責任追及の訴えを提起しない場合，その請求をした者からの要求があれば，会社は，その者に対し遅滞なく，**責任追及等の訴えを提起しない理由を書面等で通知しなければなりません**（847条4項）。会社が責任追及等の訴えを提起したときは，会社が当事者（原告）として訴訟を追行しますが，株主は，提起された訴えに参加することができます（849条1項）。[*2]

(ⅱ) 株主による訴え提起

　株主からの請求を受けた会社が，その請求の日から60日以内に，責任追及等の訴えを提起しないときは，請求をした株主は，会社のために，責任追及等の訴えを提起することができます（847条3項）。

代表訴訟の提起要件

株主　訴え提起請求　60日間経過　代表訴訟提起可

　つまり，上記の請求をした株主は，通常は少なくとも60日間待たなければならないことになります。そうすると，会社がグズグズしていると，取り返しのつかない損害が発生することもあり得ます。そこで，60日間の期間の経過により**会社に回復することができない損害が生ずるおそれがある場合**には，株主は，会社のために，直ちに責任追及等の訴えを提起することができます（同条5項）。なお，この責任追及等の訴えにおいて，被告が原告株主の悪意を疎明（裁判官に一応確からしいとの心証を得させること）したときは，裁判所は，原告株主に**相当の担保の提供**を命じる（相当額の金銭の供託を義務づける）ことができます（847条の4第2項・3項）。これは，原告株主が不当な目的で責任追及等の訴えを起こしているような場合に備えるためです。[*3]

[*1] 「二重起訴の禁止」という民事訴訟法の原則に抵触することになるからです（同法142条）。

[*2] 令和元年度改正法により，会社がこの訴えで和解するには，会社の形態に応じて，それぞれ監査役（監査役が2人以上ある場合は各監査役），各監査等委員，各監査委員の同意が必要とされました（849条の2）。

[*3] この責任追及等の訴えは，株式会社の本店の所在地を管轄する地方裁判所の管轄に専属します（848条）。

一歩前進

　会社に対し役員等の責任追及の請求を行い，株主代表訴訟を提起するのは，株主としての資格においてなし得るのですから，役員等の違法行為があった時点で株主であった者でも，その後株式を譲渡して株主でなくなってしまうと，もはやそのような請求はできません。株主代表訴訟の係属中に，原告である株主がその株式を譲渡して株主でなくなったような場合には，原告適格が失われ，その結果，訴えは却下されることになります。しかし，株式交換，株式移転，吸収合併等の組織再編により子会社の株主が株主たる地位を失い親会社の株主となった場合には，一定の要件の下に権利行使できるみちが開かれています。この権利行使ができるのは，株式交換，株式移転，吸収合併等（株式交換等）の効力発生日の6ヶ月前から効力発生日まで引き続き当該株式会社の株主であった者（旧株主）です。*1

　株式交換等により完全子会社となった株式会社の旧株主は，その対価として取得した完全親会社の株式を保有しているときは，完全子会社の株式を失った後も完全子会社の取締役等に対する責任追及の訴えの提起を請求することができます（847条の2第1項）。もっとも，責任追及ができるのは，完全子会社となる前に取締役の責任の原因となる事実が生じていた場合に限ります。

> *1 非公開会社については，「6ヶ月前から」の要件はありません。

(iii) 訴訟参加・判決の効力

　株主は，責任追及等の訴えを提起したときは，遅滞なく，株式会社に対し，訴訟告知（訴えが係属していることを通知すること）をしなければなりません（849条4項）。株主が責任追及等の訴えを提起したことを明らかにして，株式会社に訴訟に参加する機会を与えるためです。*2

　株主代表訴訟の判決が確定したときは，その判決の効力は，訴訟当事者である株主と取締役だけでなく，会社にもその効力が及びます（民事訴訟法115条1項2号）。その結果，原告である株主が敗訴した場合には，会社は，同一の請求原因に基づき被告である取締役等の責任を追及することができなくなります。

> *2 この場合，会社は，共同訴訟人として，または補助参加人として責任追及等の訴えに参加することができます（849条）。

ここが狙われる

　株式会社は，原告である株主を勝訴させるため訴訟に参加するのが通常でしょうが，被告である取締役を補助するため，訴訟に参加することもできます（849条1項）。この場合，会社が被告である取締役の「味方」になります。株主は，会社に代わって取締役の責任を追及する訴えを提起する建前になっているのですから，一見すると変な感じがします。しかし，株主代表訴訟として，会社に対するいやがらせや威圧を目的とする濫用的な訴訟が提起されることがあり，この場合には，会社が取締役を勝訴させる必要があります。そのため，会社が取締役に補助参加することが認められるわけです。この場合，監査役設置会社では監査役，監査等委員会設置会社では各監査等委員，指名委員会等設置会社では各監査委員の同意を必要とします（同条3項）。

Check

「株主代表訴訟に関する費用の負担」

　一般の財産権上の訴えにかかる訴訟費用は，請求する額（訴額）に応じて段階的に高くなります。しかし，株主代表訴訟については，訴訟の目的の価額の算定については，財産権上の請求でない請求に係る訴えとみなされます（847条の4第1項）。財産権上の請求でない請求に係る訴えについては，その訴訟の目的の価額は，「民事訴訟費用等に関する法律」の規定により，一律に160万円とみなされることになります。そうすると，株主代表訴訟においては，その訴訟費用は一律に13000円と非常に安価なものとなります。この訴訟費用は，敗訴した当事者の負担となります（民事訴訟法61条）。つまり，株主が，株主代表訴訟で勝訴したときは，その訴訟費用は被告である取締役が負担することになります。しかし，代表訴訟を追行するためには，一般的には弁護士のお世話になることが多いでしょうから，別に弁護士に支払う報酬その他の費用がかかることになります。これらの費用については，責任追及等の訴えを提起した株主が勝訴した場合には，訴訟費用のほかに必要な費用を支出したとき，または弁護士あるいは弁護士法人に報酬を支払うべきときは，会社に対して，その費用の額の範囲内またはその報酬額の範囲内で相当と認められる額の支払いを請求することができます（会社法852条1項）。

　株主が敗訴したときは，会社に対して何も請求することができません。

③　多重代表訴訟 —— 特定責任追及の訴え

（ⅰ）意義

　多重代表訴訟（特定責任追及の訴え）とは，**最終完全親会社の株主が子会社の役員等の責任を追及できる制度**です。親会社と子会社は，資本的に緊密な結合関係にありますから，子会社の役員等の違法行為による業績の悪化により，親会社の保有する子会社の株式の時価総額が低下し，親会社株主の利益が害されることがあり得ます。そこで，親会社の株主に，厳格な要件の下で子会社の取締役等の責任を追及する多重代表訴訟の制度が創設されているわけです。

（ⅱ）訴えを提起できる者（原告適格）

　この訴えを提起できるのは，最終完全親会社の株主です。ここでいう最終完全親会社とは，ある会社の株式全部を保有している完全親会社であって，**その会社の完全親会社のないもの**をいいます。典型例としては，「○○ホールディングス」という名称の付いた，系列企業の頂点に立つ会社がこれに当たります。この最終完全親会社の株主であって，６ヶ月前から引き続き総株主の**議決権の100分の１以上の議決権を有する株主または発行済株式の100分の１以上の数の株式を有する株主**は，子会社に対して責任追及等の提訴請求をすることができます（847条の３第１項）。このように，多重代表訴訟における株主の権利は，一般の代表訴訟の場合のような単独株主権ではなく**少数株主権**とされていることに注意してください。なお，非公開会社については，「６ヶ月前から」の要件は課せられません。

（ⅲ）訴えの対象（特定責任）

　多重代表訴訟の対象として提訴請求できるのは，重要な完全子会社の役員等の責任に限定されます。すなわち，子会社のうち，**その株式の帳簿価格が最終完全親会社の総資産の５分の１を超えるものについて，その役員等の責任（特定責任）が対象となります**（847条の３第４項）。提訴請求を受けた子会社が，原則として60日以内に特定責任追及の訴えを提起しないときは，請求をした最終完全親会社の株主は，**子会社のために特定責任追及の訴えを提起することができます**（同条７項）。＊

＊もっとも，当該特定責任追及の原因となった事実によって最終完全親会社に損害が生じていないときは，この請求は認められません（847条の３第１項２号）。

(3) 任務懈怠に基づく第三者に対する損害賠償責任

① 意義

　役員等が，その任務懈怠により会社に対して損害賠償責任を負うのは，役員等と会社との間に委任関係があり，それに基づき役員等は，会社に対して善管注意義務（取締役はこれに加えて忠実義務）を負っているからです。なので役員等は，その任務を怠った結果第三者に損害を生じさせたとしても，契約関係にない第三者に対しては損害賠償責任を負わないのが原則です。

　しかし，会社法は，役員等がその職務を行うにつき**悪意または重大な過失**があったときは，これによって**第三者に生じた損害を賠償する責任**を負うと定めています（429条1項）。この役員等の第三者に対する損害賠償責任については，その**法的性質**をどのように理解するか，およびそれとリンクしてどの範囲の損害が賠償の対象となるかが議論されてきました。しかし，この点についての学説上の争いに深入りしてもあまり意味がないので，次に説明する判例の考え方をしっかり理解しておきましょう。＊

② 第三者に生じた損害──直接損害と間接損害

＊役員等の第三者に対する責任としては，会社の計算書類などの重要事項に虚偽の記載をし，あるいは虚偽の登記・公告をした場合に，それによって第三者に生じた損害の賠償責任も併せて規定されています（429条2項）。

設例 38

　家具の販売を目的とする甲株式会社の代表取締役Aは，甲社の資金繰りが悪化し代金の支払いの目途が立たないにもかかわらず，家具製造会社乙株式会社と大量の家具の購入契約を締結し，家具の引渡しを受けた。ところが，甲社は代金支払期日に決済資金を調達することができず，代金は未払いのまま回収不能となっている。

設例 39

　家電量販を目的とする丙株式会社の代表取締役Bは，丙社の財務状況の悪化を隠すための粉飾決算を繰り返し，さらに支払限度を超えた大量の家電製品を仕入れたため，在庫過剰により経営が極度に悪化し，丙社は破産に至った。そのため，丙社の債権者は，その債権全額の回収ができなくなった。

　まず，第三者に生ずる損害には，役員等の行為によって**第三者に直接生ずる損害**（直接損害）と役員等の行為により**会社に損害**

263

を生じ，その結果として第三者が被る損害（間接損害）の2つの
パターンがあります．設例38で，乙株式会社が被った損害は甲
株式会社の代表取締役Aの行為に基づく直接損害のケースです．
一方，設例39で，丙株式会社の代表取締役Bの放漫経営により
会社が破産し，その結果，丙社の債権者が被った損害は間接損害
のケースです．

　役員等の責任は，このうちどちらか一方の損害に限定されるの
か，あるいは双方の損害に及ぶのかが問題となります．

③　判例の見解

　判例は，取締役等が第三者に対して負う損害賠償責任は，第三
者を保護するための特別の法定責任であるという立場から，取締
役等の行為により第三者に直接損害を生じた場合のほか，間接損
害を生じさせた場合も，悪意または重過失に基づく任務懈怠と第
三者の損害との間に相当因果関係のある限り，損害賠償責任の対
象となるとしています（最判昭44・11・26）．

　この立場からすると，取締役等の悪意または重過失は，任務懈
怠について存すれば足り，第三者に対する加害行為そのものには
必要ではないということになります．ただ，加害行為について，
故意または過失があるときは，第三者に対して不法行為責任が生
じます（民法709条）．設例38では，Aは，第三者である乙株式
会社に損害を生じさせることについて故意または過失があるとき
は，不法行為に基づく損害賠償責任（同条）を負うことになりま
す．しかし，Aに乙社の損害発生に関する故意または過失がない
ときでも，任務懈怠そのものについて悪意または重過失があると
きは，Aに会社法429条1項に基づく損害賠償責任が生ずること
になります．つまり，乙社の側からすると，民法709条に基づき
Aに損害賠償を請求することができないときでも，会社法429条
1項に基づき損害賠償を請求し得る場合があるわけです．

　また，設例39では，丙株式会社の代表取締役Bの放漫な経営
によって，会社が破産し，その結果丙社の債権者が損害を被って
います．このような間接損害についても，任務懈怠について悪意
または重過失があるとき，Bに会社債権者に対する損害賠償責任
が生じることになります．

取締役の第三者責任 ― 直接損害 ⇨ 賠償請求できる

― 間接損害 ⇨ 賠償請求できる

　上記の判例の考え方は，取締役の第三者に対する責任は，第三者を保護するために，取締役に特別に重い責任を課したものであるとの前提に立っています。

　一方これとは逆に，この規定は不法行為責任の特則を定めたものであり，大量かつ複雑な職務を迅速に処理しなければならない取締役の責任を軽減したものであるとの考え方も主張されます。この考え方によれば，第三者に対する損害発生についての悪意または重過失がなければ，取締役の責任は生じないこととされます。つまり，取締役等の第三者に対する不法行為責任に関して，取締役に軽過失があるに過ぎないときの責任免除を定めたものと解するのです。当然，賠償の対象となる損害の範囲は直接損害に限定されることになります。しかし，この考え方は少数説ですから，無視してよいでしょう。

一歩前進

　取締役会設置会社においては，取締役には取締役会の構成員として他の取締役の職務執行を監視する義務があります（362条2項2号）。取締役が悪意または重過失によりその義務を怠り，そのため代表取締役等の違法行為を阻止できず，その結果として第三者が損害を被ったときは，その取締役も監視義務違反として，第三者に生じた損害を賠償する責任を負わなければなりません。設例39で，丙株式会社に，代表取締役BのほかCおよびDという2人の取締役がいた場合，CおよびDが，Bの放漫違法な行為を「見て見ぬ振り」をしていたとか，漫然と見過ごしていたというような事情があるときは，CおよびDは，監視義務違反として第三者（丙社の債権者）に対する責任を免れないでしょう。この場合，B，CおよびDは連帯債務者として損害賠償責任を負うことにな

ります（430条）。小規模の株式会社では，単に取締役として名前を貸しただけのいわゆる**名目的取締役**が存在することがありますが，たとえ名目だけの取締役であったとしても，代表取締役等の職務執行の監視義務を免れることはできず，悪意または重過失によりその任務を怠ったときは，第三者に対する損害賠償責任が生じます（最判昭55・3・18）。

ここが狙われる

　不法行為に基づく損害賠償請求権は，被害者またはその法定代理人が，損害および加害者を知った時から3年で時効消滅しますが（民法724条），取締役等の第三者に対する損害賠償請求権については，この規定は類推適用されません（最判昭49・12・17）。つまり，この責任に基づく第三者の取締役等に対する損害賠償請求権は，**債権の消滅時効に関する民法の一般原則（民法166条1項）により規律される**ことになります。もっとも，不法行為に基づく損害賠償請求に関する**過失相殺の規定（同法722条2項）は，この責任に基づく損害賠償にも類推適用される**と解されます（最判昭59・10・4）。

（4）会社補償および役員等賠償責任保険

　これらの制度はいずれも，従前から実務上明文の規定なく行われていましたが，令和元年度改正法により，会社法に明文規定が設けられました。*

　以下，これらの制度の概要を説明していきます。

①　会社補償

　会社補償とは一般に，会社が役員等に対し，その職務の執行に関して発生した費用や損失の全部または一部を事前または事後に負担することをいいます。この会社補償を内容とする株式会社と役員等との契約が補償契約です。

　補償の対象となるのは，（ⅰ）**費用**と（ⅱ）第三者に対する**損害賠償金**および**和解金**です（430条の2第1項1号・2号）。

（ⅰ）費用の補償とは，当該役員等が責任の追及に係る請求を受けたこと等に対処するために支出する費用（いわゆる防御費用）の全部または一部の補償です。一般には，弁護士費用や

*新設された規定は，会社補償および役員等のために締結される保険契約の範囲・内容・手続等を明確化することを目的とするものです。

訴訟費用などがこれに当たりますが，その範囲は「通常要する費用」に限定され，これを超える費用は補償の対象となりません（同条2項1号）。

（ⅱ）損害賠償金および和解金の補償とは，役員等の職務の執行に伴い第三者に生じた損害を賠償することにより当該役員等に生ずる損失や第三者との間で和解が成立したときに当該役員等が和解金を支払うことにより生じる損失の補償です。したがって，役員等が会社に対する任務懈怠に基づく責任を負う場合は補償の対象となりません。また，役員等がその職務を行うにつき悪意または重大な過失があったことにより第三者に損害賠償責任を負う場合には，それによって役員等が被った損失は，補償の対象となりません（同条2項3号）。＊

② 役員等賠償責任保険

役員等賠償責任保険とは，会社の役員等がその職務の執行に関し責任を負うことによって生じる損害（損害賠償金や和解金の支払い），またはその責任の追及にかかる請求を受けることによって生じる損害（防御費用の支払いによる損害）等を填補するために，株式会社が役員等を被保険者として保険者（保険会社）と締結する契約です（430条の3）。つまり，株式会社が保険契約者として保険会社に保険料を支払い，保険者である役員等に生じた損失を保険会社が填補することを約する契約です。

役員等を被保険者とする損害保険契約は，利益相反取引（間接取引）に該当するのではないかという疑義が指摘されることがありますが，この役員等賠償責任保険契約については明文で否定されています（430条の3第2項）。

＊要するに，役員等が通常の過失（軽過失）により第三者に損害賠償責任を負い，それによって役員等が支払った損害賠償金または和解金が補償の対象となります。

ここが狙われる

補償契約の内容の決定および役員等賠償責任保険の内容の決定は，どちらも株主総会（取締役会設置会社にあっては，取締役会）の決議によらなければなりません（430条の2，同条の3）。

実戦過去問　　　　　　　　　　　　　行政書士　平成 19 年度

　取締役会設置会社の代表取締役Aが，取締役会の承認を得て，会社から金銭の貸付を受けた場合に関する次の記述のうち，誤っているものはどれか。

1　取締役会の承認を得て金銭の貸付を受けた場合であっても，Aは，事後にその貸付に関する重要な事実を取締役会に報告しなければならない。
2　Aが自ら会社を代表してA自身を借主とする契約を締結することは，自己契約に当たらない。
3　Aが金銭の返還を怠った場合には，取締役会で金銭の貸付を承認した他の取締役は，Aと連帯して会社に対する弁済責任を負う。
4　Aへの金銭貸付に関する承認決議に参加した他の取締役は，取締役会の議事録に当該貸付について異議をとどめなければ，決議に賛成したものと推定される。
5　金銭の貸付を受けたAの損害賠償責任は，株主総会の特別決議によっても一部免除することができない。

解　説

1　○　取締役会設置会社では，利益相反取引を行った取締役は，その取引後遅滞なく，その取引についての重要事実を取締役会に報告しなければなりません（365条2項）。
2　×　Aが自ら会社を代表して，A自身を借主とする契約を締結する行為は，自己契約に当たります（民法108条）。しかし，利益相反取引について取締役会の承認を受けた場合には，自己契約の禁止規定は適用されないことに注意しましょう（356条2項）。
3　○　利益相反取引によって会社に損害が生じた場合，その利益相反取引をした取締役のほか，その取引を承認した取締役会決議に賛成した他の取締役は，会社に対し連帯して任務懈怠責任を負います（423条1項，430条）。
4　○　取締役会の決議に参加した取締役であって取締役会の議事録に異議をとどめないものは，その決議に賛成したものと推定されます（369条5項）。
5　○　取締役が自己のために会社と（直接）取引した場合の責任については，責任の一部免除の規定は適用されません（428条2項）。

正解　2

監査役設置会社（清算株式会社を除く。以下同じ。）の監査役に関する次のアからオまでの記述のうち，正しいものの組合せは，後記1から5までのうち，どれか。

ア　監査役は，会計参与設置会社にあっては，取締役及び会計参与の職務の執行を監査する。

イ　取締役は，監査役会設置会社以外の監査役設置会社において，監査役の選任に関する議案を株主総会に提出するには，監査役が二人以上ある場合にあっては，その全員の同意を得なければならない。

ウ　監査役会設置会社において，会計監査人が職務上の義務に違反し，又は職務を怠ったときは，監査役会によるその会計監査人の解任は，監査役の全員の同意によって行わなければならない。

エ　監査役会を招集する監査役を定款又は監査役会で定めたときは，その監査役以外の監査役は，監査役会を招集することができない。

オ　監査役会設置会社が会計監査人であった者に対し訴えを提起する場合には，その訴えについては，監査役がその監査役設置会社を代表する。

1　アウ　　　　2　アオ　　　　3　イウ　　　　4　イエ　　　　5　エオ

解　説

ア　○　会計参与設置会社の監査役は，取締役の職務の執行だけでなく，会計参与の職務の執行も監査します（381条1項前段かっこ書）。

イ　×　監査役設置会社の取締役は，監査役の選任に関する議案を株主総会に提出する場合，監査役が2人以上あるときは，その過半数の同意を得なければなりません（343条1項）。

ウ　○　監査役が，会計監査人の職務上の義務違反，職務懈怠等の事由があることを理由として会計監査人を解任するには，監査役の全員の同意によって行わなければなりません（340条2項・1項）。

エ　×　監査役会は各監査役が招集することができます（391条）。取締役会の招集と異なり，監査役会の招集を特定の監査役の権限とすることはできません。

オ　×　会計監査人に対する訴えは，株式会社の業務に関する一切の裁判上または裁判外の行為をする権限を有する代表取締役の名で提起します（349条4項）。

以上より，正しいものはアウであり，肢1が正解となります。

正解　1

10 指名委員会等設置会社・監査等委員会設置会社

学習ナビゲーション

指名委員会等設置会社においては，株主総会の権限等は指名委員会等設置会社でない取締役会設置会社と同様ですが，業務執行機関および監査機関の構造に基本的な違いがあります。そこでまず，指名委員会等設置会社の業務執行機関等について，指名委員会等設置会社でない株式会社とどこがどのように違うのか，その基本的な違いを正確に把握する必要があります。試験対策としては，その相違を踏まえたうえで，3委員会，取締役会，執行役，代表執行役等の各機関にどのような権限が与えられているかという点を押さえておけば十分です。監査等委員会設置会社は，平成26年会社法改正で新たに採用された会社形態です。これについても，監査役会設置会社および指名委員会等設置会社と比較して，その基本的構造・特質を把握しておく必要があります。

指名委員会等設置会社および監査等委員会設置会社は，基本的に会社のガバナンス機能にかなりのウェイトを置いた会社として位置づけることができます。そのような視点をもって考察していけば，理解しやすいでしょう。

1　指名委員会等設置会社の仕組み

指名委員会等設置会社とは，指名委員会，監査委員会および報酬委員会を置く株式会社のことです（2条12号）。取締役会設置会社では，監査役設置会社を除いて，公開会社・非公開会社を問わず，定款で定めることによりこの指名委員会等設置会社となることができます（326条2項）。

　指名委員会等設置会社では，取締役会の業務執行の意思決定権限を経営に関する基本的事項に限定し，執行役という機関に大幅な権限委譲をするとともに，業務執行についても執行役に委ねるというスタイルが採られています。そのため，取締役会は主として業務執行機関の監督を職務とすることになります。この監督機能を十分に発揮させるため，過半数の社外取締役で構成される３つの委員会が置かれ，さらにこの監督機能を強化するため会計監査人の設置が要求されています。このように，指名委員会等設置会社では，取締役会の監督機能が強化されるとともに，監査機関として監査委員会および会計監査人の設置が要求されていますから，監査機能の重複を避けるため，監査役を設置することはできないとされているわけです（327条５項・４項）。

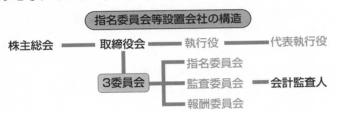

2　指名委員会等設置会社の取締役および取締役会

(1) 取締役

　指名委員会等設置会社においても，取締役は，株主総会で選任され，解任されますが（329条１項，339条１項），株主総会に提出される取締役の選任・解任の議案の内容は，指名委員会によって決定されます（404条１項）。これは，社外取締役が過半数を占める指名委員会による議案決定により，取締役の選任および解任を公正・透明なものにしようとの意図を持っています。というのは，株式会社では，一般に代表取締役の権限が強大化し，取締役の選任も代表取締役の意のままに行われるという弊害が指摘されてきました。指名委員会による取締役の人選は，このような弊害の解消・是正を目的とするものです。

　指名委員会等設置会社の取締役は，会社の支配人その他の使用人を兼ねることができません（331条４項）。また，取締役は，法

令に別段の定めがある場合を除いて，会社の業務を執行することができず（415条），取締役会の委任を受けて業務執行の決定をすることもできません（416条3項）。要するに，指名委員会等設置会社では，会社の経営については執行役，監督については取締役というように役割分担され，これによって会社のガバナンス機能を強化することが意図されているわけです。

一歩前進

　指名委員会等設置会社における取締役の任期は，選任後1年以内に終了する事業年度のうち最終のものに関する定時株主総会の終結の時までとされています（332条6項）。このように指名委員会等設置会社の取締役の任期が，指名委員会等設置会社でない取締役会設置会社の取締役に比べて短くされているのは，株主による直接の監督機能（株主総会の決議により1年ごとに選任する）を重視した結果です。

---

(2) 取締役会

① 権限

　指名委員会等設置会社では取締役会の設置が義務づけられていますが（327条1項4号），その取締役会は，指名委員会等設置会社以外の会社の取締役会の権限に関する362条の規定は適用されず，その職務が限定されています。ただし，業務執行に関する次の各事項は，取締役会が自ら決定しなければなりません（416条1項・2項）。

（イ）経営の基本方針
（ロ）監査委員会の職務の執行のため必要なものとして法務省令

で定める事項

（ハ）執行役が２人以上ある場合の執行役の職務分掌および指揮
　　命令の関係その他の執行役相互の関係に関する事項

（ニ）執行役による取締役会招集の請求を受ける取締役

（ホ）内部統制体制の整備その他株式会社の業務ならびに当該株
　　式会社およびその子会社から成る企業集団の業務の適正を確
　　保するために必要なものとして法務省令で定める体制の整備

　さらに，取締役会には，執行役等の職務の執行の監督もその重
要な役割として期待されています（同条１項２号）。

　取締役会は，これらの職務の執行については取締役に委任する
ことができません（同条３項）。しかし，経営の効率化という観
点から，重要な基本的事項を除いて，その業務執行の決定を執行
役に委任することができます（同条４項）。*1

② **招集**

　指名委員会等設置会社においては，招集権者の定めがある場合
であっても，指名委員会等が，その委員の中から選定する者は，
取締役会を招集することができます（417条１項）。各執行役も取
締役会で指定された取締役に対し，取締役会の目的である事項を
示して，取締役会の招集を請求することができます（同条２項前
段）。請求をしたのに取締役会が招集されない場合，その執行役
は自ら取締役会を招集することができます（同条同項後段）。

3　3委員会

(1)　委員の選定・解職

　指名委員会等設置会社には，指名委員会，監査委員会，報酬
委員会の３委員会が置かれます（２条12号）。それぞれの委員会
は，取締役の中から，取締役会の決議によって選定された委員３
人以上で組織されます（400条１項・２項）。委員会の中立性を確
保するため，その委員の過半数は，社外取締役でなければなりま
せん（同条３項）。*2

　それぞれの委員会の委員は，いつでも取締役会の決議により解
職することができます（401条１項）。委員に欠員が生じた場合に

*1 執行役に委任す
ることのできない基
本的事項として，譲
渡制限株式に関する
承認・決定，株主総会
の招集の決定，株主
総会に提出する議
案の内容の決定，競
業・利益相反取引の
承認，委員の選定・解
職，執行役の選任・
解任，剰余金の配当
決定その他が規定さ
れています。

*2 したがって，委
員が３人であれば２
人，委員が４人のと
きは３人以上が社外
取締役でなければな
らないということに
なります。

は，任期満了または辞任により退任した委員は，新たな委員が就任するまで，なお委員としての権利義務を有します（同条2項）。

┃一歩前進┃

　監査委員会は，監査機関という性質を持つため，執行と監督の分離が特に徹底されています。すなわち，監査委員会の委員は，指名委員会等設置会社またはその子会社の執行役，業務執行取締役，子会社の会計参与，支配人その他の使用人を兼ねることができません（400条4項）。

---

(2)　各委員会の職務と権限

3委員会　指名委員会 ━	取締役等の選任・解任議案の決定
監査委員会 ━	執行役等の職務の監査
報酬委員会 ━	執行役等の個人別の報酬の決定

①　指名委員会

　指名委員会は，株主総会に提出する取締役（会計参与設置会社にあっては，取締役および会計参与）の選任および解任に関する議案の内容を決定する権限を有しています（404条1項）。＊

　社外取締役が過半数を占める指名委員会で，取締役の選任・解任議案の内容を決定することで，公正・中立性が保たれ，取締役会の監督機能の十分な発揮を期待しているわけです。

②　監査委員会

　監査委員会は，監査役会に類似した権限を持ち，執行役等（執行役，取締役，会計参与）の職務執行の監査および監査報告の作成，株主総会に提出する会計監査人の選任・解任および会計監査人を再任しないことに関する議案の内容を決定する権限を有しています（404条2項）。この監査は，監査役による個別的な実査とは異なり，社内に設置された内部統制システム（416条1項1号ホ参照）を利用して行うことが予定されています。

　監査委員会は，業務執行の適法性（その行為が法令に適合しているかどうか）はもとより，妥当性（その行為が経営判断として適切かどうか）をも監査の対象とすることができます。そして，

＊指名委員会による議案内容の決定が最終決定であり，取締役会はその決定を覆すことはできません。

この権限を十分に発揮できるように，監査委員会が選定した監査委員は，執行役等および支配人等の使用人に対する報告徴収権，会社の業務および財産に対する調査権が認められ，さらに子会社に対する報告徴収権，業務および財産の調査権が認められています（405条1項・2項）。*1

　一方，各監査委員は，執行役や取締役が，不正の行為をし，そのおそれがあると認めるとき，または法令・定款違反の事実や著しく不当な事実があると認められるときは，遅滞なく，その旨を取締役会に報告しなければなりません（406条）。また，執行役や取締役のこれらの行為により，会社に著しい損害が生ずるおそれがあるときは，その執行役や取締役に対し，そのような行為をやめることを請求することができます（407条1項）。つまり，不正行為等の取締役会への報告や違法行為等の差止めは，監査委員会により選定されていない監査委員でも行うことができます。*2

一歩前進

　指名委員会等設置会社が執行役または取締役に対して訴えを提起し，あるいは執行役または取締役が指名委員会等設置会社に対して訴えを提起する場合，監査委員がその訴えに係る訴訟の当事者であるときは，取締役会が定める者が，それ以外の場合は，原則として監査委員会が選定する監査委員が指名委員会等設置会社を代表することとされています（408条1項）。

---

③　報酬委員会

　報酬委員会は，執行役等（執行役，取締役，会計参与）の個人別の報酬等の内容を決定する職務と権限を有しています（404条3項前段）。つまり，指名委員会等設置会社の株主総会には，執行役等の報酬についての決定権限はなく，個別の報酬は報酬委員会の決定により定まります。使用人の報酬には関与しないのが原則ですが，執行役が指名委員会等設置会社の支配人その他の使用人を兼ねているときは，使用人としての報酬等の内容についても，報酬委員会で決定することになります（同条同項後段）。

　報酬委員会は，執行役等の個人別の報酬等の内容に係る決定に

*1 子会社は，正当な理由があれば，監査委員による報告徴収または財産調査を拒むことができます（405条3項）。これは，子会社の独立性を尊重する趣旨です。

*2 これらの行為に対しては，迅速かつ個別的な対応が必要ですから，各監査委員の権限かつ義務とされているわけです。

関する方針を定め，執行役等の個人別の報酬等の内容を決定するには，この方針に従わなければなりません（409条）。

(3) 委員会の運営

　各委員会は，当該委員会の各委員が招集します（410条）。招集手続や決議方法，委員会の議事録等については，取締役会とほぼ同様の定めが設けられています（411条〜414条，368条〜371条参照）。

4　執行役

(1) 地位と権限

　指名委員会等設置会社では，1人または2人以上の執行役を置くことが義務づけられています（402条1項）。執行役は，指名委員会等設置会社の業務執行機関としての地位を有しています。

　指名委員会等設置会社における執行役の権限は，取締役会から委任された業務執行の決定と業務の執行です（418条）。つまり，指名委員会等設置会社では，原則として取締役には業務執行権がなく（415条），これに代わって執行役が業務執行を行うことになります（418条2号）。また，執行役は取締役会の決議によって委任を受けた業務執行の決定も行います（同条1号）。＊

＊指名委員会等設置会社の形態を採らない株式会社で「執行役員」という役職を置く例がみられます。これは指名委員会等設置会社の執行役と名称は似ていますが，それとは異なり，一般に使用人兼務取締役等の幹部職員に与える名称に過ぎません。

執行役の権限 ── 業務執行の決定 ／ 業務の執行

一歩前進

　上記のような指名委員会等設置会社における取締役会と執行役の基本的な仕組みは，次のようなコンセプトを有するものと理解することができます。つまり，指名委員会等設置会社では，会社にとって基本的な重要事項や経営上の基本戦略の決定権限を取締役会に残して実効的な監督機能を確保したうえ，具体的な経営にかかわる判断やその執行を執行役に委

ねることによって，より機動的かつ効率的な会社運営を実現しようとの意図に基づくものといえます。

(2) 資格・選任・任期・解任

執行役の資格については，取締役と同様の欠格事由が定められています（402条4項，331条1項）。したがって，取締役になることができない者（P179参照）は，執行役になることができません。

公開会社である指名委員会等設置会社は，執行役が株主でなければならない旨を定款で定めることはできません（402条5項）。*

執行役は，指名委員会等設置会社の取締役会の決議によって選任されます（同条2項）。

執行役の任期は，原則として選任後1年以内に終了する事業年度のうち最終のものに関する定時株主総会の終結後最初に招集される取締役会の終結の時までです。ただし，定款でその任期を短縮することができます（同条7項）。

執行役は，いつでも取締役会の決議によって解任することができます（403条1項）。その解任について正当な理由がない場合は，解任された執行役は，会社に対し，解任によって生じた損害の賠償を請求することができます（同条2項）。

*非公開会社である指名委員会等設置会社は，執行役を株主に限る旨を定款で定めることができます。

(3) 執行役の義務と責任

指名委員会等設置会社と執行役との関係は，取締役や監査役と同様，委任に関する規定に従うこととされています（402条3項）。つまり，執行役は受任者として会社に対し，善良な管理者の注意義務を負います（民法644条）。また，会社に対し忠実義務を負う点では取締役と同様です（会社法419条2項，355条）。したがって，その任務懈怠により会社に損害を生じさせたときは，会社に対し損害賠償責任を負わなければなりません。

また，執行役が，競業取引や利益相反取引を行う場合は，取締役に関する規定がそのまま準用されます（419条2項，356条，365条）。したがって，執行役が競業取引や利益相反取引をするときは取締役会の承認を受けなければなりません。

　さらに，執行役がその職務を行うについて悪意または重過失が
あったときは，これによって第三者に生じた損害を賠償する責任
を負わなければなりません（429条1項）。

━一歩前進

　執行役は，3ヶ月に1回以上，自己の職務の執行の状況を
取締役会に報告しなければなりません（417条4項）。また，
取締役会の要求があれば，取締役会に出席し，取締役会が求
めた事項について説明をしなければなりません（同条5項）。
さらに執行役は，指名委員会等設置会社に著しい損害を及ぼ
すおそれのある事実を発見したときは，直ちに，その事実を
監査委員に報告しなければなりません（419条1項）。

5　代表執行役

（1）意義

　指名委員会等設置会社では，取締役会は，執行役の中から，代
表執行役を選定しなければなりません（420条1項前段）。執行役
が1人しかいないときは，その執行役が自動的に代表執行役とな
ります（同条同項後段）。

　代表執行役は，指名委員会等設置会社を代表する機関であり，
指名委員会等設置会社でない株式会社の代表取締役に相当する機
関です。その地位や権限等については，代表取締役に関する規定
の多くが準用されています。したがって，その大部分について，
代表取締役に関する規制とパラレルに理解することができます。

（2）選任・解任

　上記のとおり，代表執行役は，執行役の中から取締役会決議に
よって選任されます。代表執行役は，いつでも，取締役会の決議
によって解職することができます（420条2項）。

（3）権限

　代表執行役は，指名委員会等設置会社の業務に関する一切の裁

判上または裁判外の行為をする権限を有します（420条3項，349条4項）。この権限に加えた制限は，善意の第三者に対抗することができません（420条3項，349条5項）。

(4) 表見代表執行役

　指名委員会等設置会社は，代表執行役以外の執行役に社長，副社長その他指名委員会等設置会社を代表する権限を有するものと認められる名称を付した場合，その執行役がした行為について，善意の第三者に対してその責任を負わなければなりません（421条）。＊

＊その意味については，表見代表取締役の場合と同じですから，P224以下の記述を確認してください。

> **一歩前進**
>
> 　6ヶ月（これを下回る期間を定款で定めた場合にあっては，その期間）前から引き続き株式を有する株主は，執行役が指名委員会等設置会社の目的の範囲外の行為その他法令もしくは定款に違反する行為をし，またはこれらの行為をするおそれがある場合において，その行為によって指名委員会等設置会社に回復することができない損害が生ずるおそれがあるときは，その執行役に対し，その行為をやめることを請求することができます（422条1項）。これは，指名委員会等設置会社でない株式会社の株主による差止請求と同趣旨の制度です。

6　監査等委員会設置会社

(1) 意義

　取締役会と会計監査人を置く株式会社は，定款で定めることにより，監査等委員会設置会社となることができます（326条2項参照）。

　監査等委員会設置会社とは，取締役会の一機関として監査等委員会を設置し，この監査等委員会が監査役の担ってきた監査を行うとともに，法定の監督権限を行使するという仕組みの株式会社です。したがって，監査等委員会設置会社は，取締役会設置会社

であり，その構成員として，「監査等委員である取締役」と「監査等委員でない取締役」が存在し，それぞれ選・解任，任期および権限に差異があることに，まず注意が必要です。*

＊監査等委員会設置会社では，監査等委員が置かれるため，監査役を置くことはできません（327条4項）。しかし，取締役会と会計監査人は置かなければなりません（同条1項3号・5項）。

┌─一歩前進─

監査等委員会設置会社の取締役会の職務は，一般の取締役会設置会社の取締役会と基本的に異なるところはありません。確認すると，①業務執行の決定，②取締役の職務執行の監督，③代表取締役の選定および解職がその柱となる職務です（399条の13第1項）。ただ，監査等委員会設置会社では，業務執行の決定の多くを業務執行取締役に委ね，過半数の社外取締役によって構成される監査等委員会が，その監督を主な職務とするものと位置づけられています。そのため，監査等委員会設置会社の取締役会は，経営の指針となるべき経営の基本方針を決定し，大会社でなくても内部統制システムの整備を決定しなければならないとされています（同条同項1号イ・ハ）。

┌─ここが狙われる─

監査等委員会設置会社の代表取締役は，監査等委員である取締役以外の取締役から選定しなければなりません（399条の13第3項）。監査等委員である取締役は，業務執行取締役となることができないからです。

(2)　監査等委員会

監査等委員会は，指名委員会等設置会社の監査委員会と名称は似ていますが，その地位・権限に多少の相違があります。また，監査役会とも相違があります。どこがどう違うのか，具体的に把握しておきましょう。

①　監査等委員の地位

まず，監査等委員会のメンバーである監査等委員は取締役ですが，それ以外の取締役と区別して株主総会の決議によって選任されます（329条1項・2項）。また，その解任については，株主総会の特別決議によらなければなりません（309条2項7号）。この

ように，監査等委員である取締役について特別な扱いを設けているのは，会社のガバナンス機能を担う監査等委員としての取締役の独立性を確保するためです。*

監査等委員は取締役であり，監査役ではないのですから，取締役会での議決権を有していることに注意しましょう。

② **監査等委員の員数・任期**

監査等委員である取締役は3人以上であり，その過半数は社外取締役でなければなりません（331条6項）。監査等委員である取締役は，当該会社および子会社の業務執行取締役，支配人その他の使用人，さらに子会社の会計参与，執行役との兼任が禁止されています（同条3項）。

任期については，監査等委員である取締役の任期は原則2年，そうでない取締役の任期は原則1年という差があります（332条1項・3項）。監査等委員である取締役の任期は，定款や株主総会の決議でも短縮できないとされ（同条4項），その身分保障が図られています。

	監査等委員	監査委員	監査役
任　期	2年	1年	4年
選任機関	株主総会	取締役会	株主総会
社外要件	過半数	過半数	半数以上

③ **監査等委員会の職務と権限**

監査等委員会は，取締役の職務の執行の監査を行い，監査報告の作成を行います（399条の2第3項1号）。つまり，監査等委員会の職務として監査を行うことになります。これは，指名委員会等設置会社における監査委員会と同様であり，監査役会設置会社における監査役が独任制の機関としてそれぞれ独立して監査を行うのとは大きな違いがあります。監査等委員会の監査は，監査役会におけるような個別的な実査ではなく，社内に設置された内部統制システムを利用して行うことが予定されています。したがって，監査役会設置会社における常勤の監査役に相当する常勤の監査等委員の設置は特に要求されていません。*

監査等委員会の監査権限は，取締役の職務の適法性監査はもとより取締役の職務の妥当性監査にも及びます。監査等委員会の具

*報酬についても，監査等委員である取締役とそうでない取締役とを区別して定めることが必要です（361条2項）。

*監査等委員会は，各監査委員が招集します（399条の8）。

体的な職務・権限としては他に，株主総会に提出する会計監査人の選任・解任議案の内容の決定，委員ではない取締役の選任・解任，報酬についての意見の決定（同条同項2号・3号）等があります。

　なお，監査等委員会が監査等委員でない取締役の利益相反取引について事前承認をしたときは，当該取締役の任務懈怠の推定が排除されることになります（423条4項）。ということは，利益相反取引についての承認を受けあるいはその決定をした取締役等は，任務懈怠の事実が証明されない限り，任務懈怠に基づく損害賠償責任を負わないということです。これは，指名委員会等設置会社の監査委員会には認められていない特有の制度です。

┌─一歩前進─

　監査等委員会が選定する監査等委員は，監査等委員会による監査の実効性を確保するため，取締役等に対し報告を求め，業務および財産の状況について調査する権限を持ちます（399条の3第1項）。また，各監査等委員は，取締役の不正・不当な行為について取締役会や株主総会に報告する義務（399条の4，同条の5），取締役の違法・不当な行為の差止請求（同条の6）等が認められます。これらの権限は各監査委員に認められたものですから，監査等委員会から選定されていなくても行使することができます。これらの権限を円滑に行使するため，定款等で招集権者を定めている場合でも，監査等委員会が選定する監査等委員は，取締役会を招集することができます（同条の14）。

┌─閑話休題─

　指名委員会等設置会社は，職務の執行と監督を分離するアメリカ型のコーポレートガバナンスを採り入れた会社形態で採用当初は委員会設置会社という名称でしたが，監査等委員会設置会社の創設に伴い，現在の名称に変更されています。

　ただ，指名委員会等設置会社の制度が採用されてから10年以上が過ぎましたが，その評価はあまりかんばしくない状況です。指名委員会等設置会社の制度をいち早く採用した企業の業績は，従来型の監査役設置会社と比べて，むしろ落ち込みが目

立ち，当初の期待を裏切っているものが目につきます。企業の株式時価総額の推移も指名委員会等設置会社に分が悪く，市場での評価も現在のところあまり好意的とはいえません。そのためか，指名委員会等設置会社の形態を採用した株式会社が，従来型の監査役設置会社に逆戻りする例も見受けられます。

　この指名委員会等設置会社については，従来から，次のような問題点が指摘されています。指名委員会等設置会社においては，業務に関する意思決定と業務執行の権限が執行役に集中します。しかも，執行役の業務執行を監視する監査委員会の委員の選定を行う取締役会は，執行役が多数を占めることが通例です。そうなると，指名委員会等設置会社の所期の目的に反し，執行と監督の分離が徹底されず，むしろ執行役の権限が強大化し，取締役と独立した監査役を置く従来型の株式会社と比べて適正な監督が実現されないのではないか，という疑問があります。また，指名委員会等設置会社には，委員会の半数を占める社外取締役の監督機能が期待されています。しかし，アメリカの超大企業エンロンの破綻の一つの大きな要因として，この社外取締役がほとんど機能していなかったという事実があります。会社からの独立性が確保され，かつ経営者として有能な人材を社外取締役として得ることにはかなりの困難を伴います。日本の指名委員会等設置会社でもこの事情は同じです。まだ，指名委員会等設置会社が制度化されて約十数年しか経っていないのですから，否定的評価を下すには早過ぎると思われますが，現在のところ，これまでに指摘されてきた問題点が，顕在化しているように思われます。

　監査等委員会設置会社は，従来の監査役会設置会社と指名委員会等設置会社の「いいとこ取り」をして，使い勝手のよいものにしたというようにもみえます。2021年8月現在，指名委員会等設置会社は，全上場会社中わずか82社が採用しているにとどまり普及が進んでいませんが，監査等委員会設置会社への移行率は3割前後となり，普及が進みつつある状況です。

> **実戦過去問**　　　　　　　　　　　　　　行政書士　平成28年度

　監査等委員会設置会社または指名委員会等設置会社に関する次の記述のうち，会社法の規定に照らし，誤っているものはどれか。

1　監査等委員会設置会社または指名委員会等設置会社は，いずれも監査役を設置することができない。
2　監査等委員会設置会社は，定款で定めた場合には，指名委員会または報酬委員会のいずれかまたは双方を設置しないことができる。
3　監査等委員会設置会社または指名委員会等設置会社は，いずれも取締役会設置会社である。
4　監査等委員会設置会社を代表する機関は代表取締役であるが，指名委員会等設置会社を代表する機関は代表執行役である。
5　監査等委員会設置会社または指名委員会等設置会社は，いずれも会計監査人を設置しなければならない。

解　説

1　○　監査等委員会設置会社および指名委員会等設置会社のいずれも監査役を設置することはできません（327条4項）。

2　×　指名委員会および報酬委員会は，指名委員会等設置会社に設置が義務づけられていますが（2条12号参照），監査等委員会設置会社は指名委員会および報酬委員会のいずれも設置することはできません。

3　○　監査等委員会設置会社および指名委員会等設置会社は，いずれも取締役会の設置が義務づけられている会社，すなわち取締役会設置会社です（327条1項3号・4号）。

4　○　監査等委員会設置会社の代表機関は代表取締役ですが，指名委員会等設置会社の代表機関は，代表取締役ではなく代表執行役です（420条3項，349条4項）。

5　○　監査等委員会設置会社および指名委員会等設置会社のいずれも，監査役を置くことはできませんが，会計監査人を設置することが義務づけられています（327条5項）。

正解　2

　指名委員会等設置会社に関する次のアからオまでの記述のうち，誤っているものの組合せは，後記1から5までのうちどれか。

ア　指名委員会等設置会社は，監査役を置いてはならない。

イ　指名委員会等設置会社の取締役会を組織する取締役の過半数は，社外取締役であって当該指名委員会等設置会社の執行役でないものでなければならない。

ウ　指名委員会等設置会社の指名委員会は，株主総会に提出する取締役の選任及び解任に関する議案の内容を決定する権限を有する。

エ　指名委員会等設置会社の取締役が受ける個人別の報酬の内容は報酬委員会が決定し，執行役が受ける個人別の報酬の内容は取締役会が決定する。

オ　指名委員会等設置会社の取締役の任期は，選任後1年以内に終了する事業年度のうち最終のものに関する定時株主総会の終結の時までである。

1　アイ　　　　2　アオ　　　　3　イエ　　　　4　ウエ　　　　5　ウオ

解　説

ア　○　指名委員会等設置会社は，監査役を置いてはならないとされています（327条4項）。

イ　×　指名委員会等設置会社の各委員会の委員の過半数は，社外取締役であることを要するとの規定はありますが（400条3項），取締役の過半数が社外取締役でなければならないとの規定は存在しません。

ウ　○　指名委員会は，株主総会に提出する取締役（会計参与設置会社にあっては，取締役および会計参与）の選任および解任に関する議案の内容を決定します（404条1項）。

エ　×　取締役および執行役の個人別の報酬については，いずれも報酬委員会が決定します（404条3項・2項1号かっこ書）。

オ　○　指名委員会等設置会社の取締役の任期は，原則として選任後1年以内に終了する事業年度のうち最終のものに関する定時株主総会の終結の時までです（332条6項・1項）。

　以上より，誤っているものはイエであり，正解は肢3となります。

正解　3

実戦過去問　　　　　　　　　　　　　　公認会計士　平成30年度

　監査等委員会設置会社に関する次の記述のうち，正しいものの組合せとして最も適切な番号を一つ選びなさい。

ア　監査等委員会は，常勤の監査等委員を選定しなければならない。

イ　監査等委員は，取締役が株主総会に提出しようとする議案について法令若しくは定款に違反し，又は著しく不当な事項があると認めるとき，その旨を株主総会に報告する義務を負う。

ウ　監査等委員会が選定する監査等委員は，株主総会において，監査等委員である取締役以外の取締役の選任若しくは解任又は辞任について監査等委員会の意見を述べることができる。

エ　監査等委員でない取締役が自己のために株式会社とする取引につき，当該取締役が監査等委員会の承認を受けたときでも，当該取引によって当該株式会社に損害が生じた場合には，当該取締役はその任務を怠ったものと推定される。

1　アイ　　　2　アウ　　　3　アエ　　　4　イウ　　　5　イエ　　　6　ウエ

解　説

ア　×　監査等委員会設置会社では，内部統制システムの整備が義務づけられるので（399条の13第1項1号ロハ参照），常勤の監査等委員の選定は不要です。

イ　○　監査等委員は，取締役が株主総会に提出しようとする議案について，法令定款違反，又は著しく不当な事項があると認めるときは，その旨を株主総会に報告する義務があります（399条の5）。

ウ　○　監査等委員は，株主総会において，監査等委員である取締役以外の取締役の選任，解任または辞任について監査等委員会の意見を述べることができます（399条の2第3項3号，342条の2第4項）。

エ　×　監査等委員でない取締役が自己のために株式会社とする取引につき，当該取締役が監査等委員会の承認を受けた場合には，当該取引によって当該株式会社に損害が生じたときでも，当該取締役はその任務を怠ったものと推定されません（423条4項）。つまり，当該取締役は任務懈怠の事実が証明されない限り，任務懈怠を理由とする損害賠償責任を負いません。

　以上より，正しいものはイウであり，正解は肢4となります。

正解　4

【第4章】

株式会社の計算・剰余金の配当

11 株式会社の計算・剰余金の配当

学習ナビゲーション

　前講までで，会社の基本的な構造に関する学習はほぼ峠を越えたとみてよい
でしょう。終着点まであと一息ですから，がんばりましょう。

　さて，本講で学習する株式会社の計算を周到に理解するためには会計学の知
識が必要となりますが，会社法の試験問題としては，そこまで深い知識を要求
されることはまず考えられません。出題可能性は薄い分野ですから，時間がな
ければ学習をカットするという手もありますが，一応の知識を習得しておけ
ば，会社法の全体的な理解に有益です。

　資本金や準備金，さらに剰余金の配当といった部分については多少重要度が
高いといえますが，計算規則等の細かい知識は不要です。したがって，制度の
基本的な内容や意味を正確に把握するように努めてください。

1　株式会社の計算

　株式会社の計算とは，会社が行った経済活動の結果を会計的
に処理することをいいます。家庭では，「家計」を管理するため
に，「家計簿」をつけることがありますが，会社においても，そ
の財務を適正に管理し，計画的な会社運営を行っていくために，
会計帳簿の作成が義務づけられています。

　さらに，会社には貸借対照表，損益計算書その他の計算書類や
事業報告を作成し，株主総会での承認または報告が義務づけられ
ています。これは，株主に対して適時に的確な会社の情報を提供
することによって，会社の実質的所有者である株主の利益を保護
するとともに，株主への適正な配当規制を設けて取引先等の会社
債権者の利益を保護することを目的とするものです。

Check

「企業会計原則」

　株式会社の会計は，一般に公正妥当と認められる企業会計の慣行に従うものとされています（431条）。この「一般に公正妥当と認められる企業会計の慣行」とは，金融庁長官の諮問機関である企業会計審議会が作成・答申した「企業会計原則」がこれに当たるとされています。企業会計原則は，企業会計の実務の中に慣行として定着したものの中から，一般に公正妥当と認められたところを要約したものです。

(1) 会計帳簿

① 意義

　株式会社は，法務省令で定めるところにより，適時に，正確な会計帳簿を作成することが義務づけられています（432条1項）。

　「適時に」とは，会計帳簿に記帳されるべき事項がその都度または適切な時期に記帳されなければならないこと，「正確に」とは，その記帳内容が事実を忠実に反映したものであるということです。このような要求を満たして作成された会計帳簿に基づき，計算書類が作成されることになります。つまり，この会計帳簿の内容が計算書類の正確性を基礎づけるものとなります。そこで，後日その正確性を検証できるようにするために，会社は，会計帳簿閉鎖の時から10年間，その会計帳簿とその事業に関する重要な資料を保存することが義務づけられています（同条2項）。＊

② 会計帳簿の閲覧・謄写請求権

　会計帳簿や会計資料は，株主が，会社経営陣に対して監督是正権を行使する際の重要な資料となります。そのため，会計帳簿の閲覧・謄写請求権が少数株主権として認められています。すなわち，この権利を行使することができるのは，総株主の議決権の100分の3以上の議決権を有する株主または発行済株式の100分の3以上の数の株式を有する株主です（433条1項前段）。

　もっとも，この権利を行使するためには，その請求理由を明らかにしなければならず，また会社の側からは，一定の事情が認められるときは，株主の請求を拒むことができます（同条同項後段・2項）。会計帳簿は，一般に会社の企業秘密を含んでいるこ

＊会社組織を採らない個人商人についても，会計帳簿と貸借対照表から成る商業帳簿の作成が義務づけられています（商法19条）。

とも多く，その閲覧・謄写を全く自由にしておくと，総会屋など
に悪用され，会社の利益ひいては株主の利益が害されるおそれが
あります。また，競争関係にある他社への情報流出を防止するこ
とも必要です。そこで，この権利は少数株主権とされ，また会社
は請求が不当な目的でなされている等一定の事由があるときは，
請求を拒否できることとされているわけです。

　なお，株式会社の親会社の社員も，裁判所の許可を得て，この
請求をすることができます（433条3項）。

一歩前進

　帳簿閲覧・謄写請求権については，その権利を行使する要
件として，議決権数基準と株式数基準が併用されています。
つまり，そのどちらかの要件を満たした株主に，権利行使が
認められるわけです。「総株主の議決権の100分の3以上の議
決権」の算定に際しては，株主総会の決議事項のすべてに
ついて議決権のない株主は除外されます。しかし，「発行済
株式の100分の3以上の数の株式を有する株主」であれば，
議決権を行使できない株主でもこの権利を行使することがで
きます。発行済株式の100分の3以上の数の株式という場合
の「発行済株式」とは，自己株式を除いた数です。「100分の
3」の要件は，ともに定款でこれを下回る数を定めることが
できます。また，公開会社の場合であっても，「6ヶ月前か
ら」の要件がないことに注意してください。＊

（2）計算書類

① 意義

　大多数の株主は，会社に投資して，会社から経済的利益を得る
ことを目的としています。したがって，株主は会社の財産状態や
損益の状況には，大きな関心を寄せるのが通常です。しかし，株
主は会社の実質的所有者ではあっても直接経営にタッチするわけ
ではないので，会社の財産状態がどんなものか，会社が儲かって
いるのか損しているのか，必ずしも正確につかむことは困難で
す。そこで，取締役に事業年度ごとの会社の財産状態を表す貸借
対照表や事業年度1年間の会社の損益を表す損益計算書などの計

＊会社を当事者とす
る訴訟が提起された
場合，裁判所は，申立
てまたは職権で，当
事者に対し，会計帳
簿の全部または一部
の提出を命じること
ができます（434
条，616条）。

算書類の作成を義務づけ，定時株主総会での承認を受けさせることとしています。＊

　会社法上，決算に際して作成が義務づけられている計算書類とは，貸借対照表，損益計算書，株主資本等変動計算書，個別注記表およびこれらの附属明細書のことです。計算書類は各事業年度に係るものの作成が必要です（435条2項，会社計算規則59条1項）。

計算書類
- 貸借対照表
- 損益計算書
- 株主資本等変動計算書
- 個別注記表
- 附属明細書

＊一事業年度は，一般的には，4月1日から翌年3月31日までの1年間です。この間の計算書類が，通常6月下旬に開催される定時株主総会の承認の対象となります。

用語の説明
「決算」
計算書類や事業報告の作成から，定時株主総会における株主の承認および報告に至る一連の手続のことです。

②　計算書類の作成

　これらの計算書類は，会計参与設置会社においては取締役と会計参与（374条1項），指名委員会等設置会社においては執行役（418条2号），それ以外の会社では取締役が作成するものとされています（348条1項）。

　これに加えて，計算書類には含まれませんが，各事業年度にかかる事業報告およびその附属明細書も作成しなければなりません（435条1項・2項）。

Check

「各計算書類と事業報告」

①　貸借対照表

　いわゆる「バランスシート」のことです。会社の一定時点における財産状態を表示するものです。

②　損益計算書

　一事業年度に発生した収益とこれに要した費用を明らかにして，会社の営業成績を示すものです。端的にいうと，その1年間で会社が儲かったのか，損をしたのかを表す書類です。

③　株主資本等変動計算書

　株主が会社に出資した資本の増減を表すものです。

④　事業報告

　会社の事業状況の概要を報告する書類のことです。事業報告の内容については会社法施行規則に定めがありますが，その様式については特に指定されていません。

③　計算書類の承認手続

　計算書類の承認手続の大まかな流れは，次のようになっています。

　作成された計算書類は，監査役設置会社では監査役，会計監査人設置会社では監査役と会計監査人の監査を受けなければなりません（436条1項・2項）。取締役会設置会社においては，この監査を受けた各書類について取締役会の承認を受ける必要があります（同条3項）。

　上記の監査手続が終了すると，代表取締役は，定時株主総会に計算書類および事業報告を提出または提供します（438条1項）。そして，貸借対照表，損益計算書，株主資本等変動計算書については株主総会決議（普通決議）による承認を受け（同条2項），事業報告の内容については報告を行わなければなりません（同条3項）。

> **ここが狙われる**
>
> 　会計監査人を置く取締役会設置会社では，会計監査人の会計監査報告の内容に「無限定適正意見」が含まれている（要するに，会計監査人が適正であるとのお墨付きを与えた場合）等の要件を満たした場合は，株主総会の承認を必要とせず，株主総会への報告だけで足ります（439条）。

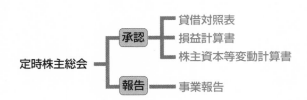

　このような手続を経て，計算書類の内容が確定されます。会社は，計算書類の確定後，貸借対照表（大会社では，これに加えて

損益計算書），あるいはその要旨を遅滞なく公告しなければなりません（440条1項）。これを「決算公告」といいます。

一歩前進

　会社が公告をする方法としては①官報への掲載，②日刊新聞紙への掲載，③電子公告の3つがあります（P328 Check 参照）。①②の方法によるときは，貸借対照表はその要旨を公告すれば足りますが，③の方法によるときは，要旨だけでは足りず，その全部を会社のホームページに載せなければなりません。

2　資本金と準備金

(1) 意義

　株式会社においては，その構成員である株主が，会社債権者に対して直接弁済する責任を負わない（間接有限責任）ところから，会社債権者が自分の債権の引き当てとして当てにできるのは，会社財産しかありません。会社が儲かったのなら，株主としてはたくさんの配当をもらいたいところでしょうが，会社債権者からすると，儲けを株主に大盤振る舞いされたのでは困るわけです。

　資本金および準備金は，会社債権者のために会社が最低限保有すべき資産を一定の数額として示したものであり，会社財産流出の歯止めとして機能します。すなわち，株主への配当の原資となる剰余金の額は，大雑把にいえば，会社が保有している純資産額から，資本金と準備金の合計額を控除して得られた額となります。これをごく単純に考えれば，資本金や準備金が減少すると，会社財産の流出に対する歯止めが小さくなりますから，会社債権者に不利益となります。一方，資本金や準備金が増加する場合は，これと逆の図式が成り立ち，会社債権者に有利となります。まず，この関係をしっかり把握しておくことが必要です。

　後述するように，資本金や準備金を減少させる場合には，原則として株主総会決議（資本減少は特別決議，準備金減少は普通決

議）のほか，会社債権者に異議を述べる機会を与えることが要求されています。これには，資本金や準備金の減少によって不利益を受ける会社債権者を保護するという意味合いがあります。

一歩前進

　株式会社を相手方として取引する債権者（会社債権者）にとってみれば，その会社の資本金額が取引をする際の一応の目安となります。そこで，関係者が資本金の額を容易に知り得るよう，資本金の額は登記事項とされ（911条3項5号），また貸借対照表にも記載されます。

　しかし，資本金の額は定款の記載事項とはされていません。株式会社は，定款に定められた発行可能株式総数（授権株式数）の範囲内で，取締役会決議等により機動的に新株を発行し，資金調達をする制度（授権資本制度）を採っています。つまり，新株の発行により当然資本額は増加することになりますから，その際にいちいち株主総会の決議に基づく定款変更をしなければならないとすると，授権資本制度と矛盾することになってしまうのです。

Check

「株式と資本金」

　株式の発行による払込みがあったときは，発行済株式総数が増加するとともに，資本金の額も当然増加します（下記（2）参照）。しかし，株式分割や株式無償割当の場合は，新たな払込みがなされるわけではないので，発行済株式総数が増加しても，資本金の額は増加しません。逆に，株式の併合や株式の消却がなされた場合，それによって発行済株式総数は減少しますが，資本金の額に変化はありません。要するに，資本金と株式との間には，必然的な関連性はないのです。

（2）資本金および準備金

①　意義

　株式会社の資本金の額は，原則として設立または株式の発行に際して，株主となる者がその会社に対して払込みまたは給付をし

た財産の額となります（445条1項）。そのうち，払込みまたは給付に係る額の2分の1を超えない額は，資本金として計上しないことができますが，その額については，資本準備金として計上しなければなりません（同条2項・3項）。

また，会社は，剰余金の配当をする場合，その配当により減少する剰余金の額に10分の1を乗じた額を資本準備金または利益準備金として計上しなければなりません（同条4項）。このような準備金の計上は，準備金の額が資本金額の4分の1に達するまで行わなければなりません（会社計算規則22条）。

┌─ 一歩前進 ─┐

準備金には，上記のように資本準備金と利益準備金とがあります。資本準備金とは，出資等の資本取引（要するに株主の「出資」）により準備金とされたものであり，利益準備金とは，損益取引により得た利益（会社の「儲け」）を会社内部に留保したものです。もっとも，準備金は貸借対照表上の資本の部に計上される計算上の数額であって，会社は，必ず準備金の額に相当する金銭を保有していなければならないというわけではありません。会社法においては，資本準備金と利益準備金の扱いに違いはありません。いずれも，準備金として剰余金を計算する際の控除項目となり，資本金とともに会社財産流出の歯止めとして機能します。

---

② 資本金および準備金の減少

株式会社の資本金および準備金の額は，これを減少することができます。会社の営業成績が悪くなって，資本の欠損が生じた場合に，これを填補し，あるいは資本金や準備金として会社の内部に留保していた利益を配当に回すためには，資本金や準備金を剰余金に取り崩す必要があります。そのためには，資本金や準備金の額を減少させる手続が必要になるわけです。ただ，このような欠損填補の手段は単なる計数上の操作に過ぎませんから，会社の現実の財務状態がそれによって改善されるわけではありません。

資本金の額を減少する場合（減資）は，原則として株主総会の特別決議を要するとともに（447条1項，309条2項

> **用語の説明**
> **「資本の欠損」**
> 貸借対照表における資産の額から，負債の額を控除した純資産の額が資本金の額より少なくなってしまった状態のことです。このような状態になると，当然配当はできません。

9号），会社債権者を保護するための**債権者異議手続**（後記
ステップアップ 参照）を踏むことが必要です（449条）。

　準備金の額を減少する場合は，**株主総会の普通決議でＯＫです**
が，原則として**債権者の異議手続は必要**です（448条1項，449条
1項本文）。＊

資本金と準備金の減少手続

	要件	債権者異議手続
資本金	**株主総会**特別決議	必要
準備金	**株主総会**普通決議	原則必要

一歩前進

　株式会社は，剰余金の額を減少して資本金の額を増加し
（450条），あるいは剰余金の額を減少して準備金の額を増加
することもできます（451条）。いずれの場合も，**株主総会の**
普通決議を必要としますが（309条1項），それによって会社
債権者に不利益となることはありませんから，**債権者異議手**
続は不要です。

＊例外として，減少
する準備金の額の全
部を資本金に組み入
れる場合，定時株主
総会で準備金の額を
欠損の額の範囲内で
減少する場合等に
は，債権者異議手続
は不要です（449
条1項ただし書）。
つまり，資本金の額
を減少するには必ず
債権者異議手続が必
要ですが，準備金の
額を減少するには債
権者異議手続を要し
ない場合もあるわけ
です。

ステップアップ

「**債権者異議手続**」

　株式会社と取引する債権者にとっては，その相手方である会社の資本金や準
備金の減少は，弁済の資力の減少を引き起こすことになりかねません。そこ
で，会社債権者には，資本金または準備金の減少に対して文句をつける権利が
認められているわけです。その手続の概要は，次のとおりです。第13講で説
明する合併等の組織再編でも類似の手続が要求されていますから，余裕があれ
ば，覚えておきましょう。

① 　資本金や準備金の額の減少をしようとする株式会社は，当該資本金等の額
　の減少の内容，債権者が一定の期間内（1ヶ月以上の期間）に異議を述べる
　ことができる旨等所定の事項を**官報に公告**し，かつ**知れている債権者**には各
　別に催告する（449条2項）。

② 　その期間内に異議がなかったときは，債権者は資本金または準備金の額の
　減少について承認したものとみなされる（同条4項）。

③ 債権者が異議を述べたときは，会社は，その債権者に対し，弁済，担保提供，信託会社に対する信託等の手続を執らなければならない（同条５項）。

3 剰余金

(1) 意義

　剰余金（「利益剰余金」ともいいます）とは，株式会社の有している財産のうち，株主に対する配当の原資となるものです。剰余金の額は，会社が保有している資産の額と自己株式の帳簿価額の合計額から，負債の額および資本金と準備金の合計額を控除して得られた額が基本となります（446条）。実際は，さらに細かく算定方法が規定されていますが，あまり深く立ち入る必要はありません。

　株式会社は，剰余金を株主に対して配当することができます。剰余金の処分としては，この株主に対する分配が最も重要な意義を持ちますが，その他に剰余金の資本金や準備金への組入れ，損失処理，任意積立金として積み立てることなども剰余金の処分として認められます。

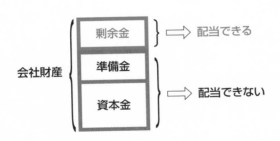

(2) 剰余金の配当

① 分配可能額

　株式会社は，その株主に対し，剰余金の配当ができます（453条）。しかし，剰余金があるからといって，そのすべてを配当に回すことができるわけではなく，分配可能額の範囲内でなければならないという制約（財源規制）があります（461条１項８号）。*

*会社が自己の株式を取得する場合も，会社財産の社外流出を伴いますから，剰余金の配当の場合と同じく，分配可能額による規制を受けます（461条1項）。

　分配可能額は，剰余金の金額に一定の金額を足したり引いたりして複雑な計算によって算出されますが，その計算の仕方にまで深く立ち入る必要はありません。

ここが狙われる

　自己株式については，剰余金の配当をすることはできません（453条）。また，純資産額が300万円を下回る会社は剰余金の配当をすることができません（458条）。

---

②　配当事項の決定

　株式会社が，剰余金の配当をしようとするときは，その都度，株主総会の普通決議によって，次の事項を定めなければなりません（454条1項）。会社の内部に財産を留保して将来に備えるか，剰余金として配当するかは，株主の利害に重要な影響を与えることですから，株主総会の決議が要求されているわけです。

配当に関する株主総会の決議事項

（ⅰ）配当財産の種類および帳簿価額の総額
（ⅱ）株主に対する配当財産の割当に関する事項
（ⅲ）当該剰余金の配当が効力を生ずる日

　（ⅰ）の配当財産とは，株式会社が剰余金の配当をする場合における配当する財産のことです（2条25号）。

　剰余金の配当は，金銭によるほか金銭以外の財産であることもできます（454条4項）。これを現物配当といいます。もっとも，当該会社の株式，新株予約権，社債等を配当財産とすることはできません（同条1項1号かっこ書）。現物配当をする場合は，株主総会決議により，当該配当財産に代えて金銭を交付することを会社に請求する権利（金銭分配請求権）を与えることができます。現物配当をする場合で，かつ金銭分配請求権を与えないときは，株主総会の特別決議が必要となります（309条2項10号）。

　（ⅱ）の「株主に対する配当財産の割当に関する事項」については，株主の有する株式数に応じて配当財産を割り当てる内容のものでなければなりません（454条3項）。これは，株主平等の原

則の配当における具体化ということができます。

　（ⅲ）の「剰余金の配当が効力を生ずる日」に株主であった者に具体的な剰余金配当請求権が帰属します。この具体的に確定した剰余金配当請求権は，株式とは切り離された独立の金銭債権です。したがって，この剰余金配当請求権は，その後に株式が譲渡されても譲受人に当然に移転することはありません。譲受人にこれを確実に移転するためには，債権譲渡（民法467条）の手続を踏むことが必要です。

一歩前進

　上記のような，剰余金を配当するための要件を満たせば，会社は，一事業年度中に何度でも剰余金の配当をすることができます。

　剰余金の配当については，株主総会決議を要するのが原則ですが，取締役会設置会社では，一事業年度の途中において1回に限り，取締役会の決議によって剰余金の配当をすることができる旨を定款で定めることができます（454条5項）。これを中間配当といいます。

　また，取締役会設置会社では，会計監査人を置いていること，会計監査報告にいわゆる無限定適正意見が付されていることその他の要件を満たしたときは，定款で定めることにより，取締役会の決定により剰余金の配当を行うことができます（459条1項）。

---

③　違法配当

設例40

　甲株式会社は，定時株主総会で，分配可能額を超えた剰余金の配当決議を行い，現実にその決議に基づき配当を行った。

　違法配当とは，会社が分配可能額の規制に違反して剰余金の配当をした場合，つまり，設例40のように分配可能額があってもそれを超えた剰余金の配当をした場合のほか，分配可能額がないのに剰余金の配当をした場合をいいます。俗に「タコ配当」と呼ば

れることもあります。この呼び名は，タコが飢餓状態に陥ると，自分の足を食べて空腹をしのぐという俗説からきています。＊

　さて，分配可能額の規制（461条1項）に違反する剰余金の配当が行われた場合，その配当は無効となります。この点，違法な剰余金の配当も有効であるとの見解も有力に主張されていますが，いずれの考え方を採ったとしても，株主の返還義務等の具体的効果について差は生じませんから，この点にあまりこだわる必要はありません。

　違法配当により金銭等の交付を受けた株主およびその違法配当を行った業務執行者等は，会社に対し，連帯して，配当された金銭等の帳簿価額に相当する金銭を支払う義務を負うことになります（462条1項）。つまり，会社としては，これらの者に対して次のような請求をすることができます。

（i）金銭等の交付を受けた株主に対する請求

　会社は，違法な剰余金の配当を受けた株主に対して，配当した剰余金の返還を請求することができます。株主としては，「本来もらえないものを，もらった」ということですから，もらった金銭は不当利得となり，返還請求に応じなければならないということです。この場合，たとえ株主が違法な配当であることを知らなかった（善意）としても返還義務を免れることはできません。もっとも，多数の株主に対して配当金の返還を求めるのは，実際上困難であり，その実効性はあまり期待できません。そこで，より実効性の高い手段として次の（ii）の請求が認められています。

ここが狙われる

　株主が会社に対し上記の義務を負う場合には，会社債権者は，直接，株主に対して，その交付を受けた金銭等の帳簿価額に相当する金銭を支払わせることができます（463条2項）。

（ii）業務執行者等に対する請求

　会社は，業務執行者（業務執行取締役および執行役等）および株主総会や取締役会に剰余金の配当に関する議案を提出した取締

＊なお，広い意味で違法配当とは，分配可能額の点では問題ないが，必要な株主総会決議を経ずに行われた場合やその決議に瑕疵がある場合も含まれます。しかし，ここでは財源規制に違反した配当を念頭に置いて説明します。

役に対して，交付した金銭等の帳簿価額に相当する金銭の支払いを請求することができます。これらの者は，その職務を行うについて注意を怠らなかったことを証明したときは，その義務を免れることができます（462条2項）。つまり，これらの者の責任は**過失責任**です。

一歩前進

　上記のように，違法配当により金銭を受領した株主は，会社からの返還請求があったときは，これに応じなければなりません。

　しかし，違法配当に関与した業務執行取締役等が会社に対して金銭支払義務を履行した場合，その取締役等が，違法配当により金銭を受領した**善意の株主（分配可能額を超えることを知らなかった株主）に求償権を行使しても，その株主は求償に応じる義務を負いません**（463条1項）。例えば，**設例40**で，甲株式会社の取締役は，違法配当の帳簿価額の総額を甲社に対して支払った場合には，現実に配当金を受領した株主に対して，「本来あなたが支払うべきものを，私が代わって支払ったのだから，支払額を私に返してください」と言えるはずです。これが求償権の行使です。しかし，違法配当であることを知らなかった善意の株主に対しては，このような主張はできないのです。

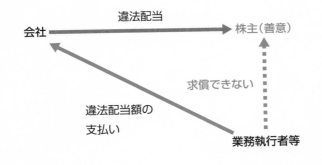

用語の説明
「**求償権**」
他人のために財産上の利益を与えた人が，その他人に対して有する返済請求権のことです。一般的には，他人の債務を弁済した者が，その他人に対して持つことになる返済請求権を指します。

Check

「業務執行者の欠損填補責任」

　業務執行取締役や執行役等の業務執行者が，分配可能額の規制に違反して剰余金の配当をした場合については，上記のような責任が生じます。

　しかし，分配可能額の制限を守って剰余金の配当をしたとしても，会社の業績がおもわしくなければ，事業年度末に至って欠損が生じる場合もあります。このような場合，会社法は，剰余金の配当に関する職務を行った「業務執行者」に対し，連帯して，欠損額と処分した剰余金の額の低いほうの金額を支払う義務を負わせています（465条1項10号）。この欠損填補責任は，過失責任であり，その業務執行者において，その職務を怠らなかったことを証明したときは，その責任を免れることができます（同条同項ただし書）。やむを得ないアクシデントが発生して，業績見通しの目算に狂いが生じたというような場合は，免責されることになるでしょう。また，この責任は，総株主の同意で免除することができます（同条2項）。

　なお，この欠損填補責任は，剰余金の配当によって欠損が生じた場合のほか，自己株式の取得によって会社財産が流出して欠損が生じた場合等（同条1項1号～9号）にも生じることを覚えておきましょう。

　株式会社における剰余金の配当に関する次のア〜オの記述のうち，誤っているものの組合せはどれか。

ア　剰余金の配当により株主に交付される金銭等の帳簿価額の総額は，剰余金の配当が効力を生ずる日における分配可能額を超えてはならない。

イ　剰余金の配当においては，株主総会の決議により，当該株式会社の株式，新株予約権または社債を配当財産とすることができる。

ウ　取締役会設置会社は，1 事業年度の途中において 1 回に限り，取締役会決議により剰余金の配当（中間配当）をすることができる旨を定款で定めることができる。

エ　純資産の額が300万円を下回る場合には，剰余金の配当をすることができない。

オ　会社が自己株式を有する場合には，株主とともに当該会社も剰余金の配当を受けることができるが，配当財産の額は利益準備金に計上しなければならない。

1　ア・ウ　　　2　ア・エ　　　3　イ・エ　　　4　イ・オ　　　5　ウ・オ

解　説

ア　○　株式会社が剰余金の配当をする場合，株主に対して交付する金銭等の帳簿価額の総額は，当該行為がその効力を生ずる日における分配可能額を超えてはなりません（461条1項8号）。

イ　×　配当財産の種類から，株式等（新株予約権，社債，新株予約権付社債）は除かれています（454条1項1号かっこ書）。したがって，当該会社の株式，新株予約権，社債等を配当財産とすることはできません。

ウ　○　条文（454条5項前段）どおりの正しい記述です。

エ　○　純資産額が300万円を下回る会社は，剰余金の配当をすることができません（458条）。

オ　×　自己株式については，剰余金の配当をすることができません（453条）。

　　以上より，誤っているものはイ・オであり，正解は肢4となります。

正解　4

実戦過去問　　　　　　　　　　司法書士　平成 19 年度

　会社の計算に関する次の記述のうち，誤っているものの組合せは，後記 1 から 5 までのうちどれか。

ア　株式会社が利益剰余金の額を減少して利益準備金の額を増加するには，当該株式会社が取締役会設置会社であっても，株主総会の決議を要する。

イ　株式会社が募集新株予約権の発行手続により新株予約権を発行した場合には，資本金の額は増加しない。

ウ　株式会社が自己の株式を取得した場合においては，それによって資本金の額が減少する場合がある。

エ　会計監査人を設置していない株式会社であっても，定款で定めることにより，取締役会の決議によって剰余金の配当をすることができる場合がある。

オ　合名会社においては，必ずしも貸借対照表を作成する必要はない。

1　アイ　　　　2　アエ　　　　3　イウ　　　　4　ウオ　　　　5　エオ

解　説

ア　○　剰余金の額を減少して準備金の額を増加する場合，取締役会設置会社であっても，株主総会の普通決議を必要とします（451条）。

イ　○　募集新株予約権の発行手続により資本金の額が増加することはありません。新株予約権者が，新株予約権を行使して払込みをしたとき，資本金の額は増加します（445条 1 項）。

ウ　×　株式会社が自己の株式を取得した場合，それによって資本金の額が減少することはありません。株式と資本との間に必然的な関連はないからです。

エ　○　取締役会設置会社では，一事業年度の途中において 1 回に限り，取締役会の決議によって剰余金の配当をする旨を定款で定めることができます（454条 5 項前段）。

オ　×　持分会社についても，その成立の日における貸借対照表および各事業年度における計算書類の作成が義務づけられています（617条 1 項・2 項）。以上より，誤っているものはウオであり，正解は肢 4 となります。

正解　4

【第5章】

株式会社の設立・組織再編

12 株式会社の設立

学習ナビゲーション

　　株式会社の設立は，取引社会に独り立ちするにふさわしい組織と内容を備え
た法人格者を作り上げるための一連の手続ということができます。

　　設立手続は，大雑把にいえば，定款の作成→社員の確定→出資の履行→機関
の確定といったプロセスを経て，設立登記により法人格が付与されることによ
り完結します。このように株式会社の設立は，他の種類の会社の設立に比べて
かなり複雑になっていますから，上のような手続の時間的な流れを大まかに把
握したうえで，それに沿って個々の具体的な手続を位置づけていくようにすれ
ば，整理しやすいでしょう。

　　株式会社の設立には，発起設立と募集設立という2つの方式がありますが，
その異同という視点も重要です。

1　設立の意義

　　会社の設立については，いわゆる準則主義が採られ，法の定め
た要件を満たした設立行為が完了すれば，当然に法人格が付与さ
れることになります。行政上の認可や許可は必要としません。＊

　　しかし，だからといって会社の設立が他の法人に比べて容易と
いうわけではなく，法の定めた要件を一つ一つクリアしなけれ
ば，法人格が付与されることはありません。特に，株主有限責任
の原則が採られる株式会社においては，他の種類の会社に比べて
会社の財産的基礎を強固にすることが求められますから，その設
立手続も複雑かつ厳格です。

　　株式会社を設立するには，発起設立と募集設立という2つの方
法があります。発起設立は，会社設立の企画者である発起人だけ

＊法人の設立につい
ては，本文の準則主
義のほか，認可主義，
認証主義，特許主義
等の方式がありま
す。民法総則の解説
書に記述されている
はずですから，一応
確認しておくことを
お勧めします。

が株式引受人となる設立方式であり，募集設立は，発起人が株式引受人となるほか，他に株式引受人を募集する設立の方式です。

設立手続のある時点までは，発起設立と募集設立の手続はほぼ共通していますから，まずその共通した手続からみていくことにします。

一歩前進

新設合併，新設分割，株式移転等の組織再編（次講参照）に際しても新会社が設立されますが，これらの場合には，本講で説明する設立の規定は適用されません（814条1項）。例えば，発起人は存在せず，また定款に公証人の認証を受ける必要もありません。

---

2 株式会社設立の第一歩

設例41

A・B・Cの3名は，コンピューターソフトの開発および販売を目的とする「ドリーム・クリエイト」という名称の株式会社を設立しようとしている。

(1) 発起人による定款作成と公証人の認証

株式会社設立の第一の段階は，発起人による定款作成と公証人の定款認証です。

① 発起人

発起人とは，会社設立の企画者であり，会社の成立に向けてお膳立てをする人のことです。発起人は必ずしも複数である必要はなく，1人でもOKです。また，発起人の資格に制限はありませんから，自然人のほか法人も発起人となることができます。＊

＊法人については会社や地方公共団体，自然人については外国人や制限行為能力者も発起人となることができます。

　もっとも，会社の設立に関与した人のすべてが発起人というわけではなく，法律上は，**発起人として会社の根本規則である定款に署名または記名押印した人**のことです。つまり，定款に発起人として署名または記名押印した以上は，実質的に何ら発起人らしいことをしていなくても発起人として扱われ，逆にいかに発起人らしい行動をとっていたとしても，発起人として定款に署名または記名押印していなければ，発起人ではありません。

　設例41で，仮に定款に発起人として署名したのがAおよびBだけであるとすると，発起人として扱われるのはこの2名だけであり，Cは発起人となりません。もっとも，その場合Cは，後述する擬似発起人としての責任を問われることがあります。

用語の説明
「署名」「記名押印」
署名とは，自分の名前や名称を自ら手書き（サイン）することです。記名押印は，ゴム印などで自分の名前や名称を表示したうえ，印鑑を押すことです。

一歩前進

　設例41で，A・B・Cの3名が定款に署名して発起人となった場合，その間に会社の設立という共同事業を行う契約が存在しているとみることができます。この契約関係は，民法上の組合としての性格を有していることから，**発起人組合**といわれます（P24 **ステップアップ** 参照）。*

　A・B・Cは，相談のうえ，会社設立に必要なさまざまな事項を決め，それを実行していくことになります。その場合の意思決定については，民法の組合の規定により，**原則として発起人の過半数で決する**ことになります（民法670条1項）。もっとも，これについては，例外として**発起人全員の同意を要する事項**がいくつか定められています（会社法32条1項，37条1項・2項，58条1項・2項）。そのうち，次の事項は覚えておきましょう。

（ⅰ）発起人が割当を受ける設立時発行株式の数と払込金額
（ⅱ）成立後の株式会社の資本金および資本準備金の額
（ⅲ）発行可能株式総数に関する定款規定の設定・変更
（ⅳ）設立時募集株式の種類と数およびその払込金額

*発起人がその全員の名で設立事務を行うのは煩雑ですから，発起人の中からその代表者として発起人総代を選任し，その名で設立手続を進めることも認められます。

Check

「**設立中の会社と発起人の権限**」

　会社は，設立の登記をした時に成立し権利能力を取得することになりますが，それ以前においても，定款が作成され，発起人の株式引受により社員が生じた段階で，団体としての実体を認めることができます。このような，会社の前身ともいうべき団体を「設立中の会社」といいます。

　設立中の会社は，会社として成立することの予定された権利能力のない社団であり，成立後の会社と前後同一性を有するものと解されています。あたかも胎児が胎内で成長し，出生によって権利能力を取得するのに似ています。

　発起人はこの設立中の会社の執行機関であり，発起人がその権限内で行った行為の効果は，会社の成立後に何らの移転行為を必要とすることなく，そのまま会社に帰属することになります。これを逆にいうと，発起人の権限外の行為は，成立後の会社に帰属しないということになります。そこで，発起人の権限がどの範囲に及ぶかが問題となりますが，会社法はこれを明確に規定していません。この点について判例は，発起人の権限は設立自体を目的とする行為に限られ，開業準備行為にまでは及ばないとの立場を採っています。この見解は，発起人の権限を設立目的の行為に限定することにより，財産的基礎の健全な会社の設立を促進しようとする意図を持つと考えられます。

　発起人の権限の範囲をどのように理解するかは，発起人の行った無効な財産引受契約を成立後の会社が追認することができるか，という問題に関連します。この点については後述します（P314　ステップアップ　参照）。

②　定款の作成と公証人の認証

　株式会社を設立するには，発起人が定款を作成し，発起人全員がこれに署名し，または記名押印しなければなりません（26条1項）。

　定款とは，会社の根本規則のことであり，設立手続は，発起人が定款を作成することからスタートします。さらに，発起人が作成し署名した定款は，公証人の認証を受けなければ，その効力を生じません（30条1項）。認証は，定款が真正に成立したものであり，その記載（記録）に誤りがないことについてお墨付きを与える公証行為です。これには，定款の記載をめぐって後日紛争が生じるのを防止するという意味があります。定款は，株式会社成立後に株主総会の特別決議によって変更することが可能です。

　会社の設立当初の定款は，その後に変更された定款と対比して，原始定款と呼ばれます。定款は文書によるほか，電磁的記録

用語の説明
「公証人」
法律関係の当事者やその関係者の依頼を受けて，会社の定款の認証をはじめ，契約書や遺言書を「公正証書」として作成したり，私人の署名した文書に確定日付を付与したりする等の職務を行う人のことです。法務大臣により任命され，実質的に公務員としての地位を有しています。公証人が仕事をしている場所が「公証役場」です。

によって作成することも可能です。その場合には署名に代わる措置（電子署名）が必要となります（26条2項）。

(2) 定款の記載事項

```
┌─ 設例 42 ──────────────────────────────────
　株式会社「ドリーム・クリエイト」の設立に当たり，AおよびBは現金
1000万円，Cは高性能コンピューター10台（1000万円相当）を出資する
こととした。また，発起人A・B・Cは，Dとの間で会社が成立することを条
件に，D所有の事務所用建物を2000万円で譲り受ける契約を締結した。
```

定款の記載事項は，絶対的記載事項と相対的記載事項および任意的記載事項に区別することができます。

絶対的記載事項は，定款に必ず記載しなければならず，その記載がなければ定款自体が無効となるものです。相対的記載事項は，特に定款に記載しなくても定款自体は無効とならないものの，その事項について定款に記載しておかないとその効力が認められないものです。以下，まず任意的記載事項について簡略に説明した後，絶対的記載事項および相対的記載事項の順に説明していきます。

```
┌─ 一歩前進 ──────────────────────────────
┆　任意的記載事項とは，定款に記載しなくても，定款自体は
┆無効とならず，その事項の効力も認められないわけではない
┆が，それを記載することにより，定款変更の厳格な手続によ
┆らなければ，その事項を変更することができなくなるという
┆効力を有するものです。例えば，取締役の員数，決算期の定
┆め，株主総会の議長に関する定めなどがこれに当たります。
└┄┄┄┄┄┄┄┄┄┄┄┄┄┄┄┄┄┄┄┄┄┄┄┄┄┄┄┄┄┄┄┄┄┄┄
```

① 絶対的記載事項

原始定款の絶対的記載事項としては，次の５つの事項のほか，会社が発行することができる株式の総数（発行可能株式総数）の定めがあります（27条，37条１項，98条）。*1

（ⅰ）目的（27条１号）

会社の目的は，会社の権利能力の範囲を画するという意味を持ちますから（民法34条），具体的かつ明確に記載しなければなりません。設例42でいえば，「コンピューターソフトの開発・販売」という記載は不可欠です。

（ⅱ）商号（27条２号）

会社の商号には，会社の種類を記載しなければなりません（６条２項）。株式会社を設立しようとするときは，必ず「株式会社」の文字を入れる必要がありますが，文字の前後は問いません。「株式会社ドリーム・クリエイト」「ドリーム・クリエイト株式会社」どちらもＯＫです。

（ⅲ）本店の所在地（27条３号）

本店の所在地としては，最小独立の行政区画（市町村または東京都の特別区）を記載しなければなりません。例えば，「兵庫県西宮市」とか「東京都渋谷区」などの記載が必要です。*2

（ⅳ）設立に際して出資される財産の価額またはその最低額（27条４号）

出資額には，最低額の制限はありません。設例42では，Ａ・Ｂ・Ｃの出資は，合計3000万円ですから，その旨の記載をすることになります。

（ⅴ）発起人の氏名または名称および住所（27条５号）

ここに氏名または名称が記載された者は，発起人として署名しなければなりません。*3

*1 まずは，本文の５つの事項を記憶した後に次頁 一歩前進 で発行可能株式総数について理解してください。

*2 会社の住所は，その本店の所在地にあるものとされています（4条）。本店所在地は日本国内の地であることを要し，国外地を本店所在地として記載することはできません。

*3 「名称」は発起人が法人の場合に記載されます。

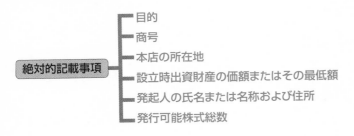

絶対的記載事項
- 目的
- 商号
- 本店の所在地
- 設立時出資財産の価額またはその最低額
- 発起人の氏名または名称および住所
- 発行可能株式総数

一歩前進

　先に第5講で説明したとおり，いわゆる授権資本制度は，株式会社が発行することのできる株式総数を定款に定め，その範囲内で株主総会決議または取締役会決議により募集株式の発行を可能とする制度です。そして，旧商法では，認証時の定款の記載事項として，会社が発行する株式の総数の記載が要求されるとともに，設立に際しては，必ずその4分の1以上を発行しなければならないこととされ，しかもその全部の引受がなければ会社の設立無効原因となると解されていました（旧商法166条1項3号・3項）。*1

　一方，現行会社法の下では，会社が発行することができる株式の総数（発行可能株式総数）は，認証時における定款の記載事項とされていませんが，少なくとも設立登記の時までには，発起人全員の同意または創立総会の決議によって定款を変更して定めることが要求されています（37条1項，98条）。その意味で，原始定款の絶対的記載事項ということができます。もっとも，設立に際して発行する株式の全部の引受は絶対的な要求ではありません。設立に際して出資される財産の最低額を満たしてさえいれば，設立に際して発行する株式の全部の引受がなくても，設立無効原因とはならないのです。*2

　設立時発行株式の総数は，公開会社では発行可能株式総数（授権株式数）の4分の1を下ることができません（37条3項本文）。いいかえると，授権株式数は，公開会社においては，設立に際して発行される株式数の4倍以内でなければならないということになります。

　なお，非公開会社においては，4倍以内という制限はないということを覚えておきましょう。

*1 このように，設立時において厳格な資本の充実を要求する方式を総額引受主義といいます。

*2 つまり会社法上は総額引受主義は廃止されています。

発行可能株式総数

⟹ 4分の1以上を設立時に発行

② 相対的記載事項（変態設立事項）

　定款に定めなければその効力を生じない相対的記載事項は，会社法の各所に規定されていますが，設立当初における原始定款の相対的記載事項としては，次の4つがあります。

　これらの事項は，いずれも会社の財産的基礎を危うくするおそれがあるため，**原始定款に記載（記録）され，かつ原則として裁判所の選任する検査役の調査を経なければその効力が認められません**（28条）。*

原始定款の相対的記載事項（変態設立事項）
- 現物出資
- 財産引受
- 発起人の報酬等
- 設立費用

（ⅰ）現物出資（28条1号）

　現物出資とは，設例42のCの出資のように，**金銭以外の財産による出資**のことです。動産や不動産のほか，債権や特許権等の知的財産権も現物出資の対象となります。

　出資が金銭でなされる場合は，その価値が明確ですから，出資者にそれに見合う株式を交付すれば何の問題も生じません。設例42で，1株あたりの引受価額を5万円と定めたとすると，現金1000万円を出資したAおよびBに対して，それぞれ200株を交付すれば，帳尻の合う適正な出資となり，会社財産も充実します。

　しかし，Cの出資については，目的物であるコンピューターが現実に1000万円の価値があるかどうか，必ずしも明確とはいえません。そうすると，仮にそれが500万円の価値しかないのに，その価値を過大評価してCに200株の株式を与えると，その差額500万円分について**会社財産が空洞化**してしまうことになるし，他の**出資者との間でも不公平**な結果となります。

　そこで，このような弊害を避けるため，現金以外の財産の出資をする者の氏名または名称，当該財産およびその価額，その者に対して割り当てられる株式数を定款に記載することを義務づけ，その記載がないときは，**現物出資は無効**となります。

＊原始定款の相対的記載事項とされている4つの事項は，「変態設立事項」あるいは「危険な約束」とも呼ばれます。「変態」などというと，なんだか「おぞましい」イメージがありますが，別にそういうものではなく，「通常とは異なった」という意味に理解してください。

313

　発起設立，募集設立のいずれであるかを問わず，株式会社設立に際して，現物出資をなし得るのは，発起人だけです（34条1項参照）。

(ⅱ）財産引受（28条2号）

　財産引受とは，設例42の発起人とDとの売買契約のように，発起人が第三者との間で会社の成立を条件に会社のために一定の財産を譲り受ける契約のことです。財産引受は，例えば，会社成立後の営業のために使用する目的で建物や営業用の動産を事前に確保しておくというような目的で行われます。つまり，会社成立後の営業を迅速・円滑に開始するための開業準備行為としての性格をもつのが通常です。

　さて，この場合，発起人が目的物である建物を過大に評価し，Dに不当に高額な対価の支払いを約束したときは，会社の財産的基礎が害されることになります。例えば，設例42の事務所用建物が1000万円程度の価値しかないのに，その価値を過大評価して代金額を2000万円と定めてその支払いをすると，その差額1000万円について会社財産の充実が妨げられることになります。要するに，財産引受は現物出資と同様の危険性があり，また現物出資の規制をくぐりぬける手段として悪用されるおそれもあります。これを防止するため，この財産引受については，現物出資と同様の規制の下に置かれています。つまり，目的物である財産とその価額および譲渡人の氏名（名称）を定款に記載（記録）させることとし，その記載（記録）がなければその契約は無効であり，会社に効果は帰属しないとされています。

　この場合，会社側からだけでなく，当該財産引受契約の譲渡人の側からも無効を主張することができます（最判昭28・12・3）。

「無効な財産引受の追認」

　原始定款に記載されず無効な財産引受を成立後の会社が追認して，会社にその効果を帰属させることができるのでしょうか。

　設例42でいうと，発起人とDとの間の無効な売買契約について，「ドリーム・クリエイト」という会社がその成立後に追認して，有効な売買契約とする

ことができるか，という形で問題となります。

　財産引受は，会社の設立自体を目的とする行為ではなく，会社成立後の会社の営業に有益な行為であり，開業準備行為の一種です。そうすると，この問題は，先に説明した，発起人の権限は，会社の設立を目的とする行為に限られるのか，あるいはそれに限定されず開業準備行為も行うことができるのか，という議論に関連します。判例は，発起人の権限は設立自体を目的とする行為に限られるという基本的立場に立ち，財産引受は開業準備行為の一種であるが，実際上の必要性を考慮して例外的に認められたものに過ぎないと解します。そうすると，本来的には発起人の権限の及ばない財産引受については，それが無効であったとき，成立後の会社が追認して有効なものとすることはできないとの結論が導かれることになります（最判昭28・12・3）。

Check

「事後設立」

　財産引受は，会社成立前の発起人と譲渡人の間の契約を規制するものですが，会社が，その成立後間がないうちに特定の高額の財産を譲り受ける契約を締結し，譲渡人に対して不当に高額の対価を与えるようなことがあると，これによって会社の財産的基礎が害されることになり，結局，財産引受の規制を逃れる手段として悪用される可能性があります。そこで，そのような行為についても一定の規制が必要となりますが，会社の成立後の取引行為については，会社の自律的な意思決定に任せるのが原則であり，財産引受の場合ほどの厳格な規制を置くことは不適当です。

　そこで，会社法は，会社成立後2年以内に，その成立前から存在する財産で，事業のため継続して使用するものを会社の純資産額の5分の1を超える対価で取得する契約（これを「事後設立」といいます）を締結する場合には，株主総会の特別決議による承認が必要としています（467条1項5号，309条2項11号）。つまり，事後設立については，株主総会の特別決議による承認という要件を課し，これをクリアした場合には，検査役の調査等の面倒な手続を要することなく，そのような行為を有効に行い得ることとしているわけです。

（ⅲ）発起人の報酬その他の特別な利益（28条3号）

　発起人は，会社設立のいわば功労者ですから，その労務の対価としての金銭，すなわち報酬を得られるのは当然です。

　ただ，発起人自身に報酬等を自由に決めさせると，お手盛りで不当に高額の報酬を定め，これによって会社財産が不当に流出する危険があります。そのような危険を避けるために，発起人が受ける報酬や特別の利益，その発起人の氏名，名称等は，原始定款に記載（記録）しておかなければ，その効力が認められないとされています。[*1]

（iv）設立費用（28条4号）

　発起人が，設立中の会社の機関としてその権限内で支出した設立費用（株式会社の負担する設立に関する費用）については，これを成立後の会社に対して請求することができます。しかし，設立費用として過大な請求がなされ，会社がこれを支払うならば，会社財産が不当に流出するおそれがあります。これを防止するために，設立費用については原始定款に記載されたものだけを会社に請求できることとしています。

　ここでいう設立費用とは，例えば，設立事務所の賃借料，株式申込書の印刷費用などのことです。定款の認証にかかる手数料・印紙税，払込取扱銀行に支払う手数料および報酬，裁判所が決定した検査役の報酬，設立登記の登録免許税などは，その額が明確で無駄使いのおそれがないので，定款に記載がなくても会社に請求することができます。

一歩前進

　原始定款に以上のような相対的記載事項がある場合，発起人は，公証人の認証を受けた後，遅滞なく，その事項を調査させるため，裁判所に対して検査役の選任の申立てをしなければなりません（33条1項）。検査役の調査結果は裁判所に報告され，裁判所はその報告をもとに，記載事項を不当と認めたときは，これを変更する決定をします（同条7項）。[*2]

　しかし，現物出資・財産引受に関して，以下の場合に該当するときは，検査役の調査は不要とされています（同条10項）。

① 　定款に記載された現物出資・財産引受の財産（現物出資財産等）の価額の総額が500万円を超えない場合（1号）

② 　現物出資財産等のうち，市場価額のある有価証券で，そ

-----

*1 発起人の受ける「特別の利益」とは，例えば，剰余金の配当に関する優先権とか会社施設の優遇利用を認めることなどです。

*2 募集設立の場合は，創立総会での変更が可能とされています（96条）。

の価額が法務省令で定める方法で算出された価額を超えない場合（2号）

③ 現物出資財産等の価額が相当であることについて，弁護士，弁護士法人，公認会計士，監査法人，税理士または税理士法人の証明を受けた場合（3号）＊

①の場合は現物出資の価額と財産引受の価額を合わせた合計額が比較的少額であって，会社の財産的基礎が害されるおそれが少なく，また②の場合は客観的な基準によるため不当な評価がなされるおそれがなく，さらに③の場合は公正な評価が担保されていること，が検査役の調査を不要とする理由と考えられます。

＊現物出資財産等が不動産である場合は，さらに不動産鑑定士の鑑定評価を受ける必要があります。

> **Check**
>
> 「定款の備置き・閲覧等」
>
> 発起人は，定款を発起人が定めた場所に備え置かなければなりません。株式会社の成立後は，本店および支店に備え置き，その営業時間内はいつでも，株主および債権者の閲覧・謄写に供さなければなりません（31条1項・2項）。親会社の社員（株主等）も，権利行使の必要があるときは，裁判所の許可を得て，子会社の定款の閲覧・謄写をすることができます（同条3項）。

3 発起設立と募集設立

これまでの説明は，発起設立，募集設立に共通した手続です。しかし，その後に要求される手続は，いずれのルートを採るかによって異なってきます。もっとも，会社は設立の登記をすることによって成立する点は共通です（49条）。

(1) 発起設立の手続

発起設立とは，設立に際して発行する株式の全部を発起人が引き受ける設立方法です（25条1項1号）。この設立方法による場合は，会社成立時の株主は発起人だけということになります。株式引受人の募集や創立総会の開催などの手続は不要ですから，募

集設立に比べて手続は簡略です。そのため，現実に行われている設立方法としては，そのほとんどがこの発起設立です。

　　ここでは，設例42 の事例で，発起人が発起設立を選択した場合を前提に説明していきましょう。1株あたりの引受価額は5万円とします。

ここが狙われる

　　発起設立，募集設立いずれの場合も，各発起人は，設立時発行株式を少なくとも1株は引き受けなければなりません（25条2項）。したがって，出資の履行をした発起人は会社設立時にその全員が株主となります。この発起人による引受がないときは，設立無効事由となります。

---

①　出資の履行

　　発起人は設立時発行株式を引き受けた後遅滞なく，それぞれが引き受けた株式について全額の払込みをし，現物出資であればその財産の全部を給付しなければなりません（34条1項本文）。

　　設例42 では，発起人A・Bは，それぞれ200株分の引受価額1000万円についてその全額を払い込み，現物出資者Cは，目的物であるコンピューター10台をすべて給付する必要があります。

一歩前進

　　現物出資の目的物について，登記，登録等の対抗要件を備える必要があるときでも，発起人全員の同意があれば，会社の成立後に登記，登録等をすることができます（34条1項ただし書）。*

＊例えば，登録済み自動車を現物出資の目的とした場合，その引渡しは会社成立前にする必要がありますが，対抗要件である移転の登記は，発起人全員の同意があれば，会社成立後にすることもできるということです。

　　金銭の払込みは，発起人の間で定めた払込取扱銀行または信託会社等の払込取扱場所で行わなければなりません（同条2項）。発起設立の場合，募集設立の場合と異なり，払込取扱金融機関の払込金保管証明は不要です。つまり，発起設立においては，いったん払込みがなされたという事実を銀行口座の残高証明あるいは預金通帳の写し等で証明できればよいということになります。したがって，発起人が会社成立前に払込金を引き出して，設立登記に要する登録免許税の支払い等に充てることも可能です。この点

は，募集設立の場合の扱い（P324 一歩前進 参照）と異なるところですから，注意しておきましょう。

発起人のうち，出資の履行をしていない者があるときは，他の発起人は，その者に対して期日を定めたうえで，その期日までに履行をしなければならない旨を通知しなければなりません（36条1項）。この通知は，期日の2週間前までに行うものとされています（同条2項）。

この期日までに履行がないと，その発起人は株主となる権利を失うことになります（同条3項）。これを失権といいます。失権により1株も取得していない発起人が出た場合も，設立無効事由となります。＊

＊この場合，他の発起人の出資した財産の価額が，定款に記載された設立に際して出資される財産の価額またはその最低額を満たしていたとしても，設立無効事由となります。

一歩前進

発起人は，出資すなわち払込みや給付をすることにより設立時発行株式の株主となる権利を取得します。これを権利株といいます。この権利株の譲渡は，成立後の会社に対抗することができません（35条）。つまり，権利株の譲渡は譲渡当事者間においては有効ですが（最判昭31・12・11），その譲渡の効力を成立後の会社に主張することはできません。その結果，会社は譲渡人を株主として扱うことができ，譲受人は会社に対して株主としての権利を主張することができないということです。

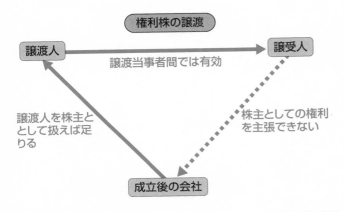

権利株の自由な譲渡を認めると，会社としては誰を株式引

受人として扱えばよいのかわからなくなり，設立事務を円滑
に進めることが困難となります。そこで，会社法は，権利株
の譲渡があっても，それを無視して設立手続を進めることが
できることとしているわけです。

なお，募集設立の場合の募集株式引受人についても，同様
の規定が設けられています（63条2項）。

② 設立時役員等の選任および解任

出資の履行が完了して会社財産が確保された後は，会社の機関
の確定手続に移行します。

（ⅰ）設立時役員等の選任

まず，発起人は，出資の履行が完了した後，遅滞なく，設立時
取締役を選任しなければなりません（38条1項）。設立しようと
する株式会社が監査等委員会設置会社である場合には，監査等
委員である設立時取締役とそれ以外の設立時取締役を区別して
選任する必要があります（同条2項）。また，会社の種類によっ
ては，設立時会計参与，設立時監査役，設立時会計監査人等を選
任しなければなりません（同条3項）。設立しようとする株式会
社が取締役会設置会社または監査役会設置会社である場合，設立
時取締役または設立時監査役は3人以上必要です（39条1項・2
項）。これらの者は，併せて設立時役員等と呼ばれます。

この選任は，発起人の議決権の過半数をもって決定されます
（40条1項）。発起人の頭数の過半数ではなく，議決権の過半数で
あることに注意してください。もっとも，あらかじめ定款で設立
時役員等を定めておくことも認められ，その場合には，出資の履
行が完了した時点で，それらの者は設立時役員等として選任され
たものとみなされます（38条4項）。

（ⅱ）設立時役員等の解任

また，発起人は，株式会社の成立の時までの間，その選任した
設立時役員等を解任することができます（42条）。解任は，発起
人の議決権の過半数をもって決定するのが原則ですが，設立時監
査役等監査機関の任にある者の解任については，その議決権の3
分の2以上の多数をもって決定します（43条1項）。

③ 設立時取締役（設立時監査役）の職務

　株式会社の取締役は，通常は会社の経営に当たる者つまり会社の業務の執行機関ですが，設立時取締役は，それと性質が異なり，設立事項を調査することを主たる職務とする機関です。また，設立しようとする株式会社が監査役設置会社である場合は，設立時監査役も設立時取締役と同様の職務義務を負います（46条1項かっこ書）。

　設立時取締役は，選任後遅滞なく現物出資・財産引受について定款に記載された価額が相当であること，弁護士等の証明が相当であること，出資の履行が完了していること，そのほか設立手続が法令または定款に違反していないことについて調査し（46条1項），法令・定款違反行為または不当な事項があるときは，発起人にその旨を通知することとされています（同条2項）。

　また，設立時取締役は，設立しようとする会社が取締役会設置会社である場合は設立時代表取締役，指名委員会等設置会社である場合は設立時委員，設立時執行役，設立時代表執行役を，設立時取締役の過半数で選定しなければなりません（47条1項・3項，48条1項・3項）。設立時取締役は，株式会社の成立の時まで，設立時代表取締役，設立時委員，設立時代表執行役を解職し，また設立時執行役を解任することができます（47条2項，48条2項）。

④　**設立登記**

　設立時取締役または設立時監査役による設立事項の調査が終了した日または発起人が定めた日のいずれか遅い日から2週間以内に本店所在地において設立登記をすることによって，株式会社が成立します（911条1項，49条）。

(2) 募集設立の手続

　募集設立は，発起人が株式引受人となるほか，残りの株式について株式引受人を募集する設立方法です（57条）。

　ここでは，設例42で，発起人A・B・Cの他にD・E・F・G・Hの5人が募集に応じたものとして説明していきましょう（この事例を設例43とします）。

① 　**株式引受人の募集と割当**

　まず，発起人は，各自少なくとも1株の引受をした後，その全

員の同意をもって，設立に際して発行する募集株式の数，その払込金額，払込期日・期間等を定めます（58条１項・２項）。募集の条件は募集ごとに均等に定めなければなりません（同条３項）。

募集の手続は，発起人が募集を行い，これに応じて株式を引き受けようとする者から引受の申込みがあると，これに対して**発起人が株式を割り当てる**という流れで行われます（59条，60条）。募集は，不特定多数の者を対象にしてもよいし（公募），また特定の者を対象としても差支えありません（縁故募集）。発起人が，一般の募集に応じて設立時募集株式の引受人となることもできます（大判大12・５・24）。

株式の割当とは，株式申込人に何株引き受けさせるか，あるいは引き受けさせないかを決めることです。この割当は，**発起人が自由に決める**ことができます（割当自由の原則）。割り当てる募集株式数を，申込者の申し出た数よりも減らすことも可能です。そして，割当を受けた申込人は，募集株式の引受人となり（62条１号），次に出資の手続に移ります。＊

＊もっとも，実務上は，株式申込みの段階で払込金額を申込証拠金として徴収し，申込みが募集株式総数に達すると募集を打ち切るという方法が採られることが多いようです。この場合は，「割当事由の原則」は意味をなしません。

設例43で，発起人が，設立に際して発行する募集株式の数を1000株と定めたとします。そのうち，発起人Ａ・Ｂ・Ｃが各自200株ずつ，合わせて600株を引き受けることになります。残りの400株をＤ・Ｅ・Ｆ・Ｇ・Ｈに対し，１株５万円で80株ずつ均等に割り当てたとすると，この５名が株式引受人となり，それぞれ400万円を払い込む義務を負うことになります。

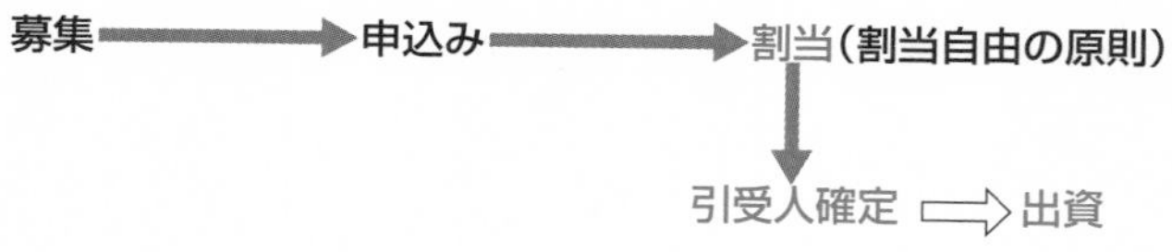

一歩前進

株式の申込みやその割当は，意思表示を要素とするものですから，それに意思の欠缺（けんけつ）（心裡留保・虚偽表示・錯誤）あるいは意思表示の瑕疵（詐欺・強迫）があったときは，民法上の要件を満たせば，その申込みや割当の無効あるいは取消しを主張できるはずです（民法93条ただし書，94条１項，95条，96条）。

　しかし，民法の想定する一般的な売買契約などと違って，株式申込みについては，多数の申込人が存在するのが通常です。そうすると，個別的な意思表示の欠陥を理由としてその無効や取消しの主張を許すと，その部分について払込金額の欠損を生じひいては他の多数の申込人の利益を害する結果となるおそれがあります。そこで，株式の引受に関する意思表示の無効・取消しの主張については，次のような制限が置かれています。*1

（ⅰ）心裡留保が例外的に無効となる場合（同法93条ただし書）および通謀虚偽表示がなされた場合（同法94条1項）の規定は，株式引受の申込み，割当等に係る意思表示には適用されません（会社法102条5項）。

　例えば，設例43で，株式申込人Dが，申込みの意思がないのに発起人Aに申込みをした場合，AがDに申込みの意思がないことを知っていたときでもDの申込みは無効とならず，Aの割当によりDは株式引受人たる地位を取得することになります。逆に，AがDに割り当てる意思もないのに割当の意思表示をした場合，DがAに割当の意思がないことを知っていたときでも，Aの割当の意思表示は無効となりません。したがって，この場合も，Dは株式引受人としての地位を取得し，引受金額の払込義務を負担することになります。*2

心裡留保による株式引受の申込み・割当

申込みの意思なし
発起人 ← 申込人　　発起人が悪意でも申込みは有効

割当の意思なし
発起人 → 申込人　　申込人が悪意でも割当は有効

（ⅱ）設立時募集株式の引受人は，**会社の成立した後**，または**創立総会もしくは種類創立総会で議決権を行使した後**は，株式引受にかかる意思表示について，錯誤または詐欺・強迫を理由として取り消すことができません（102条6項）。例えば，設例43で，株式申込人Dが重要な錯誤に

＊1発起人の株式引受の意思表示についても，同趣旨の規定が置かれています（会社法51条）。パラレルに理解してください。

＊2これはつまり，心裡留保による意思表示は，相手方が悪意または有過失のときは無効となるという規定（民法93条ただし書）の適用がないということです。同様に，通謀虚偽表示は当事者間では無効となるとの規定（同法94条1項）も，発起人・株式申込人間の意思表示には適用されません。

より株式引受の申込みをしたとしても，Dは，会社成立後または創立総会で議決権を行使した後は，引受の取消しをすることができません。

ここが狙われる

　株式引受の意思表示について意思無能力を理由とする無効，制限行為能力者であることを理由とする取消しの主張は，制限されていません。

②　出資の履行

　発起人による割当が行われた後，株式引受人は発起人の定めた払込期日または払込期間内に，払込取扱場所（銀行または信託銀行）において，払込金額の全額の払込みをしなければなりません（63条1項）。株式引受人が，この払込みをしなかったときは，設立時募集株式の株主となる権利を失うことになります（同条3項）。この場合，その者の引受部分については出資を確保することができず，当初の予定よりも出資額が減ってしまうことになります。しかし，この場合でも，出資が履行された部分だけで，原始定款に記載された設立時の出資最低額をクリアしていれば，問題はありません。例えば，原始定款に出資最低額3000万円と記載されていれば，発起人A・B・Cの出資額だけでその額を満たしますから，他の5名の引受人全員が払込みをしなかったとしても，創立総会で定款変更し，設立時発行株式総数を600株とすれば足りるのです。

一歩前進

　発起人は，払込取扱機関である銀行等に対し，払い込まれた金額に相当する金銭の保管に関する証明書（払込金保管証明書）の交付を請求することができます（64条1項）。これは，銀行等の払込取扱機関が確かにその金銭を預かっているということを証明する文書です。この証明書を交付した銀行等は，その記載が事実と異なっていたとしても，また払い込まれた金銭に返還に関する制限がついていたとしても，成立後の会社にその旨を主張することができません（同条2項）。

これは，次に説明する払込みの仮装行為を防止するという意味を持っています。

Check

「払込みの仮装」

　例えば，設例43で，発起人Aが，払込取扱機関である甲銀行と通謀し，甲銀行から出資金1000万円を借り入れ，その金銭を設立中の会社の甲銀行の預金に振り替えて出資金に充てたとします。これで，一応出資の形式は整うことになります。しかしこの場合，甲銀行と発起人との間で，借入金を弁済するまで出資金を引き出さないとの合意がなされるのが通常です。そうすると，借入金を返済するまで払込金を会社の資金として利用することができないのですから，実質的には払込みがなされていないのと同じ状態になってしまいます。預合とは，発起人，設立時取締役，設立時監査役その他の者が，このような方法で株式の払込みがあったようにみせかけるインチキな行為です。預合は，払込みを仮装して関係者を欺く悪質な行為として刑罰が科せられます（965条）。

　では，発起人Aが払込取扱銀行である甲銀行以外の乙銀行から払込金1000万円を借り入れ，これを甲銀行への払込金に充て，会社成立後にそれを引き出して乙銀行への返済に充てる場合はどうでしょうか。これが，見せ金と呼ばれる行為です。この場合は，預合の場合と異なり，現実に乙銀行から甲銀行への資金の移動がみられ，会社成立後に払込金を引き出すのは自由なのですから，払込みの仮装とはいえないという考え方も成り立ち得ます。しかし，見せ金の場合，実質的には，払込金が会社財産として確保されることなく，すぐに会社の外へ流出し，会社成立当初から1000万円分の資産がカラッポ状態になってしまいます。この一連の行為を全体的にみれば，払込みがあったようにみせかけるために計画された仮装行為に過ぎないと考えるべきでしょう。判例も，同様の考え方に立ち，見せ金は，払込みとしての効力を有しないとしています（最判昭38・12・6）。

---

③　創立総会

　募集設立は，発起設立と異なり発起人以外にも設立関係者が存在するのが通常です。したがって，発起人だけで事を進めるのは適当でないことから，創立総会を開催することが要求されています。創立総会は，出資を履行した発起人および設立時株主全員によって構成される議決機関です。

（ⅰ）招集手続

　創立総会は，払込期日または期間の末日のうち，最も遅い日以後遅滞なく，発起人が招集しなければなりません（65条1項）。

（ⅱ）決議事項と決議要件

　創立総会では，会社法が特に規定している事項，設立の廃止，創立総会の終結，その他設立に関する事項に限り決議することができます（66条）。議題として設立時株主に通知した事項以外の事項は，原則として決議できませんが，定款の変更または設立廃止の決議は招集通知に議題とされていなくても決議することができます（73条4項）。

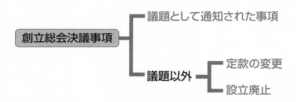

　設立時株主は，引き受けた株式1株につき，1個の議決権を有することになります（72条1項）。創立総会の決議は，原則として議決権を行使できる設立時株主の議決権の過半数であって，出席した設立時株主の議決権の3分の2以上の多数をもって行われます（73条1項）。なお，創立総会の決議によって，発行する株式の全部について譲渡制限の定めを設ける定款の変更をする場合は，設立時株主の半数以上で，その議決権の3分の2以上に当たる多数決をもって行わなければなりません（同条2項）。さらに，定款変更により，いわゆる取得条項付株式についての事項を定める場合には，設立時株主全員の同意という厳格な要件が課せられています（同条3項）。

（ⅲ）設立事項の報告，設立時取締役等の選任

　創立総会では，まず発起人が設立の経過（設立に関する事項）について報告します（87条1項）。

　その報告内容は，例えば変態設立事項が定められている場合においては，検査役の報告，現物出資，財産引受についての弁護士等の証明等です（同条2項）。さらに，創立総会では，その決議により設立時取締役，設立時会計参与，設立時監査役，設立時会

アドバイス
創立総会は，会社成立後の株主総会に相当する機関です。招集手続，議決権，議事，議長等の点では，株主総会の場合と類似した規定が多く設けられていますから，65条から103条までの規定にざっと目を通しておかれることをお勧めします。

計監査人等を選任します（88条）。

創立総会で選任された設立時取締役は，発起設立の場合に発起人によって選任される設立時取締役と同様，設立手続が確実になされているかどうかをチェックするのが主な職務です（93条）。

（ⅳ）定款変更の決議

創立総会においては，その決議によって，定款の変更をすることができます（96条）。＊

例えば，創立総会で変態設立事項について不当と認めたときは，それを変更することができます。もっとも，創立総会で変態設立事項について変更の決議をする場合は，その縮小または削除に限られ，変態設立事項を追加または拡大することはできません（最判昭41・12・23）。定款変更決議に反対した設立時株主は，決議後2週間以内に限り，株式引受に関する意思表示を取り消すことができます（97条）。

＊募集設立においては，払込期日または期間の初日のうち，最も早い日以後は，発起人だけで定款変更をすることができず，創立総会の決議によらなければなりません（95条，96条）。

ここが狙われる

発行可能株式総数を定款で定めていないときは，株式会社の成立の時までに，創立総会の決議によって，発行可能株式総数の定めを設けなければなりません（98条）。発起設立の場合は，発起人全員の同意によって，定款を変更して定めます（37条1項）。この場合，あらためて公証人の認証を受ける必要はありません。

---

④ 設立登記

創立総会が無事に終了すれば，本店の所在地において設立の登記をすることにより，営利社団法人たる株式会社が成立することになります（49条）。

Check

「登記すべき事項」

登記すべき事項は多岐にわたります（911条参照）。全部暗記する必要はありませんが条文には目を通しておいてください。以下に，その主要なものを挙げておきますから，どんなものか一応頭に入れておいてください。青字で示したものについては下にコメントを付しておきます。

① 目的

②　商号

③　本店および支店の所在場所

④　資本金の額*1

⑤　発行可能株式総数*2

⑥　発行する株式の内容

⑦　発行済株式総数とその種類およびその種類ごとの数

⑧　取締役の氏名

⑨　代表取締役の氏名および住所

⑩　公告方法*3

＊1 資本金の額は，原則として設立または株式の発行に際して株式会社に対して払い込まれた額または給付された財産の額です（445条1項）。設例43では，A・B・C・D・E・F・G・Hの8名が総額5000万円の払込みと給付をしたとき，資本金の額は原則として5000万円ということになります。資本金の額は，登記事項とされていますが，定款の記載事項ではないことに注意してください（その理由についてはP294 一歩前進 参照）。

＊2 発行可能株式総数とは，いわゆる授権株式数のことです。公開会社では，この授権株式総数は，発行済株式総数の4倍を超えてはならないという制限があります。設例43では，会社の発行済株式総数は1000株ですから，成立した会社が公開会社であれば，発行可能株式総数の上限は4000株ということになります。

＊3 会社が株主に対して行う公告方法については，（ⅰ）官報に掲載する方法，（ⅱ）時事に関する事項を掲載する日刊新聞紙に掲載する方法，（ⅲ）電子公告という3つの方法があり，そのどれかを定款で定めることができます（939条1項）。定款にその定めがないときは，（ⅰ）官報に掲載する方法となります（同条4項）。

　（ⅲ）の電子公告とは，インターネットを利用した公告方法です。この方法は，他の2つに比べて最も安上がりですから，今後はこの方法が主流になると思われます。

4　設立に関する責任

　株式会社は，設立登記によって成立し，取引社会にデビューすることになります。しかし，発起人等設立に関与した者の無責任な行為によって，成立した会社に財産的欠陥があったり，また発起人等が設立手続の過程で行った行為により第三者が損害を受けたりすることもあり得ます。

　さらに，設立手続が進行し多数の利害関係者が生じた段階で，何らかの事情により設立が頓挫し，結局会社が不成立となって関係者に被害が生じることも考えられます。

　そこで，そのような事態が生じた場合に備えて，発起人等の設立関与者に重い責任が課せられています。

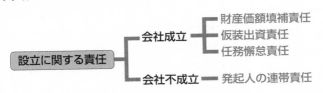

(1) 会社が成立した場合の責任

① 財産価額填補責任

　現物出資や財産引受について，会社成立時におけるそれぞれの財産の価額が，定款に記載された価額に著しく不足しているときには，発起人および設立時取締役は会社に対してこの不足額の払込みについて連帯責任を負います（52条1項）。例えば，設例42で，Cの現物出資した価額1000万円のコンピューターが，実は500万円の価値しかなかった場合，当の発起人CのみならずAおよびB，さらに設立時取締役に選任された者が，連帯して差額500万円を会社に支払う義務を負うことになります。ただし，現物出資や財産引受について検査役の調査を受けたときには，この責任を負うことはありません（同条2項1号）。

ここが狙われる

　発起設立においては，発起人または設立時取締役は，その職務を行うにつき注意を怠らなかったことを証明したときは，上の財産価額填補責任を負いません（52条2項2号）。すなわち，この責任は過失責任です。しかし，設例42のCのような現物出資者や財産引受において会社に財産を譲渡する者は無過失責任を負います（同条同項かっこ書）。
　一方，募集設立の場合は，発起人や設立時取締役の責任は無過失責任であり，その職務を行うについて注意を怠らなかったことを証明しても責任を免れることはできません（103条1項）。要するに募集設立の場合の方が，責任は重くなると覚えておきましょう。

Check

「証明者の責任」

　先に説明したように，現物出資，財産引受等の変態設立事項の目的財産の価額が相当であることについて，弁護士等の証明を受けたときは，検査役の検査を省略することができます（33条10項3号）。

　そこで，その任に当たる弁護士等が適正な証明を行うよう，弁護士等の責任が定められています。すなわち，現物出資・財産引受に関する証明等をした弁護士等（証明者）は，その財産の実際の価額が定款に定める価額に著しく不足するときは，その不足額につき，発起人等と連帯して会社に対し損害賠償の責任を負わなければなりません（52条3項本文）。ただし，その証明者が証明をするについて，注意を怠らなかったことを証明したときは，その責任を負いません（同条同項ただし書）。つまり，この弁護士等の責任も過失責任です。

② 　出資の履行を仮装した発起人等の責任

　発起人は，現実に出資の目的である金銭の払込みや現物出資財産の給付といった出資の履行がなされていないのに，それがあったかのように仮装した場合，払込期日や払込期間を経過した後でも，払込みを仮装した金銭の全額の支払いまたは給付を仮装した財産の全部を給付する義務を負います（52条の2第1項）。また，発起人がその出資の履行を仮装することに関与した発起人や法務省令で定める設立時取締役は，その職務を行うについて注意を怠らなかったことを証明しない限り，会社に対して払込人と同様の履行義務を負います（52条の2第2項，103条2項）。

　さらに，設立時募集株式の引受人が，払込みの仮装をした場合，その引受人は，仮装した払込金額の全額について支払義務を負うことになります（102条の2第1項）。設立時募集株式の引受人は，この払込義務を履行した後でなければ株主の権利を行使することができません。しかし，これらの者から株式を譲り受けた者は，悪意または重過失がない限り，株主としての権利を行使することができます（52条の2第5項，102条4項）。

③　任務懈怠による損害賠償責任

（ⅰ）会社に対する責任

　発起人，設立時取締役または設立時監査役が，会社の設立に当たって任務を怠ったときは，これによって生じた損害を会社に対

アドバイス
この任務懈怠責任は，会社成立後の役員等の任務懈怠責任と同趣旨です。その責任の性質・内容等については，該当箇所の記述を確認してください（P252以下参照）。

して賠償する責任を負います（53条1項，54条）。

（ⅱ）第三者に対する責任

　発起人，設立時取締役または設立時監査役がその職務を行うについて悪意または重過失があり，それによって第三者が損害を受けたときは，当該発起人等は，その第三者に対しても連帯して損害賠償責任を負います（53条2項，54条）。

一歩前進

　上記①および②，ならびに③（ⅰ）の責任は，総株主の同意がないと免除できません（55条，102条の2第2項，103条3項）。逆にいえば，総株主の同意により免除することができます。当然のことながら，③の（ⅱ）の第三者に対する責任は，総株主の同意による免除の対象となりません。

（2）会社不成立の場合の責任

　会社の不成立とは，設立手続が進められてきたのに，何らかの事情により設立登記にまで至らなかった場合です。例えば，創立総会で設立廃止の決議がなされたような場合がこれに当たります。このような場合，発起人は，株式会社の設立に関してした行為について，連帯してその責任を負い，設立に関して支出した費用を負担しなければなりません（56条）。例えば，設例42で，印刷屋さんに株式申込証の印刷を発注していた場合，その印刷代金は「設立に関して支出した費用」として，発起人A・B・Cが連帯して支払う義務を負うことになります。また，設例43で，株式引受人が払い込んだ出資金もA・B・Cが連帯して返還する義務を負います。この責任は無過失責任ですから，発起人は，過失がなかったことを証明してもその責任を免れることはできません。

Check

「擬似発起人の責任」

　発起人とは，定款に発起人として署名または記名押印した者のことですから，会社設立に深く関与していたとしても，その署名等がない限り発起人では

ありません。しかし，募集設立に際していかにも発起人らしい行動をとっていた者が，発起人としての責任を負わないとすると，その者を信頼した第三者が不測の不利益を被るおそれがあります。そこで，発起人でないのに株式募集の公告その他募集に関する書面，電磁的記録に自己の氏名または名称およびその株式会社の設立を賛助する旨を記載（記録）することを承諾した者は，発起人とみなして，発起人と連帯して，会社の設立に関してした行為について責任を負わなければならないとされています（103条4項）。

5　設立無効と会社の不存在

（1）株式会社の設立無効

　株式会社は，設立登記によって成立しますが，その設立手続に無効原因があった場合，どのように処理されるのでしょうか。

　一般の法律行為が無効である場合，その無効は，誰でも，またいつでも主張できるのが原則です。無効を主張するのに，訴えによる必要もありません。しかし，会社設立については，事実上会社が存在して活動し，多数の者が利害関係を持っているのが通常です。そうすると，一般の契約の場合と同様に会社設立の無効を主張することを許すと，不可避的に混乱が生じ多数の利害関係者の利益が害されるおそれがあります。そこで会社法は，株式会社の設立無効は設立無効の訴えという裁判上の手続によってのみ主張できることとし，その提訴期間，提訴権者に制約を設けています。さらに判決の効力についても特別の定めを設け，法的安定性を維持できるよう配慮しています。＊

＊提訴期間は「出訴期間」，提訴権者は「出訴権者」ともいいます。

①　設立無効原因

　どのような場合に設立が無効となるのか，会社法は具体的に明示していませんが，次のように解すべきと考えられています。

　株式会社の設立無効原因となるのは，設立手続が法の定める要件に合致していない場合，例えば，定款の絶対的記載事項が欠けている，定款に公証人の認証がない，募集設立において創立総会が招集されていない，設立登記が無効である等の場合です。これらは，客観的無効原因と呼ばれます。個々の株式引受人の意思表示に無効原因がある等の場合は，主観的無効原因と呼ばれます

が，設立無効を招く無効原因とはなりません。

② 提訴期間・提訴権者

会社設立無効の訴えは，会社の成立の日から2年以内に提起することとされています（828条1項1号）。そして，この訴えを提起できるのは，株主，取締役，監査役，執行役，清算人に限られています（同条2項1号）。

被告となるのは，会社です（834条1号）。

用語の説明
「清算人」
会社が解散した場合に，会社の債権債務関係を整理し，残余財産を株主に分配するなど，その後始末をつける人のことです（P360参照）。

設立無効の訴え

無効原因	設立手続が法の定める要件に合致しない
提訴期間	会社成立の日から2年以内
提訴権者	株主 取締役 監査役 執行役 清算人

一歩前進

提訴期間および提訴権者の定めは訴訟要件ですから，提訴期間経過後に提起した訴えまたは提訴権者以外の第三者が提起した訴えは，訴訟要件が欠けることを理由として却下されます。訴訟要件に問題がなければ，原告の請求に理由があるかどうか（原告主張どおりの設立無効原因が存在するか否か）の本案審理が行われることになります。

③ 判決の効力

（i）設立無効判決の効力は第三者に対しても及ぶ

設例42で，会社成立により株主となったAが，設立無効の訴えを提起し，その主張が認められて設立無効判決（請求認容判決）がなされ，その判決が確定したとしましょう。

判決の効力は訴訟当事者間にのみ及ぶのが原則ですが（民事訴訟法115条1項），この設立無効判決はA以外の第三者に対しても効力を有することになります（会社法838条）。すなわち，Aだけでなく他の誰に対してもその会社の設立が無効であったこととなるわけです。このように画一的に扱わないと，法律関係が混乱し収拾がつかなくなるからです。他方，原告の請求を棄却する判決の効力は，原則どおり訴訟当事者間にのみ及びます。したがっ

用語の説明
「請求認容」
原告の請求に理由があるとして，原告の主張を認めることです。請求認容判決は，いわゆる原告勝訴判決となります。逆に，原告の請求に理由がないとして，原告の請求を排斥することを請求棄却といいます。

333

て，Aが請求棄却判決を受けて敗訴した場合，他の株主や取締役等は別個に設立無効の訴えを提起することができます。

（ⅱ）設立無効判決の効力は将来に向かってのみ生じる

また，設立無効判決が確定した場合，会社の設立は，設立当初から効力を失うのではなく，**将来に向かって効力を失う**こととされています（839条）。つまり，設立無効判決に遡及効はなく，すでに生じた法律関係に影響は及ぼさないのです。そして，設立無効判決が確定すれば，会社解散の場合に準じて**清算が行われる**ことになります。＊

＊したがって，募集株式の引受人に対する払込金の返還は残余財産の分配として行われます。

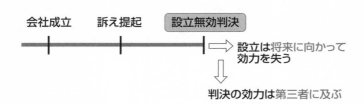

（2）会社の不存在

会社の不存在とは，設立登記はなされているが，会社としての実体が全く存在しない場合や設立手続のすべてが仮装のものであるような場合です。この場合は，話にならないほどの重大な瑕疵があることから，**誰でも**，**またいつでも不存在の主張をすることができます**。なお，会社の不存在は，設立登記がある場合に問題となります。設立登記に至らなかった場合は会社不成立です。

　株式会社の設立における発起人等の責任等に関する次のア〜オの記述のうち，会社法の規定に照らし，誤っているものの組合せはどれか。

ア　株式会社の成立の時における現物出資財産等の価額が当該現物出資財産等について定款に記載または記録された価額に著しく不足するときは，発起人および設立時取締役は，当該株式会社に対し，連帯して，当該不足額を支払う義務を負い，この義務は，総株主の同意によっても，免除することはできない。

イ　発起人は，出資の履行において金銭の払込みを仮装した場合には，払込みを仮装した出資に係る金銭の全額を支払う義務を負い，この義務は，総株主の同意によっても，免除することはできない。

ウ　発起人，設立時取締役または設立時監査役は，株式会社の設立についてその任務を怠ったときは，当該株式会社に対し，これによって生じた損害を賠償する責任を負い，この責任は，総株主の同意がなければ，免除することができない。

エ　発起人，設立時取締役または設立時監査役がその職務を行うについて悪意または重大な過失があったときは，当該発起人，設立時取締役または設立時監査役は，これによって第三者に生じた損害を賠償する責任を負う。

オ　株式会社が成立しなかったときは，発起人は，連帯して，株式会社の設立に関してした行為についてその責任を負い，株式会社の設立に関して支出した費用を負担する。

1　ア・イ　　　2　ア・ウ　　　3　イ・オ　　　4　ウ・エ　　　5　エ・オ

解　説

ア　×　発起人等の財産価額填補責任は，総株主の同意があれば免除することができます（55条反対解釈，52条1項）。

イ　×　出資の払込みを仮装した場合の発起人等の責任は，総株主の同意があれば免除することができます（55条反対解釈，52条の2第1項）。

ウ　○　発起人等の設立に関する任務懈怠の責任は，総株主の同意がなければ免除することができません（55条，53条1項）。

エ　○　発起人等は，第三者に対しても責任を負います（53条2項）。

オ　○　発起人等は，会社不成立の場合にも責任を負います（56条）。

　以上より，誤っているものはア・イであり，肢1が正解となります。

正解　1

実戦過去問　　　　　　　　　　　　　　司法書士　平成24年度

　株式会社の設立に関する次のアからオまでの記述のうち，正しいものの組合せは，後記1から5までのうちどれか。

ア　株式会社は，発起人がいなければ，設立することができない。

イ　発起設立の場合における設立時取締役の氏名は，定款に記載し，又は記録することを要しない。

ウ　募集設立において，発起人の全員が，出資を履行しないことにより，設立時発行株式の株主となる権利を全て失った場合であっても，設立時募集株式の引受人により出資された財産の価額が定款に記載された「設立に際して出資される財産の価額又はその最低額」を満たすときは，設立の無効事由とはならない。

エ　未成年者は，発起人となることができない。

オ　発行可能株式総数を定めていない定款について公証人の認証を受けた後，株式会社の成立前に定款を変更してこれを定めたときは，改めて変更後の定款について公証人の認証を受けることを要しない。

| 1　アウ | 2　アエ | 3　イウ | 4　イオ | 5　エオ |

解　説

ア　×　一見すると正しそうにみえますが，新設合併等の組織再編では，発起人なしで新設会社が設立されます。司法書士試験では，本肢のように単純な選択肢ほどタチの悪い引っ掛けが隠されている場合が多いので，注意しましょう。

イ　○　設立時取締役の氏名は，登記事項とされていますが，定款の絶対的記載事項とされていません（27条参照）。したがって，これを定款に記載または記録する必要はありません。

ウ　×　株式会社の設立に際して，各発起人は設立時発行株式の1株以上の引受が義務づけられています（25条2項）。これを満たさない場合は設立無効事由とならざるを得ません。

エ　×　発起人の資格に特に制限はありません。未成年者でもOKです。

オ　○　本肢の場合，変更後の定款に公証人の認証を受ける必要はありません。

　以上より，正しいものはイオであり，正解は肢4となります。

正解　4

　株式会社の設立に関する次の記述のうち，正しいものの組合せとして最も適切な番号を一つ選びなさい。

ア　発起人でない者は，設立時募集株式の募集の広告に自己の氏名及び株式会社の設立を賛助する旨を記載することを承諾した場合には，会社法上の発起人としての責任を負う。

イ　設立時取締役は，株式会社の設立の手続が法令又は定款に違反していないかどうかを調査しなければならない。

ウ　株式会社の設立の無効の訴えに係る請求を認容する確定判決は，第三者に対してその効力を有しない。

エ　株式会社の債権者は，当該株式会社の成立の日から2年以内に，当該株式会社の設立の無効の訴えを提起することができる。

1　アイ　　　2　アウ　　　3　アエ　　　4　イウ　　　5　イエ　　　6　ウエ

解　説

ア　○　設立募集株式の募集広告その他当該募集に関する書面または電磁的記録に自己の氏名または名称および株式会社の設立を賛助する旨を記載し，または記録することを承諾した者（疑似発起人）は，発起人と同一の責任を負うことになります（103条4項）。

イ　○　設立時取締役は，一定の法定事項についての調査のほか，株式会社の設立手続が法令または定款に違反していないことについて調査しなければなりません（46条1項4号）。

ウ　×　会社設立無効の訴えも会社の組織に関する行為の無効の訴えの一類型であり，その確定判決は，第三者に対してもその効力を有することになります（838条）。

エ　×　会社債権者には，会社設立無効の訴えの原告適格がなく，訴えを提起することはできません（828条2項1号参照）。

　以上より，正しいものは，アイであり，肢1が正解となります。

正解　1

13 組織再編・解散および清算

学習ナビゲーション

　最近マスコミなどで盛んに用いられ，用語として定着した感のある「M＆A」（合併と買収）という言葉に象徴されるように，最近の日本では，企業の国際競争力の強化，経営の合理化・効率化を目指して，大規模な合併や企業グループの再編成が進められています。

　このような企業動向の要請に応える形で，旧商法に，企業の組織再編を容易にするための新たな制度が採り入れられ，それが会社法に引き継がれています。そのため，合併等の企業結合の分野は，以前はどちらかというと地味な扱いを受けてきましたが，近時は，試験対策的にもその重要性が増しているといえるでしょう。もっとも，組織再編に関しては，細かな手続を定めた多数の条文があり，それに深入りし過ぎると収拾がつかなくなってしまいます。「過ぎたるは及ばざるが如し」。重箱の隅をつつくような学習は，お勧めできません。基本的な制度の内容と手続の流れをしっかり押さえておきましょう。

　解散および清算については，制度の基本的な枠組みを押さえたうえで，試験直前にでもすべての条文を読み込んでおけば万全です。

1 組織変更

(1) 意義

　組織変更とは，それまで株式会社であった会社を持分会社に変え，逆にそれまで持分会社であった会社を株式会社に変えることです（2条26号）。組織変更では，会社の同一性に変化はありません。要するに，同じ会社が別の組織形態の会社に変わるに過ぎません。

　持分会社間では，定款を変更することにより，会社の種類を変更することができます。例えば，合名会社は有限責任社員を加入させることにより合資会社となることができ（638条1項1号），合資会社はその社員の全部を無限責任社員とすることにより合名会社となることができます（同条2項1号）。また，合同会社はその社員の全部を無限責任社員とすることにより合名会社となることができます（同条3項1号）。これらの行為は，「**持分会社の種類の変更**」に過ぎず，組織変更には当たりません。しかし，いずれの場合も**定款の変更が必要**となりますから，定款に別段の定めがある場合を除いて，**総社員の同意を必要**とします（637条）。

株式会社　組織変更　持分会社

(2) 手続

　組織変更については，細かな手続事項が定められていますが，その手続の流れの概要を押さえておけば十分です。

① 　会社が組織変更をするには，まず法定事項を定めた**組織変更計画を作成しなければなりません**（743条）。株式会社から持分会社に組織変更をする場合は，組織変更計画の内容等を事前に開示しなければなりません（775条1項）。

② 　組織変更計画については，そこで定めた効力発生日の前日までに株式会社にあっては**総株主の同意**，持分会社にあっては**総社員の同意**を得る必要があります（776条1項，781条1項）。

③ 　さらに，会社債権者を保護するため，**会社債権者の異議手続**を経なければなりません（779条，781条2項）。

④ 　最後に，**組織変更の登記**（920条）をすることにより手続完了となります。

ここが狙われる

　組織変更の効力は，組織変更計画で定めた効力発生日に生じます（745条1項，747条1項）。「登記の日」ではないので注意しましょう。

2　合併

設例44

　甲株式会社は，家庭電気製品の総合メーカーである。

　乙株式会社は，音響機器の専門メーカーである。

（1）意義

　合併とは，それまで別の会社であった2つ以上の会社が，**契約によって1つの会社に合体する**ことです。合併は，市場の独占率を高めてその強みを生かしたり（いわゆる「スケールメリット」の享受），業績不振の会社の救済等を目的として行われます。

　合併には，吸収合併と新設合併という2つのパターンがあります。例えば，**設例44**の甲株式会社が乙株式会社の**権利義務の一切を承継**して，乙社が解散・消滅するのが吸収合併，甲社も乙社も解散・消滅して，丙社という**新会社に甲社および乙社の一切の権利義務を承継させるのが新設合併**です。実務的に行われる合併のほとんどは，吸収合併です。*

*合併契約等で，存続会社や新設会社は消滅会社の義務の全部または一部を承継しないと定めても，その定めは無効となります（大判大6・9・26）。

--- **一歩前進** ---

　会社が解散した場合，通常は清算手続に入りますが（475条1項1号），合併の場合は，事の性質上，消滅会社について解散による清算手続は行われません。

　甲社が乙社を吸収合併した場合，消滅する乙社の権利義務の全部が存続する甲社に**包括的に承継される**ことになります。この際，乙社の株主には，合併の対価として，その持株数に応じて**甲社の株式または株式に代えて金銭その他の財産が交付されます**。つまり，吸収合併においては，「合併対価の柔軟化」（後述

Check 参照）が図られ，消滅会社の株主に対して交付される対価としては，株式のほか，金銭，社債，新株予約権，さらには親会社の株式等でもよいこととされています。甲社の株式が交付された場合には，乙社の株主は，甲社の株主となります。*

一方，新設合併の場合は，消滅する甲社および乙社の権利義務の全部が新設会社丙社に包括的に承継されます。この場合，甲社および乙社の株主には，**新設会社丙社の株式または社債等が交付**され，両社の株主は，丙社の株主・社債権者等になります。

*吸収合併消滅会社が新株予約権を発行している場合，その新株予約権は合併の効力が生じた日に消滅し（750条4項），その新株予約権者に対しては，存続会社の新株予約権または金銭が交付されることになりますが，株式を交付することはできません。

吸収合併	新設合併
（存続） 吸収合併契約 （消滅） 甲社 ← 乙社	（消滅） 新設合併契約 （消滅） 甲社　　乙社 → 丙社 ←
甲社が乙社の権利義務 を包括的に承継する	丙社が甲・乙両社の権利 義務を包括的に承継する

Check

「合併対価の柔軟化と三角合併」

会社法成立前の商法では，吸収合併に際して消滅会社の株主に与えられる対価は，存続会社の株式でなければならないとされていました。つまり，甲社が乙社を吸収合併した場合，乙社（消滅会社）の株主には合併比率に応じて甲社の株式が交付され，乙社の株主は，合併後甲社の株主となったわけです。しかし，会社法では，吸収合併における合併の対価が柔軟になり，**存続する会社の株式以外の財産（金銭，社債，新株予約権，親会社の株式等）でもよいこと**とされました。そうすると設例44で，甲社が乙社を吸収合併するに際し，乙社の株主に甲社の株式に代えて金銭を交付することにすれば，乙社の株主は，甲社の株主となりません。これは，合併に際して，消滅会社の株主を締め出すこともできるということを意味します。このような合併の手法を「キャッシュアウトマージャー」といいます。

さらに，この対価の柔軟化により，いわゆる「三角合併」も可能となりました。三角合併とは，既存の3つの会社が関係する合併形態です。例えば，甲社

が乙社を吸収合併するに際し，消滅会社乙社の株主に甲社の親会社である丁社の株式を交付すると，乙社の株主であった者は丁社の株主となります。

　この三角合併が可能になったことによって，外国の巨大企業がわが国の会社を支配下に収めることも可能となることが指摘されています。例えば，外国企業Ｘ社が，日本に100％子会社であるＹ社を設立し，Ｙ社が日本のＡ社を吸収合併したとします。この場合，Ｙ社が，その親会社であるＸ社の株式を消滅会社であるＡ社の株主に交付すると，Ａ社の株主であった者は，外国企業であるＸ社の株主となり，実質的には，外国企業が日本企業を買収したのと同じ状況となるわけです。

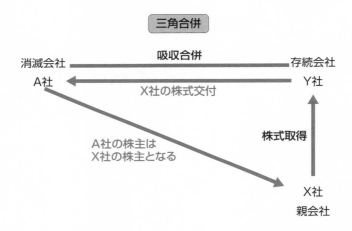

三角合併

　なお，吸収合併の場合に限らず，吸収分割，株式交換の各場合についても，この対価の柔軟化が図られています。

閑話休題

「独占禁止法に基づく企業結合の制限」

　株式会社同士の合併はもちろんのこと，株式会社と持分会社（合名会社，合資会社，合同会社）との合併や持分会社と持分会社の合併も認められます。そして，存続会社や新設会社は株式会社であっても持分会社であっても差し支えありません。

　このように，会社法上は合併の自由が広く認められています。しかし，自由主義経済体制の健全な発展を図るためには，公正かつ自由な企業間の競争が不可欠です。合併によって巨大企業が出現し，その業界のシェアが独占あるいは寡占状態になっ

てしまうと，実質的な競争がなくなり，製品の改良やサービスの質の向上が行われず価格も下がらないという不健全な状態を生じるおそれがあります。そのような状態は一般消費者にとって不利益であるだけでなく，それによって自由主義社会の活力が失われることになりかねません。そこで独占禁止法は，一定の取引分野における競争が実質的に制限されることとなるような合併とか不公正な取引方法による合併を規制し，所管官庁である公正取引委員会に排除措置命令等の権限を与えています。また，合併だけでなく，後述の会社分割，共同株式移転等の企業結合についても，同様の趣旨から独占禁止法の規制を受けることになります。

これは，会社法の学習とは直接の関係はありませんが，このような観点からの規制があることを覚えておきましょう。

(2) 手続

以下，設例44で甲株式会社が乙株式会社を吸収合併する場合を例にとり，株式会社同士の合併手続の大まかな流れを説明していきます。新設合併については，吸収合併と差異がある場合に，その点を指摘します。

① 合併契約の締結

まず，甲社・乙社間で一定の法定事項を定めた合併契約を締結します（748条，749条，753条）。

② 事前の情報開示

合併は，株主，会社債権者等の利害に重大な影響を生じますから，合併契約の内容と法務省令で定める一定の事項を記載または記録した書面または電磁的記録を会社の本店に備え置いて，事前に開示しなければなりません（782条，794条，803条）。＊

③ 株主総会による承認

合併は，甲社および乙社の株主の利害関係に重大な影響を及ぼしますから，原則として，両社の株主総会において特別決議による承認を必要とします（783条1項，795条1項，804条1項，309条2項12号）。場合によっては，特別決議では足らず，特殊決議あるいは種類株主総会の特別決議まで要求されることもあります。また，逆に簡易合併，略式合併の場合は，株主総会決議が不要とされることになります（次頁 Check 参照）。

＊株主および会社債権者は，会社の営業時間内ならいつでも，この書類の閲覧および謄本等の交付を求めることができます。

Check

「簡易合併」「略式合併」

　合併をするには，合併両当事会社において株主総会の特別決議を要するのが原則ですが，次のような一定の要件を満たした場合は，一方の会社の株主総会の決議を要することなく，合併をすることが認められています。

　設例45で，存続会社である甲株式会社が，消滅会社である乙株式会社の株主に交付する合併対価の額が法務省令で定める方法により算出される甲社の純資産の額の5分の1を超えない（5分の1以下の）場合には，存続会社である甲社に合併差損が生じるなどの例外的な場合（要するに存続会社が消滅会社のマイナス資産を承継するような場合）を除き，甲社の株主総会決議は不要となります（796条2項）。これを簡易合併といいます。この場合，消滅会社乙社に比べて存続会社甲社の規模が著しく大きく，合併に伴い乙社の株主に対して交付する対価も少なくてすみます。したがって，存続会社甲社の株主への影響は小さいと考えられますから，甲社の株主総会決議を不要としたものです。なお，上記の「5分の1以下」という基準は，例えば「10分の1以下」というように，存続会社の定款でこれを下回る割合を定めることもできます（同条同項かっこ書）。

　また，甲社が，乙社の総株主の議決権の10分の9以上を有している場合，いいかえると，甲社が乙社を支配しているという関係がある場合には，支配されている乙社の株主総会決議は不要となります（784条1項，796条1項）。これを略式合併といいます。この場合，甲社は乙社のいわゆる特別支配会社と呼ばれ（468条1項），乙社の株主総会における決議は，甲社の意のままとなりますから，わざわざ経費をかけて株主総会を開く意味に乏しく，したがって乙社の株主総会決議は不要とされているわけです。これによって，面倒な手続を省いて，迅速に合併手続を進めることが可能となります。

この簡易・略式の手続は，吸収合併の場合のほか，事業譲渡，会社分割，株式交換の場合にも定められています（468条1項・2項，805条等）。

④ 会社債権者の保護手続（債権者異議手続）

設例44で，乙株式会社が業績不振の会社であるようなときは，合併により甲株式会社の経営状況も悪化し，甲社の会社債権者は，その債権を満足に回収できなくなるなどの悪影響を被るおそれがあります。また，消滅する乙社の債権者にとっては，債務者が乙社から甲社に交代することになりますから，乙社の債権者の意向を無視することもできません。

そこで，合併に当たっては，**債権者を保護する手続を踏むこと**が要求されます。すなわち，合併の当事会社である甲社および乙社は，それぞれ会社債権者に対して，合併に異議があるときは，**1ヶ月を下らない一定の期間内に異議を述べるよう官報に公告**し，かつ**知れている債権者に対しては，各別にこれを催告**しなければなりません（789条，799条，810条）。公告を官報の他にも時事を掲載する日刊新聞紙または電子公告によって行うときは，知れている債権者に対する**各別の催告は不要**となります（789条3項，799条3項）。これによって個別催告に要するコストを節約することができます。

期間内に異議を述べなかった債権者は，合併を承認したものとみなされます（789条4項，799条4項）。債権者が異議を述べたときは，会社は，その債権者に**弁済，担保提供，信託会社への信託**をするなどの措置を執らなければなりません（789条5項，799条5項，810条5項）。*

⑤ 合併の効力の発生

吸収合併における存続会社は，合併契約で定めた効力発生日に，消滅会社の権利義務を包括的に承継することになります（750条1項）。つまり，吸収合併の効力が発生するのは，**合併契約で定めた効力発生日**です。

新設合併の場合は，その**成立の日（設立登記の日）に効力が発生**します。つまり，新設合併における設立会社は，その成立の日に消滅会社の権利義務を包括承継します（754条1項）。

*ただし，合併をしてもその債権者を害するおそれがない場合は，弁済等の措置をとる必要はありません。

ここが狙われる

消滅会社，存続会社いずれにおいても，合併に反対の株主は，原則として自己の有する株式を公正な価格で買い取ることを請求することができます（785条，797条，806条）。株式買取請求に係る株式の買取りは，効力発生日に，その効力を生じます（798条６項）。ただし，略式合併における特別支配会社の反対株主に株式買取請求権は認められません（797条２項２号かっこ書）。また，簡易合併に際しては，反対株主に株式買取請求権は認められません（797条１項ただし書，796条２項本文）。

⑥　**事後の情報開示**

吸収合併における存続会社，新設合併における新設会社は，合併の効力発生日後遅滞なく，合併内容に関する一定事項を記載した書面または電磁的記録を作成して，株主および会社債権者に開示しなければなりません（801条）。これは，株主や会社債権者に対して，後述する合併無効の訴え（828条１項７号・８号）を提起するかどうかの判断資料を提供するという趣旨です。

3　会社分割

（1）意義

会社分割とは，ある会社がその事業に関して有する権利義務の全部または一部を他の会社に承継させることです。

会社分割は，多角的に事業を行っている会社が，不採算事業を分社して経営効率を高めるとか，ある事業部門を切り離して他の会社と合弁会社を作るなどの目的で行われます。

会社分割にも，分割する会社（分割会社）が，すでに存在する会社（承継会社）に権利義務を引き継がせる吸収分割と新たに会社を設立して，その新会社（新設会社）に権利義務を引き継がせる新設分割という２つのパターンがあります（２条29号・30号）。＊

例えば，設例44で，甲株式会社がその行っているエレクトロニクス事業部門を切り離し，乙株式会社にその事業を引き継がせるような場合が吸収分割，甲社が新たに丙株式会社を設立し，丙社にエレクトロニクス事業を行わせるような場合が新設分割で

＊分割会社となることができるのは，株式会社と合同会社，分割承継会社となることができるのは，株式会社と持分会社（合名会社，合資会社，合同会社）です。

す。新設分割には，1社が単独で行う場合のほか，複数の会社が共同して行う場合（共同新設分割）があります。

　会社分割の対価として，分割承継会社から分割会社に対し，分割承継会社の株式，社債，新株予約権等が交付されることになります（物的分割）。さらに，分割会社が取得した対価をその株主に**剰余金の配当という形で分配**すると，分割会社の株主は，その対価の種類により分割承継会社の株主，社債権者，新株予約権者等になります（いわゆる人的分割）。

吸収分割	新設分割
権利義務を承継	権利義務を承継
分割会社 ➡ 既存会社（承継会社）	分割会社 ➡ 新設会社（承継会社）

> **一歩前進**
>
> 　合併と会社分割は，ある会社の権利義務を他の会社に包括的に承継させるという点では共通しています。しかし，合併においては，合併後当事会社の一方または双方が消滅するが，会社分割の場合には，当事会社の双方が分割後も存続するという違いがあります。会社分割は，会社のある事業を独立した形で他の会社に引き継がせるものですから，その経済的効果としては，後述の事業譲渡（P350 一歩前進 参照）とほとんど同じです。*

*会社分割の場合には，事業譲渡と異なり，債権者の承諾を得ることなく会社の債務を他の会社に承継させることができるというメリットがあります。

(2) 手続

　会社分割の手続については，**合併の場合とほぼ同様の手続**が定められています。以下，吸収分割と新設分割について，合併の場合と比較しつつ説明していきます。

① 吸収分割契約の締結または新設分割計画の作成

（ⅰ）吸収分割の場合は，分割会社と承継会社の間で**吸収分割契約を締結**します（757条）。**設例44**で，甲株式会社がそのエレクトロニクス事業を乙株式会社に承継させる場合，吸収分割会社である甲社と吸収分割承継会社である乙社との間で契約を締結します。

（ⅱ）新設分割の場合は，分割会社である甲社が**新設分割計画**を
作成します（762条1項）。甲社が，その行っているエレクト
ロニクス事業を新たに設立する丙社に行わせるような場合で
す。＊

②　事前の情報開示

合併の場合と同じく，吸収分割および新設分割のいずれの場合
も，株主や会社債権者のために**事前の情報開示**が必要です（782
条，794条，803条）。

③　株主総会による承認

合併の場合と同様，吸収分割契約または分割計画について，原
則として**株主総会の特別決議による承認**を必要とします（783条
1項，795条1項，804条1項，309条2項12号）。吸収分割の場合
は吸収分割会社と吸収分割承継会社，新設分割の場合は分割会社
の株主総会での承認を要します。

簡易または略式の方法により，株主総会決議を要しない場合が
あること（「簡易分割」「略式分割」），および反対株主に**株式買取
請求権**が認められる点も合併の場合と同じです。

④　会社債権者の保護手続（債権者異議手続）

会社分割の場合にも，合併の場合とほぼ同様の債権者保護手続
を踏むことが要求されています（789条2項）。ただ，分割に異議
を述べることができる債権者は，分割会社の場合は，原則として
**分割会社に債務の履行を請求することができない分割会社の債
権者**に限られます（789条1項2号，810条1項2号）。したがっ
て，これらの債権者に対して，公告および催告の手続を踏むこと
が必要です。例えば，設例44で，甲社がそのエレクトロニクス
部門を分割して乙社に承継させたとすると，分割契約においてそ
の旨の記載がなされその部門に関する権利義務が乙社に承継され
ます。そうすると，エレクトロニクス部門に関する甲社の債権者
は，分割会社である甲社に債務の履行を請求することができなく
なります。したがって，このような債権者に対しては，その利益
保護のための方策として公告および催告の手続を踏むことが要求
されるのです。それがなされなかったときは，その債権者は分割
会社である甲社に対して，**分割会社が効力発生日に有していた財
産の価額を限度として当該債務の履行を請求することができます**

（759条2項）。一方，吸収分割契約において，分割後に承継会社に対して債務の履行を請求することができないものとされている債権者は，各別の催告を受けなかった場合には，承継会社に対して，承継した財産の価額を限度として，その債務の履行を請求することができます（759条3項）。

Check

「詐害的会社分割」

　分割会社が，承継会社に承継されない債務の債権者（残存債権者）を害することを知って吸収分割をした場合には，残存債権者は，承継会社に対して，承継した資産の価額を限度として，その債務の履行を請求することができます。しかし，承継会社が吸収分割の効力が生じた時において残存債権者を害すべき事実を知らなかった場合には，そのような請求はできません（759条4項）。新設分割の場合にも，残存債権者は，同様の要件の下で新設会社に対して債務の履行を請求することができます（764条4項）。これは，不良事業や不良資産を分割会社に残し，優良事業や優良資産については新設会社または承継会社に承継させたうえ分割会社をつぶして債務を免れるという濫用的あるいは詐害的な会社分割から残存債権者の利益を保護するために設けられたものです。なお，後述の事業譲渡（次頁 一歩前進 参照）を行うに際しても同様の問題を生じることから，事業譲渡についても，ほぼ同じ内容の規制が設けられています（23条の2）。

---

⑤　分割の効力の発生

　吸収分割の効力は，原則として分割契約で定めた効力発生日に発生します（761条1項）。新設分割の場合は，新設分割会社成立の日（登記をした日）に効力が発生します（764条1項）。すなわち，承継会社または新設会社は，吸収分割契約または新設分割計画の定めに従い，それぞれ定められた日に分割会社の権利義務の全部または一部を承継します。

⑥　事後の情報開示

　分割会社，承継会社，設立会社は，会社分割の効力発生日後遅滞なく，会社分割の内容に関する一定事項を記載した書面を作成して，株主および会社債権者に開示しなければなりません（791条，801条，811条）。

ステップアップ

「労働契約の承継」

　会社分割においては，分割契約または分割計画に定められた権利義務が，労働関係の権利義務も含めて，個別の労働者の同意なく承継会社・新設会社に承継されることになります。しかし，そうなると，分割会社で分割対象となった事業に従事していた労働者の権利義務が承継会社に承継されなかったり，逆に当該事業に関与していなかった労働者の権利義務が承継会社に承継されたりして，労働者に不利益を生じる可能性が出てきます。そこで，このような不利益から労働者を保護するため，「会社分割に伴う労働契約の承継等に関する法律」（労働契約承継法）が制定されています。

　労働契約承継法では，労働者に承継会社への転籍に異議を述べる機会を与え，承継の対象となる事業に主として従事する労働者の労働契約が承継の対象とされていない場合に，当該労働者が異議を述べた場合には，その労働者の労働契約は承継会社に承継されることになります（同法4条）。逆に，承継会社等に承継される事業に主として従事する労働者でないのに，その労働契約が承継会社等に承継されることが分割計画書等に定められている労働者が異議を述べた場合には，その労働者の労働契約は承継会社に承継されず，分割会社に残るものとされています（同法5条）。会社法の特例として，このような制度が設けられていることを頭の隅に置いておきましょう。

一歩前進

「事業譲渡」

　会社が，それまで手がけたことのない新たな事業に進出したいと考えたとき，その事業を一から立ち上げたのでは，多大な費用と時間がかかります。そこで，合理的に事を進めるために，合併や会社分割という方法を用いることが考えられます。また，同じ目的を達するためには，その事業をすでに行っている会社から，譲渡契約によって事業そのものを丸ごと譲り受けるという方法を採ることもできます。これが事業譲渡です。しかし，合併や会社分割は，株式の変動を伴う組織法上の行為であるのに対し，事業の譲渡は，株式の変動を伴わない取引法上の契約であるという点で，法律上の意味合いにおいては，両者に基本的な差異があります。合併や会社分割が「組織再編」として一括して規制されているのに対し

（会社法第5編），事業譲渡が別個に規制されている（会社法第2編第7章）のはこのためです。この差異から，次のような具体的な違いが生じてきます。

　まず，合併や会社分割の場合は，消滅会社や分割会社の権利義務は存続会社，承継会社に包括的に承継されることになりますが，事業譲渡の場合は，譲渡会社の権利義務は譲受会社に個別的に承継されることになります。つまり，事業譲渡は，いわば会社が行っている事業の切り売りという性格を持ち，譲渡会社の債務を譲受会社が承継するためには個別の債務引受の手続が必要になる（例えば，譲受会社が譲渡会社の債務を免責的に引き受けるには**債権者の承諾を必要とする**）など，包括承継される場合と比較して手続的には面倒です。また，合併の場合には，当事会社の一方または双方が解散し消滅することになりますが，事業譲渡における譲渡会社は当然に消滅するわけではありません。

　さて，事業（営業）譲渡とは，判例によれば，「一定の事業目的のために組織化された機能的財産（得意先関係などの事実関係を含む）を一体として移転する契約であり，それにより譲受人が営業者たる地位を承継し，譲渡人が法律上当然に競業避止義務を負うに至るもの」と定義づけられています（最大判昭40・9・22）。つまり，個々の営業用財産の譲渡ではなく，「**組織化された機能的財産**」の譲渡であり，譲渡人が譲受人に対し「**競業避止義務**」を負うに至るという点がその特質となることを覚えておきましょう。＊

　会社法は，①**事業の全部の譲渡**および，②**事業の重要な一部の譲渡**を事業譲渡として規制しているほか，③親会社による子会社株式または持分の譲渡，④他の会社の事業の全部の譲受け，⑤事業の全部の賃貸，事業の全部の経営の委任，他人と事業上の損益の全部を共通にする契約等，⑥当該株式会社の成立後2年以内におけるその成立前から存在する財産であってその事業のために継続して使用するものの取得（いわゆる**事後設立**）の6種類について，いずれも**株主総会の特別決議による承認**を要求しています（467条1項）。

　これらの行為（以下「事業譲渡等」といいます）は，それ

＊事業を譲渡した会社（譲渡会社）は，同一の市町村の区域内およびこれに隣接する市町村の区域内においては，その事業を譲渡した日から原則として20年間，特約をすれば30年間は，同一の事業を行うことが禁止されます（21条1項・2項）。これが，譲渡会社の競業避止義務です。この義務は特約によって排除することができます。

によって会社の将来に重大な影響を及ぼします。したがって，取締役会レベルだけで事を決するのは適当ではなく，それに加えて株主の意向を尊重する必要があるわけです。もっとも，事業譲渡等についても，簡易・略式の方法を採ることが可能です。以下，この点について整理しておきます。

（ⅰ）事業の重要な一部の譲渡に際して，譲渡する資産の帳簿価額が，譲渡会社の総資産額の5分の1を超えないときは，株主総会の承認は不要です（467条1項2号かっこ書）。

（ⅱ）親会社による子会社の株式や持分の譲渡は，譲渡により譲り渡す子会社株式または持分の帳簿価額が親会社の総資産額の5分の1を超えないとき，または親会社が，株式譲渡後も子会社の議決権の総数の過半数を有しているときは，株主総会決議は不要です（467条1項2号の2）。これは，子会社の支配権の変動を伴う株式譲渡の場合（子会社の支配権を失う場合）についてのみ，親会社の株主総会の特別決議による承認を要求するという趣旨です。*

（ⅲ）他の会社の事業の全部を譲り受ける場合に，譲受けの対価として交付する財産の帳簿価額が譲受会社の純資産額の5分の1を超えないときは，譲受会社の承認決議は不要となります（簡易の事業譲受け，468条2項）。譲受会社にとって，過大な負担とはならないと考えられるからです。

（ⅳ）上記①から⑤までの事業譲渡等に際しては，事業譲渡等の相手方の会社が，事業譲渡等をする会社の特別支配会社である場合（総株主の議決権の90％以上を有する場合）には，支配されている会社の承認決議は不要です（略式事業譲渡，同条1項）。この場合は，支配されている会社での決議の成立は確実ですから，わざわざ株主総会を開く意味がないのです。

事業譲渡等をする場合には，反対株主に株式買取請求権が認められるのが原則ですが（469条1項），上記（ⅲ）の簡易事業譲受けのケース（469条1項2号，468条2項）では，株式買取請求権は認められません（469条1項かっこ書）。また（ⅳ）のケースでは，特別支配会社の反対株主に株式買取請

＊これは，重要な子会社の株式を譲渡することによって，その子会社の支配権を失うような株式譲渡については，より慎重に決すべきとする考慮によるものです。

求権は認められません。なお，事業の全部の譲渡についての株主総会決議と同時に解散の決議がなされたときは，反対株主でも，株式買取請求をすることはできません（469条1項1号）。この場合は，解散により会社は清算手続に入り，株主には残余財産の分配がなされるからです。

4 株式交換と株式移転および株式交付

（1）意義

株式交換および株式移転とは，ともに親会社が子会社の株式の100%を保有する完全な親子会社関係を実現する手段です。株式交換は親会社となる会社がすでに存在する会社（既存会社）であり，株式移転は親会社となる会社が新たに設立する会社（新設会社）であるという点に両者の基本的な差異があります。この株式交換および株式移転の制度は，いわゆる純粋持株会社の創設を容易にするために，導入されたものです。

令和元年度改正法により制度化された株式交付は，既存の会社間で親子会社関係を創設するという点で株式交換に類似しますが，完全親子会社関係までは企図しない場合に用いることのできる制度です。以下，まずは株式交換と株式移転をセットにして説明し，続けて株式交付について説明します。

① 株式交換

株式交換は，株式会社がその発行済株式の全部を他の株式会社または合同会社に引き継がせることによって，完全親子会社関係を創設する方法です。例えば，設例44で，乙社の株主が保有しているすべての株式を甲社に取得させ，その対価として乙社の株主に甲社の株式を与えます。そうすれば，甲社は，乙社の100%の株式を保有する状態を作り出すことができます。当然のことながら，この場合乙社の株主は甲社（完全親会社）だけであり，乙社は甲社の一人会社となります。

② 株式移転

株式移転は，すでに存在する株式会社（既存会社）が，新たに設立する株式会社に既存会社の株主が保有するすべての株式を移

用語の説明

「持株会社」
持株会社とは，他の会社の株式を保有することによって，その会社を支配することを目的とする会社です。企業グループを形成する多数の会社を統括し，その全体的な発展を目指すことが持株会社の役どころといってよいでしょう。このうち，自らは事業をせず，もっぱら他の会社の株式を保有し支配することを目的とするものを純粋持株会社といいます。最近，「○○ホールディングス」という名称の会社をよく目にしますが，このような名称を持った会社が持株会社です。

転することによって，完全親子会社関係を創設する方法です。例えば，設例44で，甲社が新たに設立する丙社の完全子会社になろうとする場合，甲社のすべての株式を新たに設立する丙社に移転し，甲社の株主は丙社が発行する株式の割当を受けることにより，丙社の株主となります。これにより，丙社が完全親会社，甲社が完全子会社となります。さらに，乙社のすべての株式を丙社に移転すれば，乙社も丙社の完全子会社となります。

（2）手続

　株式会社同士の株式交換および株式移転の手続の基本的な流れは，合併，会社分割の場合と変わりません。以下，簡略にその流れを記述しておきます。

①　株式交換契約の締結または株式移転計画の作成

（ⅰ）株式交換の場合は，当事会社の間で株式交換契約を締結します（767条）。設例44で，甲社・乙社間に完全親子会社関係を創設するための株式交換をしようとするときは，この両当事会社の間で契約を締結します。

（ⅱ）株式移転の場合は，株式移転計画を作成します（772条1項）。設例44で，甲社および乙社が共同して株式移転をしようとするときは，共同して株式移転計画を作成することになります（同条2項）。

②　事前の情報開示

　株式交換および株式移転のいずれの場合も，株主や会社債権者のために事前の情報開示が義務づけられます。株主等は，これらの情報を閲覧謄写することができます（782条，794条，803条）。

③　株主総会による承認

　株式交換および株式移転のいずれの場合も，原則として株主総会の特別決議による承認を必要とします（783条1項，795条1項，804条1項）。また，株式交換，株式移転に反対の株主には，株式買取請求権が認められます（806条）。*

④　効力の発生

　株式交換については，株式交換契約で定めた効力発生日に効力が発生します（769条1項）。株式移転の場合は，完全親会社の成立の日（新設会社の設立登記の日）に効力が発生します（774条1項）。

⑤　会社債権者保護手続

　株式交換および株式移転では，合併や会社分割の場合と異なり会社財産に変動はありません。したがって，債権者の保護手続は原則として要求されていません。

＊簡易または略式の方法により株式交換をする場合には，株主総会決議を要しません。また，当然のことながら，株式移転は完全子会社となる株式会社だけで行う手続ですから，簡易または略式の方法によることはできません。

Check

「株式交付」

　株式交付とは，株式会社が他の株式会社をその子会社とするために当該他の株式会社の株式を譲り受け，当該株式の譲渡人に当該株式の対価として当該株式会社の株式を交付することです（2条32号の2）。例えば設例44で，甲社が，従来親子会社関係のなかった乙社を子会社とする場合，甲社（株式交付親会社）が乙社（株式交付子会社）の株主から乙社を子会社とするに足りる量の株式を個別的に譲り受け，その対価として甲社の株式を譲渡人に交付します。そして，甲社は乙社の総議決権の過半数を取得して乙社の親会社となり，乙社は甲社の子会社となるわけです（規則3条3項1号）。

　手続の流れとしては，まず甲社が，一定の法定事項を定めた株式交付計画を作成し，これを事前開示します。この株式交付計画は，効力発生日の前日までに株主総会の特別決議による承認を必要とします（816条の3第1項，309条2項12号）。反対株主には，原則として株式買取請求権が認められます（816条の6）。その後は，甲社から乙社株主への通知→乙社株主からの乙社株式の譲渡の申込み→甲社による甲社株式の割当といった一連の手続を経て，乙社株主は，効力発生日に，甲社の株主になります（774条の2～同条の11）。

一歩前進

　合併，会社分割，株式交換・株式移転・株式交付等の組織

再編行為については，（ⅰ）効力を生じる前の事前の救済手段として株主による組織再編の差止請求が認められ，（ⅱ）さらに効力を生じた後の事後の救済手段として組織再編無効の訴えの制度が用意されています。

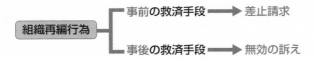

（ⅰ）差止請求は，吸収合併等の組織再編が，法令または定款に違反する場合，あるいは略式組織再編においてその条件が消滅会社等または存続会社等の財産の状況その他の事情に照らして著しく不当である場合に行うことができます。このような状況があることを前提として，消滅会社等の株主は，自己が不利益を受けるおそれがあるとき消滅会社等に対して吸収合併等をやめることを請求することができます（784条の2，796条の2，805条の2）。＊

（ⅱ）合併，会社分割，株式交換・株式移転・株式交付等の無効を争う場合は，「会社の組織に関する行為の無効の訴え」の規定に従い（828条1項7号～13号），所定の手続により訴えをもってのみ主張することができます。無効事由について明文はありませんが，重大な手続規定違反，例えば，合併について株主総会決議を要するのにそれがないとか債権者異議手続を経ていない等が無効事由に該当すると解されます。この訴えにおいては，提訴権者は，株主や取締役等のほか合併や会社分割等について承認をしなかった債権者も含まれ（同条2項），提訴期間はこれらの行為の効力が生じた日から6ヶ月以内とされています。

　請求を認容する確定判決（合併等を無効とする判決）は，第三者に対してもその効力を有するとされ（838条），また無効とされた合併等の行為は，将来に向かってその効力を失うことになります（839条）。

＊簡易組織再編の場合には，株主に差止請求は認められません（784条の2ただし書，796条の2ただし書）。

　会社を支配統合する手段としては，上記のような会社再編手続のほか，相手方会社の株式を取引により取得するという古典的な方法があります。ただ，相手方会社の株式を市場で大量に買い集めるということになると，株価が高騰してコストがかかり過ぎることになってしまうでしょう。また，すべての株主が譲渡に応じてくれるとは限りません。市場外で，一定のルールの下に株式を買い付ける株式公開買付という方法（ＴＯＢ）もありますが，これも必要な株式数を確保できる保証はありません。要するに，このような手段を用いたのでは，効率的・機動的な組織再編は困難です。会社分割，株式交換，株式移転の制度は，会社の組織再編を効率的・機動的に行うことができるよう，平成11年の商法改正で採り入れられ，それが会社法に引き継がれたものであり，株式交付もいわばその延長線上で制度化されたものです。これらの組織再編手段は，当事会社の合意のうえで行われます。つまり，これらの手段は，当事会社の経営陣がフレンドリーな関係にある場合に利用されることを想定したものです。

　その一方で，会社の経営権の獲得等を目指した株式取得（買占め）も従来から広く行われ，マスコミ等で話題になることがよくみられます。この場合は，買収者が相手先の会社の経営陣の同意を得ることなく買収を行うため，「敵対的買収」と呼ばれます。敵対的買収については，それに対する会社防衛策が論議され，現実に防衛策を導入する企業も増えてきています。そこで，これまで提唱されてきた企業防衛策について，その著名なものを紹介しておきます。

① **ポイズンピル（毒薬条項）**

　これは，会社があらかじめ新株予約権を発行しておき，敵対的な買収者が一定数以上（例えば20％以上）の株式を取得するに至った場合に，新株予約権の行使を可能にさせ，発行済株式数を増やすことによって買収者の持株比率を低下させるという仕組みです。つまり，買収者が一定の株式数を取得したときに，仕込んでおいた毒薬（新株予約権の行使）が効いて，買収者を撃退できるというものです。

② **ホワイトナイト（白馬の騎士）**

　買収によって会社が危機に瀕しているときに，その会社に友好的な第三者（会社）が「白馬の騎士」のごとくさっそうと登場し（？），その会社の株式を大量に取得することによって買収者の意図をくじき，買収をあきらめさせるというものです。現実の事例としては，アメリカを本拠とする悪名高い投資ファンド「スティールパートナーズ」の買収にさらされた「明星食品」に，「日清食品」がホワイトナイトの役回りを担ったという事例があります。また，阪神電鉄が「村上ファンド」の買収にさらされ危機的状況に陥った際に，阪急電鉄が救いの手を差し伸べたのも，この事

例に数えられるでしょう。

③　焦土作戦

　「焦土」とは，爆撃，災害などによる「焼け野原」のことです。買収攻勢にさらされた際に，会社の持っているクラウン・ジュエル（財産的価値の高い物）を関連会社などに売却するなどにより，会社を「焼け野原」と化し，会社の価値を大きく下げて，買収するメリットをなくす方法です。

　これら以外にも，ゴールデンパラシュート，パックマンディフェンス，マネジメントバイアウト（MBO）など，たくさんの買収防衛策が考案されています。また，第3講で説明した議決権制限株式やいわゆる黄金株等の種類株式も敵対的買収を阻止する機能を持ち得ます。興味のある方は，実務書やネット検索等で調べてみてください。

5　解散および清算

(1)　意義

　設立登記によって成立した会社は，一定の解散事由の発生によってその法人格が消滅することになります。法人格の消滅は，人間における「死」を意味します。もっとも，会社は解散したからといって，直ちに法人格を失うのではなく，その清算の過程を経て法人格が消滅することになります。つまり，解散した会社も清算の目的の範囲内では権利能力が認められ，清算手続の終了（清算の結了）によって法人格が消滅するわけです（476条参照）。

　会社法は，解散に続く清算手続に多くの条文を置いていますが，ここでは要点を絞って説明します。

(2)　解散事由

　株式会社の解散事由は，次のとおりです（471条）。

①　**定款で定めた存続期間の満了（1号）**

②　**定款で定めた解散の事由の発生（2号）**

③　**株主総会の特別決議（3号）**

　上記①〜③の場合は，後述するように，株主の意思によって会社の継続が認められます。

④　**合併（4号）**

合併の場合は，当該株式会社が消滅する場合にのみ，解散することになります（同号かっこ書）。*

⑤ **破産手続開始の決定（5号）**

破産手続の開始により，破産法所定の手続に従って破産的清算が行われ，これによって株式会社は消滅に至ります。

⑥ **解散を命ずる裁判（6号）**

解散を命ずる裁判には，解散命令（824条）と解散判決（833条）があります。

＊要するに，吸収合併における存続会社は解散しないという，いわば当たり前の話です。

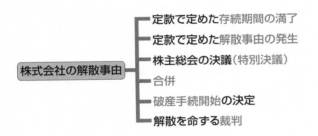

株式会社の解散事由
- 定款で定めた存続期間の満了
- 定款で定めた解散事由の発生
- 株主総会の決議（特別決議）
- 合併
- 破産手続開始の決定
- 解散を命ずる裁判

ここが狙われる

解散した会社は，自らを存続会社として，他の会社と合併することはできません。また，吸収分割により，他の会社の事業を承継することもできません（474条）。しかし，他の会社に吸収合併されることは可能です。

---

⑦ **会社の継続**

上記解散事由のうち，定款で定めた存続期間の満了，定款で定めた解散の事由の発生，株主総会の特別決議の場合には，清算が結了するまで，株主総会の特別決議によって株式会社を継続することができます（473条，309条2項11号）。つまり，これらの場合には，株主の意思で会社を継続することが認められているわけです。

Check

「休眠会社のみなし解散」

休眠会社とは，株式会社であって，当該株式会社に関する登記が最後にあった日から12年を経過した会社のことです。12年間の長期にわたって何の登記

もしないということは，実際上の営業を行っているとは認めがたく，このような会社を放置しておくと公益上好ましくないので，一定の手続を執ったうえで，解散したものとみなす制度が設けられています。

すなわち，このような株式会社に対しては，法務大臣が，2ヶ月以内にその本店の所在地を管轄する登記所に事業を廃止していない旨の届出をすべき旨を官報に公告します。この公告があった場合，登記所から休眠会社に対してその旨の通知がなされ，休眠会社がその2ヶ月の期間内にその届出をしないときは，2ヶ月間の期間満了の時に解散したものとみなされ（472条1項），登記官の職権により解散の登記がなされます。

なお，この手続によって解散したものとみなされた会社は，その後3年以内であれば，清算が結了するまで，株主総会の特別決議により株式会社を継続することができます（473条，309条2項11号）。

(3) 清算

① 清算の開始原因

株式会社は，解散その他これに準じる事由が発生した場合には，そのいわば後始末をつけるために，清算手続に入ります。

会社法が，清算を行わなければならないとしているのは，次の3つの場合です（475条）。下記（ⅱ）および（ⅲ）は，解散によらない事由（解散に準じる事由）により清算が行われる場合です。なお，清算をする株式会社は，清算株式会社と呼ばれます（476条かっこ書）。

（ⅰ）解散事由が生じた場合のうち（471条），合併の場合と破産手続により行われる場合を除いた場合（475条1号）

（ⅱ）設立無効の訴えで，請求認容判決（設立無効判決）が確定した場合（同条2号）

（ⅲ）株式移転の無効の訴えで，請求認容判決（株式移転無効判決）が確定した場合（同条3号）

② 清算株式会社の機関

清算株式会社には，1人または2人以上の清算人を置かなければなりません（477条1項）。清算人となるのは，原則として会社が解散した当時の取締役ですが，定款で清算人となる者の定めがあるとき，または株主総会の決議によって選任された者があると

きは，それらの者が清算人となります（478条1項）。*

　清算人となる者がないときは，利害関係人の申立てにより，裁判所が清算人を選任します（同条2項）。清算人は，裁判所の選任した清算人を除いて，**株主総会の決議でいつでも解任すること**ができます（479条1項）。

　清算人は，清算株式会社の業務を執行するとともに，**清算株式会社を代表します**（482条1項，483条1項）。清算人が2人以上ある場合，その業務執行は原則として**清算人の過半数で決定し**ますが，**清算会社を代表する権限は原則として各自が持ちます**（482条2項，483条2項）。ただし，他に代表清算人その他清算株式会社を代表する者を定めたときは，その者が会社を代表します（483条1項ただし書）。

一歩前進

　清算株式会社は，定款の定めによって，清算人会，監査役または監査役会を置くことができます（477条2項）。解散時に，**公開会社または大会社であった場合は，監査役を設置し**なければなりません（同条4項）。清算人会は解散前の株式会社の**取締役会に相当する機関**であり，その設置は原則として任意ですが，**監査役会を置く旨の定款の定めがあるときは，清算人会を置くことが義務づけられます**（同条3項）。清算株式会社を代表するのは，清算人会によって選定された**代表清算人**です（489条3項，483条1項）。

　なお，清算株式会社においても，**清算手続が結了するまで，定時株主総会を開催する必要があります**（491条，296条1項）。この株主総会では，清算人は，**貸借対照表を提出し**てその承認を受けなければなりません（497条1項・2項）。これに加えて，清算人は，株主総会に**事務報告を提供して**，その内容を報告しなければなりません（同条1項・3項）。

③　清算手続

　清算人の職務としては，（ⅰ）現務の結了，（ⅱ）債権の取立ておよび債務の弁済，（ⅲ）残余財産の分配の3つが規定されています（481条）。つまり，これらが清算手続の内容となります。

*清算人の欠格事由については，取締役の欠格事由の規定が準用されています。また，清算会社と清算人の関係は委任の規定に従うことになります（478条8項）。

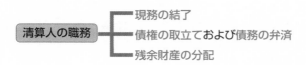

清算手続は，大雑把な流れでいえば，解散時点でまだ終了していない業務を終わらせ，また弁済期の到来した債権を取り立て，さらに弁済期の未到来の債権およびその他の財産を換価し，その一方で，債権者に対する公告または個別の催告を行ったうえで会社の債務を弁済し，最後に残った財産を株主に分配します。このような清算事務が終了し，決算報告が株主総会に承認されると，清算は結了し，会社の法人格が消滅します。そして，その後の清算結了の登記により清算手続完了となります。

Check

「特別清算」

　これまで説明してきた清算手続は通常清算と呼ばれ，会社財産をもってその債務を完済することが見込まれる場合に行われます。一方，清算株式会社に，清算の遂行に著しい支障を来たすべき事情があるとき，または債務超過（清算株式会社の財産がその債務を完済するのに足りない状態）の疑いがあるときは，裁判所は，申立てにより，特別清算の開始を命じることとされています（510条）。これによって開始される清算手続が特別清算です。特別清算は，通常の清算手続と異なり，裁判所の厳重な監督の下に置かれることになります。この特別清算は，株式会社についてのみ存在する制度であり，持分会社については規定が存在しないことを覚えておきましょう。

ステップアップ

「倒産処理手続」

　倒産とは，会社（債務者）が経済的な破綻状態または危機的状況に陥ることです。もっとも，倒産という用語は新聞等のマスコミ界では広く使われていますが，正式な法律用語ではありません。倒産処理の方法については，主に会社法以外の倒産処理法に規定されています。ここでは，倒産処理手続の具体的な内容にまで立ち入る余裕はないので，その概要だけでも押さえておいてください。倒産処理の法制度は，その目的に着目すると，清算型と再建型に区別する

ことができます。清算型は，もはや経済的に立ち直れる見込みのない債務者の総財産を整理・換価して総債権者の平等・公平な満足を目的とする手続です。その手段として，株式会社について会社法に上記の特別清算が定められているほか，一般的には破産法に基づく破産手続が多用されます。他方，再建型は，経済的な窮境にあるが再建の見込みのある債務者の従来の財産関係，法律関係に変更を加えたうえで事業の継続を図るための倒産処理手続です。民事再生法に基づく民事再生手続がその基本型ですが，株式会社の倒産に対処するために，会社更生法に基づく会社更生手続も定められています。なお，破産や民事再生は会社のような法人だけでなく自然人にも適用される手続ですが，特別清算および会社更生は先述のとおり株式会社のみを対象とする手続です。

倒産処理の方法としては，上記のような法的手続によらず，関係者の話合い（合意）によって進められる任意整理という手段もあります。この手続は一般に，弁護士，司法書士等の法律家の関与の下に行われることが多く，法定の厳格な手続によるよりも柔軟かつ迅速な事件処理が可能というメリットがあります。その反面，裁判所が関与しないことから，債権者間の力関係によって非合法あるいは不公平な処理がなされやすいというデメリットも否定できません。

> ### 実戦過去問
> 公認会計士　平成31年度

　株式会社の組織再編に関する次の記述のうち，正しいものの組合せとして最も適切な番号を一つ選びなさい。

ア　二以上の株式会社が共同して株式移転をする場合には，当該二以上の株式会社は株式移転契約を締結しなければならない。

イ　新設分割に際して，分割対価の全てを金銭とすることができる。

ウ　吸収合併の存続会社において，反対株主による株式買取請求権に係る株式の買取りの効力が生ずるのは，当該吸収合併の効力発生日である。

エ　株式交換において，完全親会社となる株式会社が完全子会社となる株式会社の特別支配会社である場合，完全子会社となる株式会社においては，特別支配会社以外の株主全員が株式買取請求権を有する。

1　アイ　　　2　アウ　　　3　アエ　　　4　イウ　　　5　イエ　　　6　ウエ

解　説

ア　×　二以上の株式会社が共同して株式移転をする場合には，当該二以上の株式会社は，共同して株式移転計画を作成しなければなりません（772条2項）。

イ　×　新設分割においては，分割の対価として予定されているのは，新設分割設立会社の株式，社債等であり（763条1項6号・8号），対価として金銭を交付することはできません。

ウ　○　株式買取請求に係る株式の買取りは，効力発生日に，その効力を生じます（798条6項）。

エ　○　株式交換において，完全親会社となる株式会社が完全子会社となる株式会社の特別支配会社である場合，完全子会社となる株式会社においては，特別支配会社以外の株主全員が株式買取請求権を有することとなります。つまり，株主総会決議を要しない略式の株式交換においては，全ての株主が反対株主となりますから，全ての株主に株式買取請求権が認められます（116条2項2号）。この点については，P58 | Check | の記述を確認してください。

以上より，正しいものはウおよびエであり，肢6が正解となります。

正解　6

会社の合併に関する次のア〜オの記述のうち，正しいものの組合せはどれか。

ア　会社が合併するには，各当事会社の株主総会の特別決議による承認を要するが，存続会社に比べて消滅会社の規模が著しく小さい場合には，各当事会社は株主総会決議を省略することができる。

イ　合併の各当事会社は，会社債権者に対して，合併に異議があれば一定の期間内に述べるように官報に公告し，かつ電子公告をした場合であっても，知れたる債権者には個別催告をする必要がある。

ウ　合併決議前に反対の意思表示をし，かつ合併承認決議に反対した株主は，合併承認決議が成立した場合には，株式買取請求権を行使することができる。

エ　会社の合併が違法である場合に，各当事会社の株主，取締役等，または合併を承認しなかった債権者は，その無効を合併無効の訴えによってのみ主張することができ，合併無効の判決が確定した場合には，将来に向かってその合併は無効となる。

オ　会社の合併により，消滅会社の全財産が包括的に存続会社に移転するため，財産の一部を除外することは許されないが，消滅会社の債務については，消滅会社の債権者の承諾が得られれば，存続会社は消滅会社の債務を引き継がないとすることも可能である。

　　1　ア・エ　　　　2　ア・オ　　　　3　イ・ウ　　　　4　イ・エ　　　　5　ウ・エ

解　説

ア　×　いわゆる簡易合併の場合，存続会社の株主総会決議は不要ですが，消滅会社の株主総会決議は必要です（796条3項）。

イ　×　官報に公告したうえ，電子公告（または日刊新聞紙による公告）をしたときは，個別催告は不要となります（789条3項，799条3項）。

ウ　○　反対株主に株式買取請求権が認められます（785条，797条）。

エ　○　合併の無効は訴えをもってのみ主張することができます。

オ　×　消滅会社の権利義務は，すべて存続会社に包括承継されます。

　　以上より，正しいものはウ・エであり，正解は肢5となります。

正解　5

実戦過去問（問題の一部を変更してあります）　　　　司法書士　平成24年度

　　吸収合併に関する次のアからオまでの記述のうち，正しいものの組合せは，後記1から5までのうちどれか。

ア　債権者保護手続は，官報による公告をするほか，債権者に対する各別の催告に代えて，定款に定めた時事に関する事項を掲載する日刊新聞紙による公告をすることができる。

イ　吸収合併をする場合には，吸収合併存続会社が吸収合併消滅会社の債務の一部を承継しないこととすることができる。

ウ　会社がその有する不動産を第三者に譲渡し，その後に当該会社を吸収合併消滅会社とする吸収合併が効力を生じた場合には，当該第三者は，当該不動産について所有権の移転の登記をしなければ，当該所有権の取得を吸収合併存続会社に対抗することができない。

エ　吸収合併の効力は，合併契約において定められた効力発生日に発生する。

オ　吸収合併を無効とする判決が確定した場合には，吸収合併の効力発生後当該判決の確定前に吸収合併存続会社がした剰余金の配当も，無効となる。

1　アイ　　　2　アエ　　　3　イウ　　　4　ウオ　　　5　エオ

解　説

ア　○　官報による公告のほか，定款に定めた時事に関する事項を掲載する日刊新聞紙による公告をすることもできます（789条3項）。

イ　×　吸収合併により消滅会社の権利義務は存続会社に包括承継されます。

ウ　×　不動産譲受人と存続会社は当事者の関係に立ちますから，対抗要件としての登記を必要としません（民法177条参照）。

エ　○　吸収合併の効力は，合併契約において定められた効力発生日に発生します（750条1項）。

オ　×　吸収合併無効の訴えの確定判決により無効とされた行為は，将来に向かってその効力を失います（839条）。したがって，すでになされた剰余金の配当の効力に影響はありません。

　　以上より，正しいものはアエであり，正解は肢2となります。

正解　2

【第6章】

持分会社・特例有限会社

14 持分会社・特例有限会社

学習ナビゲーション

　第1講で説明したとおり，持分会社には，合名会社，合資会社，合同会社の3つの種類があります。持分会社の学習は，各会社の社員が会社債権者に対してどのような責任を負うのか（社員の責任態様）が基本的な論点です。これについては，すでに第1講で説明したところですから，本講では繰り返しません。ただ，この点についての理解があいまいだと，持分会社の法律関係を正確に把握することは困難ですから，記憶の薄れている方は，もう一度確認しておいてください。

　本講では，持分会社の設立，社員の地位，業務執行等について，ポイントを絞って説明します。さらに，特例有限会社についても，要点を解説しておきます。

1　持分会社の設立

　持分会社の設立手続は，定款の作成に始まり，設立登記をもって完結するという点では株式会社の場合と同じですが，その中間の過程で複雑な手続が存在せず，株式会社の設立に比べて，きわめてシンプルです。

（1）定款の作成

　持分会社設立の第一歩として，株式会社の設立の場合と同じく，社員になろうとする者が定款を作成し，その**全員がこれに署名または記名押印**しなければなりません（575条1項）。定款の絶対的記載事項は，次のとおりです（576条1項）。なお，持分会社の定款に公証人の認証は要求されていません。＊

＊持分会社の定款の変更は，定款に別段の定めがある場合を除いて，総社員の同意を必要とします（637条）。

持分会社の定款の絶対的記載事項

①	目的
②	商号
③	本店の所在地
④	社員の氏名または名称および住所
⑤	社員が無限責任社員または有限責任社員のいずれであるかの別*1
⑥	社員の出資の目的およびその価額または評価の標準

(2) 出資

① 出資の内容

　合名会社における無限責任社員および合資会社の無限責任社員は，金銭等（金銭のほか動産，不動産，知的財産権，債権など）による財産出資のほか，信用や労務を出資の目的とすることができます。しかし，合資会社の有限責任社員，合同会社における有限責任社員の出資は，金銭等の財産出資に限られます（576条1項6号かっこ書）。

出資 ── 無限責任社員 ── 金銭出資のほか，労務・信用でも可

出資 ── 有限責任社員 ── 金銭等の財産出資に限られる

② 出資の時期

　合名会社および合資会社においては，社員の出資の時期について特に制限はありません。つまり，株式会社の設立の場合と異なり，設立段階で必ず出資の履行をしなければならないものではありません。合名会社や合資会社では，無限責任社員が存在しますから，会社債権者はいざとなれば，無限責任社員に弁済を請求することができます。したがって，出資による会社財産の確保は，株式会社の場合ほど切実な要請とならないのです。*2

　一方，有限責任社員しか存在しない合同会社の場合は，社員に

*1合名会社についてはその全部を無限責任社員，合資会社については一部を無限責任社員，その他の社員を有限責任社員，合同会社についてはその全部を有限責任社員としなければなりません（576条2項・3項・4項）。なお，法人であっても社員となることができます（598条参照）。

*2ただし，すべての持分会社で，その成立の日および各事業年度に係る貸借対照表の作成が義務づけられています（617条1項・2項）。

なろうとする者は，定款の作成後，合同会社の設立の登記をする時までに，その出資に係る金銭の全額を払い込み，またはその出資に係る金銭以外の財産の全部を給付しなければなりません（578条本文）。つまり，合同会社の社員の出資は，会社成立時にすべて履行済みとなるわけです。そうすると合同会社の社員は，会社成立後は，会社債権者に対し何ら責任を負わないということになります。＊

＊そのため，合同会社の社員の責任は，実際上は株式会社の株主と同じく，間接有限責任となります。

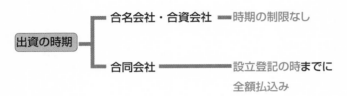

一歩前進

　社員が金銭を出資の目的とした場合に，その出資をすることを怠ったときは，その社員は，その利息を支払うほか，損害賠償もしなければなりません（582条1項）。また，社員が債権を出資の目的とした場合には，その債権の債務者が弁済期に弁済をしなかったときは，その社員は，当該債権の弁済の責任を負うほか，利息の支払いおよび損害賠償の責任を負います（同条2項）。

(3) 成立

　持分会社は，その本店の所在地において設立の登記をすることによって成立します（579条）。

Check

「持分会社の設立の瑕疵」

　持分会社の設立行為に無効原因があるときは，株式会社の場合と同様，設立無効の訴えにより，その無効を主張することができます（828条1項1号）。また，会社不存在，会社不成立の主張をすることもできます。

　これに加えて持分会社では，株式会社の場合にはない設立取消しの訴えの制度も定められています（832条）。

設立の取消原因となるのは，次の２つの場合です。

① 社員が民法その他の法律の規定により設立に係る意思表示を取り消すことができるとき

② 社員がその債権者を害することを知って持分会社を設立したとき

①の場合は当該社員，②の場合は当該債権者が，持分会社成立の日から２年以内に，訴えをもって設立の取消しを請求することができます。

持分会社では，株式会社の場合と異なり，社員相互の人的信頼関係が重要な要素となるので，１人の設立行為に瑕疵があるに過ぎないときでも，それを見過ごすわけにはいかないのです。もっとも，持分会社では，設立無効判決が確定した場合でも，一部の社員に無効または取消しの原因があるにすぎないときは，その社員を退社させて他の社員の全員の同意により会社を継続させる道も開かれています（845条）。

2　社員の地位

設例45

　衣料品の販売を目的とするＡ合資会社は，衣料品卸商Ｂから商品を仕入れ，Ｂに100万円の代金支払債務を負っている。Ａ合資会社では，ＣおよびＤが無限責任社員，Ｅが有限責任社員となっている。

(1) 社員の責任

　持分会社の無限責任社員および有限責任社員は，次のいずれかの場合には，連帯して，持分会社の債務を弁済する責任を負います（580条１項）。会社債権者の側からすると，会社の負担した債務について，会社財産と区別された社員の固有の財産に対して強制執行をすることができる，ということになります。

① 会社の財産でその債務を完済することができない場合

② 会社の財産に対する強制執行がその功を奏しなかった場合

　ただし，②の場合に，社員が，会社に弁済をする資力があり，かつ，強制執行が容易であることを証明したときは，弁済の責任を免れます。持分会社の社員は，会社債務について，保証人的な地位に立つわけです。もっとも，有限責任社員の場合は，責任の

限度が出資の価額に限定されます（580条2項）。つまり，有限責任社員の責任は，未履行の出資の価額を限度としますから，設例45の事例で，Eが出資を履行済みであったなら，EはBから責任を追及されることはありません。

一歩前進

有限責任社員が無限責任社員となった場合，その社員は，無限責任社員となる前に生じた会社債務についても，無限責任社員として弁済の責任を負います（583条1項）。

ここが狙われる

社員が持分会社の債務を弁済する責任を負う場合には，社員は，持分会社が主張することができる抗弁をもって，債権者に対抗することができます（581条1項）。例えば，設例45で，BがA合資会社に対する100万円の代金債権について，弁済期前にCおよびDに支払いを請求してきたとき，CおよびDは，「弁済期がきてないのだから払わない」と主張することができます。

またこの場合，持分会社がその債権者に対して相殺権，取消権または解除権を有していれば，社員は，これらの権利の行使によって持分会社がその債務を免れるべき限度において，その債権者に対して債務の履行を拒むことができます（同条2項）。設例45で，A合資会社がBに対して相殺に適する100万円の反対債権を持っていれば，Bからの支払請求に対し，CおよびDは，それを理由として弁済を拒絶することができます。

（2）社員の加入と退社
① 加入

持分会社は，新たに社員を加入させることができます（604条1項）。社員の加入は，その社員に係る定款の変更をした時に，その効力を生じます（同条2項）。

もっとも，合同会社の場合は，定款変更に加えて，払込みまたは給付を完了した時に加入の効力が生じます（同条3項）。

ここが狙われる

持分会社成立後に加入した社員は，加入前に生じた持分会社の債務について

も，弁済する責任を負います（605条）。設例45で，ＦがＡ合資会社の社員として加わった場合，Ｆは，Ｂに対して100万円の代金債務について弁済する責任を負うことになります。

② 退社

退社とは，会社の存立中に社員がその持分を喪失し，社員としての地位を失うことです。退社には，社員自らの意思による任意退社と一定の退社原因の発生による法定退社があります。

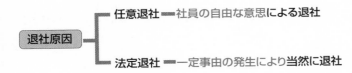

退社原因 ━┳━ **任意退社** ━ 社員の自由な意思による退社
　　　　　┗━ **法定退社** ━ 一定事由の発生により当然に退社

（ⅰ）任意退社

持分会社の存続期間が定款で定められていない場合や，ある社員の終身の間持分会社が存続することを定款で定めた場合には，各社員は，６ヶ月前までに退社の予告をして，事業年度の終了の時に退社をすることができます（606条１項）。

しかし，やむを得ない事由があるときは，いつでも退社することができます（同条３項）。人的信頼関係を基礎とする持分会社では，信頼関係を失った社員は，他の社員の同意の有無にかかわらず一方的に退社する自由が認められているのです。

（ⅱ）法定退社

持分会社の社員は，上記のように自由な意思により退社するほか，次のような事由が生じたときは，当然に退社することになります（607条１項）。＊

① 定款で定めた事由の発生
② 総社員の同意
③ 死亡
　社員の死亡は退社事由ですから，社員が死亡したとき，その相続人は，持分の払戻しを受け，社員となることはありません。
④ 合併（合併により当該持分会社が消滅する場合）
⑤ 破産手続開始の決定

＊本文①〜⑧の退社事由のほか，609条１項，642条２項および845条にも退社事由が定められていますから，条文を確認しておいてください。

⑥　解散

⑦　後見開始の審判を受けたこと

⑧　除名

　　社員に出資義務不履行等の一定の事由があるとき，持分会社は，対象社員以外の社員の過半数の決議に基づき，裁判所に対象社員の除名を求める訴えを提起することができます（859条）。

ここが狙われる

　退社した社員は，その登記（退社の登記）をする前に生じた持分会社の債務について，従前の責任の範囲内でこれを弁済する責任を負います（612条1項）。

（iii）退社による持分の払戻し

　退社をした社員は，出資の種類を問わず，金銭によりその持分の払戻しを受けることができます（611条1項本文・3項）。これによって，退社した社員は，会社に投下した資本の回収を図ることができるわけです。[*1]

　ただし，社員が有限責任しか負わない合同会社については，定款を変更してその出資の価額を減少する場合を除いて，持分の払戻しを会社に対し請求できないこととされています（632条）。合同会社では，会社債権者保護の見地から，社員の退社による持分の払戻しは制限されているわけです。

一歩前進

　持分会社の社員は，社員の地位を維持したまま，出資として払込みまたは給付した金銭等の払戻しを会社に請求することもできます。金銭以外の財産で出資しているときは，その財産の価額に相当する金銭での払戻しを請求することもできます（624条1項）。[*2]

*1 持分会社が，退社した社員の氏や氏名，名称等をその商号中に用いているときは，退社した社員は，持分会社に対してその使用をやめることを請求することができます（613条）。

*2 これは出資の払戻しであり，退社による持分の払戻しとは異なります。

（3）持分の譲渡

　持分とは，持分会社の社員たる地位のことです。これを譲渡す

ると，社員が譲渡人から譲受人に交代することになります。しかし，持分会社では，社員間の人的信頼関係が重視されますから，株式会社のように誰が社員になってもよいというわけにはいきません。そこで，社員は，定款の定めがない限り，**他の社員の全員の承諾**がなければ，その持分の全部または一部を他人に譲渡することができません（585条1項・4項）。

　もっとも，業務を執行しない有限責任社員は，直接経営にタッチするわけではなく，その責任も限定されていますから，無限責任社員ほどにはその個性は重要ではありません。そこで，業務を執行しない有限責任社員は，定款に別段の定めがない限り，**業務を執行する社員の全員の承諾**があれば，その持分を他人に譲渡することができます（同条2項・4項）。

ここが狙われる

　持分の全部を他人に譲渡した社員は，その旨の登記をする前に生じた持分会社の債務について，従前の責任の範囲内でこれを弁済する責任を負います（586条1項）。

Check

持分会社の「資本金」

　無限責任社員の存在する合名会社および合資会社では，株式会社と同様な意味での資本金という概念は存在せず，資本金の額は登記事項とされていません。しかし，有限責任社員のみで構成される合同会社では，会社債権者保護のために**資本金の額が登記事項**とされ（914条5号），出資の払戻しや持分の払戻しに伴う資本金の減少についても，**債権者異議手続を必要とする**（627条）など，株式会社と同様の厳格な手続が定められています。

---

(4) 利益配当

　持分会社の社員は，持分会社に対し，利益の配当を請求することができます（621条1項）。しかも，持分会社は，利益の配当に関する事項を定款で自由に定めることができます（同条2項）。損益分配の割合について定款の定めがないときは，各社員の**出資の**

価額に応じて定められます（622条1項）。

　会社債権者は，持分会社の無限責任社員に対しては，その債権の満足を受けるまで責任を追及することができますから，利益配当に関して株式会社の場合ほど厳格な制約は設けられていないのです。しかし，有限責任社員しか存在しない合同会社では，利益の配当に関する特則が設けられています。すなわち，合同会社は，配当額が利益額を超える場合は，利益配当をすることができません（628条）。合同会社が，この制限に反して利益の配当をした場合，その利益配当に関する業務を執行した社員は，その利益配当を受けた社員と連帯して，その配当額に相当する金銭を会社に支払う義務を負います（629条1項）。

3　業務執行社員の権限および義務と責任

（1）業務執行および会社代表

　持分会社は，所有と経営の分離した株式会社と異なり，社員が直接に会社経営に当たることを建前としますから，その社員は，原則として会社の業務を執行することになります（590条1項）。社員が2人以上ある場合には，持分会社の業務は，原則として社員の過半数をもって決定します（同条2項）。

　また，業務を執行する社員は，原則として各自が会社を代表します（599条1項本文・2項）。このように，持分会社の社員は，会社の「共同所有者」であるとともに「共同経営者」でもあるわけです。＊

＊法人も持分会社の業務執行社員となることができますが，その法人は，業務を執行する社員の職務を行うべき者を選任し，その者の氏名・住所を他の社員に通知しなければなりません（598条1項）。

業務執行社員の権限
- 各自業務執行
- 各自会社代表

┈┈┈┈┈┈┈┈┈┈┈┈┈┈┈┈┈┈┈┈┈┈┈┈┈┈┈┈┈┈┈┈┈┈┈┈

　一歩前進

　　所有と経営の一致する持分会社では，上のように，社員が各自業務を執行し，各自会社を代表するのが原則です。

　　しかし，社員の経営適性に差がある場合もありますから，定款で一部の社員だけを業務執行社員と定めることもできま

す（590条1項，591条）。その場合，業務を執行する社員が2人以上あるときは，持分会社の業務執行は，業務執行社員の過半数をもって決定します（591条1項）。ただし，支配人の選任および解任については，定款で別段の定めがない限り，社員の過半数をもって決めます（同条2項）。

　また，業務執行社員の一部のみが会社を代表するものとすることもできます（599条1項ただし書）。持分会社を代表する社員は，会社の業務に関する一切の裁判上または裁判外の行為をする権限を有し，この権限に制限を加えても，善意の第三者に対抗することができません（同条4項・5項）。

(2) 業務執行社員の義務と責任

① 義務

　持分会社の業務執行社員は，株式会社の取締役と類似した地位に立つことになります。すなわち，その職務を行うに当たっては，善良な管理者の注意義務（593条1項），忠実義務（同条2項）を負います。また，業務執行社員は，株式会社の取締役と同様，競業避止義務を負い（594条），また利益相反取引の規制を受けます（595条）。

② 責任

(ⅰ) 社員の会社に対する責任

　持分会社の業務執行社員は，その任務を怠ったときは，持分会社に対し，連帯して，これによって生じた損害を賠償する責任を負います（596条）。＊

(ⅱ) 第三者に対する責任

　持分会社は，代表社員その他の代表者がその職務を行うについて第三者に加えた損害を賠償する責任を負います（600条）。

　また，業務を執行する有限責任社員が，その職務を行うについて悪意または重過失があったときは，その有限責任社員は，連帯して，これによって第三者に生じた損害を賠償する責任を負います（597条）。つまり，有限責任社員であっても，会社債権者等の第三者に対して，例外的に損害賠償責任を負わなければならない場合もあるのです。

＊持分会社が，当該社員の責任追及を怠っている場合に備えて，株式会社における株主代表訴訟に類似した責任追及の訴え（社員代表訴訟）の制度が設けられています（602条）。

377

4　特例有限会社

(1) 意義

　有限会社法の規定によって設立された旧有限会社は，会社法施行後，「会社法の施行に伴う関係法律の整備等に関する法律」（以下「整備法」といいます）により，株式会社として存続することになりました（整備法2条1項）。したがって，会社法施行後は，旧有限会社の「出資者」は「株主」となります。

　しかし，旧有限会社は，比較的小規模かつ簡素な会社形態であり，株式会社よりも規制が緩やかであったことから，柔軟で小回りの利く会社経営を行うことができるというメリットがありました。そこで，旧有限会社が会社法施行後もこのメリットを享受したい場合には，整備法により実質的な有限会社すなわち「特例有限会社」として存続することが認められています。つまり，既存の有限会社には，会社法施行後，①名実ともに通常の株式会社に移行するか，あるいは，②法律的には株式会社となるものの実質的には有限会社として存続する（特例有限会社となる）という2つの道が残されることになったわけです。*

　①の道を選択した場合は，定款変更により，商号を「○○有限会社」から「○○株式会社」に変えたうえ，有限会社を解散して株式会社設立の登記をすることになります（整備法45条，46条）。これによって，名実ともに有限会社から株式会社へ移行し，その後は全面的に会社法の規定が適用されることになります。しかし，この手続を執らなければ，自動的に②の特例有限会社となります。

(2) 特例有限会社に関する主な規制

　特例有限会社には，通常の株式会社に適用される会社法の規定に加えて整備法の規定が適用されます。つまり，整備法に規定が

アドバイス
司法書士試験を受験される方は，特例有限会社に関する知識を習得しておかれるほうがよいでしょう。行政書士試験では，特例有限会社に関する出題実績はありません。

＊特例有限会社は，その商号中に「有限会社」という文字を用いなければなりません（整備法3条1項）。

ある事項については，その規定が会社法に優先して適用されることになります。その内容は相当多岐にわたりますが，以下にその主なものを挙げておきます。

① 会社の発行する株式は譲渡制限株式でなければなりません。つまり，特例有限会社では，株式の譲渡は，原則として株主総会の承認を必要とします。ただし，譲渡の相手方が株主の場合には，当然にその譲渡につき株主総会の承認があったものとみなすとされています（整備法9条1項）。したがって，当該特例有限会社の株主間においては，株式の譲渡は自由であって，株主総会の承認は不要です。*1

② 特例有限会社では，会社の機関として株主総会と取締役を必ず設置しなければなりませんが，監査役は設置してもしなくてもOKです。なお，監査役の権限は会計監査に限定されます（整備法24条）。取締役会，会計参与，監査役会，会計監査人，委員会および執行役は設置することができません（整備法17条）。

一歩前進

要するに，特例有限会社は常に非公開会社であり，かつ取締役会非設置会社です。したがって，非公開会社および取締役会非設置会社に関する会社法の規定の適用を受けることに注意が必要です。

---

③ 取締役や監査役の任期について，法律上の制限がありません（整備法18条）。

④ 会社の決算公告が義務づけられていません（整備法28条）。

⑤ 休眠会社のみなし解散の規定は適用されません（整備法32条）。*2

⑥ 特例有限会社は，吸収合併存続会社または吸収分割承継会社となることができません（整備法37条）。つまり，このような形での吸収合併，会社分割ができません。

*1 特例有限会社も社債を発行することができます。

*2 休眠会社のみなし解散については，P359 Check を参照してください。

実戦過去問　　　　　　　　　　　　行政書士　平成28年度

　合名会社および合資会社（以下，本問において併せて「会社」という。）に関する次のア～オの記述のうち，会社法の規定に照らし，誤っているものの組合せはどれか。なお，定款には別段の定めがないものとする。

ア　会社は，定款に資本金の額を記載し，これを登記する。

イ　会社がその財産をもってその債務を完済することができない場合，社員は，それぞれの責任の範囲で連帯して会社の債務を弁済する責任を負う。

ウ　会社の持分は，社員たる地位を細分化したものであり，均一化された割合的単位で示される。

エ　会社の社員は，会社に対し，既に出資として払込みまたは給付した金銭等の払戻しを請求することができる。

オ　会社の社員は，会社の業務を執行し，善良な管理者の注意をもって，その職務を行う義務を負う。

1　ア・ウ　　　2　ア・オ　　　3　イ・ウ　　　4　ウ・エ　　　5　エ・オ

解説

ア　×　資本金の定款への記載は義務付けられていません。なお，合同会社では，資本金の額は登記事項とされていますが（914条5号），合名会社および合資会社では登記事項とされていません（912条，913条参照）。

イ　○　持分会社では，会社がその財産をもってその債務を完済することができない場合，社員は，それぞれの責任の範囲で連帯して会社の債務を弁済する責任を負うことになります（580条）。

ウ　×　持分会社の社員は，出資に応じた持分を各自1つだけ持つことになります（持分単一主義，P49 一歩前進 参照）。

エ　○　持分会社の社員は，既に出資として払込みまたは給付した金銭等の払戻しを請求することができます（624条1項）。

オ　○　持分会社の業務執行社員は，善良な管理者の注意をもって，その職務を行う義務を負います（593条1項）。

　以上より，誤っているものはア・ウであり，正解は肢1となります。

正解　1

　持分会社に関する次のアからオまでの記述のうち，正しいものの組合せは，後記1から5までのうちどれか。

ア　持分会社の社員の最低員数は，いずれの種類の持分会社においても，1人である。

イ　持分会社を設立するには，設立手続に当たる者が定款を作成し，その全員がこれに署名したうえ，公証人の認証を受けなければならない。

ウ　合資会社の有限責任社員が無限責任社員となった場合には，当該無限責任社員となった者は，その者が無限責任社員となる前に生じた当該合資会社の債務についても，無限責任社員としてこれを弁済する責任を負う。

エ　合資会社の有限責任社員については，労務による出資も許されるが，合同会社の社員については，その出資の目的は金銭その他の財産に限られる。

オ　合資会社の有限責任社員は，定款に別段の定めがある場合を除き，当該合資会社の業務を執行する権限を有する。

1　アウ　　　2　アエ　　　3　イエ　　　4　イオ　　　5　ウオ

解説

ア　×　無限責任社員のほか，有限責任社員の存在が要件となる合資会社では，社員は少なくとも2人必要となります（576条3項）。

イ　×　持分会社の設立に際し，その定款に，公証人の認証は不要です。

ウ　○　有限責任社員が無限責任社員となった場合には，その者は，無限責任社員となる前に生じた持分会社の債務についても，無限責任社員としてこれを弁済する責任を負います（583条1項）。

エ　×　有限責任社員の出資は，金銭等の財産出資に限られます（576条1項6号かっこ書）。労務出資が許されるのは，無限責任社員だけです。

オ　○　持分会社の社員は，定款に別段の定めがある場合を除き，持分会社の業務を執行します（590条1項）。

以上より，正しいものはウオであり，正解は肢5となります。

正解　5

実戦過去問　　　　　　　　　　　　　　　　　行政書士　平成22年度

持分会社に関する次の記述のうち，誤っているものはどれか。

1　持分会社の無限責任社員は，株式会社の株主とは異なり，金銭出資や現物出資にかぎらず，労務出資や信用出資の方法が認められている。
2　持分会社の社員の持分は，株式会社の株主とは異なり，一人一持分であって，細分化されたものではなく，内容が均一化されたものでもない。
3　持分会社は，会社法上の公開会社である株式会社とは異なり，原則として，社員各自が当該会社の業務を執行し，当該会社を代表する。
4　持分会社の社員は，株式会社の株主とは異なり，退社による持分の払戻しが認められているが，当該社員の責任を明確にするために，登記によって退社の効力が生じる。
5　持分会社が会社成立後に定款を変更するには，株式会社の場合とは異なり，原則として，総社員の同意を必要とする。

解　説

1　○　株式会社の出資の目的は金銭その他の財産に限られますが，持分会社の無限責任社員は，財産的出資だけでなく労務や信用を出資の目的とすることができます（576条1項6号参照）。
2　○　持分会社では，その社員の持分は，一人一持分となります（持分単一主義）。一方，物的会社である株式会社では，株主の個性は重視されず，株主は，細分化され均一化された割合的単位の持分である株式を複数保有することもできます。
3　○　持分会社の社員は，定款に別段の定めがある場合を除き，持分会社の業務を執行します（590条1項）。また，業務を執行する社員は，他に持分会社を代表する社員を定めた場合を除き，持分会社を代表します（599条1項）。
4　×　持分会社を退社した社員は，その持分の払戻しを受けることができます（611条1項）。退社に伴い変更の登記が必要となりますが，その登記は退社の効力要件ではありません。
5　○　持分会社は，定款に別段の定めがある場合を除き，総社員の同意によって，定款の変更をすることができます（637条）。

正解　4

7

【第7章】

商人と商行為

15 商人と商行為

学習ナビゲーション

　本講ではまず，商法に規定された商人と商行為に関する総則的規定について説明し，引き続き各種の商行為に適用される特則について解説していきます。

　商人や商行為については，出題可能性は薄いと思われますが，学習の締めくくりとして，一応の事項を頭に入れておくほうがよいでしょう。

　商行為の総則のうち，民法の規定が商行為に適用されるに当たってどのように修正されているか，といった事項については，比較的重要度が高いので，正確に理解しておきましょう。商事法定利率および商事消滅時効の廃止，商事売買における売主の担保責任の修正など，平成29年度の改正民法の影響を受けている部分については，特に注意する必要があります。

1　商法の適用範囲

　私人と私人との間の生活関係を規律する法を私法といいます。ご存知のとおり，私法には，まず一般法としての民法が存在します。商法は民法の特別法としての性格を持ち，私的な取引関係のうち商事と呼ばれる一定の領域については，まず商法が適用され，商法に規定がなければ商慣習法が，商慣習法もないときは民法が適用されることになります（商法1条）。民法が適用されるか，あるいは商法が適用されるかによって，例えば，複数の債務者の債務が分割債務となるのか連帯債務となるのか，質権設定に際して流質契約が許容されるか否かその他の点について差異が生じますから，この区別は重要です。

　では，私人と私人との間の取引関係において，商法が民法に優先して適用される商事とは，どのような領域でしょうか。この点

について商法は，「商人の営業，商行為その他商事については，他の法律に特別の定めがあるものを除くほか，この法律の定めるところによる」と規定し（同条1項），**商人および商行為**という概念が商法適用の基準となることを明らかにしています。

(1) 商人 —— 固有の商人と擬制商人

> **設例 46**
>
> （イ）Aは，自分の所有する中古車を友人Bに100万円で売却した。
> （ロ）中古車販売業を経営するCは，客として来店したDに，展示してあった中古車を100万円で販売した。

　一般用語としての「商人」とは，要するに「商売をしている人」ということになるのでしょうが，これでは法律の適用を画する基準としては使い物になりません。商法上の「商人」とは，もっと限定され，特定された内容を持つものです。

　すなわち，商法上の「商人」とは，「**自己の名をもって商行為をすることを業とする者**」をいいます（商法4条1項）。これを**固有の商人**といいます。以下，設例46に即して具体的に説明します。

① 自己の名をもって

　「自己の名をもって」とは，その行為から生じる権利や義務が，法律上その者に帰属することをいいます。設例46（イ）で，Aは，Bに車を売却することによって，Bに対し車の引渡義務を負うとともに，100万円の代金債権を取得します。設例46（ロ）のCも同様です。つまり，AおよびCは，「自己の名をもって」行為したものといえます。この点では，両者の行為に差異はありません。

② 業とする

　「業とする」とは，**営利の目的**を持って**反復継続**して，その行為を行うことです。＊

　設例46（イ）では，Aは，それまで利益を得るために車の販売を手がけてきたというわけではなく，また将来にわたって繰り返し車の販売を行うという事情もうかがえません。単に「古くなっ

＊ここでの「営利」という言葉は，第1講で説明した「会社の営利性」とは多少意味が異なり，「営業活動によって利益を上げること」と理解してください。

た自分の車を友人に売った」というだけです。つまり，Aは，車の売却を「業として」行っているわけではありません。また，後述しますが，Aの行為は「商行為」にも当たりません。したがって，Aは商人ではなく，Aの行為には，商法ではなく民法が適用されます。

　一方設例46（ロ）のCは，中古車販売業を営んでいるのですから，それまでも，またこれからも車の販売を反復継続して行うことが明らかです。つまり，Cは，車の販売を「業として」行っていることになります。また，後述しますが，Cの行為は商行為に当たることも明らかです。したがって，Cは「商人」であり，Cの車の販売行為には商法が適用されることになります。

一歩前進

　店舗またはこれに類似する設備によって物品を販売することを業とする者は，商行為を行うことを業としない者であっても，商人とみなされます（商法4条2項）。これを擬制商人といいます。農業や漁業を営む者が自分で生産物，漁獲物を販売する行為は商行為に当たりませんが，店舗やそれに類する施設を設けてそれらを販売する場合には，その者を商人として扱い商法を適用するという趣旨です。農家の人が，沿道に「農産物直売所」を設けて，野菜や果物を販売するような例をイメージするとわかりやすいでしょう。*

　また，鉱業を営む者も擬制商人となります。鉱物を採掘し，製錬・加工等するには，通常，莫大な資金と大規模な設備を必要としますから，このような行為を行う者は商人として扱うのが適当であるとの考慮によるものです。

　なお，営業のために使用する財産の価額が50万円を超えない個人商人は「小商人」とされ，商業登記や商業帳簿等に関する商法の規定は適用されません（商法7条）。零細な個

＊八百屋さんや魚屋さんは，商品を市場で「安く仕入れて高く売る」のですから，後述の絶対的商行為（投機購買とその実行行為）を反復継続して行っていることになります。つまり，固有の商人です。本文の擬制商人は，これと対比して考えると理解しやすいでしょう。

人商人にまで過重な負担を課するのは酷だからです。

Check

「未成年者の営業行為」

　法定代理人から営業の許可を受けた未成年者は，その営業に関しては，成年者と同一の行為能力が認められます（民法6条）。つまり，この許可を受けた未成年者は，その営業については単独で営業行為をすることができるわけです。例えば，設例46(ロ)で，Cが未成年者であった場合でも，法定代理人から営業許可を受けているときは，Cは中古車の販売業を単独で行うことができるのです。この場合は，商業登記の未成年者登記簿にその登記をすることが義務づけられています（商法5条）。

---

(2) 商行為

　上記のとおり，自己の名をもって商行為をすることを業とする者が「商人」です。そこで，商行為とは，一体どんなものかが問題となります。

　商行為には，それ自体が当然に商行為として扱われる絶対的商行為（商法501条）と，営業として反復継続してなされることにより商行為となる営業的商行為（同法502条），および商人が営業のためにする行為である附属的商行為（同法503条）があります。絶対的商行為と営業的商行為は，基本的商行為と呼ばれます。

　そこでまず，基本的な商行為である絶対的商行為と営業的商行為とはどのようなものかを把握する必要があります。

① 絶対的商行為（商法501条）

　これは，営利性の強い行為であるため，どんな場合に誰が行っても商行為とされ，商法の規定が適用される行為です。

つまり，これらの行為については，商人でない者の１回限りの行為であっても，商法が適用されることになります。

（ⅰ）投機購買とその実行行為（１号）

転売して利益を上げることを目的として，平たくいうと，儲けるために動産・不動産・有価証券などを安く買い入れ，高く売る行為です。設例46（ロ）のＣの行為も，これに当たります。＊

（ⅱ）投機売却とその実行行為（２号）

他人から入手する予定の動産や有価証券をあらかじめ売却する契約およびその契約を実行するためにその商品を買い入れる行為です。要するに，まず高く売り込んでおいて，その目的物を安く買い入れ，その差益で儲けることです。（ⅰ）の場合と逆のパターンです。

（ⅲ）取引所においてする取引（３号）

取引所とは，商品取引所と金融商品取引所（証券取引所）のことです。株式の売買を扱う金融商品取引所で行われる取引が典型であり，最もわかりやすいでしょう。金融商品取引所では会員組織が採られ，専門的に大量の営利的取引が行われるところから，そこでの取引は，絶対的商行為とされているわけです。

（ⅳ）手形その他の商業証券に関する行為（４号）

手形，小切手，貨物引換証，倉庫証券などの有価証券について，発行，裏書，引受，保証をする行為がこれに当たります。

＊設例46（イ）のＡの行為は，「安く買い入れ，高く売った」わけではないので，絶対的商行為ではありません。

絶対的商行為
- 投機購買とその実行行為
- 投機売却とその実行行為
- 取引所においてする取引
- 手形その他の商業証券に関する行為

②　営業的商行為（商法502条）

これは，営業として反復継続して行った場合にだけ商行為となる行為です。つまり，これらの行為を１回限り行っただけでは商行為となりません。

（ⅰ）投機貸借とその実行行為（１号）

他人に賃貸する意思で，動産・不動産を有償で取得し，あるいは賃借する行為，およびそれによって取得・賃借したものを賃貸

する行為です。建物賃貸業，レンタカー・レンタルビデオ・貸衣装などのレンタル業，リース業などがこれに当たります。

（ⅱ）他人のためにする製造または加工に関する行為（2号）

他人のために製造や加工を行う行為です。洋服仕立業，クリーニング業などがこれに当たります。

（ⅲ）電気またはガスの供給に関する行為（3号）

電気・ガスを継続的に供給する行為です。水道の供給などについても，この規定が類推適用されると解されています。

（ⅳ）運送に関する行為（4号）

物品運送，旅客運送を引き受ける行為です。

（ⅴ）作業または労務の請負（5号）

「作業の請負」は，他人のために，建物を建築する建築業が典型です。「労務の請負」は，労働者派遣業がこれに当たります。

（ⅵ）出版・印刷・撮影に関する行為（6号）

出版社，新聞社，印刷業者，写真撮影業のことです。

（ⅶ）客の来集を目的とする場屋における取引（7号）

客を集めるのに適した施設を設けて，出向いてきた客にこれを利用させる行為です。旅館やホテル，飲食店，喫茶店，映画館，劇場，ゲームセンター，パチンコ屋などがこれに当たります。*1

（ⅷ）両替その他の銀行取引（8号）

銀行取引とは，不特定多数の人から預金を受け入れ，これを貸し付けることです。いわゆる貸金業者や質屋営業者は，預金受入れという要素がないので，これに当たりません。

（ⅸ）保険（9号）

保険者（損害保険会社等）が，保険契約者から対価を受けて保険を引き受けることです。*2

（ⅹ）寄託の引受（10号）

他人のために物の保管を引き受ける行為です。倉庫業者や自動車駐車場営業がこれに当たります。

（ⅺ）仲立ちまたは取次ぎに関する行為（11号）

仲立ちとは，他人間の法律行為の媒介を引き受ける行為です。媒介代理商，他人間の商行為を媒介する商法上の仲立人，商行為以外の法律行為を媒介する民事仲立人がこれに当たります。*3

取次ぎとは，自己の名をもって他人の計算において法律行為を

*1 古い判例ですが，理髪店は場屋営業に当たらないとしたものがあります（大判昭12・11・26）。

*2 営利を目的としない相互保険や社会保険は，これに含まれません。

*3 他人間の宅地建物の取引を媒介する宅地建物取引業者，結婚相手を紹介する結婚紹介業者などが，民事仲立人に当たります。

することです。物品の販売・買入れの取次ぎをする問屋，物品運送の取次ぎをする運送取扱人などがこれに当たります。

(xii) 商行為の代理の引受 (12号)

他人の委託に応じて，委託者のために商行為となる行為の代理を引き受ける行為です。締約代理商がこれに当たります。

(xiii) 信託の引受 (13号)

信託とは，第三者に財産や権利の移転を行い，その者が一定の目的に従って，財産の管理や処分をする制度のことをいいます。信託会社や信託銀行などが，信託の引受を業として行う者に当たります。

③　附属的商行為

附属的商行為とは，商人が営業のためにする行為です（商法503条1項）。それ自体は，商行為とならないものであっても，商行為として扱われ，商法が適用されます。営業資金の借入れや従業員を雇用する行為などがこれに当たります。商人の行為については，営業のためにするものと推定されます（同条2項）。

一歩前進

会社がその事業として行う行為およびその事業のために行う行為は，商行為とされます（会社法5条）。したがって，会社は商人ですから（商法4条1項），会社の行為は事業のためにするものとして商行為であるとの推定を受けることになります。つまり，当該行為は会社の事業と無関係の行為であるとの主張・立証がなされない限り，商行為として扱われます（最判平20・2・22）。

ここが狙われる

当事者の一方のために商行為となる行為については，その双方に商法が適用されます（商法3条1項）。例えば，設例46(ロ)では，CD間の売買契約は，Cにとっては商行為ですが，Dにとっては商行為ではありません。しかし，この場合でも，CD間の売買契約には商法の規定が適用されることになります。

2 民法と商法の関係

　ここでの問題は，商行為に適用されるに当たって，民法の規定がどのように修正されているのかというものです。特定の当事者間の1回的な法律行為を予定した民法と異なり，商法は，大量かつ反復的になされる商取引を規制する法律です。商取引には，円滑性，迅速性が要求されることになります。そこで，商法は，商取引の円滑・迅速な処理のために，民法の規定を修正し，あるいは民法に定めのない事項も規定しているわけです。

　これには，商行為一般に適用される総則的な定めと特定の種類の商行為に適用される特則があります。ここでは，まず商行為一般について適用される総則的規定について解説し，特定の種類の商行為に適用される特則については，次項3で説明します。

(1) 商行為の代理（商事代理）

設例47

　中古自動車の販売業を営むAは，その支店にBを支店長（支配人）として配置した。

---

① 顕名主義の例外

　民法は，法律行為の代理については，代理人が本人のためにすることを示して意思表示をしなければ，本人に対してその効力が生じないものとしています（民法99条1項参照）。いわゆる顕名主義です。

　これに対し，商行為の代理では，本人のためにすることを示さないでした場合であっても，本人に対して効力が生じる，として顕名主義の例外を規定しています（商法504条本文）。例えば，設例47で，BがCに中古車を販売するに際し，売主をAではなくBとして契約を締結したときでも，その売買契約はAC間に成立し，CはAに，購入した車の引渡しを請求することができます。

効果帰属 ┬ 民事代理 ━ 本人のためにする旨の表示必要
　　　　　└ 商事代理 ━ 本人のためにする旨の表示不要

　さらに，代理人が本人のためにすることを相手方が知らなかったときは，本人だけでなく代理人に対して請求することも妨げないとしています（同条ただし書）。その意味について判例は，「相手方において，代理人が本人のためにすることを知らなかったときは，相手方保護のため，相手方と代理人の間にも，本人と相手方との間に生じる代理関係と同一の関係が生ずるものとし，相手方は，その選択に従い，本人との法律関係を否定し，代理人との法律関係を主張することを許容したものである」としています（最大判昭43・4・24）。つまりこの場合，相手方は，その選択により本人との法律関係または代理人との法律関係のいずれかを主張できるということです。

> ┌─**一歩前進**─
> 　商行為の受任者は，委任の本旨に反しない範囲内において，委任を受けていない行為をすることができるとされています（商法505条）。*

*この結論は，民法上の受任者の善管注意義務からも導くことができますが，商事代理についてこれをより明確化したものといえます。

② 本人の死亡と代理権の存続

　民法上，本人の死亡は代理権の消滅事由とされていますが（民法111条1項1号），商行為の委任による代理権は，本人の死亡によって消滅しません（商法506条）。例えば，設例47で，営業主である本人Aが死亡しても，Bの支配人としての代理権は消滅することはなく，BはAの相続人の代理人となります。もっとも，この規定は強行規定ではないので，本人の死亡により消滅する旨の合意があれば，本人の死亡により代理権は消滅します。

(2) 商行為による契約の成立

① 隔地者間における契約の申込み

　民法上，相手方と直接の意思交換ができない隔地者間においては，承諾の期間を定めないでした申込みは，申込者が承諾の通知

を受けるのに相当な期間を経過するまでは，原則として撤回することができないとされています（民法525条1項）。これを逆にいうと，相当の期間を経過すると，撤回によって申込みは効力を失うことになります。

　一方，商行為については，迅速性の要請が働きますから，商人である隔地者間において承諾期間を定めないで契約の申込みを受けた者が，相当の期間内に承諾の通知をしないときは，申込みはその効力を失い（商法508条1項），その後になされた承諾は，新たな申込みとみなすことができます（同条2項，民法524条）。

② 対話者間における契約の申込み

　対話者とは，面と向かって交渉している者や電話でやり取りをしている者など直接相手方と意思の交換ができる当事者のことです。承諾の期間を定めないで対話者にした申込みは，その対話が継続している間は，いつでも撤回することができます（民法525条2項）。そして，対話が継続している間に，申込者が承諾の通知を受けなかったときは，その申込みは効力を失います（同条3項本文）。ただ，申込者が対話の終了後もその申込みが効力を失わない旨を表示したときは，その申込みは効力を失いません（同条同項ただし書）。申込者が「この内容どおりでよいか，持ち帰ってもう一度検討してみてください」とか「ご返事は3日以内にお願いします」などと告げたときは，黙示的にでもその表示があったとみてよいでしょう。＊

③ 契約の申込みを受けた者の諾否通知義務と物品保管義務

　民法上，契約の申込みを受けた者は，それに対して諾否の通知を発する義務はなく，承諾しない限り，契約は成立しません。

　しかし，商人が平常取引をする者からその営業の部類に属する契約の申込みを受けたときは，遅滞なく，諾否の通知を発することが義務づけられ（商法509条1項），これを怠ったときは，申込みを承諾したものとみなされます（同条2項）。つまり，契約の申込みを受けた者が明示の承諾をしなくても，契約が成立することになります。これも，商人間の取引における迅速性の要請から来るものです。

　また，商人がその営業の部類に属する契約の申込みを受けた場合において，その申込みとともに受け取った物品があるときは，

＊対話者間における契約の申込みについては，民法に本文のような新たな規定が設けられるとともに，商法の特則が削除され，商人間でもこの規定に従うこととされました。

その申込みを拒絶したときであっても，**申込者の費用をもってその物品を保管しなければなりません**（商法510条本文）。[1]

（3）債務の履行場所

　民法の規定によれば，特定物の引渡しを目的とする債務の履行場所は，債権発生当時にその物が存在した場所，その他の債務については，債権者の現在の住所が履行場所となります（民法484条）。一方，商行為によって生じた債務については，その履行場所がその行為の性質によって定まらず，また当事者の合意もないときは，**特定物の引渡しは行為当時にその物が存在した場所で履行すべきこととされています**。この点では，民法の定めと実質的な差異はありません。設例46(ロ)で，履行場所について合意がなければ，Cは，Cの店舗で車をDに引き渡せば足りることになります。その他の債務については，まず**債権者の現在の営業所**で，**営業所がないときは，その住所で履行しなければならない**，とされています（商法516条）。商行為によって生じた債務については，債権者も商人であることが多く，その場合は債権者が営業所を設けていることが多いので，その点を考慮して，まず営業所を履行場所としたものです。[2]

（4）多数当事者の債権関係
①　債務者が多数である場合

　民法上，同一の債権関係について数人の債務者がある場合，その債務は分割債務となり，各債務者は平等の割合で債務を負うのが原則です（民法427条）。複数の債務者の債務を連帯債務とするためには，通常その旨の合意を必要とします。

　これに対し，商法上は，**数人の者がその1人または全員のために商行為となる行為によって債務を負担したときは，その債務は連帯債務となります**（商法511条1項）。例えば，設例46(ロ)で，中古車販売業者Cから，DとEが転売目的で共同して中古車を購入したとします。この場合，Cに対してDとEが負担する代金支払債務は，連帯債務とする特約がなくても，連帯債務となります。ということは，Cは，DとEに対してそれぞれ代金**全額**を請求することができます。つまり，商行為によって生じた債権に

*1 商人間の取引に際しては，商品の見本が交付されることが多いので，その保管について定めたものです。

*2 これらの規定は任意規定ですから，履行場所について当事者の合意があればそれによることになります。

ついては，債権の効力が強化されることになります。もっとも，債権者のためにのみ商行為となる行為によって債務が発生したときは，債務者は連帯して債務を負うことはありません（大判大10・12・7）。例えば，DとEが車を自ら使用する目的であったような場合です。

② **保証人の債務**

民法上，保証人は，連帯保証とする特約がないときは，催告の抗弁権および検索の抗弁権を有します。すなわち，債権者が保証人に債務の履行を請求したときは，保証人は，まず主たる債務者に催告をすべき旨を請求することができます（民法452条）。この催告をした後であっても，保証人が主たる債務者に弁済をする資力があり，かつ，執行が容易であることを証明したときは，債権者は，まず主たる債務者の財産について執行をしなければなりません（同法453条）。また，保証人が数人あるときは，各保証人は分別の利益を持ちます。すなわち，保証人は，保証人の頭数に応じて，分割された額の債務を負うことになります。

一方，商法では，債務が主たる債務者の商行為によって生じたものであるとき，または保証が商行為であるときは，主たる債務者および保証人が各別の行為によって債務を負担したときであっても，各自連帯して債務を負担することになります（商法511条2項）。つまりこの場合，保証人には催告の抗弁権および検索の抗弁権はなく，また保証人が数人あるときでも，分別の利益は認められません。これも，商行為によって生じた債権の効力を強化する趣旨です。

(5) 報酬請求権

民法上は，他人のために何らかの行為をしたとしても，特約がない限り，報酬を請求することができないのが原則です（民法648条1項参照）。しかし，商人が，その営業の範囲内において他人のために行為をしたときは，相当な報酬を請求することができます（商法512条）。商人は営利を追求して活動するところから，商人の営業上の行為については，合意がなくても当然に報酬請求ができるものとしたわけです。

一歩前進

　民法上，金銭の貸主は，特約がなければ，借主に対して利息を請求することができません（民法589条1項）。一方，商人間において金銭の消費貸借契約をしたときは，利息の約定がなくても，貸主は**法定利息**（法定利率による利息）を請求することができます（商法513条1項）。また，商人が営業の範囲内において金銭の立替えをしたときは，その立替えの日以後の法定利息を請求することができます（同条2項）。*

＊法定利息については，重要な改正がなされていますから，注意してください（次頁 Check 参照）。

(6) 流質契約
りゅうしち

　民法上，質権者に弁済として質物の所有権を取得させるなど，質権設定者に法定の方法（質物の競売）によらないで質物を処分させること（流質契約）は禁じられています（民法349条）。これは，弱い立場の質権設定者を保護する趣旨です。

　しかし，商行為によって生じた債権については，この制限は適用されません（商法515条）。つまり，**流質契約も許されます**。民法よりも，ドライな内容の契約が許されるわけです。

(7) 商人間の留置権（商事留置権）
りゅうちけん

　民法上，留置権の成立要件として，「債権がその物に関して生じたこと」すなわち物と債権との牽連性が要求されています（民法295条1項）。しかし，**商人間の双方的商行為により生じた債権についての留置権においては，その成立要件として債権と物との牽連性は不要**です（商法521条本文）。つまり，被担保債権は留置物そのものに関して生じたことを必要とせず，取引上の債権との間の一般的関連性があれば足ります。ただ，留置物は**債務者の所有**に属することを要します。例えば，水産物卸商Aが，冷凍倉庫業を営むBに商品である魚を寄託したとします。この場合に，Aが寄託代金を支払わないまま魚の返還を求めてきたとき，Bは，他にAから寄託を受けているホタテやエビの冷凍パックについても留置権を行使できることになります。なお，商人間の留置権は，特約により排除することができます（同条ただし書）。*

＊商人間の留置権の目的物としては，動産や有価証券のほか不動産もその対象となります（最判平29・12・14）。

```
Check
```

① 商事法定利率の廃止

　従前，商法514条は「商行為によって生じた債務に関しては，法定利率は年6分とする」と定め，他方，一般の民事上の債権については，その法定利率は年5分と定められていました（改正前民法404条）。つまり，商事法定利率および民事法定利率はいずれも固定利率であり，商事法定利率は民事法定利率よりも高く設定されていました。

　しかし，平成29年度に成立した改正民法は，法定利率を年3分を基本とする変動利率制に変更（民法404条2項・3項）するとともに商法514条は削除されています。したがって，改正民法施行後は，民事法定利率と商事法定利率の区別は廃止され，一般の民事債権および商事債権のいずれについても，一般法である民法の規律に従うことになります。

	改正前	改正後
民事債権	年5分の固定利率	年3分を基本とする変動利率
商事債権	年6分の固定利率	

② 商事消滅時効の廃止

　従前，商行為によって生じた債権の消滅時効期間は原則として5年間と定められ（改正前商法522条本文），他方，一般の民事上の債権の消滅時効期間は10年と定められていました（改正前民法167条1項）。

　しかし，平成29年成立の改正民法は，一般の民事上の債権の消滅時効期間について，

（ⅰ）債権者が権利を行使できることを知った時から5年間

（ⅱ）権利を行使できる時から10年間

と設定し（民法166条1項），いずれか早い期間の経過により債権は時効消滅することになります。この民法改正とともに商法522条は削除され，改正民法施行後は民事債権および商事債権の消滅時効については，いずれも民法166条1項の規定に従うことになります。

　上記改正民法の施行期日は，いずれも令和2年4月1日です。

3　さまざまな商行為

前記本講2で説明した事項は，商行為に関する総則規定であり，商行為一般に適用されることになります。

商法は，他に各種の商行為に適用される特則を設けています。これらの規定を理解するについても，それぞれの商行為について民法の規定がどのように修正されているのかという視点が重要です。以下，商事売買，仲立営業，問屋営業，運送営業，場屋営業の順に説明していきます。

アドバイス
これから解説する商行為の特則はかなりのボリュームがありますが，各種試験での出題はほとんどないか，あってもせいぜい1問程度です。したがって，あまり手間と時間をかけて学習することは効率的ではなく，試験対策としては上策といえません。どの程度立ち入った学習をするかは，ご自分の学習進度と過去の出題状況に照らして判断してください。

(1)　商事売買——商人間の売買の特則

商事売買とは，商人間でなされる，当事者双方にとって商行為である売買のことです。卸売商と小売商を当事者とする売買や会社間でなされる売買がこれに当たります。商法は，この商事売買について，商取引の迅速性を図るとともに売主の保護を目的とする規定を設けています。

┌─一歩前進─┐

一般の民事売買においては，民法に，商人でない買主の保護を主たる目的とする規定が設けられています。一方，売主および買主がともに商人である商事売買は，いわばプロ同士の取引ですから，特に買主の保護を重視する必要はなく，むしろ目的物を引き渡したのに代金不払いの危険にさらされることが多い売主の保護に重点が置かれているわけです。

┌─設例48─┐

果実（フルーツ）の輸入業を営むA株式会社は，果実販売業者Bと台湾産バナナ3トンの売買契約を締結した。

①　売主による目的物の供託および競売

商人間の売買では，買主が目的物の受領を拒み，または受領できないとき，売主は，その物を供託し，または相当の期間を定め

て催告をした後に，目的物を競売することができるとされています。供託または競売をした売主は，遅滞なく，その旨を買主に通知しなければなりません（商法524条1項）。

　例えば，設例48で，買主Bが，保管場所が満杯であることを理由にバナナを受領することができないような場合には，売主Aは，目的物であるバナナを供託して債務を免れるか，あるいは「早く引き取れ」と催告したうえ，競売して代金を回収するかを選択できることになります。競売に際して，裁判所の許可は不要です。＊

売買契約
商人A ━━━━━━━━ 商人B
　　　　　　　　　　受領拒絶・受領不能
⬇
供託または催告のうえ競売

　損傷その他の事由によって価格の低落のおそれがある物については，催告なしに競売することもできます（同条2項）。バナナは傷みやすい物ですから，Aは，催告することなく直ちに競売することもできるでしょう。競売代金は，原則として供託しなければなりませんが，売主は，その代価の全部または一部を売買代金に充当することができます（同条3項）。

② 売主の担保責任（契約不適合責任）
（ⅰ）買主の売主に対する責任追及手段

　商人間の売買において，売買の目的物が種類，品質または数量に関して契約の内容に適合しない場合，買主は，その不適合を理由とする履行の追完の請求，代金の減額請求，損害賠償の請求および契約の解除をすることができます（526条2項）。

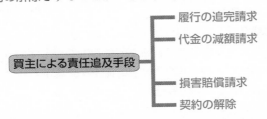

　　　　　　　　　┌─ 履行の追完請求
　　　　　　　　　├─ 代金の減額請求
買主による責任追及手段 ─┤
　　　　　　　　　├─ 損害賠償請求
　　　　　　　　　└─ 契約の解除

（ⅱ）担保責任追及の前提としての検査および通知義務

　話が前後して恐縮ですが，買主が売主に対して上記の責任追及

＊商人以外の者の間の取引で，目的物の受領拒絶または受領不能が生じたときには，民法の規定により目的物を供託することができます（民法494条）。この点では，商人間の売買と異なりませんが，競売は，裁判所の許可を得て，いわば例外的にできる場合があるにすぎません（同法497条）。

手段を行使する前提として，買主に**目的物の検査**および**売主に対する通知**の義務が課せられています。つまり，商事売買においては，買主が売主に対して責任を追及するためには，目的物の種類，品質，数量に関する契約不適合があることに加えて，

（イ）買主がその目的物を受領したときは，遅滞なく，その物を**検査**する

（ロ）検査した結果，目的物の種類，品質または数量に関する契約不適合を発見したときは，**直ちに売主に対してその旨の通知を発する**

という 2 つの手続を踏む必要があり，これを怠ると，その契約不適合を理由として担保責任を追及することができないということになります（526 条 1 項・2 項前段）。したがって，設例48 で，目的物であるバナナに損傷や数量不足があったとしても，買主 B は，上記（イ）（ロ）の手続を踏まなければ，代替物の引渡しや不足分の引渡し等による追完履行，代金減額，契約解除等の請求ができません。[1]

　もっとも，目的物の**種類**または**品質**に関する契約不適合を**直ちに発見することができない**場合には，この通知義務は課せられません。つまりこの場合，買主は，通知しなかったからといって，売主に対する責任追及ができなくなるわけではありません。しかし，買主が目的物を**受領後 6 ヶ月以内**に種類または品質に関する契約不適合を見つけたときは，直ちにその旨を通知しなければならず，これをしなかったときは，担保責任の追及はできなくなります（同条 2 項後段）。[2]

　この商事売買の特則は，善意の売主の責任を軽減することを目的とするものですから，売主が目的物の種類，品質または数量に関する契約不適合について**悪意**であったときは**適用されません**（同条 3 項）。例えば，設例48 で，売主 A が目的物であるバナナが台湾産ではなくグレードの落ちる南米産であることを知っていた場合には目的物の品質に関する契約不適合について売主が悪意であったのですから，買主 B は，遅滞なく検査することを怠り通知しなかったとしても，A に責任追及をすることができます。

＊ 1 民法の適用される一般の民事売買においては，買主に検査・通知の義務は課せられていません。

＊ 2 「数量」に関して契約不適合があるケースでは，この「6 ヶ月間」の期間制限は適用されないことに注意してください。

一歩前進

　買主が契約を解除した場合，買主は，**売主の費用で目的物を保管または供託しなければなりません**（527条1項本文）。売主にとってみれば，買主からの目的物の返還を待つよりも，買主の保管地に置いたままで目的物を転売する方が好都合であることを考慮して，買主に保管義務を課したのです。*1

　滅失・損傷のおそれのある目的物については，裁判所の許可を得て競売し，その際，代価を保管または供託しなければなりません（同条同項ただし書）。

*1 したがって，売主および買主の営業所が同一の市町村にある場合には，買主に保管義務はありません（527条4項）。この場合は，買主は売主に目的物を返還すれば足ります。

③　確定期売買（定期売買）

設例49

　鮮魚卸商AとデパートBとの間で，正月用の新巻鮭300尾を12月30日までに納入するという約定の売買契約が成立した。

　確定期売買とは，商人間の売買で，履行期が重要な意味を持ち，期日に遅れて履行されたのでは契約の目的が達せられない，という性質の売買です。このような売買では，当事者の一方が履行しないでその時期を徒過したときは，その相手方は，**直ちにその履行の請求をした場合を除き，契約を解除したものとみなす**とされています（商法525条）。「契約を解除したものとみなす」とは，解除の意思表示がなくても契約を解除したものとして扱うということです。*2

　設例49の売買は確定期売買とみることができますから，売主Aが，納期である12月30日までに約束の鮭300尾を買主Bに納入できなかったとすると，**AB間の売買契約は当然に解除されたものとみなされます**。つまり，Bが解除の意思表示をするまでもなく，契約は失効します。しかし，Bが正月3ヶ日までに間に合えば何とか採算が取れると考えて，直ちに「早く納入しろ」と催告したような場合は，契約は存続することになります。当然のことながら，その場合AB両当事者は，依然契約を履行する義務を負うことになります。

*2 民法では，期日に遅れて履行されたのでは意味がない債務（定期行為）について，その期日を徒過したとき，相手方は催告なしに契約を解除できるとされています（同法542条）。つまりこの場合は，催告は必要ないが解除の意思表示はしなければならない，ということです。

> ┌─ Check ───
>
> 「交互計算」
>
> 　継続的な取引を行っている当事者相互間では，お互いに多数の債権を取得し，また多数の債務を負担するという関係が成立することになります。これらの多数の債権・債務について，それが発生するたびにいちいち弁済するというのでは，きわめて煩わしくまた不便です。そこで，契約で一定期間を定め，その期間内に当事者相互の取引から生じた複数の債権・債務については，それが発生するたびにいちいち弁済せず，期末に両当事者の債権・債務を相殺することによって一括して決済するという制度が認められています。これが交互計算です（附属的商行為）。交互計算は，商人間または商人と商人でない者との間で平常取引する場合に締結する契約です（商法529条）が，当事者双方に債権・債務が継続的に生じる関係になければ意味がありませんから実例は少なく，運送人相互の間のような限られた取引関係で締結されるに過ぎないようです。
>
> 　交互計算の期間は当事者の合意によって定めますが，その定めがないときは，6ヶ月間となります（同法531条）。この期間内においては，当事者の取引から生じる原則として一切の債権・債務が交互計算の対象となります。交互計算に組み入れられたすべての債権・債務はその独立性と個性を失い，計算期間の満了により一括して相殺されるまで停止状態に置かれます。したがって，交互計算期間中は，個別の債権の譲渡や質入はできないし，また差押えもできません。
>
> 　交互計算は，存続期間の満了によって終了するほか，各当事者は，いつでも交互計算の解除をすることができます（同法534条）。交互計算は当事者の信頼の上に成り立つものですから，その信頼関係が崩れたような場合は，いつでも解消できるというわけです。また，破産手続等の倒産処理手続が開始したときも終了します（破産法59条等）。
>
> 　交互計算が終了したときは，計算は閉鎖され，相殺による差引きで残額債権が算出され，当事者が交互計算の計算書の承認をしたときに，残額が確定します。この残額債権について，債権者は，計算の日以後の法定利息を加えて請求することができます（商法533条1項）。
>
> └───

(2) 仲立営業

設例50

　Aは，X保険会社とBとの間をとりもって，XとBとの間に生命保険契約を成立させようとしている。
---

① 意義

　仲立人は，他人間の商行為の媒介を行うことを業とする者です（商法543条）。ここで媒介とは，他人間の法律行為の成立に尽力することです。つまり仲立人は，自分が契約の当事者や代理人となることなく，契約の相手方を探し出し契約の成立に努力を傾けるという仕事をするわけです。一般的には，「ブローカー」という言葉のほうが通りがよいかもしれません。

　設例50のAは，XB間の保険契約の成立に向けて尽力していますが，このような仕事を反復継続的に，つまり業として行っているのであれば，Aは仲立人として仲立営業を行っていることになります。この場合Aは，営業的商行為である営利保険（同法502条9号）の媒介を業とする者ですから商事仲立人といいます。他に商事仲立人の例として，客とホテルなどの宿泊契約を媒介する旅行業者を覚えておきましょう。結婚仲介業者や商人でない者の間の非投機的な宅地建物の取引の媒介を行う宅地建物取引業者のように，商行為以外の法律行為の媒介（あっせん）をする者は民事仲立人といいます。*

＊民事仲立人も他人間の法律行為（契約）の媒介を業として行うのですから，商人に該当します。

一歩前進

　先に説明した媒介代理商（P230 **Check** 参照）も商人間の契約の媒介を行うという点で仲立人と似ています。しかし，媒介代理商は特定の商人のためにその業務を行いますが，仲立人は必ずしも特定の商人だけに限らず，むしろ不特定多数の商人からの委託を受けて業務を行うことが予定されています。両者はこの点で異なります。
---

② 仲立人の義務

　仲立契約は，委託者と仲立人との間で，商行為の媒介を約する

ことにより成立します。その法律的性質は，**法律行為以外の事務の委託**を内容とするものですから準委任です（民法656条）。したがって，仲立人は**善管注意義務**をもってその媒介業務を遂行しなければなりません（民法644条）。そのほか商法は，仲立人が業務を行っていくうえで果たすべき義務を定めています。

（i）見本保管義務

仲立人は，その媒介する行為について見本を受け取ったときは，その行為が完了するまでその**見本を保管**しなければなりません（商法545条）。これは，いわゆる見本売買契約の仲立において，証拠物を保全し，後日の紛争を防止することを目的とします。*

（ii）結約書および仲立人日記帳の作成・交付義務

媒介により契約が成立した場合，仲立人は，当事者の氏名，商号等所定の事項を記載し仲立人が署名した書面，すなわち**結約書を各当事者に交付**しなければなりません（商法546条1項）。結約書は単なる証拠書面であって，契約書ではありません。

また，仲立人は，帳簿を作成し，結約書に記載した事項をこの帳簿に記載しなければなりません（同法547条1項）。これを**仲立人日記帳**といいます。当事者は，いつでもこの帳簿の謄本の交付を請求できます（同条2項）。

結約書や仲立人日記帳は，いずれも取引の証拠を残して後日の紛争防止に役立てるという意味合いを持っています。

＊見本売買とは，見本を示して行われる売買のことです。売主は見本どおりの性状，品質の物を給付する義務を負いますから，通常その目的物は不特定物です。

> **ここが狙われる**
>
> 仲立人は，媒介契約により当事者間に契約を成立させたとしても，結約書の交付手続を終了した後でなければ報酬を請求することができません（商法550条1項）。この手続が終われば，商事仲立人は，当事者双方に半額ずつ報酬を請求することができます（同条2項）。

（iii）氏名黙秘義務・介入義務

当事者が，相手方に氏名や商号を示さないよう仲立人に要求したときは，結約書や仲立人日記帳の謄本にそれを記載することはできません（商法548条）。商取引においては，相手方に氏名や商号を示さないほうが有利な場合があり，その点に配慮したもので

す。もっとも，この場合には，仲立人は，その相手方当事者に対して自ら契約を履行する責任（介入義務）を負わなければなりません（商法549条）。

　仲立人は，媒介という事実行為を引き受けるだけで代理人ではないので，特約や慣習がある場合を除き，その媒介により成立させた行為について，当事者のために支払いその他の給付を受けることができません（商法544条）。

（3）問屋営業

　証券会社Ａは，顧客Ｂから，Ｘ株式会社の株式の買入れの依頼を受けた。

① 意義

　問屋とは，自己の名をもって，他人のために物品の販売または買入れをすることを業とする者です（商法551条）。

　「自己の名をもって」とは，自分が販売または買入れ契約の当事者（販売の場合は売主，買入れの場合は買主）となることです。つまり，問屋は，契約の相手方に対して権利を取得し，また義務を負担することになります（同法552条1項）。

　「他人のために」とは，他人の計算で，つまり他人が売買代金を負担し，その経済的効果をその他人に帰属させることです。このように自己の名をもって他人の計算で法律行為をすることを取次ぎといいますが（同法502条11号），問屋は取次ぎに関する行為を業として行うのですから，商人です（同法4条1項）。

　設例51の証券会社Ａは，買入れの委託者Ｂの代理人としてではなくＡ自身が自ら当事者（買主）となって，金融商品取引所においてＸ株式会社の株式を取得することになります。しかし，その経済的損益はＢに帰属します。証券会社は，このような形態で取引を行うのですから，問屋の典型例といえるでしょう。

　問屋は，他人すなわち委託者のために物品の販売または買入れ

という法律行為を行うのですから，**委託者と問屋の関係は委任で**あり，また問屋が相手方との間で締結した契約については**委任および代理の規定が準用**されます（同法552条2項）。したがって，契約によって問屋の取得した権利は，債権譲渡などの権利移転行為を経ることなく，当然に委託者に帰属します。

委任　　　　　　　　売買契約

委託者 ━━━━━ 問屋 ◆━━━━▶ 相手方

⬇　　　　　　　⬇

経済的損益帰属　　　契約上の権利義務帰属

> **一歩前進**
>
> 　世間一般で，物品の卸売商のことを問屋（とんや）といったりしますが，これは小売商との間で通常の売買の当事者となる者ですから，商法上の問屋とは，まったく別です。なお，物品の販売や買入れ以外の取次ぎを業とする者を「準問屋」といい，問屋の規定が準用されます（商法558条）。例えば，旅客運送，広告，宿泊の取次ぎを業とする者は準問屋です。＊

＊物品運送の取次ぎを業とする者については，商法に「運送取扱人」として特別の規制が設けられています（商法559条以下）。

② 問屋の義務
（ⅰ）善良な管理者の注意義務

　問屋と委託者の関係は委任ですから，問屋は委託者に対して，**善良な管理者の注意をもって物品の販売または買入れの業務を行う義務**を負います（民法644条）。

（ⅱ）履行担保責任

　問屋は，委託者のために行った販売または買入れにつき，相手方がその債務を履行しない場合，**自らその履行をなす責任**を負います（商法553条本文）。

（ⅲ）指値遵守義務

　委託者が問屋に対して**物品の売買価格を指定した場合**（これを「指値売買」といいます），問屋は原則としてこれに従わなければなりません。しかし，委託者の指定した金額よりも低い価格で販売をし，または高い価格で買入れをした場合であっても，問屋自身がその差額を負担した場合には，その売買は委託者に対し

て効力を生じます（商法554条）。例えば，設例51で，BがAに対して1株1万円で買い入れることを指定したところ，Aが1株1万1千円で買い入れた場合でも，その差額千円をAが負担するなら，その売買契約の効果はBに帰属することになります。

（ⅳ）通知義務

問屋が物品の販売または買入れをしたときは，遅滞なく，委託者に対してその通知を発しなければなりません（商法557条，27条）。

③　問屋の権利

（ⅰ）報酬請求権

問屋は商人ですから，特約がなくても，委託者に対して当然に相当の報酬を請求できます（商法512条）。

（ⅱ）供託権・競売権

問屋には，商事売買の場合と同様の供託権および競売権が認められています（商法556条，524条）。

（ⅲ）介入権

問屋は，取引所の相場のある物品の販売または買入れの委託を受けたときは，自ら買主または売主となることができます（商法555条）。これを介入権といいます。＊

（ⅳ）留置権

問屋には，代理商と同様の留置権が認められています（商法557条，31条）。問屋の権利を保全することを目的とします。

（4）運送営業

①　意義

運送契約は，物品あるいは人の移動という「仕事」の完成を目的とする請負契約としての性質を持っています。もっとも，運送契約については，以下のとおり商法に運送営業の特質に応じた規制が設けられていますから，民法の請負の規定が適用される余地はほとんどありません。商法の規定する陸上運送には，物品運送と旅客運送がありますが，ここでは物品運送を説明します。

物品運送の契約当事者は注文主としての荷送人と運送人です。このほか，物品運送においては，運送品の到達地においてその引渡しを受ける荷受人が一定の関係を持ってきます。

＊株式のように取引所の相場のある物品の場合は，客観的に公正な価格が明確であり，問屋自身が売主または買主となっても委託者の利益を害するおそれがないことから，この介入権が認められています。

アドバイス
商法は運送営業について，かなりの数の条文を置いています。これは現代取引において，運送が重要な意義を持っていることを示していますが，試験対策的には，重要ポイントを押さえておけば十分です。

②　運送人の義務

　運送人は，運送契約の内容に従って，依頼された物品を目的地まで送り届け荷受人に引き渡すという一般的な義務のほかに次のような義務を負います。ここで説明する運送人の義務は，荷送人の側からみれば荷送人の権利ということになります。＊

（ⅰ）荷送人からの指図に従う義務

　荷送人は，運送人に対して，運送の中止や荷受人の変更その他の処分を請求することができます（商法580条前段）。つまり，運送人は，契約上の定めがなくても，荷送人の指図に従って行動しなければなりません。そうすることによって，運送人は，既にした運送の割合に応じた運送賃，付随の費用，立替金および処分費用等の弁済を請求することができます（同条後段）。

（ⅱ）損害賠償義務

　運送人は，目的物である運送品を受け取った後その引渡しまでの間に，その運送品が滅失・損傷し，またはその原因が生じ，あるいは運送品の到着が約定の期日に遅れた（延着）場合は，それによって生じた損害を賠償する義務を負います（商法575条本文）。ただし，この運送人の責任は過失責任であり，運送人がその運送品の受取，運送，保管および引渡しについて注意を怠らなかったことを証明したときは，免責されます（同条ただし書）。

＊運送人とは，陸上運送，海上運送または航空運送の引受けをすることを業とする者のことです（商法569条1号）。

一歩前進

　荷送人は，天然ガスや化学薬品など運送品が引火性，爆発性その他の危険性を有するものであるときは，運送人に引き渡す前に，その旨およびその品名，性質などその物品の安全な運送に必要な情報を通知しなければなりません（商法572条）。取扱いに厳重な注意を要する物品について，荷送人に通知義務を課し，運送人に注意の喚起を促すという意味合いがあります。

ここが狙われる

　貨幣，有価証券その他の高価品については，荷送人がその種類および価額を運送人に通知しておかないと，運送人は，その高価品の滅失，損傷，延着に

ついて損害賠償責任を免れます（商法577条1項）。高価品として貨幣と有価証券が例示されていますが，判例は，本条にいう高価品とは，容積または重量の割に著しく高価な物品であるとしています（最判昭45・4・21）。そうすると，絵画・彫刻等の美術品や骨とう品，宝石等の貴金属も高価品に含まれるでしょう。これらの物品が小型の容器やダンボール等でパッケージされていると，一見して高価品かどうかは不明な場合がありますから，運送人にその滅失等の責任を常に負わせるのは酷です。そこで，高価品については荷送人に事前の通知義務を課し，これを怠った場合には，運送人の責任は免責されることとされているわけです。もっとも，運送人が高価品であることを知っていたときあるいは運送人の故意または重過失によって高価品の滅失等が生じたときは，高価品としての損害賠償責任を負います（同条2項）。

③ 運送人の権利

（ⅰ）送り状の交付請求権

運送人は，荷送人に対して，運送品の種類，容積・重量，荷送人・荷受人の氏名または住所その他の事項を記載した書面（送り状）の交付を請求することができます（商法571条1項）。身近な例でいえば，宅配便の送付を依頼する際に記載が求められる書面がこれに当たります。

（ⅱ）報酬請求権

運送人が運送契約に従いその義務を履行したときは，約定の報酬を請求することができます。もっとも，運送人は商人ですから（商法502条4号），特約がなくても当然に報酬としての運送賃を請求することができます（商法512条）。運送賃は，到達地における運送品の引渡しと同時に支払わなければならないとされていますから（商法573条1項），運送人は「運送賃を支払ってくれるまで品物は引き渡さない」との主張（同時履行の主張）をすることができます。また，運送品がその性質または瑕疵（欠陥）によって滅失または損傷したときは，荷送人は運送賃の支払いを拒むことができません（同条2項）。*

（ⅲ）運送品の供託権・競売権

運送人は，荷受人を確知できないときは，運送品を供託することができます（商法582条1項）。その場合に，運送人が荷送人に対し相当の期間を定めて運送品の処分について指図をすべき旨を

*運送人は，運送賃，付随費用，立替金等の請求権について，運送品に対して留置権を行使することができます（商法574条）。運送人のこれらの請求権は，行使することができる時から1年間の経過により時効消滅します（商法586条）。

催告したにもかかわらず，荷送人がその指図をしないときは，運送人は，その運送品を競売に付することができます（同条2項）。

④　荷受人の地位

荷受人は，運送契約の当事者ではありませんが，運送品が到達地に到着し，または運送品の全部が滅失したときは，物品運送契約によって生じた荷送人の権利と同一の権利を取得します（商法581条1項）。つまり，荷受人は到着した運送品の引渡しを請求することができ，運送品が運送人の過失で全部滅失したときは，損害賠償を請求することができます。そして，荷受人が運送品の引渡しまたはその損害賠償の請求をしたときは，荷送人は，その権利を行使することができなくなります（同条2項）。荷受人が運送品を受け取ったときは，運送人に対し，運送賃等を支払う義務を負います（同条3項）。

(5)　場屋営業

①　意義

場屋営業とは，多数の客を集めるのに適した設備を設け，出向いてきた客にその設備を利用させることを目的とする営業です。ホテルや旅館，飲食店，映画館，劇場，浴場など多種多様なものがあります。これを業として行う場合に，営業的商行為となります（商法502条7号，4条1項）。

商法は，この場屋営業に関し，民法の寄託についての特則を設けています。すなわち，民法の寄託の規定によれば，受寄者は無償で物を預かった（寄託を受けた）ときは，自己の財産に対すると同一の注意をもって保管すれば足りるとされていますが（民法659条），場屋の主人（以下「場屋営業主」といいます）は，その責任が加重されています。以下，具体的に説明していきます。

②　場屋営業主の責任

場屋営業主は，客から荷物の寄託を受けたときは，特に重い責任を負うことになります。例えばホテルのフロントで，客が，持参した貴重品などを預ける場面を想像してみてください。この場合は，客が「大事な物だから，ここで預かってください」と他の手荷物などとは別に，特に寄託しているものとみることができます。このように客から荷物の寄託を受けた場合，場屋営業主は，

無料で預かったとしても，その物品の滅失・毀損が不可抗力によって生じたことを証明しない限り，損害賠償責任を免れることはできません（商法596条1項）。

用語の説明
「不可抗力」
地震，洪水等の天災や防ぎようのない人為的事故などの事象。

一歩前進

　上記の場屋営業主の責任は，客が特に寄託した物品について負わなければならない責任です。客が特に寄託せずに持ち込んだ財布や手荷物などの携帯品については，**営業主またはその使用人の不注意によりその物品が滅失または毀損した場合に損害賠償責任が生じる**ことになります（商法596条2項）。

　これらの責任については，事前に「責任は負いかねます」などと客に告知しても免れることはできません（同条3項）。

ここが狙われる

　貨幣や有価証券その他の高価品については，客がその種類および価額を通知して寄託したのでなければ，営業主は，その物品の滅失または毀損によって生じた損害を賠償する責任を負いません（商法597条）。先に説明したとおり，物品運送の場合も，同趣旨の規定が設けられています（P408　**ここが狙われる**　参照）。これによって，運送人や場屋営業主は，過酷な損害賠償責任から解放されることになります。

③　場屋営業主の責任の短期消滅

　場屋営業主の責任は，**寄託物を客に返還し，または客が携帯品を持ち去ってから1年を経過すると，時効消滅します**（商法598条1項）。また，物品が全部滅失した場合については，その時効期間は，**客が場屋を去った時から起算されます**（同条同項かっこ書）。ただし，営業主が悪意であったときは，これらの短期消滅時効の規定は適用されません。*

＊この場合の悪意とは，故意に滅失・毀損させた場合と考えてください。

> **実戦過去問**　　　　　　　　　　　　　　　　行政書士　平成30年度

　商人または商行為に関する次のア〜オの記述のうち，商法の規定に照らし，誤っているものの組合せはどれか。

ア　商行為の委任による代理権は，本人の死亡によって消滅する。

イ　商人がその営業の範囲内において他人のために行為をしたときは，相当な報酬を請求することができる。

ウ　数人の者がその一人または全員のために商行為となる行為によって債務を負担したときは，その債務は，各自が連帯して負担する。

エ　保証人がある場合において，債務が主たる債務者の商行為によって生じたものであるときは，その債務は当該債務者および保証人が連帯して負担する。

オ　自己の営業の範囲内で，無報酬で寄託を受けた商人は，自己の財産に対するのと同一の注意をもって，寄託物を保管する義務を負う。

1　ア・ウ　　　2　ア・オ　　　3　イ・ウ　　　4　イ・エ　　　5　エ・オ

解説

ア　×　商行為の委任による代理権は，本人の死亡によっては消滅しません（商法506条）。この点，民法上の代理権と異なります（民法111条1項1号参照）。

イ　○　商人がその営業の範囲内において他人のために行為をしたときは，相当な報酬を請求することができます（商法512条）。

ウ　○　数人の者がその一人または全員のために商行為となる行為によって債務を負担したときは，その債務は，各自が連帯して負担します（商法511条1項）。

エ　○　保証人がある場合において，債務が主たる債務者の商行為によって生じたものであるとき，または保証が商行為であるときは，主たる債務者および保証人が各別の行為によって債務を負担したときであっても，その債務は，各自が連帯して負担することとなります（商法511条2項）。

オ　×　商人がその営業の範囲内において寄託を受けた場合には，報酬を受けないときであっても，善良な管理者の注意をもって寄託物を保管しなければなりません（商法595条）。民法上の無償寄託との重要な差異です（民法659条参照）。

　以上より，誤っているものはアおよびオであり，肢2が正解となります。

正解　2

商行為に関する次の記述のうち，正しいものの組合せとして最も適切な番号を一つ選びなさい。なお，商法の規定を変更し，又は排除する特約はないものとする。

ア　最高裁判所の判例によれば，商行為の代理人が本人のためにすることを示さないで代理行為をした場合において，相手方が，代理人が本人のためにすることを過失なく知らなかったときは，相手方は本人との法律関係を主張するか，代理人との法律関係を主張するかを選択することができる。

イ　匿名組合契約は，当事者の一方が相手方の営業のために出資をし，当該営業から生ずる利益を分配することを約することによって，その効力を生ずる。

ウ　問屋が委託者の指定した金額より高値で物品を買い入れた場合には，自らその差額を負担するときも，その買入れは委託者に対して効力を生じない。

エ　場屋営業者は，客から寄託を受けた物品の保管に関して注意を怠らなかったことを証明した場合には，当該物品の滅失又は毀損につき，債務不履行に基づく損害賠償責任を免れる。

1　アイ　　　2　アウ　　　3　アエ　　　4　イウ　　　5　イエ　　　6　ウエ

解　説

ア　○　判例は，顕名のない商行為の代理について，「代理人が本人のためにすることを相手方が過失なく知らなかったときは，相手方はその選択に従い，本人との法律関係を主張するか，代理人との法律関係を主張するかを選択することができる」としています（最大判昭43・4・24）。

イ　○　本肢の問題文は，商法535条の条文そのままです。

ウ　×　問屋が委託者の指定した金額より高値で物品を買い入れた場合であっても，自らその差額を負担するのであれば，その買入は委託者に対して効力を生じます（商法554条）。指値よりも低い価格で販売をした場合も同様です。

エ　×　場屋営業者は，客から委託を受けた物品の滅失または毀損については，不可抗力によるものであったことを証明しなければ，損害賠償責任を免れることはできません（商法596条1項）。

以上より，正しいものはアおよびイであり，肢1が正解となります。

正解　1

実戦過去問　　　　　　　　　　公認会計士　平成 19 年度

　代理商等に関する次のア〜オまでの記述のうちには，正しいものが二つある。その記号の組合せの番号を一つ選びなさい。

ア　会社の代理商は，特定の会社のためにその平常の事業の部類に属する取引の代理または媒介をする者で，その会社の使用人でない者をいう。

イ　仲立人は，不特定多数の他人間の行為の媒介を引き受けることを業とする者であるが，商行為でない法律行為の媒介を行う者は，商法上の仲立人ではなく，また商人でもない。

ウ　問屋は物品の販売または買入れの取次業者であり，一般に「とんや」といわれる卸売業者や，証券取引所（金融商品取引所）における有価証券の売買の委託を受ける証券会社は，典型的な問屋である。

エ　問屋の取次ぎによって取引の相手方に対して法律上の権利を取得し義務を負う者は，取次ぎの委託を行った者であって，問屋は，取引の相手方に対して法律上の当事者とならない。

オ　観光バスによる旅客運送の取次ぎを業とする者は，運送取扱人ではなくて，準問屋である。

1　アイ　　　　2　アオ　　　　3　イエ　　　　4　ウエ　　　　5　ウオ

解　説

ア　○　会社法16条。

イ　×　商行為でない法律行為の媒介を行う者は，民事仲立人と呼ばれます。民事仲立人も商人です（商法502条11号，4条1項）。

ウ　×　証券会社は典型的な問屋ということができますが（商法551条），「とんや」といわれる卸売業者は，商法上の問屋ではありません。

エ　×　問屋は，法律行為の当事者となって取引行為（取次ぎ）を行います。つまり，問屋の取次ぎによって権利義務の主体となるのは問屋自身です。

オ　○　運送取扱人とは，物品運送の取次ぎを業とする者であり（商法559条1項），旅客運送の取次ぎを業とする者は準問屋です（同法558条）。

　以上より，正しいものはアオであり，正解は肢2となります。

正解　2

用 語 索 引

き

く

け

こ

さ

著者紹介

神余博史（かなまる・ひろふみ）

1954年　香川県に生まれる。

1977年　早稲田大学法学部卒。

行政書士試験，宅建試験等の受験指導のキャリアが長く，解説書，問題集等の執筆多数。

主な著書に，「国家試験受験のためのよくわかる民法」「国家試験受験のためのよくわかる行政法」「国家試験受験のためのよくわかる民事訴訟法」（以上，自由国民社），「ビジネス実務法務2級検定試験テキスト＆問題集」（成美堂出版）などがある。

国家試験受験のためのよくわかる会社法

2008年12月30日　初版第1刷発行
2021年10月13日　第8版第1刷発行

著　書	神余博史
発行者	石井　悟
発行所	株式会社　自由国民社
	〒171-0033　東京都豊島区高田3－10－11
	https://www.jiyu.co.jp
	電話03-6233-0781（代表）
印刷所	新灯印刷株式会社
製本所	新風製本株式会社
本文DTP	有限会社中央制作社

「よくわかるシリーズ」で苦手科目を克服！

お堅い憲法・基礎法学が「あっという間」に理解出来る

国家試験受験のための
よくわかる憲法 [第7版]

中谷彰吾・著

A5判　定価2200円

難解な民法が「霧が晴れる」ように理解出来る

国家試験受験のための
よくわかる民法 [第9版]

神余博史・著

A5判　定価3300円

味気ない行政法が「生気に満ちた」ように理解出来る

国家試験受験のための
よくわかる行政法 [第7版]

神余博史・著

A5判　定価2970円

複雑な民事訴訟法が「手にとる」ように理解出来る

国家試験受験のための
よくわかる民事訴訟法 [第2版]

神余博史・著

A5判　定価2970円

試験に必要な判例を厳選解説

国家試験受験のための
よくわかる判例

西村和彦・著

A5判　定価2640円

（2021年9月現在・税込価格）